国家出版基金项目
NATIONAL PUBLICATION FOUNDATION

21
世纪以来
国外文化发展文献选编
丛书主编　沈壮海

湖北省学术著作出版专项资金
Hubei Special Funds for Academic Publications

21世纪以来
俄罗斯
文化发展文献选编

雷蕾 等　编译

WUHAN UNIVERSITY PRESS
武汉大学出版社

图书在版编目(CIP)数据

21世纪以来俄罗斯文化发展文献选编/雷蕾等编译.—武汉:武汉大学出版社,2021.12
21世纪以来国外文化发展文献选编/沈壮海主编
国家出版基金项目　湖北省学术著作出版专项资金资助项目
ISBN 978-7-307-21236-7

Ⅰ.2…　Ⅱ.雷…　Ⅲ.文化发展—研究—俄罗斯　Ⅳ.G151.2

中国版本图书馆CIP数据核字(2019)第245385号

责任编辑:程牧原　　责任校对:李孟潇　　整体设计:涂　驰

出版发行:**武汉大学出版社**　(430072　武昌　珞珈山)
(电子邮箱:cbs22@whu.edu.cn 网址:www.wdp.com.cn)
印刷:武汉精一佳印刷有限公司
开本:787×1092　1/8　印张:44.5　字数:580千字　插页:2
版次:2021年12月第1版　　2021年12月第1次印刷
ISBN 978-7-307-21236-7　　定价:331.00元

《21世纪以来俄罗斯文化发展文献选编》

校译人员名单

雷 蕾 刁 莉 潘 龙 张颢倚

张博雅 柴雯雯

序　言

沈壮海

建设社会主义文化强国，是新时代的中国共产党和中国人民奋力推进的创造性实践。自 2011 年 10 月党的十七届六中全会明确提出建设社会主义文化强国的战略目标起，创造中华文化新的辉煌、建成社会主义文化强国，便始终是中国共产党带领中国人民实现自己光荣和梦想的重要组成部分，感召、激励着中华民族奋力复兴的不懈探求。2012 年 11 月召开的党的十八大强调："全面建成小康社会，实现中华民族伟大复兴，必须推动社会主义文化大发展大繁荣，兴起社会主义文化建设新高潮，提高国家文化软实力，发挥文化引领风尚、教育人民、服务社会、推动发展的作用"，要"扎实推进社会主义文化强国建设"。2013 年 11 月，党的十八届三中全会通过的《中共中央关于全面深化改革若干重大问题的决定》对社会主义文化强国建设再作出部署，要求"紧紧围绕建设社会主义核心价值体系、社会主义文化强国深化文化体制改革，加快完善文化管理体制和文化生产经营机制，建立健全现代公共文化服务体系、现代文化市场体系，推动社会主义文化大发展大繁荣"。2017 年 10 月召开的党的十九大强调："文化是一个国家、一个民族的灵魂。文化兴国运兴，文化强民族强。没有高度的文化自信，没有文化的繁荣兴盛，就没有中华民族伟大复兴。要坚持中国特色社会主义文化发展道路，激发全民族文化创新创造活力，建设社会主义文化强国。"2020 年 10 月党的十九届五中全会提出了到 2035 年基本实现社会主义现代化远景目标，其中一个重要方面即建成文化强国。2021 年 11 月，党的十九届六中全会通过的《中共中央关于党的百年奋斗重大成就和历史经验的决议》回顾、再现了党和人民百年奋斗的光辉历程、所写就的恢宏史诗，同时也发出了为实现第二个百年奋斗目标、实现中华民族伟大复兴的中国梦而不懈奋斗的伟大号召。第二个百年奋斗目标，即到 21 世纪中叶把我国建成社会主义现代化强国。文化的强盛，既是我们实现这一宏伟奋斗目标的重要条件，也是这一宏伟奋斗目标的内在构成。到那时，我国物质文明、政治文明、精神文明、社会文明、生态文明将全面提升，实现国家治理体系和治理能力现代化，成为综合国力和国际影响力领先的国家，全体人民共同富裕基本实现，我国人民将享有更加幸福安康的生活，中华民族将以更加昂扬的姿态屹立于世界民族之林。

建成社会主义文化强国，需要我们锲而不舍地扎实奋斗，同时，也需要我们放眼当今世界，看清文化图强之路上的世界图景，辨大势，明潮流，从容自信，勇毅前行。

一、战略纷出：当今世界的文化图景

我们所处的时代，是一个文化战略纷出的时代。文化在综合国力竞争中地位与作用的愈益凸显，越来越成为这个时代的鲜明标识；以战略之举激发文化活力、构建文化优势，越来越成为这个时代各国的战略抉择。

在美国，文化问题始终是其《国家安全战略报告》中的重要战略关注。《国家安全战略报告 2006》一如既往以自由的化身自居，声称为了保卫其国家和价值观，“美国寻求在全球推广自由”。《国家安全战略报告 2010》，将实现“道德上的领导地位”与军事实力、经济竞争力方面的领导作用一并纳入“重振美国和领导世界”的战略。《国家安全战略报告 2015》同样将美国价值观视为其力量和安全的源泉。除在国家安全战略等综合性的国家战略中关注、构划文化战略外，美国也多有专门性的文化战略行动计划。如，2006 年，美国国务院发布的《国家安全语言计划》，提出加强青年对“关键语言”的学习，同时，也进一步推进美国文化的输出。同年，美国启动国家艺术政策圆桌会议，基于对艺术之于美国社会发展重要性的认识，着力推动增进公民参与各种艺术活动的机会。2010 年，美国出台《国家战略传播构架》，着力谋求提升美国声誉，塑造“美国是值得尊重的搭档”等国家形象。2011 年，美国总统艺术与人文委员会发布《对艺术教育的再投资——通过创造性学校来赢得美国的未来》，以求通过加强学生创意能力的培养从而增进其在 21 世纪竞争中的文化优势。自 2012 年起，美国国家艺术基金会和美国商务部经济分析局合作的“文化艺术生产卫星账户”定期发布文化艺术对国民经济促进作用的统计报告，为美国文化艺术产业的发展提供宏观数据支持。2016 年，美国国家艺术基金会还发起“创意空间营造项目”，旨在以艺术进社区的形式“推动地方经济发展和社会进步”。

在英国，以创造性、创意产业为核心的文化战略接连推出。1993 年，英国即发布《创造性的未来》战略文本，以“创造性”为引领，规划文化政策，发展创意产业，扩大文化影响。从 1998 年起，接连发布《创意产业纲领文件》，力推创意产业发展。21 世纪以来，更是力度不减。2008 年，发布《创意英国：新经济，新人才》战略文本，以期推动英国成为全球创意中心，为构筑创新型的繁荣经济体提供支撑，被誉为“欧洲意义最深远的计划”。2010 年，发布《促进文化数字化发展》报告，以之为数字革命背景下引发文化领域相应变革的推动力和催化剂。2011 年，推出“非凡英国”(Great Britain)国家形象品牌计划，以求通过一系列品牌的塑造及推广，扩大英国文化影响，传播其国家文化形象。2016 年，在莎士比亚逝世 400 周年之际，发布《文化白皮书》，其战略用意即在阐明“在建设更加公平、繁荣的英国时，文化如何发挥积极作用，使英国成为国际舞台的引领者”。英国伦敦，也于 2004 年发布《伦敦文化都市：实现成为世界城市的雄心》、于 2010 年发布《文化都市：伦敦市长文化战略(2012 年及未来展望)》，以期保持伦敦作为世界文化城市的地位。

在法国，文化一向被视为国家的光芒和财富。有评论将法国称为“世界上为支持创意产业发展准备最充分的国家(尤其是通过法规或税收刺激政策)”。2012 年，法国发布《文化和媒体 2030：文化政策前景展望》战略文本，分析法国文化和媒体领域面对的国际经济、社会、政治等方面的挑战并制定应对方案。半年之后，《文化和媒体 2020：新一代文化与通信部》(2012 年)随即推出。该报告被视为基于前者这张“地图”而制造的“指南针”，提出了近 40 项战略方针，“旨在为现在和未来的文化政策提供一个辅助工具：一张地图、一个指南针、一些航线”。2013 年，发布《文化例外Ⅱ号法令：对数字时代文化政策的贡献》，强调“文化例外不是经济保护主义的工具，也不是文化防御计划。对于国家来说，文化例外使得对创作者的保护、推动文化多样性和文化供给(包括数字文化供给)的调控成为可能”，并提出 80 条建议，以期推进创作者和公众之间的对话，促成文化产业和数字产业之间的谈判和建立长久的稳定结构，“使法国文化例外的所有要素都能加快适应应用革命和数字经济的变革”。

在德国，推进文化发展，也同样被置于重要的战略地位。早在2007年，德国联邦政府就发布了《德国联邦政府文化/创意产业倡议》，该倡议将开发文化创意产业的增长潜力作为优先发展战略，把“文化产业作为发展的动力和当务之急”，要求制定更加统一协调、有效的文化产业政策，以图“通过提升文化/创意产业的竞争力及充分开发其创造就业岗位的潜能，为文化/创意产业开创未来良好局面”。2011年，德国外交部发布《全球化时代的对外文化教育政策——赢得伙伴，传递价值，维护利益》报告，指出德国对外政策的三大支柱，并就如何建强这一支柱提出诸多战略举措。2012年，德国联邦政府还发布《2012年联邦政府文化/创意产业倡议——现状及行动领域》和《文化/创意产业倡议——现状和前景》，要求进一步挖掘国内文化创意产业的潜力，以“充分利用文化/创意产业的创新力，推动德国经济复兴”，“扩大文化/创意产业潜能在国外的知名度，提高文化和创意服务出口量”。同年，德国联邦政府还发布了《2011—2012年度联邦政府关于对外文化和教育政策的报告》，就德国2011—2012年对外文化交流的政策行动进行总结，强调对外文化交流的目的是推进跨文化交流、促进德国价值观的传播、塑造现代德国形象。

在欧盟层面，文化问题也始终被视为重要战略议题。2007年，欧盟委员会发布《全球化世界中的欧盟文化行动议程》，探讨全球化世界中文化和欧洲的关系，提出新欧盟文化议程的目标是促进文化多样性和跨文化对话、加强文化推动创新的催化剂作用、促进文化成为欧盟国际关系中的重要组成部分。有评论称该报告“掀开了欧洲文化政策合作新的篇章”。2010年，又发布《释放文化创意产业的潜力》绿皮书，以期“引发一场关于真正能刺激欧盟文化创意产业的创新环境需求的辩论”，推动欧洲文化创意产业潜力的有效释放。2011年，再提出“创造性欧洲”的新计划提议，囊括欧盟诸多文化和传媒领域的资助计划。2012年，批准在2020—2033年启动“欧洲文化中心城市”项目，致力于强调欧洲文化的多元性以及共性，增强欧洲民众间的相互理解和交流。2014年4月，欧洲各国主管文化和欧洲事务的部长们齐聚巴黎参加以“文化的未来，欧洲的未来”为主题的夏乐论坛，发表《夏乐倡议：文化新欧洲》，希望“欧洲能够将吸引更多新的民众和实现文化民主化作为优先发展战略，成为将所有创作者和民众充分联系在一起的真正的欧洲创作和文化平台”。

在俄罗斯，为“巩固俄罗斯作为伟大的文化强国的地位”，进入21世纪以来，在此前《发展和保护俄罗斯联邦文化和艺术(1997—1999年)》的基础上，接连发布《2001—2005年俄罗斯文化联邦专项纲要》《2006—2011年俄罗斯文化联邦专项纲要》《2012—2018年俄罗斯文化联邦专项纲要》，以求推进文化领域的持续改革，图强止退。2014年12月24日，俄罗斯总统弗拉基米尔·普京(Vladimir Putin)签发第808号总统令，批准通过《国家文化政策基础》，明确俄罗斯国家文化政策的目标、战略任务及政策实施的核心原则，强调国家文化政策是国家安全战略不可分割的一部分，并首次将文化置于国家优先发展方向的框架之下。2016年，俄罗斯出台《2030年前俄罗斯联邦国家文化政策战略》。在该战略中，保障国家领土安全和文化安全，维护全俄罗斯文化的统一性；开发俄罗斯各地区的文化潜力，缩小区域文化差距；提高文化政策主体——各种民间社会机构的作用；提高家庭在传播俄罗斯传统文化价值观和规范教育过程中的社会地位等被明确定位为俄罗斯国家文化战略实施的优先领域和战略重点。

在日本，《文化艺术振兴基本法》于2001年12月公布。制定该法，主旨即在“明确文化艺术振兴的基本理念并确定其发展方向、全面推进文化复兴战略”。该法第七条规定，“为了全面推进振兴文化艺术的相关措施，政府必须制定与其相关的基本方针"。根据这一规定，日本政府于 2002 年 12 月、2007 年 2 月、2011 年 2 月接连推出《文化艺术振兴基本方针》第一次、第二次、第三次基本方针，以申明文化艺术振兴的基本理念、基本视点、重点战略、政策举措。第三次基本方针还更加明确地提出："为了让国民拥有丰富多彩的精神文化生活，同时构建一个充满活力的社会，并增强我国的综合国力，应将文化艺术振兴作为我国一项基本国策，并以'文化艺术立国'为全新目标。"此外，日本于 2004 年颁布《文化产品创造、保护及活用促进基本法》，于 2007 年颁布《日本文化产业战略》，于 2009 年颁布《日本品牌战略——让软实力产业成为经济增长的原动力》，着力壮大文化产业，推动日本品牌的创造和传播，提升其国家软实力。2010 年，日本又颁布《文化产业大国战略》。2012 年，日本还制定了被定位为"新成长战略"的"酷日本"计划，借以推动增加就业、增强地方活力、提高日本文化的国际影响力。

在韩国，《创意韩国》战略文本于 2004 年正式推出。这一文化蓝图强调要"更明确地设定国民共同追求的未来文化与向往的价值"，"使文化成为社会发展的基础和原动力，使所有国民都享有对新文化社会的希望"，并提出了"创意韩国"建设的三大推进目标，即有创意的文化市民、多元的文化社会、充满活力的文化国家，志在将韩国建设成"在全球社会中发挥与第 12 大经济强国相匹配的文化职能，不仅要面向亚洲，也要面向世界，成为和世界同呼吸的文化国家"。2005 年，韩国又发布《文化强国(C-KOREA)2010——以文化来建立富强幸福的大韩民国的未来战略》。这是一份以创造性与文化为基础，突出强调将文化、旅游、休闲体育的多样化资讯应用于产业发展，以求引领韩国国民向收入达到 3 万美元时代迈进的中长期战略，旨在通过文化建立强大、幸福的大韩民国。其提出的三大政策目标是：成为世界五大文化产业强国；成为亚洲旅游中枢；进入世界十大休闲体育发达国家的行列。2010 年 6 月，韩国完成《文化产业振兴基本法》的修订。该法第一条就开宗明义地指出："本法以明确扶持和培育文化产业所必需的事项，奠定文化产业发展的基础并提高其竞争力，进而为提高国民文化生活的质量及国民经济的发展作出贡献为目的。"

二、文化发展：当今时代的关键概念

文化战略的纷出，建立在各国对文化重要性深刻认识的基础之上、对当代时代文化发展在综合国力竞争中战略意义凸显这一重要时代特征的把握之上。在各国推出的关于文化发展的诸多重要战略、重要文献中，内含着对文化意义与价值的丰富阐论。

文化连接民生幸福。文化是人创造的，也是人之为人的重要基础，是人之权益的重要构成，与人生质量和幸福紧密关联。在英国《文化白皮书》(2016 年)中，文化创造灵感、丰富人们的生活、改变人们的人生观、对个人幸福感产生积极影响等方面的价值被概括为文化的内在价值并予以专门阐述。基于这一认识，该报告强调："无论背景如何，每个人都应该享有接触文化的权利"；"伟大的机会——受到鼓舞的机会、体验的机会、交流的机会和提升生活品质的机会，蕴涵在国家文化之中"，"唯有这些机会在广大民众之间得到普及，才是人尽其才"；"政府的作用就是成就伟大的文化，推动创造力的发展，并且确保每个人都能接触文化"。从这样的角度出发阐发文化的意义、强调建立文化与民众紧密联系的主张，贯穿在各国许多文化战略、法规等文本中。如，法国《文化和媒体 2020：新一代文化与通信部》(2012 年)强调以“新的参考框架来思考和引领文化民主化政策”，在文化领域建立“面向最广大公众的政策”。俄罗斯《国家文化政策基础》(2014 年)所列之第一条文化政策原则即“在享用文化财富、参与文化生活和使用文化组织的权利方面，公民遵循地域平等和社会平等的原则，其中也包括健康水平受限公民”。日本《文化艺术振兴基本法》(2001 年)强调“享有并创造文化艺术属于基本人权”，“文化艺术的复兴应充分体现国民的内心需求”，要“拉近文化艺术与国民的距离”。

文化事关民族认同、社会凝聚。无论一个民族、一个国家还是一个区域，民众的认同和凝聚都是其良性发展的重要基础，而认同与凝聚，都与文化紧紧地联系在一起。文化之广受关注，这也是要因之一。美国总统贝拉克·奥巴马(Barack Obama)曾言：“无论是启迪我们心灵的音乐或电影，还是让我们感动的文学，抑或我们每天依赖的科技，创造和创新都是我们继续发展经济的重要基础，也是构筑我们文化身份的基础。”《全球化世界中的欧盟文化行动议程》(2007 年)强调：“文化，通过开启对话交流，唤起热情渴望，增进团结，消除隔阂，使人类相聚相和。文化是一个社会和社会群体所特有的精神和物质特性”，“文化不但对实现欧盟繁荣、团结和安定战略性目标不可或缺，而且还能够确保欧盟在国际舞台上强大的影响力”。2004 年，欧洲文化基金会反思小组基于历时两年对“欧洲一体化和欧盟扩大进程的文化维度，深化对欧洲层面文化和文化政策的创新理解”的探索，提出《作为文化工程的欧洲》研究报告，认为“当今，文化是最卓越的安全因素”，文化纽带可以在“仇恨和偏见纵行之地培育出信任和对话”。该报告也基于此，主张实行本质更为强大的欧盟文化项目。俄罗斯联邦公众院报告《俄罗斯文化与未来：新观点》(2007 年)亦指出：“文化是促进社会精神统一的渗透性力量，是整个民族团结友爱和保持生命力的条件。哪里有创造、理解和发展，哪里的人就能感觉到自己是整个民族、国家以及世界历史的一部分，文化就在哪里存在。没有这种力量，社会就不会存在。相反，以文化为基础的社会，自身就是牢不可破的力量。”俄罗斯《国家文化政策基础》(2014 年)指出：“确定文化优先地位能够保证社会更高质量地发展，确保社会走向公民团结与统一，以及确立和实现社会发展的共同目标，培养具有高尚道德、责任意识、独立思考和创造力的个体，是实现社会发展共同目标的主要条件。”

文化推动经济繁荣。在新的时代背景下，文化与经济深层交融，已经越来越成为经济发展的有力推动力量。英国《文化白皮书》(2016 年)强调，文化不仅具有内在价值、社会价值，还具有经济价值，有利于经济的增长，能够创造更多就业机会，不仅能带来直接经济收益，还有可观的间接经济收益。该报告援引数据指出，2014 年，英国博物馆、美术馆、图书馆和艺术对英国经济的贡献达到 54 亿英镑，占英国经济总量的 0.3%。在美国，2014 年，被认定为知识产权密集型的 81 个行业直接创造了 2 790 万个就业岗位，并间接支持 1 760 万个工作岗位；知识密集型行业的总增加值占美国国内生产总值的 38.2%，知识密集型行业的周薪比其他行业高出 47%。此外，知识产权密集型产业的商品出口总额占美国商品出口总额的 52%。《2012—2018 年俄罗斯文化联邦专项纲要》称，俄罗斯联邦现阶段发展的特征是社会对文化的关注度日益提高，“文化在人类资本的形成中被赋予了主导作用；文化环境如今逐渐成为现代社会的关键概念”。日本知识产权战略总部等推出的《日本品牌战略——让软实力产业成为经济增长的原动力》(2009 年)强调：“现如今，无形资产和国家魅力正在全球化竞争中显示出巨大的影响力，而正是因为处于这样一个时代，所以更有必要将作为日本优势的软实力变成扩大海外市场、扩大内需的原动力，并以此作为国家战略认真落实。”韩国民间团体、学术界、文化界等组成的宪章制定委员会发布的《文化宪章》(2006 年)指出："文化既是引领经济发展的强有力的原动力，也是经济发展的终极目标。经济的发展和繁荣在任何时候都必须指向实现人之为人及有品位的生活这一文化目标，从这一文化目标出发获得可持续发展的动力。"

文化支撑国家实力。文化作为一种软实力，与硬实力一样，都是国家实力不可或缺的组成部分。美国总统约翰·肯尼迪(John F. Kennedy)曾言道：对于我们的国家和我们的文明的未来，没有什么事情比充分承认艺术家的地位更为重要……；我对这样一个美国充满信心，它将赢得全世界的尊敬，不仅仅由于它的力量，还由于它的文明。2013 年 7 月 15 日，法国外交部长洛朗·法比尤斯(Laurent Fabius)和文化与通信部部长奥雷莉·菲莉佩蒂(Aurélie Filippetti)联名发表《21 世纪法国文化外交的雄心》，指出："对于法国而言，没有文化就不能成就任何大事。法国的外交与对外行动同样也要恪守这一原则。法国因为其独特的价值观、文化遗产和创造力，成就了法国的伟大，也获得了世界的尊崇。文化是法国最主要的王牌，是我们的瑰宝。"俄罗斯《国家文化政策基础》(2014 年)指出："文化发展和人文发展是维护经济繁荣、国家主权和文明独特性的基础"，"文化在当今世界成了社会经济发展的重要资源，且可保障国家在世界的领先地位"。韩国《文化强国(C-KOREA) 2010 ——以文化来建立富强幸福的大韩民国的未来战略》(2005 年)在论述文化重要性日益凸显之时，也强调"文化不仅作为独立的产业具有重要的地位，也是其他产业发展的原动力"，并将文化定位为"全球化时代左右竞争力的核心力量"。日本《文化艺术振兴基本方针》之第三次基本方针(2011 年)亦在强调文化艺术是无可替代的心灵依托(形成民族自豪感与民族身份认同)、是全体国民的社会财产、是创造性经济活动的源泉的同时，强调文化艺术是软实力、是国际合作得以顺利开展的基础，能增强综合国力，强调"必须将文化艺术振兴摆在用以增强我国综合国力的战略位置上"，呼吁"举全社会之力进行文化振兴"。

文化引领未来。英国文化协会 2013 年发布《影响力与吸引力——21 世纪文化和软实力的竞争》指出："文化既反映社会，也塑造社会，并且会一直如此，这是不言而喻的事实。但在当今时代，普通民众创造文化以及与他人进行文化沟通的能力正经历着一场革命性的变化。"在德国《2011—2012 年度联邦政府关于对外文化和教育政策的报告》(2012 年)中，文化被称为"引路者和对话工具""德国战略优势的关键因素"。法国外交部长洛朗·法比尤斯(Laurent Fabius)和文化与通信部部长奥雷莉·菲莉佩蒂(Aurélie Filippetti)联名发表的《21 世纪法国文化外交的雄心》(2013 年)则更直截了当地称文化"是法国未来的重要组成部分"，"对文化的投资同样也是对未来的投资"。欧盟委员会的《全球化世界中的欧盟文化行动议程》(2007 年)也用诗意的语言描述了文化所具有的引领未来的力量："文化在人类发展和社会文明中居于核心地位。文化，可以激发人类对世界的感知，开拓认识世界的新视角，使人类有所希冀，有所梦想。"《创意韩国》(2004 年)强调："国家的未来，取决于通过文化实现的可持续发展"，"文化是政治、经济发展的基础和目的。我们的文化不仅会成为政治改革和经济增长的基础，而且也会在实现我们最终向往的理想社会的过程中成为核心因素。不考虑文化的社会发展就像失去灵魂的人一样，即使再有更多的财富也无法追求到人生的终极目标——幸福。以这种思路来看，通过文化实现可持续发展是不可再拖延的国家发展新战略，也是新的发展模式"。2005 年，韩国发布的《文化强国(C-KOREA)2010》，副标题即"以文化来建立富强幸福的大韩民国的未来战略"。该战略指出："文化是培育韩国所拥有的最伟大的资源——创意的孵化器，通过以创造性为基础的文化的产业化，实现可持续发展，将成为国家发展的新模式。"

三、创新创造：文化战略的核心论题

文化的本质在创新创造。离开创新创造，没有文化的产生；离开创新创造，也没有文化的前行。人类社会越是向前发展，创新创造的意义便越是凸显，文化的意义也便越是凸显。综观各国文化战略和相关重要文本，创新创造都是其中核心的论题。

当今时代，是创新创造空前活跃的时代，也是越来越倚重创新创造而前行的时代。美国商务部2019年9月发布的《知识产权和美国经济发展概况(2016年)》指出：创新和创意投入是推动经济增长和发展的要素，是维持美国经济产生强大竞争力的优势所在。在英国，不少人将创新视为"提高国家未来财富创造前景的关键"，是"经济成功的核心驱动力"。2009年，英国战略咨询公司伯恩斯·欧文斯咨询公司(Burns Owens partnership，BOP)和罗伯特·特拉法里尼(Roberto Travaglini)共同组成的研究团队完成欧洲委员会委托的研究任务《文化对创造力的影响》。该研究报告指出："创造力是经济增长的主要因素，推动了社会和技术创新的前进"，"创造力是一个强大的标题。在西方社会，它象征着成功、现代、新奇和令人兴奋的趋势。不论与个人、企业还是城市或地区创造力联系在一起，创造都能引起人们的直接共鸣，并传达了一个具有活力的形象。创造力是社会上具有积极意义的字眼，不断激发创新和'进步'"。德国《2012年联邦政府文化/创意产业倡议——现状及行动领域》(2012年)中写道："创造力是经济发展的核心竞争力和创新的出发点。因此创新常常带来社会和经济的发展"，"创新是经济发展的核心竞争力。如果没有创意，就没有创新，没有创新也就没有经济发展"。《创意韩国》(2004年)以极为开阔的视野，描绘了当今时代创新创造重要性的凸显、各国对创新创造性的普遍关注，分析了创新创造之于经济社会发展等多方面的关键意义，将当今时代称为"创造性成为所有国家话题的时代"，指出：随着以知识为基础的社会的到来，创造性成了很多国家的政策话题。如英国在1998年提出建设"创意英国"、美国在2000年提出建设"创意美国"，许多国家在进入21世纪后，也纷纷发表了建构创意国家的蓝图。"发展的动力在于个人、区域、国家的创造性"，"创造性是以知识为基础的社会所要求的成长动力"，"为什么很多国家都把未来的生死存亡与创造性联系在一起呢?因为创造性不仅被我们社会认为是绝对价值的经济，也是社会的整体生产能力所必需的条件，同时也是引领经济和社会发展的增长动力"。该报告认为："具有21世纪时代特征的'以知识为基础的经济'是指知识并不是经济增长的局外变量，而是成为局内变量的一种经济体制。问题是，此时的知识不是与过去一样可以通过背诵和熟练获得，而是要通过创新性思维和革新来获取。所有国家之所以都如此重视创造性，不仅仅是因为要建设文化国家，更是因为新的经济体制要求创新性"，"创造性的价值并不仅仅体现在经济方面。创造性所具有的文化价值被最大化时产生的是人文科学和艺术，创造性所具有的技术价值被最大化时产生的是科学，创造性所具有的政治价值被最大化时产生的是参与民主主义。创造性所具有的经济价值是在21世纪以知识为基础的社会才全面爆发的这个时代独特的现象"。基于这些分析，该报告强调，"一个国家拥有的最伟大的资源是国民的创造性"。

与创新创造重要意义的时代性凸显紧密关联在一起的，是文化价值的被更深度发现、被更广泛关注。这是因为，在创新创造力的涵养、形成及作用发挥的过程中，文化是重要的源泉、重要的滋养、重要的环境。在诸多关于文化发展的国家战略或重要文本中，都内含着对文化与创新创造关系问题的深刻见解。前文述及的研究报告《文化对创造力的影响》(2009 年)，研究的目的便是为了更好地认识文化对创造力——经济和社会创新的发动机的影响。该报告将文化界定为“人类表达创造力的一般形式”，强调“文化与意义、知识、人才、产业、文明和价值观息息相关”。报告认为：尽管欧洲拥有非常丰富的产业财富，但人们仍未深刻认识到文化对创造力的贡献，在社会和经济发展中，文化仍被视作边缘产业。报告由此指出：“现在，是时候该冒一下创造性的风险，将想象力、诗学、象征、审美或精神性(基于文化的创造力特征)作为促进改革、社会进步和欧洲凝聚力的因素了。”该报告提出的总体建议目标便是“发展一个能刺激并鼓励创造力的欧洲”，“使个体、社会和公共机构及企业都有动力以文化为工具发展社会和经济”。该报告还提出了“提高将文化作为重要创造力之源的意识”“在政策上重视文化创造力以推动改革”等五项行动计划。《创意韩国》(2004 年)称文化为“培养创造性的孵化器”，并指出：“文化之所以能发挥这种功能，是因为文化本身就是创造过程的产物，同时作为精神、物质、情绪及身体活动的最高成就，是可以最直接地认识到创造性的领域。在这个意义上，文化是制造社会、政治、科学、经济创造性的产房。”在建设“创意韩国”的战略中，创造性、多样性、活力是三个紧密关联的核心关键词。从更广的范围看，20 世纪末期涌起、至今方兴未艾的创意产业热潮，其灵魂性内容所在，亦即创造性。最早推动创意产业发展的英国，将创意产业视为“来源于个人创造力、技能和天赋，而且可以通过世代的努力和知识产权的开发来获得财富以及创造就业”的产业，视原创力为“创意产业的生命线”。《遥遥领先：英国创意产业的经济效益》(2007 年)报告中写道：“创意文化领域的特点是，它的主要驱动力量是原创创意内容以及出售创意内容的能力”，“我们国家创造力核心越有创意和活力，创意产业与更广泛的经济和社会领域就越有创意和活力”。报告还指出：“没有任何单一的神奇举措能够推动创新和创意产业的发展”，决策者必须“汇聚”各方面的创造力，“国家如何实施教育以及创意产业如何迫切地拓宽自己的多样性，将成为变革的两大驱动力量。包容的、自信的、多样化的、自由表达的社会是这种创造力的孕育者。因此，创意经济和创意社会紧密地联系在一起”。欧盟委员会 2010 年 4 月 27 日发布的《释放文化创意产业的潜力》绿皮书强调：“如果欧洲想要在不断发展的全球环境中保持竞争力，它需要在一个新的企业文化中将创造力和创新繁荣发展的恰当条件落实到位”，“未来的繁荣在很大程度上取决于我们如何利用资源、知识和创新型人才来激励创新。基于我们丰富多样的文化，欧洲必须开拓创造附加值的新途径，并且还要开拓共同生活、共享资源和享受多样性的新途径”。早在 2008 年 10 月，时任参议员的贝拉克·奥巴马(Barack Obama)也曾专门发表关于支持文化艺术发展的“强有力的纲要”(Platform in Support of the Arts)，要求加大对美国文化艺术的投资，“重塑美国这个伟大国家的创造力和创新力”。

文化孵化创造，文化本身亦始终离不开创造。在各式各样的国家文化发展战略及重要文本中，根据时代提出的新课题，增强文化的创新创造活力，发展创造性文化、推进文化新发展，始终都是重要议题。法国《文化和媒体 2020：新一代文化与通信部》(2012 年)特别分析了数字技术的发展给文化发展带来的影响，强调要加强对文化和通信产业及其创新的支持，推进文物遗产数字化、文化研究和语言技术探索、艺术文化教育、公众政策中数字文化的实践和使用，将数字化的转变渗透到整个文化产业(视听、报刊和信息、图书、音乐唱片、电影、科技工业、电子游戏和广播)的每一个环节，让文化领域和数字工业的聚合体携手共进。在 2014 年新年记者会上，法国文化与通信部部长奥雷莉·菲莉佩蒂(Aurélie Filippetti)在演讲中强调：“文化创造力为法国提供了在世界舞台上崭露头角的能力——这是国家主权的关键所在，同时也为法国提供了对外展示其多样性和丰富性的能力。法国同样欢迎来自世界各地的艺术家并且希望他们能将法国视为好客之地，特别是创造力之地、思想迸发之地。”同时，她特别阐述数字革命背景下文化和艺术发展的思路：“数字技术改变了艺术和文化的传播和获取方式，也使它们的应用发生了巨大的变革。我的雄心就是让每个公民都能按照自己的方式，构建一个属于自己的‘数字资源库’。这是一个数字文化资源库，能让最大数量的人可以在浩如烟海的文化供给中不致迷失自我，熟练掌握各类创新工具，并能带着批判精神发掘所有可能的应用”，“我的目标是让数字革命使文化资本所固有的潜能得到释放，使其更具有现实意义。数字革命应该是创新的革命，全民的革命”。除了关注数字革命等新的时代条件下文化领域的创造性变革、发展之外，文化领域如何培养具有创新创造性的人才等亦是各国高度重视的课题。《创意英国：新经济，新人才》(2008年)关注的重点即如何“为年轻人提供更多在校外发展自身创造力的机会；为他们提供更多进入创意产业的结构化途径”，报告为此提出了一系列策略举措，并雄心勃勃地展望：“未来十年，创造力将驱动英国大都市经济的发展”，“创造力将成为城镇、城市以及各个地区经济发展的发动机”，该计划“将带来一系列连贯而全面的措施的出台和落实，将英国建设为全球创意中心”。俄罗斯《国家文化政策基础》(2014年)指出：“俄罗斯联邦面临着历史性的挑战，即要在短期之内实现国家经济和社会的现代化发展，并走向确保国家和社会可回应当今世界需求的集约化发展道路”，“为了战胜这一挑战，唯一的条件只有面向人以及个体为高质量的创新发展提供有计划的持续投资”。在该文本中，“为每一个人创造潜力的实现创造条件”被列为国家文化政策的重要目标之一。日本《文化艺术振兴基本法》(2001年) 指出：“在21世纪的当下，在继承、发展迄今为止所培育出的传统文化艺术的同时，推动具有独创性的新型文化艺术的发展，已经成为我们所面临的紧要课题。”该法将“推动文化艺术发展必须尊重其自主性”列为其提出的八项基本理念之首。其所强调的“自主性”，及该法中同样高度重视的“文化艺术的多样性”、著作权保护、相关的税收优惠政策等，都是与推动文化艺术的创新发展紧密关联在一起的。《日本品牌战略——让软实力产业成为经济增长的原动力》(2009年)在强调创造性的文化艺术人才培养之时，还特别指出：“更重要的是，日本品牌的中坚力量不必限于日本人，应该让来自亚洲甚至世界各国的多样性人才成为日本品牌各个领域的中坚力量。因此，要从海外积极引进人才，将他们作为未来的中坚力量进行培养。”

四、文化产业：构筑优势的战略支点

着力推动文化产业的发展，是当今时代各国文化战略中无一例外高度关注的战略重点。甚至在西方有关人士眼中，文化产业被视为“21世纪国家竞争的最后胜负手”，“文化和创意产业是极珍贵的王牌”，“是国家能进行的一项最佳投资”；它已然不是某一国家的专利，“已经成为全球的主题”。

文化产业之所以如此重要，与其作为文化与经济交融之体、作为文化创造力承载与展现之体等特点是紧密联系在一起的。有论者称，在美国经济中，最具活力的领域是创意产业，“从纽约到洛杉矶，在成百座城市里，依靠数以百计的视觉制作公司、互联网公司、有线电视、数码音乐制作公司、衍生品和软件制作的创业企业，美国经济为艺术家们提供了成千上万的就业机会”；“根据国际货币基金组织、世贸组织、联合国教科文组织以及世界银行的数据显示，美国向各地出口的内容产品约占世界出口总额的 50%”，且这种趋势还在不断强化，美国“文化产品与文化服务每年的出口增速约为 10%”。2021 年 3 月，美国商务部经济分析局发布的《文化艺术生产卫星账户报告——基于 2018 和 2019 年的数据》显示，2019 年美国有 520 万人从事文化和艺术产业，为美国经济贡献了 9 197 亿美元。在为《创意英国：新经济，新人才》(2008 年)所作的序言中，英国首相戈登·布朗(Gordon Brown)写道：“创意产业不仅对国家繁荣具有重要意义，也将决定英国是否有能力把文化和创造力置于国民生活的中心。”在德国，文化产业被视为知识和内容型社会的一部分，视为向以知识为基础的经济过渡过程中具有主导作用的力量，是“发展的动力和当务之急”；以支持和扩大德国创新力为目的的创新经济政策必须使创意产业的发展与自己的经济政策成果相统一。欧洲议会通过《1999—2004 文化产业报告》(2003 年)呼吁欧洲要“制定更积极的文化政策”，且这样的文化政策要充分考虑欧洲文化生产与美国和其他国家文化生产竞争的必要性、内部市场的发展和完善等问题。报告强调：“这些方案加上其他的提议都是为了通过发展欧洲文化产业来支持欧洲文化区的建立，增强欧洲的文化认同以及多样性。这样，欧洲文化中最令人鼓舞、最有创造力的力量就有机会向欧洲公民展示它们的创意。同时，他们还有机会向欧洲外的国家和人民传播欧洲文化认同，这具有特殊的文化和政治价值。”欧盟委员会提出的《全球化世界中的欧盟文化行动议程》(2007 年)也指出：“文化产业和创新领域对提高欧洲国内生产总值和就业发挥着重要的作用”，“在全球化竞争中，欧盟文化产业及创造力是一笔宝贵的财富，它加快了欧洲经济发展和竞争力的提高。在支持和推进革新创造中，必须发掘和促进文化的作用。发挥创造力是社会和技术革新的基础，因此也是促进欧盟发展、提高竞争力和增加就业岗位的重要驱动力”。在韩国，第二届韩国文化产业振兴委员会于 2000 年 2 月审议通过的《文化产业振兴五年计划》中将韩国称为“已经为进入 21 世纪——‘文化的世纪’做好准备的民族”，并分析认为：“世界经济的发展已经由以资本劳动密集型为主向以知识为基础的经济结构转型，文化产业上升为知识经济的核心产业”，“特别是文化资讯产业的培育成为国家文化的身份象征和确保国家竞争力的核心课题”，“文化产业竞争力的缺乏意味着民族文化和国家竞争力的丧失”。基于这样的认识，该计划明确提出要将文化产业发展为 21 世纪新的“国家基干产业”。《日本文化产业战略》(2007 年)也不仅阐述了文化产业的经济效应，同时也强调了文化产业的外交意义，认为文化产业可以增进海外受众对日本生活方式、价值观、审美意识的共鸣，加深其对日本文化、艺术和传统的理解，“这种受众对日本综合文化实力的‘憧憬’，能够为各种产业带来中长期正面效果”。

诸多的关于文化产业发展的国家战略文本、相关重要文献中不仅多维地表达了对文化产业发展重要性的丰富认识，也勾画了当今时代文化产业发展、竞争的世界图景。《遥遥领先：英国创意产业的经济效益》(2007 年)中，便有专门篇幅分析“创意产业的全球图景”。该报告指出：“就全球层面来说，创意产业非常重要，并且在不断增长。联合国教科文组织对基于消费的数据分析表明，文化产品的贸易在过去 10 年间增长了 50%，从 1994 年的 393 亿美元增加到 2002 年的 592 亿美元。这些文化产品包括传统商品、书籍、报纸、杂志、其他印刷品、记录媒体、视觉艺术以及视听媒体。”报告还引述了诸多其他相关数据，以具体呈现创意产业发展的客观状况。如，根据联合国贸易与发展会议的数据，密切依赖创意文化投入的产业的全球市场价值估计达到了 13 000 亿美元，而经济合作与发展组织则指出创意文化产业的年增长率在 5%到 20%之间；随着高附加值、知识密集型行业的出现以及全球可支配收入的增加，市场对创意产业的产品和服务的需求有望进一步增长，继而推动这些创意产业的增长。

联合国教科文组织德国委员会于2007年发布的《德国文化/创意产业发展报告》同样不惜笔墨地描绘各国推动文化产业发展的状况，着力为德国文化产业同欧洲及国际文化产业发展状况之间的对比提供便利。该报告指出，在整个欧洲，文化/创意产业作为独立的经济部门已经被越来越多的人所接受。2005年，英国设立了“创意产业部”，法国特别制定了全面的创意产业框架方案；2006年，欧洲委员会发表了一份长达300页的关于文化产业经济重要性的研究报告，这表明欧洲已经形成了带有突出重点的已经成形的重要政策战略。中国、印度和澳大利亚的相关人员已经组织了全国和世界范围内的专家会议，就创意产业这个主题进行讨论，并针对创意产业成立了新的研究机构。最近，世界经济合作与发展组织、世界银行、世界知识产权组织、国际劳工组织以及联合国教科文组织等许多组织多次提到创意产业。2007年2月，欧洲各国文化部长及媒体汇聚柏林时，多数欧洲国家表示了对文化/创意产业这一主题的重视。数十年来，文化/创意产业第一次成为欧洲议程中优先讨论的主题。《日本品牌战略——让软实力产业成为经济增长的原动力》(2009年)也特别强调“在海外，一直推行着这样一些全国性经济政策——着眼于软实力给经济活动带来的效果，并将文化商品和品牌振兴置于核心地位”，并历数美、英、法、韩诸国文化产业发展的历程与态势，以之为确立日本“软实力产业”的重要参照。这些分析，无一例外地都是为了在文化产业发展、竞争的世界图景中审视自我、制定本国文化产业发展和应对竞争之策。如同2014年8月28日法国总统弗朗索瓦·奥朗德(François Hollande)在第22届使节会议上所讲的那样：“文化不仅仅是影响力的载体、分享的载体，同时也是经济发展的媒介。我们都知道，文化产业的竞争即将开始。从今年秋天开始，各大运营商都将来法推销它们的产品。我们可以一开始就在文化领域内设置壁垒，拉起警戒线，但是这样一来，我们首先就输了”，“如同高等学校和大学的国际化发展一样，文化产业应该成为我们的一张重要王牌”。

在具体推进文化产业发展方面，各国各有自己的敏锐战略、切实举措。如，在美国，“几百个基金会对文化的不懈支持、激励性的税收政策、工会的积极支持、非盈利机构的核心作用和更近时期的企业文化赞助”，形成推动文化产业发展、构筑美国文化霸权的重要机制。为使文化/创意产业在国际上保持领先地位，德国2008年专门启动德国复兴信贷银行启动资金项目，为文化/创意产业的创业者和自由职业者提供融资。德国2012年8月发布的《文化/创意产业倡议——现状和前景》明确指出，联邦政府文化/创意产业倡议的目标是：加强文化/创意产业的竞争力，充分挖掘该产业的就业潜能，除此之外还应给创新型小企业和自由艺术家提供更多的机遇。该报告提出的实施和扩大倡议的举措有：确保文化/创意产业作为一个独立的经济增长部门；继续推进对国民经济的监测，每年都要掌控文化/创意产业的发展状况；继续针对各子市场的结构、挑战、发展路线和需求开展对话；改善文化/创意产业行业内经济联系；为文化/创意产业企业建立联系网；提供关于融资机会的信息，尤其是对于初始认证阶段的创业者们；审查经济和技术项目的可行性，以更好地资助文化/创意企业的发展；促使自由职业者和文化/创意小企业获得贷款的途径更加便捷；完善准入外贸资助项目渠道，以使本土文化/创意产业的潜能能够更好地在国外显现；继续实行艺术家社会保险并确保其稳定；完善数字版权法律框架，维护创作者和使用者之间利益的平衡。《2001—2005年俄罗斯文化联邦专项纲要》(2000年通过决议，2002年修订)提出要“建设强大的俄罗斯电影产业，打造视听产品生产、租赁和放映的完整、平衡体系，在国家生产生活、俄罗斯联邦主体社会经济发展中切实发挥作用”。俄罗斯《国家文化政策基础》(2014年)提出要“支持国家电影业发展，其中包括制作动画片、纪录片、科普类电影、教学影片、针对儿童群体的电影等，为创意产业发展创造条件”。《日本品牌战略——让软实力产业成为经济增长的原动力》(2009 年)提出要“将提升日本软实力的动画、漫画、电影、电视剧、音乐、游戏等内容产品以及饮食、时尚、设计这些与日本特有的品牌价值创造相关联的产业定位为‘软实力产业’，并且应当综合推进其产业振兴和海外发展”。《创意韩国》(2004 年)不仅提出了韩国进入世界文化产业五大强国之列的目标，还更具体地提出：“随着文化全球化的加速，韩国文化产业通过韩流热潮不断扩大进军世界市场的机会，这要求超越现有的有限水平，制作出具有创造性、综合性、多样性、高质量的资讯。为了实现成为世界文化产业五大强国这一目标，要加强文化产业的竞争力基础，改善文化资讯的创作、流通结构，加强国内需求基础与进军海外的能力，扩充文化产业环境的基础设施，强化扶持机构的效率，促进区域文化产业的积极发展。”

五、遗产保护：文化新生的重要基石

任何文化的前行，都是在既有历史基础上的前行。在这一过程中，如何对待自己的历史与传统，如何对待自己的文化积淀与遗存，是每一个民族、每一个国家都共同面对的课题。注重对历史文化的开掘，注重对文化遗产的保护，是 21 世纪以来各国文化战略呈现出的又一个显著特征。

文化遗产作为过往文化创造的历史遗存，对于文化的发展、经济的繁荣，对于一个民族、国家的继续前行，都具有极为重要的意义。在英国《文化白皮书》(2016 年)中，文化遗产不仅被视为“国家认同感的关键”，也被视为具有长期经济和社会收益的所在。该报告援引数据指出：英国“遗产旅游每年可以创造 260 亿英镑收益，占国民生产总值的 2%”。法国外交部长洛朗·法比尤斯(Laurent Fabius)和文化与通信部部长奥雷莉·菲莉佩蒂(Aurélie Filippetti)联名发表的《21 世纪法国文化外交的雄心》(2013 年)一文中，称“法国文化与遗产是发展法国旅游的重要王牌。我们将支持博物馆走出国门，最大限度地展出它们的收藏品，让它们更好地被世界所认识。我们的非物质文化遗产是法国吸引力的重要组成部分，并为法国带来了积极的影响。美食、艺术生活、专业知识、品牌(尤其是奢侈品)是法国最充分的代表，它们吸引了来自世界各地的不同人群，他们将法国与这些卓越的品牌联系在一起”。2014 年 4 月 4 日，欧洲各国主管文化和欧洲事务的部长们齐聚巴黎参加以“文化的未来，欧洲的未来”为主题的夏乐论坛。论坛发布的一份重要文件《欧洲、文化、数字化：2014—2019 年战略前景》中也专门论及了文化遗产之于欧洲身份强化、欧洲创新发展的意义。报告强调：“丰富的文化遗产和创造活力铸就了欧洲在世界的影响力，并与欧洲身份紧密相关，欧洲文化的吸引力以及文化创造者和文化产业的影响力同样是欧洲经济的推动力”，对创造性、知识和文化遗产的重视应“成为欧洲未来发展的核心对策”。俄罗斯《国家文化政策基础》(2014 年)指出：“俄罗斯——伟大的文化国度，拥有丰富的文化遗产、多世纪的文化传统和源源不断的创造潜力”，“俄罗斯的历史道路决定了俄罗斯文化的独特性、民族意识的特殊性，以及俄罗斯社会生活的价值基础”，“在国家绵延的历史长河中，民族精神体验正是通过文化被保护、累积和代际传承下来的，也正是通过文化确保了多民族俄罗斯的团结与统一，塑造了俄罗斯的爱国主义情感和民族自豪感，并在国际舞台上巩固了俄罗斯的国家权威”。日本《文化艺术振兴基本方针》第一次基本方针(2002 年)指出：“在历史长河中产生、发展、传承至今的物质以及非物质文化遗产是全体国民的珍贵财产，它们对于了解我国的历史、传统、文化是必不可少的，同时也是未来文化进步和发展的基础”，“文化遗产是在我国的历史发展中形成并传承至今的，它反映我国的自然、风土人情、社会和生活，形成了人们丰富的情感和精神活动的轨迹，是我国现代文化的基石”。这些观点，在此后的历次基本方针中，都被反复述及。《创意韩国》(2004年)指出：“语言、生活文化、文化遗产等传统文化是时代进行再解释和创造的资源，是产生时代独创性的母体”，并强调文化遗产是与文化认同感紧密相关的领域。该战略中提出的第11项“推进课题”，即“文化遗产的保存与传统的现代性继承”指出：“一个国家的文化遗产作为该国家历史的物质、精神的结晶，是形成民族成员在思想上的集体意识，确立每个人的民族认同感的基础。”2021年，美国总统约瑟夫·拜登(Joseph Robinette Biden，Jr)在荒野月(National Wilderness Month)宣言中也特别指出：美国的公共土地和水资源、令人惊叹的风景和文化遗址反映了我们与自然遗产的深厚而持久的联系……在国家荒野月期间，让我们加强与美国荒野地区的联系，加强对荒野的保护，努力保存它们所蕴含的故事、它们所保留的记忆，它们是我们为子孙后代留下的宝贵遗产。

基于对文化遗产重要意义的认识和把握，在当今世界，文化遗产的保护工作，越来越被置于重要位置，各方面均纷纷确立法规、制定战略、传承保护。2011年11月，欧洲议会和欧盟理事会通过第1194号决议，制定了欧洲文化遗产标识。保护和推广欧洲共同文化遗产，特别是向年轻一代开展这方面的工作，被视为欧洲文化合作中最具优先地位的目标。法国《文化和媒体2020：新一代文化与通信部》(2012年)称，文化遗产的“历史价值、象征价值和它激起的公众情怀都赋予了它在文化行动中无可争议的重要地位”，文化遗产保护“一直都是文化与通信部的中心基础性任务”。该报告坚持“为传承而保护”的理念，对文化遗产的传承保护提出了许多具体举措，如开展评估历史遗迹的工作，与遗产的参与者建立战略性的对话，提升地区遗产和建筑的重要性，将公众置于遗产政策的中心，迎接数字化的挑战和数字化遗产保护的挑战，将遗产政策拓展到国际层面等。在《2001—2005年俄罗斯文化联邦专项纲要》(2000年)中，为保护国家文化潜力和文化遗产创造条件，在支持文化生活多样化和文化创新多元化的同时，确保俄罗斯文化发展的继承性，保证国家统一文化空间，是纲要目标的重要内容。在《2012—2018年俄罗斯文化联邦专项纲要》(2012年)所列的“最重要的纲要指标和指数”中，排在首位的即“处于合格状态的联邦所属文化遗产的数量占联邦所属文化遗产总数的比重”。在俄罗斯《国家文化政策基础》(2014年)中，摆在国家文化政策之任务第一条的便是关于俄罗斯联邦民族文化遗产领域的。具体内容包括：在社会意识中承认作为个体和社会发展必备条件的、祖辈积累至今的历史和文化体验的价值；支持发掘、保护、普及俄罗斯联邦民族文化遗产的社会倡议；在个人和法人财产利益之上，切实实现物质和非物质文化遗产保护的社会优先权；完善俄罗斯联邦民族文化遗产项目，以及博物馆、档案馆藏品和国家图书馆馆藏的国家保护体系；建设全俄非物质文化遗产保护体系；保护民族文化传统，支持基于民族文化传统的民族创作，保护民族文化的多样性，将其视为职业文化的重要源泉之一以及民族认同的重要组成部分；在教育进程中，扩大、完善并促进文化遗产项目的现有使用经验，博物馆藏品和档案馆馆藏的现有使用经验，以及俄罗斯博物馆和保护区博物馆科学和信息潜力现有使用经验的系统化发展；加强文化遗产项目的作用，保护城市和社区的历史环境，其中也包括小型城市，为文化认知类旅游的发展创造条件；支持和发展公民参与民族、地方志和考古考察，以及发掘、研究和保护文化遗产项目的工作。《创意韩国》(2004年)制定的“文化遗产的保存与传统的现代性继承”推进课题提出：“此前的文物政策把重点放在原貌的保存上，导致人们以为文物是给国民带来不便的对象。今后，在提高文物原貌保存质量的同时，要向‘与国民在一起’的文物政策这一方向转变”，“为了保存文化遗产并现代性地继承传统，要加强系统地保存、管理文化遗产的能力，推进对古都及风纳土城的整理与保存工作，通过保存与开发的协调发展减轻国民的负担，提高文物原貌保存的质量水平，改进文化遗产与自然遗产的保存管理体系，通过对文化遗产的积极利用推进传统的现代性继承与再创造”。日本《文化艺术振兴基本方针》第一次基本方针(2002 年)指出：“面对近年来社会结构的急剧变化，应当立足于文化遗产保护和利用的现状，积极探讨有效保护和合理利用文化遗产的相关方案。与此同时，必须夯实文化遗产的修复以及保护、传承的基础，提供学习体验文化遗产的机会，积极推进相关推广和普及活动。”该方针针对当时日本社会结构以及国民意识的变化等，提出了保护、利用文化遗产的 11 条措施。《文化艺术振兴基本方针》第二次基本方针(2007 年)也列专条阐述“文化遗产的保护与灵活运用”问题，并在第一次基本方针有关要求的基础上进一步强调：“在做好国家和地方公共团体对文化遗产的保护和灵活运用之外，地方社会也应当将文化遗产视为国民共同的财产，悉心爱护，营造长期守护文化遗产的氛围。此外，若一定程度的文化遗产出现群聚，应开展研究，探讨综合掌握文化遗产情况的方法，以更有成效地发挥文化遗产的作用，构建文化氛围浓厚的空间。”“确保下一代继承文化艺术”被列入日本《文化艺术振兴基本方针》第三次基本方针(2011 年)所确定的重点战略，该方针强调“应综合性地对属于国民财产的文化遗产进行保护和利用，有计划地、系统地对将成为下一代文化艺术创造根基的文化艺术品和资料等进行收集与保护(建立档案)，以确保文化艺术被下一代继承”。

六、国际传播：展现魅力的普遍关注

文化在传播中展现其魅力、实现其影响力；文化也在对传播回馈信息的把握、消化中汲取强劲其生命活力的营养。与此同时，文化在传播过程中所形成的软实力，越来越成为新的历史条件下综合国力的重要构成部分。进入 21 世纪以来，尽管战略出发点不一，但各国对文化国际传播的重视均有增无减。

对文化国际传播的意义的阐发，遍见于各国相关文化战略和相关重要文献之中。英国文化协会的研究报告《影响力与吸引力——21 世纪文化和软实力的竞争》(2013 年)指出：“过去 10 年，各国人民之间文化交流的规模逐渐增大，大多数世界公民置身其他文化之中的事例也呈指数增长，国际交流的很多内容都与文化有关。由此产生的结果就是，当今世界，文化和国际政治存在相互依存的关系，文化在其中既发挥积极作用，也发挥消极作用。在新的全球环境下，民间文化交流为传统的国家外交奠定了基调，有时甚至决定了国家外交的议程，各个国家努力增进对彼此文化的理解，避免文化误解，致力于使本国软实力得到最大化发展。”英国国会议员、外交和联邦事务大臣威廉·海格(Lord William Hague)在为该研究报告撰写的前言中，也专门表达了英国应对这一时代大潮的努力：“英国仍旧是一个现代文化超级大国。但在未来几十年，要保持软实力的竞争力，就意味着要像对待军事、经济和各种外交优势一样，培植和重视文化资产。政府人员决心全力以赴，帮助并展现国民生活的智慧和才华，使之成为世界一流的力量。”英国《文化白皮书》(2016 年)同样浓墨重彩地展现了其在推动英国文化海外传播、提升英国软实力方面的决心和意志，如通过文化出口推广英国，提高英国的世界声誉和软实力，通过“大不列颠推广”计划，利用文化打造“英国品牌”等，以图巩固英国“软实力领导者”的地位。法国也一直不遗余力地推进法语文化的对外传播，保持其魅力攻势。德国外交部的《全球化时代的对外文化教育政策——赢得伙伴，传递价值，维护利益》(2011年)，面对当今世界格局的发展变化、面对德国在世界上“自然”分量正在减少的挑战，强调对外文化教育政策对保证德国在世界上影响力的重要作用。该报告指出：“以教育、交流和对话为途径，建立以文化上的相互尊重为特征的伙伴关系，我们能直接接触到更多人，从而赢得他们的认同，认同我们的国家、我们的价值观和我们的理念。”报告强调，对外文化教育政策是外交政策的重要组成部分，并且也是为外交政策的目标服务的：巩固欧洲、保障和平、维护旧的友好关系。美国《国家战略传播架构》(2010年)称：“通过所有的努力发现，有效的战略传播，对维持全球合法性和支持政策目标有重要意义”，“最高水平的政府，必须提倡和实施一个通过机制和程序得到加强的传播文化”。《创意韩国》(2004年)指出：“一个国家的文化形象，会使人们信任和喜爱这个国家的所有商品，这是即使同样品质的商品也会使人支付更高价格的高附加值经济战略的核心要素。”“文化艺术振兴要以改善国内文化艺术环境为首要目的，进而推动国际文化环境的发展”被写入日本《文化艺术振兴基本法》(2001年)关于文化艺术振兴的基本理念之中，并被一再重申，该法明确要求：国家应推动文化艺术的国际交流，致力于使日本文化艺术全面走向世界。

基于对文化国际传播重要意义的认识，21世纪以来，各国纷纷推出战略举措，着力推进各自文化的国际传播，努力提升自己的文化软实力。2005年，美国总统乔治·W·布什(George W. Bush)指出：“不得不承认，在讲述美国故事和传播真实美国形象方面，我们确实落后了。”在这一背景下，美国负责公共外交与公共事务的副国务卿卡伦·休斯(Karen Hughes)和她的继任者詹姆斯·格拉斯曼(James Glassman)提出“公共外交2.0”计划，寻求利用社交网站和其他网络媒体来赢得“思想之战”。前文亦曾述及，美国于2010年发布《国家战略传播架构》，该战略进一步明确了美国战略传播的重点，并指出：“尽管美国政府实施全球范围内的审慎交流和洽谈，但工作重点应和总体国家安全的重点相一致。如同国家实力的其他元素那样，交流洽谈工作应该支持政策目标，并且达到相应的效果：(1)使外国受众认清与美国的共同利益；(2)使外国受众相信美国在国际事务中发挥的建设性作用；(3)使外国受众明白面对全球复杂挑战时，美国是值得尊重的搭档。”该战略还具体明确了国家安全参谋部、国务院、国防部、广播理事会、美国国际开发署、情报界、国家反恐中心等在美国战略传播中的角色、职责及行动策略。2002年，美国面向全球尤其重点面向伊斯兰国家推出“向世界营销美国故事”的文化行动，旨在“消除针对美国文化和政策的消极、荒诞的观念，在伊斯兰世界倡导自治、宽容和多元主义的声音”。德国外交部不仅于2011年发布《全球化时代的对外文化教育政策——赢得伙伴，传递价值，维护利益》，将文化教育政策作为对外政策的支柱和核心，还为此专门任命了负责对外文化政策的外交部国务部长，明确提出对外文化政策的推行将在外交部得到最优先的财政支持；如资源有限，必要时将限制甚至暂停对国内项目的支持，优先保障对外文化教育政策的需要。《2006—2011年俄罗斯文化联邦专项纲要》(2009年)强调文化的国际传播是“国际关系体系中国家一体化战略的组成部分”，提出“要增强俄罗斯文化在国外的地位，形成俄罗斯形象——具有伟大传统文化的国家”。对于如何“发展国际合作，加强与世界文化的联系”，该纲要提出了诸多策略，如通过在国外推广和发展俄罗斯文化成果，拉近其与世界文化的目标与任务；在解决国家文化问题时借鉴外国文化组织的相关经验，积极扩大俄罗斯在世界文化进程中的参与范围；举办国际研讨会、学术会议、艺术节，在世界范围内推广俄罗斯表演艺术，在国外推广俄罗斯影片，加强电影业的国际合作，举办国际展会等。《日本品牌战略——让软实力产业成为经济增长的原动力》(2009年)所确立的日本品牌战略，有两个支点，一个是创造，另一个即是传播。该战略强调，要制定策略，全面支持将海外推广纳入范围的内容产品和商品的制作和开发等；对外传播，不应是片段式的，而应是各个领域同时进行传播，要官民一体形成合力；要明确对外传播的目标和方法，有重点地强化对外传播力度，要多方努力"使'日本迷'遍布世界各地"。"增强文化传播与国际文化交流"也被列入日本《文化艺术振兴基本方针》第三次基本方针(2011年)所确定的重点战略之中。该战略强调通过积极地将包含从传统文化到现代文化艺术活动在内的日本文化艺术传播到海外，同时推进各领域文化艺术的国际文化交流，为提升日本的国际形象、增进各国间相互理解作出贡献；主张唤醒作为日本强项的动画、漫画、电影等媒体艺术，以及设计、时尚、饮食文化等"酷日本"的潜力，实现向海外的战略性拓展。

推进文化国际传播的路径是多种多样的。但其中，也有各国普遍关注、借重的关键路径。如，语言推广即是其中一个极为重要的方面。2018年3月20日，法国总统埃马纽埃尔·马克龙(Emmanuel Macron)在法兰西学院发表关于法语战略的演讲。他认为，不仅要在法国的领土上进行法语推广，也要跨越国界，在别国的领土上继续进行法语推广以重新塑造法国的影响力和行动能力，"这是法国的责任所在"，"我们的雄心是要建立一个有益的法语、有效率的法语，并将不遗余力地承担起推广法语的责任"。为此，他要求法国文化中心和法语联盟开展积极合作，增进协同作用，共同推进法语的发展，他还寄希望于新一代法语教师的崛起，称法语教师是"伟大的英雄"，"我们国家的历史，是由这些英雄铸就的，是由我们驾驭法语的能力所决定的，是由我们在那些法语已经消退的地区驾驭法语的能力所决定的，通过我们的英雄，我们的法语教师，历史才被成功塑造"。德国《2011—2012年度联邦政府关于对外文化和教育政策的报告》称"推广德语语言是对外文化和教育政策的重点和核心任务"，"语言推广是一项历史使命"，"说德语的人会对我们的国家感兴趣，比普通人更了解德国，更理解德国的立场"。德国外交部研究报告《全球化时代的对外文化教育政策——赢得伙伴，传递价值，维护利益》(2011年)将1 500所伙伴学校、150所歌德学院以及德意志学术交流中心、洪堡基金称为其对外文化教育政策的三大支柱。德国歌德学院院长克劳斯-迪特·莱曼(Prof. Dr. H. C. Klaus-Dieter Lehmann)讲道："在93个国家的150所歌德学院是德国的宝贵财富"，"语言不仅仅是工具，更是一种文化的载体，使深入了解其他文化成为可能，并为就业和教育的流动性创造了先决条件"，"世界政治的风云变幻赋予了歌德学院新的任务：巩固民间社会，加强合作伙伴关系，民族团结及提供早期教育"。21世纪以来，俄罗斯接连发布《俄罗斯联邦2002—2005年"俄语"专项规划》《俄罗斯联邦2006—2010年"俄语"专项规划》《俄罗斯联邦2011—2015年"俄语"专项规划》，用意即在维护俄语在俄罗斯境内外的地位和影响力。2007年6月21日，弗拉基米尔·普京(Vladimir Putin)签署成立"俄罗斯世界"基金会。该基金会的重要任务之一，即推广俄语、支持境外的俄语学习计划。在文化国际传播的实践推进中，越来越多的国家开始努力更高质量地构建综合性的国际传播体系。如《创意韩国》(2004年)所指出的那样："为了通过文化宣传来提升国家形象，需要构建长期的、战略性的文化宣传体系，将文化宣传的核心功能整合、集成化，通过积极推进民间参与来加强文化宣传的力度，开发并扩充文化宣传资讯及其实施方式"；要"在积极应对全球化、本土化等国际环境变化的同时，为了形成开放的民族文化，要从国家主导的以发达国家为中心的单向文化交流中摆脱出来，向使地方自治团体和民间团体成为核心，在接受优秀的海外文化的同时，宣传我国的优秀文化的双向文化交流转换，为了增进我国文化的多样性及提高创造性，要使文化部门更多地参与国际机构的活动，推进国家间的战略性文化交流，加强对地方自治团体及民间部门进行国际交流的资助力度”。在推进文化国际传播的同时，世界各国也普遍注重对他国文化相关方面的吸收与借鉴。

综上，我们从六个方面，粗线条地勾勒了21世纪以来诸多国家文化图强、文化竞争的大致图景。尽管是粗线条勾勒，但从中我们仍不难感受到21世纪这一“文化世纪”生动、真切的世界文化图景，不难感受到各国围绕文化发展所倾注的热忱、所寄托的热望、所推进的热战。对当今世界文化图景、各国文化图强方略的深度认识和准确把握，是我国建设进而建成社会主义文化强国的重要基础性工作。为绘制一幅较为清晰的21世纪各国文化战略进路图、世界文化竞争全景图，从2010年起，我们着手辑、译相关文献，以近百人之力，历时十年，汇成了摆在读者诸君面前的这套《21世纪以来国外文化发展文献选编》，凡八卷，近千万言。付梓在即，感慨万千。既深感译事之不易，也更觉做好这一工作富有重要的基础性、战略性意义。同时，我们也深知，受眼界所囿、收集能力所限，以及翻译、出版周期等方面的影响，书中呈现的文献，肯定存在粗精不一等问题，一些新近的重要文献也尚未能够收录进来，译文离信、达、雅，还相距遥遥。但为了让这些带有鲜明时代特征的文献能够及时整体面世，让关注当代中国文化强国建设的人们能够及时从中有所悟、有所得，而不致其整体推出时成为纯粹的回顾性文献，我们决定以目前的形式推出这部译丛。在选文时，出于篇幅等多方面的考虑，我们对一些大家已相对比较熟悉或易得的一些文献，对一些单篇篇幅过大的文献，暂时忍痛割爱，未辑录入目前这部丛书中，待将来再择时机，以相宜形式推出。所收录文献中，一些观点、判断，带有其鲜明意识形态色彩、价值倾向，读者朋友们阅读时需仔细辨识、辩证取舍。我们也将继续做好这方面的辑、译工作，以使文献更丰富、全面，译文更精准、雅致，努力对社会主义文化强国建设有所贡献。

最后，真诚感谢国家出版基金项目、湖北省学术著作出版专项资金资助项目、马克思主义理论与中国实践湖北省协同创新中心的大力支持，感谢武汉大学出版社为这部丛书的编辑出版付出大量心血，感谢所有参与了这项辑、译、校浩大工程持久战的同事和朋友们！

2021年12月1日于珞珈山

前　　言

文化战略是世界各国国家战略的重中之重，是各国回应作为“综合国力竞争重要因素和经济社会发展重要支撑”的国家软实力建设的关键领域。俄罗斯是我国最大的邻国，近年来中俄两国以实际行动在国际舞台上树立了大国关系典范。正如习近平总书记所指出的：“中俄两国是山水相连的好邻居、守望相助的好朋友、精诚协作的好伙伴。”随着两国关系的不断升温，两国之间的人文交流愈加密切。我们看到，近年来俄罗斯政府积极制定符合国家发展需要的文化战略，从精神文化、物质文化、制度文化全方位铸造文化强国，努力实现对内凝聚价值共识、对外塑造俄罗斯国家形象的发展目标。那么，俄罗斯政府在文化领域的战略导向是什么？俄罗斯国家文化政策重点关注了哪些具体领域和问题？诸如此类的问题是我们探索俄罗斯文化建设相关问题的基本突破口。为此，研究团队择选10篇具有代表性的俄罗斯文化领域政策文件集结成卷，期望与学界同仁产生学术共鸣，更盼起到抛砖引玉之效。

本书译校团队成员包括雷蕾、刁莉、潘龙、张颢倚、张博雅和柴雯雯。各位青年学人在完书过程中基于自身学科和外语之长，积极推动本卷相应篇章翻译和校对工作的顺利进行。武汉大学出版社程牧原编辑为本书的顺利出版付出了艰辛的劳动，对译稿进行了多次认真细致的修改，在此谨致谢忱。

鉴于水平有限，书中难免存在一定疏漏。不当之处，也恳请读者朋友批评指正。

编译者

2021年11月

目　　录

《2001—2005 年俄罗斯文化》联邦专项纲要

* 俄罗斯联邦政府 2000 年 12 月 14 日 第 955 号决议

俄罗斯联邦政府2000年12月14日第955号决议
（2002年7月19日修订）

《2001—2005年俄罗斯文化》联邦专项纲要

俄罗斯联邦政府决议修订(第540号)　2002年7月19日

为综合解决国家文化潜力的保护与发展问题，以及俄罗斯联邦民族文化遗产的保护与合理使用问题，俄罗斯联邦政府作出如下决议：

1. 批准下附《2001—2005年俄罗斯文化》联邦专项纲要(以下简称纲要)。

2. 自2001年起，俄罗斯联邦经济发展与贸易部、俄罗斯联邦财政部将本纲要列入联邦预算资金拨款支持的联邦专项纲要清单。

纲要实施过程中，纲要措施及拨款数额须每年根据联邦预算能力进行调整。

3. 建议俄联邦主体执行权力机关参与纲要措施拨款。

俄罗斯联邦政府总理　　　　米·卡西亚诺夫

批准纲要
俄罗斯联邦政府
2000 年 12 月 14 日
第 955 号决议

《2001—2005 年俄罗斯文化》联邦专项纲要

《2001—2005 年俄罗斯文化》联邦专项纲要说明

纲要名称——《2001—2005 年俄罗斯文化》联邦专项纲要

纲要制定依据——2000 年 6 月 3 日俄罗斯联邦政府第 764-P 号令

纲要国家定购协调单位——俄罗斯联邦文化部

纲要国家定购单位——俄罗斯联邦国家档案局

纲要主要制定单位——俄罗斯联邦文化部、俄罗斯联邦国家档案局

纲要执行单位——文化、艺术和电影机构，档案机构，科研组织，创作协会以及文化和艺术活动家联合会，社会联合会和社会组织

纲要目标——为保护国家文化潜力和文化遗产创造条件，在支持文化生活多样化和文化创新多元化的同时，确保俄罗斯文化发展的继承性；保证国家统一文化空间，为多民族国家的文化对话创造条件，为俄罗斯不同地区居民、不同社会群体代表平等享用文化财产创造条件；培养个人和社会群体形成促进俄罗斯社会成功实现现代化发展的价值取向

纲要实施期限——2001—2005 年

子纲要清单——子纲要《俄罗斯文化发展与文化遗产保护》
子纲要《俄罗斯电影业》
子纲要《俄罗斯档案》

纲要拨款数额及来源——联邦预算资金——284. 087 亿卢布；
俄罗斯联邦主体预算资金——78. 364 亿卢布；
预算外资金——129. 088 亿卢布

实施纲要的最终预期成果——扩大公民享用文化财产与文化福利的机会；保护文化领域人才潜力；巩固国家统一文化空间；有效保护和使用文化遗产，其中包括修复和发展瓦拉姆群岛，修复谢尔吉耶夫圣三一修道院建筑群古迹；发展国家电影业；保护俄罗斯联邦档案馆馆藏

纲要执行的监督组织体系——由俄罗斯联邦文化部、俄罗斯联邦国家档案局按照实施联邦专项纲要的既定程序进行监督

一、问题及以纲要形式解决问题的必要性

《2001—2005 年俄罗斯文化》联邦专项纲要（以下简称纲要）是基于俄罗斯联邦政府社会经济政策长期发展的基本方向制定的。

俄罗斯社会变革以及国家经济领域改革必然触及文化生活。近十年来，我国的文化生活受到两个对立趋势的影响。

国家民主基础的形成提高了公民的创造性，剧院、博物馆、创作集体和联合会不断涌现。文化活动家和组织获得的自由为文化发展创设了最佳条件。涌现了新型职业艺术消费者和定购者，他们基于市场原则与创作者建立合作关系。

与此同时，国家认为市场能够解决问题，因而逐渐缩减了对文化的支持。文化对俄罗斯社会以及对公民积极立场和价值取向的影响不断减弱。

尽管文化发展的部分领域出现了复杂的危机境遇，我们已经局部克服了文化领域的家长式管理，以纲要形式开展文化活动的形式不断普及，社会对文化支持的形式不断扩大，参与程度不断提高。目前，俄罗斯社会已形成了必备的社会、经济和心理条件，能够彻底更新文化领域国家管理系统体系和国家调节系统。文化领域目前的状况可以描述为：文化已经开始进入稳定发展的新阶段。

随着社会市场关系和社会民主化的不断确立，文化潜力需要变革，这也正是实施纲要的目标指向。

“文化”领域现象的多样性使得我们不能孤立地解决文化领域面临的问题，在缺乏各级国家权力机关、社会联合会和其他文化活动主体广泛协作的个别地区和组织，更有必要采取纲要的形式。

二、纲要实施的主要目标、任务和期限

纲要的主要目标包括：

保护国家文化潜力和文化遗产，在支持文化生活多样性的同时，确保俄罗斯文化发展的继承性；

保障统一文化空间，为确保不同地区居民、不同社会群体代表平等享用文化财产创造条件，为多民族国家的文化对话创造条件；

培养个人和社会群体形成促进俄罗斯社会成功实现现代化发展的价值取向。

基于 1993 年至 1999 年期间颁布的俄罗斯联邦文化发展联邦专项纲要，本纲要重点关注了文化领域的持续改革，致力于为下述任务提供保障：

保障国家对职业创作的支持，为其发展和公民参与文化生活创造条件；

保护和有效利用俄罗斯文化遗产与俄罗斯联邦档案馆馆藏；

发展和巩固文化领域的基础设施建设，确保公民可享用国家博物馆、图书馆和档案馆馆藏的文化福利和信息资源，将俄罗斯纳入全球信息空间；

通过国家部门机构重组，以及视听产品生产、租赁和放映领域相互协作的市场机制的不断激活，促进电影业稳定发展；

提高文化在巩固公民社会制度、形成个体社会积极性，以及保护弱势群体中的作用；

将预算资金集中用于文化发展的优先方向。

本纲要与科学、教育、青年和国家政策、环境保护、联邦关系等领域的纲要密切相关。

纲要有效期自 2001 年至 2005 年。

三、纲要的资金保障

纲要措施拨款主要来源于联邦预算资金，同时吸收俄罗斯联邦主体预算资金和预算外资金。

纲要拨款总额 491.539 亿卢布，其中联邦预算资金 284.087 亿卢布，俄罗斯联邦主体预算资金 78.364 亿卢布，预算外资金 129.088 亿卢布。

由纲要的国家定购单位和相关俄罗斯联邦主体协商，决定实施纲要措施与参与拨款的俄罗斯联邦主体（承担预算资金）。

联邦预算资金承担的 2001 年至 2005 年拨款数额具有预测性，必须基于联邦预算能力，每年按照程序在年度联邦预算方案和联邦投资项目中进行调整。

按照资金来源及支出方向分配纲要预期拨款数额

（单位：百万卢布，根据 2000 年卢布汇率制定）

拨款来源及方向	拨款数额——总计	具体包括				
		2001 年	2002 年	2003 年	2004 年	2005 年
总计	49153.9	5071.2	8297	9796	12039.6	13950.1
具体包括：						
联邦预算	28408.7	2231.1	4844.3	5839.3	7235.8	8258.2
俄罗斯联邦主体预算	7836.4	1146.9 <*>	1328.5	1522.5	1785.3	2053.2
预算外资金	12908.8	1693.2	2124.2	2434.2	3018.5	3638.7
国家投资——总计	12871.8	772	2291.7	2755.8	3423	3629.3
具体包括：						
联邦预算	12017.2	737.9	2163.8	2580.1	3194.2	3341.2
俄罗斯联邦主体预算	824	30	122.4	169.2	221.8	280.6
预算外资金	30.6	4.1	5.5	6.5	7	7.5
研发——总计	122.3	11.5	24.8	25.6	28.6	31.8
具体包括：						
联邦预算	120.3	11.3	24.5	25.2	28.1	31.2
俄罗斯联邦主体预算						
预算外资金	2	0.2	0.3	0.4	0.5	0.6

续表

拨款来源及方向	拨款数额——总计	具体包括				
		2001 年	2002 年	2003 年	2004 年	2005 年
其他需求——总计	36159.8	4287.7	5980.5	7014.6	8588	10289
具体包括：						
联邦预算	16271.2	1481.9	2656	3234	4013.5	4885.8
俄罗斯联邦主体预算	7012.4	1116.9	1206.1	1353.3	1563.5	1772.6
预算外资金	12876.2	1688.9	2118.4	2427.3	3011	3630.6

<*>2001 年俄罗斯联邦主体用于纲要实施的预算资金拨款总额，由国家定购单位和俄罗斯联邦主体权力执行机关协商确定。

四、纲要实施机制

纲要的实施主要基于俄罗斯联邦文化部(国家定购协调单位)、俄罗斯联邦国家档案局(国家定购单位)与纲要实施执行单位签署的国家合同(条约)。

通过竞争确定纲要实施方案：

按照联邦法律《基于国家需要以竞争形式定购商品、履行工作和提供服务的规定》确定纲要实施的执行单位。

国家定购单位在每个财政年按程序核定用于纲要的联邦预算资金拨款。

当预算拨款数额较国家定购协调单位预定数额发生变动时，按程序确认俄罗斯联邦主体预算资金、预算外资金的拨款数额以及纲要实施情况，以此保证在既定时期内完成纲要。

纲要实施机制包括下述年度工作文件：实施每一个子纲要措施的组织计划；执行具体项目措施的竞争选拔规划；与通过竞争确定的纲要措施执行单位签订合同(条约)的方案；具体执行单位制定的筹备与实施纲要措施的工作清单，含拨款数额及来源。

五、纲要实施进程的管理与监控

考虑到纲要措施的规模和复杂性，为合理开展纲要实施的组织管理工作，纲要分为若干子纲要。

俄罗斯联邦文化部总体负责纲要实施工作，协调保障纲要活动的筹备和实施，确保联邦预算资金的专款专用与有效使用，按照程序在财政年度制定并提交用于纲要拨款的联邦预算校核的综合预算申请，准备纲要实施进程的年度结算报告。

纲要实施的指导单位是俄罗斯联邦文化部。指导单位对纲要的实施及最终成果负主要责任，同时负责监督预算资金的专款专用与使用情况。

为加强纲要管理工作，国家定购单位成立管理处，制定管理处章程及工作人员岗位职责。

作为国家定购单位，俄罗斯联邦财政部、俄罗斯联邦经济发展与贸易部负责通报与纲要执行单位签订的国家合同(条约)的情况，以及联邦预算拨款、预算外拨款和俄罗斯联邦主体预算情况；俄罗斯联邦工业、科学和技术部负责通报民用研发方案。

国家定购单位为管理、分析和监督纲要措施的实施进程提供信息技术。

包括新子纲要在内的纲要修订工作，以及延长纲要实施期限，必须按照程序征询国家定购协调单位建议。

纲要有效期每次延长不得超过一年。有效期不得不延长一年以上的，必须制定新纲要。

纲要的国家定购协调单位与俄罗斯联邦国家统计委员会共同负责纲要实施的统计报告，委托俄罗斯联邦经济发展与贸易部，俄罗斯联邦工业、科学和技术部负责撰写纲要工作进度和财政资金使用情况的报告(含民用研发部分)。

纲要的国家定购单位与俄罗斯联邦经济发展与贸易部共同负责组织纲要实施进程的专家审查工作。

基于国家和部门报告及合同(条约、协定)，根据纲要国家定购协调单位的要求程序对纲要实施情况进行监督。

监督还包括纲要措施的实施情况、执行单位合理使用划拨财政资金的情况、纲要措施实施质量以及合同(条约、协定)履行期限的定期报告。

项目措施的执行单位按照要求上报全部财政资金的使用情况。

六、纲要实施的成效评价

纲要实施的社会经济成效在于增强文化的社会作用，原因如下：

巩固国家统一文化空间是保持俄罗斯国家完整性、抵制孤立主义和分离主义趋势的重要因素；

纲要实施能为创作活动、俄罗斯文化在世界文化一体化进程中的发展、掌握文化交流新形式新方向创造有利条件；

纲要实施能提高和扩大居民享用文化福利和文化信息的可能性；

纲要实施能加速推动文化发展的进程，扩大可用于文化领域的非国有资源；

纲要实施能在自由劳动市场条件下，保障从事创作的职业青年专家的竞争力，发展青年审美教育；

纲要实施能优化预算资金的支出，将资源集中到实现文化领域和文化物质基础现代化的优先任务上。

七、纲要措施体系

纲要的制定与实施主要通过实行下述三个子纲要任务的系列措施：

《俄罗斯文化发展与文化遗产保护》

《俄罗斯电影业》

《俄罗斯档案》

子纲要《俄罗斯文化发展与文化遗产保护》和《俄罗斯电影业》归属于俄罗斯联邦文化部的活动范围，子纲要《俄罗斯档案》归属于俄罗斯联邦国家档案局的活动范围。

子纲要《俄罗斯文化发展与文化遗产保护》

1993年至1999年期间，致力于保护和发展俄罗斯联邦文化和艺术的系列联邦专项纲要的实施，总体上缓解了俄罗斯文化领域的危机趋势，保护了历史文化纪念建筑群，制止了国有文化和艺术单位、文化领域教育机构的关闭与转型，为民族文化中心的建设与发展，文化、艺术保护与发展的区域纲要的实施提供了支持。

这一时期，国家重点关注了市场关系下新型文化活动的确立，以及文化组织和文化领域活动家如何适应变革的经济条件。

子纲要《俄罗斯文化发展与文化遗产保护》(以下简称子纲要)的措施体系是2001年至2005年保障文化和艺术稳定发展的整体行动。

1. 子纲要的主要目标

子纲要的主要目标包括：

保护创作自由，为职业艺术发展与文学创作提供条件；

保护国家戏剧、音乐艺术、表演学派的传统，发展戏剧和音乐团体，为培养有天赋的创作型青年创造条件；

为不同类型、体裁和方向的造型艺术提供平等发展条件，提高职业艺术家的社会地位和社会保障水平；

保护和发展不同形式的文化娱乐活动和业余创作；

发展俄罗斯马戏艺术传统，扩大受众，加大马戏艺术在国民文化生活中的作用，塑造俄罗斯马戏的海外形象；

从国家层面有效保护历史和文化遗址，对其进行挖掘、登记、修复等科学文化工作，并将其作为文化遗产的不动产部分合理使用；

做好国家级俄罗斯联邦博物馆的保护、补充、研究与展示工作，完善博物馆活动，如在登记、保存和推广博物馆藏品和陈列品工作中采用新的信息技术，建设现代化陈列，探索管理形式和方式，提高国家层面博物馆登记和保存监督的有效性，确保博物馆藏品向公民开放；

为保障文物和文献安全创造条件；

组织相关活动，防止非法进出口文化财产和非法转移文化财产的所有权，寻回被盗取和非法出口的文化财产，确保文化财产的归还工作；

通过建立新型俄罗斯居民优质图书信息服务系统，确保居民自由获取信息，保证图书馆活动的现代化发展，促进建设俄罗斯统一的信息空间并与国际接轨；

保护培养创作人才的国立学校，保证补充教育在文化领域以及教育机构活动现代化进程中的作用，发展文化领域继续教育和人才再培训体系；

在文化领域实施社会政策的过程中坚持联邦制原则；

彻底改善文化组织的物质基础和技术条件，特别是关涉俄罗斯联邦民族文化遗产的文化组织；

实施综合的专项方案，修复瓦拉姆群岛，修复谢尔吉耶夫圣三一修道院建筑群古迹。

子纲要措施包括“俄罗斯艺术”“俄罗斯马戏艺术”“俄罗斯文化遗产”“俄罗斯图书馆”“发掘和支持有才能的青年，职业教育”“联邦、民族和区域政策的文化基础”“文化组织技术现代化与技术装备现代化”“系列专项方案”“法律、科学与信息保障”。

除此之外，子纲要措施体系还包含附录提供的组织保障措施和投资措施。

2. 子纲要的资源保障

2001 年至 2005 年用于实施子纲要的资金为 277.83 亿卢布，其中联邦预算资金 199.683 亿卢布，俄罗斯联邦主体预算资金 41.035 亿卢布，预算外资金 36.842 亿卢布，其中，俄罗斯东正教会和国际基督教慈善基金会提供资金 3.287 亿卢布(按照协定)。

2001—2005 年子纲要《俄罗斯文化发展与文化遗产保护》拨款数量及来源

(单位：百万卢布，根据 2000 年卢布汇率制定)

拨款来源及方向	拨款数额——总计	具体包括				
		2001 年	2002 年	2003 年	2004 年	2005 年
总计	27783	2476.1	4418.8	5509	7069.4	8309.7
具体包括：						
联邦预算	19968.3	1426.6	3136	3994.5	5259.9	6151.3
俄罗斯联邦主体预算	4130.5	572.5	690	804.5	949	1114.5
预算外资金	3684.2	477	592.8	710	860.5	1043.9
国家投资——总计	10363.9	717	1831.9	2191	2742	2882
其中包括：						
联邦预算	9876.9	687	1762.9	2103	2616	2708
俄罗斯联邦主体预算	487	30	69	88	126	174
预算外资金						
研发——总计	42.7	5.7	7.9	7.4	9.7	12
其中包括：						
联邦预算	42.7	5.7	7.9	7.4	9.7	12
俄罗斯联邦主体预算						
预算外资金						
其他需求——总计	17376.4	1753.4	2579	3310.6	4317.7	5415.7
具体包括：						
联邦预算	10048.7	733.9	1365.2	1884.1	2634.2	3431.3
俄罗斯联邦主体预算	3643.5	542.5	621	716.5	823	940.5
预算外资金	3684.2	477	592.8	710	860.5	1043.9

子纲要《俄罗斯文化发展与文化遗产保护》的纲要措施体系

	措施名称	预期结果	执行单位	完成期限	经费——总计（百万卢布）	所含联邦预算资金
第一部分　俄罗斯艺术						
1	保障公民体验不同形式艺术的权利，扩大职业艺术的社会领域及需求范围	扩大职业艺术领域供给，为吸引更多来自不同阶层的居民参与体验职业艺术创造条件	文化组织、创作协会	2001—2005 年	1516	1180
				2001 年	139	95
				2002 年	240	184
				2003 年	312	248
				2004 年	377	297
				2005 年	448	356
2	创造必备条件，以此发掘、培养和发展有天赋的青年人，培养其成为艺术大师并扩大对其需求范围	发掘、扶持有天赋的创作型青年；保护和发展国家创造力	文化组织、创作协会	2001—2005 年	264	39
				2001 年	34	4
				2002 年	42.5	5.5
				2003 年	51	8
				2004 年	61.5	8.5
				2005 年	75	13
3	发展和完善话剧、音乐、造型艺术作品的实践定购，完善国家对编排戏剧、举办音乐会、组织展览的实践需求（在竞争的基础上）。有针对性地支持具有重要社会价值、不同体裁的艺术作品，其中也包括儿童和青少年的作品	提出有针对性的职业艺术领域国家政策并优化其发展	文化组织、创作协会	2001—2005 年	329	180
				2001 年	56	36
				2002 年	60	36
				2003 年	65	36
				2004 年	71	36
				2005 年	77	36
4	设计纪念碑、纪念像、纪念牌、纪念章，创作不朽的艺术作品	永久纪念伟大的俄罗斯和世界文化的活动家	文化组织、创作协会	2001—2005 年	374	81
				2001 年	52	9
				2002 年	58	9
				2003 年	69	13
				2004 年	86	20
				2005 年	109	30
5	探索促进艺术活动家从知识和技能上适应变革环境的措施（进修、大师班、实验室、研讨会等）；对创作集体的劳动、行政、管理资源的利用情况开展监督。为提出和发展职业创作和民族创作领域的新型组织形式和模式（包括非国有的）创造条件	优化劳动关系，为职业艺术领域工作者的适应性发展提供有针对性的社会支持；更新创作集体结构	文化组织、创作协会	2001—2005 年	167	35
				2001 年	22	4
				2002 年	26	5
				2003 年	32	7
				2004 年	40	9
				2005 年	47	10
6	与国际组织合作，包括欧洲委员会、联合国教科文组织、欧盟等	支持和发展国际文化交流，提高俄罗斯艺术地位	文化组织	2001—2005 年	49	15
				2001 年	7	2
				2002 年	8	2
				2003 年	9	3
				2004 年	12	4
				2005 年	13	4

续表

<table>
<tr><th></th><th>措施名称</th><th>预期结果</th><th>执行单位</th><th>完成期限</th><th>经费——总计（百万卢布）</th><th>所含联邦预算资金</th></tr>
<tr><td colspan="7">第二部分　俄罗斯马戏艺术</td></tr>
<tr><td rowspan="6">7</td><td rowspan="6">支持马戏类综合活动、发展马戏艺术，关注马戏传送设备更新（特技表演、单人节目、集体节目），创作马戏艺术作品（表演、戏剧、节目）</td><td rowspan="6">发挥马戏创作综合类作品的作用，扩大俄罗斯及海外观众群体</td><td rowspan="6">俄罗斯国家大马戏、马戏组织</td><td>2001—2005年</td><td>453</td><td>258</td></tr>
<tr><td>2001年</td><td>53</td><td>18</td></tr>
<tr><td>2002年</td><td>100</td><td>60</td></tr>
<tr><td>2003年</td><td>100</td><td>60</td></tr>
<tr><td>2004年</td><td>100</td><td>60</td></tr>
<tr><td>2005年</td><td>100</td><td>60</td></tr>
<tr><td rowspan="6">8</td><td rowspan="6">在马戏艺术领域发掘、吸引和扶持青年表演者：在马戏节目编排过程中对参与者和马戏教育机构毕业者提供物质资金支持；吸引来自体育、独立表演团体和业余表演团队的青年，从中培养马戏综合节目的表演者；组织青年演员学习观摩马戏大师的表演，并开展进修活动；组织开展俄罗斯和国际马戏艺术节、观摩赛和竞赛</td><td rowspan="6">吸引有天赋的青年投身马戏艺术，保持马戏艺术的继承性和传统</td><td rowspan="6">俄罗斯国家大马戏、马戏组织</td><td>2001—2005年</td><td>40</td><td>25</td></tr>
<tr><td>2001年</td><td>8</td><td>5</td></tr>
<tr><td>2002年</td><td>8</td><td>5</td></tr>
<tr><td>2003年</td><td>8</td><td>5</td></tr>
<tr><td>2004年</td><td>8</td><td>5</td></tr>
<tr><td>2005年</td><td>8</td><td>5</td></tr>
<tr><td rowspan="6">9</td><td rowspan="6">配备现代化马戏固定设备和移动设备，成立文化娱乐中心，购置动物</td><td rowspan="6">实现马戏创作综合类作品的现代化发展，扩大其观众群体，发展巡回演出活动</td><td rowspan="6">俄罗斯国家大马戏、马戏组织</td><td>2001—2005年</td><td>178</td><td>128</td></tr>
<tr><td>2001年</td><td>26</td><td>16</td></tr>
<tr><td>2002年</td><td>38</td><td>28</td></tr>
<tr><td>2003年</td><td>38</td><td>28</td></tr>
<tr><td>2004年</td><td>38</td><td>28</td></tr>
<tr><td>2005年</td><td>38</td><td>28</td></tr>
<tr><td rowspan="6">10</td><td rowspan="6">通过组织自愿医疗保险、疾病预防与治疗，改善负责传送工作和巡回马戏组织的马戏工作者的社会生活条件，保障其居住条件</td><td rowspan="6">提高马戏工作者的社会保障水平</td><td rowspan="6">俄罗斯国家大马戏、马戏组织</td><td>2001—2005年</td><td>10</td><td></td></tr>
<tr><td>2001年</td><td>2</td><td></td></tr>
<tr><td>2002年</td><td>2</td><td></td></tr>
<tr><td>2003年</td><td>2</td><td></td></tr>
<tr><td>2004年</td><td>2</td><td></td></tr>
<tr><td>2005年</td><td>2</td><td></td></tr>
<tr><td colspan="7">第三部分　俄罗斯文化遗产 历史文化不动产遗址</td></tr>
<tr><td rowspan="6">11</td><td rowspan="6">组织联邦（全俄）历史文化遗址保护工作的事故预防与封存工作</td><td rowspan="6">消除联邦历史文化遗址保护工作的危机状况</td><td rowspan="6">文化机构、修复组织</td><td>2001—2005年</td><td>1590</td><td>1190</td></tr>
<tr><td>2001年</td><td>150</td><td>70</td></tr>
<tr><td>2002年</td><td>230</td><td>150</td></tr>
<tr><td>2003年</td><td>320</td><td>240</td></tr>
<tr><td>2004年</td><td>390</td><td>310</td></tr>
<tr><td>2005年</td><td>500</td><td>420</td></tr>
<tr><td rowspan="6">12</td><td rowspan="6">支持宗教组织使用的文化遗址的修复工作</td><td rowspan="6">修复文化建筑遗址</td><td rowspan="6">修复组织、社会联合会</td><td>2001—2005年</td><td>1560</td><td>1060</td></tr>
<tr><td>2001年</td><td>140</td><td>40</td></tr>
<tr><td>2002年</td><td>220</td><td>120</td></tr>
<tr><td>2003年</td><td>280</td><td>180</td></tr>
<tr><td>2004年</td><td>370</td><td>270</td></tr>
<tr><td>2005年</td><td>550</td><td>450</td></tr>
</table>

续表

<table>
<tr><th></th><th>措施名称</th><th>预期结果</th><th>执行单位</th><th>完成期限</th><th>经费——总计（百万卢布）</th><th>所含联邦预算资金</th></tr>
<tr><td rowspan="6">13</td><td rowspan="6">组织木质遗址的封存和修复工作</td><td rowspan="6">保护稀有木质遗址</td><td rowspan="6">文化机构、修复组织</td><td>2001—2005 年</td><td>930</td><td>850</td></tr>
<tr><td>2001 年</td><td>36</td><td>20</td></tr>
<tr><td>2002 年</td><td>76</td><td>60</td></tr>
<tr><td>2003 年</td><td>146</td><td>130</td></tr>
<tr><td>2004 年</td><td>276</td><td>260</td></tr>
<tr><td>2005 年</td><td>396</td><td>380</td></tr>
<tr><td rowspan="6">14</td><td rowspan="6">联邦遗址的全面综合修复工作</td><td rowspan="6">关注联邦（全俄）历史文化遗址的文化、科学、经济周期</td><td rowspan="6">文化机构、修复组织</td><td>2001—2005 年</td><td>2905</td><td>1605</td></tr>
<tr><td>2001 年</td><td>270</td><td>100</td></tr>
<tr><td>2002 年</td><td>360</td><td>160</td></tr>
<tr><td>2003 年</td><td>480</td><td>250</td></tr>
<tr><td>2004 年</td><td>800</td><td>500</td></tr>
<tr><td>2005 年</td><td>995</td><td>595</td></tr>
<tr><td rowspan="6">15</td><td rowspan="6">建设致力于保护和使用历史文化遗址的全俄监督制度</td><td rowspan="6">从国家层面对历史文化遗址进行登记，确保有效使用</td><td rowspan="6">文化机构、修复组织</td><td>2001—2005 年</td><td>390</td><td>190</td></tr>
<tr><td>2001 年</td><td>50</td><td>10</td></tr>
<tr><td>2002 年</td><td>60</td><td>20</td></tr>
<tr><td>2003 年</td><td>70</td><td>30</td></tr>
<tr><td>2004 年</td><td>90</td><td>50</td></tr>
<tr><td>2005 年</td><td>120</td><td>80</td></tr>
<tr><td rowspan="6">16</td><td rowspan="6">参与国际组织历史文化遗址的保护工作</td><td rowspan="6">提高俄罗斯在世界文化共同体中的地位</td><td rowspan="6">文化机构、修复组织</td><td>2001—2005 年</td><td>577</td><td>77</td></tr>
<tr><td>2001 年</td><td>32</td><td>2</td></tr>
<tr><td>2002 年</td><td>65</td><td>5</td></tr>
<tr><td>2003 年</td><td>110</td><td>10</td></tr>
<tr><td>2004 年</td><td>160</td><td>20</td></tr>
<tr><td>2005 年</td><td>210</td><td>40</td></tr>
<tr><td colspan="7">俄罗斯联邦博物馆馆藏和俄罗斯联邦博物馆</td></tr>
<tr><td rowspan="6">17</td><td rowspan="6">修复俄罗斯联邦博物馆馆藏的国家级别部分的藏品（首要修复地区博物馆的藏品），即优先开展封存和预防工作，持续追踪博物馆藏品的技术状况，持续为长期陈列或国内展览准备陈列品，支持博物馆修复工作者赴大型国家修复中心进修</td><td rowspan="6">保护俄罗斯联邦博物馆藏</td><td rowspan="6">博物馆机构和修复组织</td><td>2001—2005 年</td><td>113</td><td>93</td></tr>
<tr><td>2001 年</td><td>16</td><td>12</td></tr>
<tr><td>2002 年</td><td>19</td><td>15</td></tr>
<tr><td>2003 年</td><td>22</td><td>18</td></tr>
<tr><td>2004 年</td><td>26</td><td>22</td></tr>
<tr><td>2005 年</td><td>30</td><td>26</td></tr>
<tr><td rowspan="6">18</td><td rowspan="6">优先用具有世界价值的作品和文物，以及正在各地博物馆陈列的作品和文物，补充俄罗斯联邦博物馆馆藏的国家级别部分</td><td rowspan="6">建设俄罗斯联邦博物馆馆藏</td><td rowspan="6">俄罗斯联邦博物馆</td><td>2001—2005 年</td><td>185</td><td>120</td></tr>
<tr><td>2001 年</td><td>23</td><td>15</td></tr>
<tr><td>2002 年</td><td>29</td><td>19</td></tr>
<tr><td>2003 年</td><td>36</td><td>23</td></tr>
<tr><td>2004 年</td><td>44</td><td>28</td></tr>
<tr><td>2005 年</td><td>53</td><td>35</td></tr>
</table>

续表

	措施名称	预期结果	执行单位	完成期限	经费——总计（百万卢布）	所含联邦预算资金
19	制定俄罗斯联邦博物馆馆藏的国家级藏品目录，建设俄罗斯联邦博物馆馆藏国家级藏品目录的数据库，每年登记 5 个地区的博物馆藏品，确保到 2005 年数据库内登记的藏品数量不少于 150 万件，确保俄罗斯联邦博物馆馆藏的国家级藏品目录的数据库接入万维网	建立统一的博物馆藏品登记系统，使公民可享用俄罗斯联邦博物馆馆藏	俄罗斯联邦博物馆、计算机技术和程序保障领域的专业组织	2001—2005 年	203	68
				2001 年	20	6
				2002 年	28	10
				2003 年	40	13
				2004 年	51	17
				2005 年	64	22
20	完善俄罗斯联邦博物馆馆藏物的登记与保护工作，持续监督博物馆藏品的登记与保护工作，保障博物馆工作人员的技术和知识符合现代要求，为非国有博物馆、其他组织和私人收藏品的登记和保护工作提供方法保障	保护俄罗斯联邦博物馆馆藏	俄罗斯联邦博物馆	2001—2005 年	44	34
				2001 年	3.5	2.5
				2002 年	6	4
				2003 年	8.5	6.5
				2004 年	11	9
				2005 年	15	12
21	通过筹备和出版收藏品宣传册，研究和展示俄罗斯博物馆藏品	扩大博物馆藏品的展出形式，使公民可享用俄罗斯联邦博物馆馆藏	俄罗斯联邦博物馆、方案设计组织、出版社	2001—2005 年	232	117
				2001 年	29	15
				2002 年	35	18
				2003 年	48	23
				2004 年	56	27
				2005 年	64	34
22	确保自然保护区博物馆综合发展总纲要和项目的制定与实施，创新参观服务的形式和方法，促进自然保护区博物馆参与符合地区需要的社会发展项目，如提供新的工作岗位、复兴经济活动的传统形式	扩大博物馆机构的社会功能，保护历史文化环境	俄罗斯联邦博物馆、方案设计组织	2001—2005 年	157	92
				2001 年	18	10
				2002 年	25	13
				2003 年	31	17
				2004 年	37	22
				2005 年	46	30
23	实施国际方案：结合俄罗斯地区博物馆收藏的 1860 年到 1941 年藏品，建设电子数据库的“新技术”项目；制定“混乱与秩序”展览方案等	促进俄罗斯文化遗产在世界文化空间的一体化发展	俄罗斯联邦博物馆、展览组织、计算机技术领域专业组织	2001—2005 年	38.5	3.5
				2001 年	7.7	0.7
				2002 年	7.7	0.7
				2003 年	7.7	0.7
				2004 年	7.7	0.7
				2005 年	7.7	0.7

续表

	措施名称	预期结果	执行单位	完成期限	经费——总计（百万卢布）	所含联邦预算资金
博物馆和图书馆馆藏的安全						
24	通过鉴定机构、认证机构和负责研制、推广博物馆藏品消防、防盗报警和隐蔽保护标识系统的组织机构，为保障博物馆和图书馆馆藏安全创造组织、科学技术和财政保障条件；改善博物馆馆藏和陈列品的保护设备、工具和方法，避免生物沾污和环境带来的其他负面影响。监测博物馆和图书馆馆藏的安全状况，确保博物馆和图书馆工作人员的知识和技能可适应现代化要求，为博物馆和图书馆的个人信息安全提供方法和组织保障。在博物馆和图书馆安全保障领域制定行业标准和规范	避免博物馆和图书馆馆藏遭受破坏、非法入侵和其他负面影响	俄罗斯联邦博物馆、专业组织	2001—2005 年	187	102
				2001 年	21	12
				2002 年	26	15
				2003 年	35	19
				2004 年	46	24
				2005 年	59	32
保护文化财产						
25	基于俄罗斯档案和海外国家档案的相关搜寻和研究工作，按卷筹备出版第二次世界大战期间遗失的俄罗斯文化作品综合目录，以及转移的文化财产目录	发掘与出版第二次世界大战期间转移和丢失的文件类文化财产，为文化财产战后修复进程提供信息保障	文化机构、科学机构、出版社	2001—2005 年	50	35
				2001 年	6	5
				2002 年	8	6
				2003 年	10	7
				2004 年	12	8
				2005 年	14	9
26	创建和推广电子数据库（通过万维网提供服务），提供被盗、非法输出、国际侦查的文化财产信息，第二次世界大战期间被转移的文化财产信息，以及禁止从俄罗斯出口的文化财产信息	为防止非法出口、进口文化财产和非法转让其所属权，追踪被盗文化财产，以及文化财产战后归还和日常归还提供信息保障	文化机构、计算机技术领域专业组织	2001—2005 年	25	20
				2001 年	3	2
				2002 年	4	3
				2003 年	5	4
				2004 年	6	5
				2005 年	7	6
27	保障第二次世界大战期间被盗、被非法出口及转移的文化财产归还给俄罗斯联邦，同海外和国际组织加强合作，制定围绕该问题的出版方案	保护俄罗斯联邦民族文化财产的完整性，巩固俄罗斯作为法治国家的国际威信	文化机构、法律保护部门、提供法律服务的专业组织	2001—2005 年	43	33
				2001 年	6	4
				2002 年	7	5
				2003 年	9	7
				2004 年	10	8
				2005 年	11	9
第四部分　俄罗斯图书馆						
28	建设和发展全俄罗斯图书馆信息网“文库网”（联邦和地区图书馆）。推广国际机器阅读系统，制定和推广相关标准及其他格式材料，转向企业电子技术，建设图书馆在线中心。将地区图书馆接入有效网络。面向俄罗斯联邦各主体的图书馆开发电子信息资源，发展自动化技术	面向俄罗斯居民建设高质量新型图书馆信息服务系统，推动俄罗斯与世界信息基础设备接轨	联邦、地区、市级图书馆，专业公司	2001—2005 年	638. 3	211
				2001 年	50. 3	10
				2002 年	72. 5	24
				2003 年	108	34
				2004 年	173	58
				2005 年	234. 5	85

续表

	措施名称	预期结果	执行单位	完成期限	经费——总计（百万卢布）	所含联邦预算资金
29	实施致力于保护俄罗斯联邦图书馆馆藏的国家项目。制定图书馆馆藏的保管、修复和保存规范制度。发展联邦和地区保存中心以及保护图书馆馆藏的技术基地。建设图书馆文件馆藏和缩微胶片馆藏目录，确保其与欧洲缩微馆藏目录一体化发展。统一分布俄罗斯图书文物馆藏和图书文物国家目录，出版电子图书文物	增强对图书馆馆藏的保护力度；将俄罗斯图书文物馆藏、国家图书文物数据库和目录、图书馆文件馆藏的联邦部分统一制作，微缩存储并创建副本目录；普及电子图书文物	联邦和地区图书馆、联邦和地区保存中心、科学和社会组织	2001—2005 年	397.08	107
				2001 年	53.3	5
				2002 年	63.45	10
				2003 年	78.99	19
				2004 年	92.07	30
				2005 年	109.27	43
30	购置具有特殊价值的科学方法文献，提高俄罗斯图书馆配套馆藏的结构质量及使用的有效性	完善和发展图书馆馆藏配套系统	联邦和地区图书馆、科学图书馆总分发处、图书贸易组织和出版社	2001—2005 年	59	23
				2001 年	9	3
				2002 年	12.5	5
				2003 年	12.5	5
				2004 年	12.5	5
				2005 年	12.5	5
31	采取综合措施帮助图书馆工作人员在知识和技能维度能够适应新的工作要求，如在联邦图书馆和地区图书馆举办研讨会、培训班、会议（在地区、区域、全俄和国际层面）	提高俄罗斯图书馆工作质量	联邦和地区图书馆，科学、教育组织，社会组织	2001 年	16	2
				2002 年	26	8
				2003 年	34	10
				2004 年	41	13
				2005 年	47	15
32	通过专业技术手段为盲人图书馆提供配套设备。在盲人图书馆发行和提供“阅读圈”系列小册子以及少量盲文出版物。在盲人图书馆开发并向盲人读者提供新型盲人信息技术以及“说话的书”	保障残疾人享用信息资源	专业图书馆、社会组织、出版社	2001—2005 年	277.2	102
				2001 年	25.2	10
				2002 年	50	16
				2003 年	61	23
				2004 年	67	25
				2005 年	74	28
33	基于国家权力机关提供的信息支持、地方管理机关的积极协助以及法律改革，组织开展图书馆工作。保障儿童、青年和残疾人享用图书馆信息服务的权利。对图书馆面向居民提供信息服务和出版活动进行监管。参与促进图书馆业发展的国际方案、会议、进修、展览等活动。支持发展新型图书馆活动的方案	发展图书馆信息服务并提高服务质量，其中也包括面向儿童、青年和残疾人发展图书馆信息服务	联邦、地区、市级图书馆，出版社，其他专业组织	2001—2005 年	277.2	102
				2001 年	25.2	10
				2002 年	50	16
				2003 年	61	23
				2004 年	67	25
				2005 年	74	28

续表

	措施名称	预期结果	执行单位	完成期限	经费——总计（百万卢布）	所含联邦预算资金
	第五部分　发掘和支持有才能的青年，职业教育					
34	扶持有才能的青年，重新修订“俄罗斯青少年天才”奖学金条件。为“青少年天才”奖学金获得者参与国际竞赛提供资助。面向独联体国家和波罗的海国家天才儿童，以及奖学金获得者开设创作学校、大师班，创建奖学金获得者数据库。组织开展国际、国内艺术节，竞赛，展览	支持就读于高等和中等职业学校、儿童艺术学校的高天赋儿童和青年	教学和科研机构	2001—2005 年	1009. 5	501
				2001 年	94. 5	25
				2002 年	171	89. 5
				2003 年	215. 5	112. 5
				2004 年	243. 5	126. 5
				2005 年	285	147. 5
35	建设教育技术资源库。为联邦教育机构现代化发展创造条件。为国家教育标准的制定提供基础方法保障，制定和实施“实验教育技术”和“远程教育”项目	完善职业艺术教育制度	教学和科研机构	2001—2005 年	148	98
				2001 年	13	8
				2002 年	22. 5	15
				2003 年	30	20
				2004 年	37. 5	25
				2005 年	45	30
36	青年学者 颁发资助和奖章。规划“青年学者出版物”项目。举办会议和竞赛。撰写信息简讯	激励研究生和大学生青年学者开展创作	教学和科研机构	2001—2005 年	93	68
				2001 年	13	8
				2002 年	15	10
				2003 年	20	15
				2004 年	20	15
				2005 年	25	20
37	人才 建设致力于提高技能的行业系统，注重可切实提高技能的各种形式及其相互作用	实现职业培训水平与现代要求接轨	教学和科研机构	2001—2005 年	176	86
				2001 年	16	6
				2002 年	30	15
				2003 年	40	20
				2004 年	40	20
				2005 年	50	25
38	劳动市场与岗位需求 研究文化学领域的专家需求，预测各专业的发展与需求，设计和制定区域教育通行证	优化创作职业的专家培训，保障其在劳动市场的竞争力	教学和科研机构	2001—2005 年	20	10
				2001 年	4	2
				2002 年	5	2. 5
				2003 年	5	2. 5
				2004 年	6	3
				2005 年		
	第六部分　联邦、民族和区域政策的文化基础					
39	支持区域和跨地区文化发展项目、方案的实施，以此保护和发展俄罗斯联邦主体的文化潜力	确保俄罗斯联邦公民保护和发展其文化特殊性，以及保护和修复历史文化环境的平等权利	文化机构	2001—2005 年	131	65
				2001 年	18	8
				2002 年	22	11
				2003 年	24	12
				2004 年	29	15
				2005 年	38	19

续表

	措施名称	预期结果	执行单位	完成期限	经费——总计（百万卢布）	所含联邦预算资金
40	建立帮助文化活动主体的行政管理人员提高知识和技能的措施体系	促进职业知识与不断变化的行业需求相符合	文化机构	2001—2005 年	36.5	17.5
				2001 年	4.5	1.5
				2002 年	6	3
				2003 年	8	4
				2004 年	8	4
				2005 年	10	5
41	组织开展艺术节、观摩活动，民俗、种族、民族艺术团体巡演，传统民族艺术和手工艺作品展，发掘民间创作大师并支持其发展	促进居民文化服务水平低于俄罗斯平均文化服务水平地区的文化发展，促进不具备区域民族教育的民族和种族群体的文化发展	文化机构	2001—2005 年	51.5	25.5
				2001 年	7.5	3.5
				2002 年	10	5
				2003 年	10	5
				2004 年	12	6
				2005 年	12	6
42	建设和发展民族文化中心、民族文化自治区，支持建设促进民族交往的信息基础设施	支持各级民族文化中心和民族文化自治区活动，促进北方少数民族文化发展，促进中小型城市、农村、百万人口城市的文化发展	文化机构	2001—2005 年	25.5	12.5
				2001 年	3.5	1.5
				2002 年	4	2
				2003 年	4	2
				2004 年	6	3
				2005 年	8	4
43	面向军人组织开展文化教育活动	提高针对社会弱势群体的文化服务质量	文化组织、俄罗斯国防部、俄罗斯内务部、俄罗斯紧急情况部、俄罗斯安全总局	2001—2005 年	9.5	9.5
				2001 年	1.5	1.5
				2002 年	2	2
				2003 年	2	2
				2004 年	2	2
				2005 年	2	2
44	支持特色民族团体和民族文化交流	建设统一文化空间，保护民族文化形象	文化组织、创作协会	2001—2005 年	179	39
				2001 年	21	3
				2002 年	29	6
				2003 年	35	8
				2004 年	43	10
				2005 年	51	12
45	为巩固多民族国家文化对话，组织开展全俄罗斯和民族间文化活动	激励和支持国际、跨民族、跨区域文化合作	文化组织	2001—2005 年	105.2	43.2
				2001 年	13.2	6.2
				2002 年	17	7
				2003 年	22	9
				2004 年	25	10
				2005 年	28	11

续表

	措施名称	预期结果	执行单位	完成期限	经费——总计（百万卢布）	所含联邦预算资金
	第七部分　文化组织技术现代化与技术装备现代化					
46	文化组织技术装备登记	提出技术装备更新的现实需求	文化组织	2001—2005 年	54	54
				2001 年	10	10
				2002 年	10	10
				2003 年	10	10
				2004 年	12	12
				2005 年	12	12
47	在文化组织研制并推广有竞争力的技术设备和先进的生产技术	用国家自主研发替代进口，转向具有经济效益和利润的技术研发	通过选拔确定的措施执行单位	2001—2005 年	71	71
				2001 年	10	10
				2002 年	13	13
				2003 年	13	13
				2004 年	15	15
				2005 年	20	20
48	为文化组织购置设备	打破技术落后局面，保障文化机构活动开展的正常水平	通过选拔确定的措施执行单位	2001—2005 年	500	250
				2001 年	104	52
				2002 年	102	51
				2003 年	102	51
				2004 年	96	48
				2005 年	96	48
	第八部分　修复和发展瓦拉姆群岛的系列专项方案					
49	重塑瓦拉姆群岛区域历史文化潜力	组织主显圣容大教堂和修道院港口历史码头的修复工作，建设修理修复基地，建设遗址消防系统	修复组织、俄罗斯东正教教会组织	2001—2005 年	47	17
				2001 年	12	3
				2002 年	7.5	3
				2003 年	7.5	3
				2004 年	7.5	3
				2005 年	12.5	5
50	修复和保护瓦拉姆群岛自然综合体	紧急开展运河修建工作（莫斯科运河和弗拉基米尔运河），优先开展森林建设工作，以及自然综合体个别结构的清点工作	俄罗斯联邦自然资源部、卡累利阿共和国政府	2001—2005 年	4.4	4.4
				2001 年	1	1
				2002 年	0.8	0.8
				2003 年	0.8	0.8
				2004 年	0.8	0.8
				2005 年	1	1
51	瓦拉姆群岛社会经济发展	制定（完成）瓦拉姆群岛的总体发展规划和中央庄园的总体发展规划，完成（调整）工程测量和地质勘查，完成瓦拉姆群岛航空摄影	卡累利阿共和国政府、方案设计组织	2001—2005 年	4.2	4.2
				2001 年	0.8	0.8
				2002 年	0.8	0.8
				2003 年	0.8	0.8
				2004 年	0.8	0.8
				2005 年	1	1

续表

	措施名称	预期结果	执行单位	完成期限	经费——总计（百万卢布）	所含联邦预算资金
修复谢尔吉耶夫圣三一修道院建筑群古迹						
52	开展谢尔吉耶夫圣三一修道院要塞工事的修复工作	加固马科维茨丘陵，加固排水和送水设备和装置，复原谢尔吉耶夫圣三一修道院要塞工事的历史风貌	专业组织	2001—2005 年	164	
				2001 年	17	
				2002 年	22	
				2003 年	30	
				2004 年	43	
				2005 年	52	
53	开展谢尔吉耶夫圣三一修道院教堂教会的修复工作	修复独特的俄式建筑遗址	修复组织	2001—2005 年	175. 2	80. 2
				2001 年	14. 2	5. 2
				2002 年	25	15
				2003 年	32	15
				2004 年	45	20
				2005 年	59	25
54	开展谢尔吉耶夫圣三一修道院办公建筑和居住建筑的修复工作	复原修道院建筑的历史风貌，在不损害建筑群文物的前提下确保这些建筑可用于办公或其他用途	专业组织	2001—2005 年	38	
				2001 年	4	
				2002 年	6	
				2003 年	8	
				2004 年	10	
				2005 年	10	
55	改造谢尔吉耶夫圣三一修道院的燃料动力设备	改善供暖系统	专业组织	2001—2002 年	2. 7	
				2001 年	1. 2	
				2002 年	1. 5	
第九部分　法律、科学和信息保障　法律保障						
56	在研究和总结执法实践的基础上，为制定文化领域的规范法律法案提供专业保障	完善行业法律基础	专业组织	2001—2005 年	23. 7	23. 7
				2001 年	2. 6	2. 6
				2002 年	4. 0	4. 0
				2003 年	4. 9	4. 9
				2004 年	5. 7	5. 7
				2005 年	6. 5	6. 5
57	确保文化活动主体掌握法律信息	为子纲要实施提供法律条件	专业组织	2001—2005 年	14. 7	13. 8
				2001 年	1. 8	1. 7
				2002 年	2. 2	2
				2003 年	3. 2	3
				2004 年	3. 2	3
				2005 年	4，3	4. 1

续表

	措施名称	预期结果	执行单位	完成期限	经费——总计（百万卢布）	所含联邦预算资金
科学保障						
58	对19世纪末至20世纪俄罗斯文化进行历史分析	形成世纪之交俄罗斯历史文化发展的现代概念，出版跨学科科学著作《19世纪末至20世纪初俄罗斯文化》，出版具有分析预测意义的《俄罗斯文化迈向21世纪》，定期出版（两年一次）反映俄罗斯文化现状的科学报告	行业科学机构	2001—2005年	12	12
				2001年	1	1
				2002年	2	2
				2003年	2	2
				2004年	3	3
				2005年	4	4
59	开展文化和艺术领域的跨学科科学研究	按照文化和艺术学的学科分类，出版历史文化和艺术基础理论著作	行业科学机构	2001—2005年	12	12
				2001年	1.5	1.5
				2002年	1.5	1.5
				2003年	2.5	2.5
				2004年	3	3
				2005年	3.5	3.5
60	研究保护与利用文化遗产的现代科学方法	完善历史文化不动产遗址的技术描述、研究、修复与保护，提高保护水平	行业科学机构	2001—2005年	11	11
				2001年	1	1
				2002年	1.9	1.9
				2003年	1.9	1.9
				2004年	2.7	2.7
				2005年	3.5	3.5
61	在文化和艺术领域制定培训高技能科学工作者的创新技术方案和现代模式	完善文化和艺术领域职业教育的标准	行业科学机构	2001—2005年	5	5
				2001年	1	1
				2002年	1	1
				2003年	1	1
				2004年	1	1
				2005年	1	1
62	形成文化和艺术领域的科学管理基础	为完善文化和艺术组织的经济和法律基础，研究制定相关理念、项目、措施计划和科学方法材料，为优化管理和财政系统提供建议，增加文化和艺术拨款的预算外资金，提高文化领域有偿服务的利润	行业科学机构	2001—2002年	2.7	2.7
				2001年	1.2	1.2
				2002年	1.5	1.5

续表

	措施名称	预期结果	执行单位	完成期限	经费——总计（百万卢布）	所含联邦预算资金
信息保障						
63	为文化机构的自动化提供纲要保障。购置和提供计算机技术。推动系统集成工作	俄罗斯联邦文化机构活动的现代化	通过选拔确定的组织	2001—2005年	173	115
				2001年	18	10
				2002年	29	20
				2003年	38	25
				2004年	44	30
				2005年	44	20
64	发展电信基础设施。确保文化组织可在互联网检索	保障全国范围内统一的文化信息空间	通过选拔确定的组织	2001—2005年	116	96
				2001年	10	6
				2002年	19	15
				2003年	24	20
				2004年	29	25
				2005年	34	30
65	在互联网建设现代国家图书中央数据库、历史文化遗址中央数据库	保障公民可享文化领域信息服务	通过选拔确定的组织	2001—2005年	73	63
				2001年	5	3
				2002年	15	13
				2003年	15	13
				2004年	14	12
				2005年	24	22
子纲要组织保障						
66	子纲要日常管理	实施项目措施	子纲要管理处	2001—2005年	11	11
				2001年	1	1
				2002年	2	2
				2003年	2	2
				2004年	3	3
				2005年	3	3
投资措施						
67	文化和艺术项目的建设、改造和技术改造 按照附录	发展文化和艺术组织的物质技术基础	专业组织	2001—2005年	10363.9	9876.9
				2001年	717	687
				2002年	1831.9	1762.9
				2003年	2191	2103
				2004年	2742	2616
				2005年	2882	2708

子纲要《俄罗斯电影业》

子纲要《俄罗斯电影业》(以下简称子纲要)是以俄罗斯联邦政府 1997 年第 1561 号令颁布的《2005 年前俄罗斯联邦电影业发展规划》为基础，结合国家电影业 20 世纪 90 年代末呈现的积极趋势而制定的。

1. 子纲要的主要目标

子纲要的主要目标包括：

为创作具有艺术价值和社会价值的电影作品提供条件，加强俄罗斯电影艺术的社会性；

在大量海外电影作品涌入国内市场的背景下，扩大国产电影生产并提高国产电影的竞争力，为促进国产电影发展调整上映剧目的结构；

建设强大的俄罗斯电影产业，打造视听产品生产、租赁和放映的完整、平衡体系，在国家生产生活、俄罗斯联邦主体社会经济发展中切实发挥作用；

完善国产电影作品普及机制，为各年龄社会群体广泛享用电影艺术作品创造积极条件，恢复电影院放映电影的传统；

保证国家电影艺术传统的继承性，保护和复兴电影遗产；

巩固电影业的经济和法律基础；

在构建电影拨款多渠道来源进程中加强制片人的积极作用；

保证电影业结构稳定发展，这是吸引预算外投资者的一个主要条件；

发展电影生产、发行、放映和保存的新技术，完善电影业技术基础；

国家支持电影业领域的投资项目，以此保护电影业生产力，提高面向居民的电影服务水平；

提高俄罗斯电影在世界文化空间的曝光率，积极推动俄罗斯电影组织与海外伙伴的事务合作；

扩大电影业与电视事业的联系并提高相互作用的有效性。

重振国产电影制作，对其物质技术基础进行重新装备，通过持续扩大预算外拨款来源增加电影产品数量，提高电影作品利润并形成资金回流机制。

为提高电影作品的艺术水平和内容的丰富性，首要任务是通过竞争的方式，由国家向电影制作提供有针对性的财政支持，同时，还有必要形成国家定购体系，以此改善电影作品市场的自然环境，促使国产电影具备严格版权和商业运营途径。

国家财政应致力于支持创作可丰富俄罗斯社会精神生活且具有问题意识的作品；创作可唤起观众对俄罗斯电影兴趣的通俗题材电影(喜剧、情节剧、音乐剧)；创作富含内容性且能促进电影艺术探索的电影；创作可巩固俄罗斯电影海外声望的大规模合作方案；创作面向儿童和青少年的电影；创作电影处女作，鼓励创作型青年的职业发展；创作俄罗斯电影编年史和大型电影评论作品。

在动画电影方面，首要关注保护传统与促进动画发展，创作具有极高艺术潜质和商业潜力的动画连续剧和大型影片。

为吸引预算外资金投资建设居民电影服务设施，应与俄罗斯联邦主体政府联袂打造俄罗斯电影中心。新型影院的工作实践证明，电影院有能力保证活动盈利。

然而，俄罗斯电影放映的复苏能否再上一个台阶，不能单纯依靠电影院或者地区的力量，而是需要全社会的努力，协调俄罗斯联邦文化部、俄罗斯联邦电影协会以及其他对此感兴趣的组织的各方力量。

在此进程中，首要任务即建设联邦国家电影网，在此基础上制作统一的广告宣传、剧目介绍和技术政策，推广国家电子票务登记系统和售票金额统计系统，保护电影出品人的应有权利，改善服务观众的质量。

更新、重建营业影院的技术设备，在 25 家联邦电影院建设新放映厅，总计新增 2 万个座位，预计到 2005 年年底销售额达 8~12 亿卢布，联邦国家电影网的成本将在 5~6 年内收回。

为确保联邦电影院发挥作用，有必要成立联邦电影发行组织，建设富有特色的电影储备，同时引进海外电影和发展国产电影作品。

科学研究和研制工作能够帮助电影制片厂解决操作、灯光技术、音响技术等各类设备问题，以及综合放映和声音技术处理的电影院设备改造问题，满足电影作品和电影放映的时代需求。

电影发行的现代化是吸引观众和为电影业发展吸引投资的决定性因素之一。

为促进实施子纲要措施，必须修正个别用于协调电影业问题的法律法规。对积极协调和完善电影业领域作者的、劳动的、社会的、财政的、财产的和其他的法律关系提出相关建议，由联邦执行权力机关负责提供解决电影创作(作品)及其使用过程中不同参与者合同问题的建议和方法资料。

2. 子纲要的资源保障

联邦法律《关于俄罗斯联邦电影业的国家支持》规定，应在国家支持下保护和发展电影业。国家支持通常能够提高预算外投资的积极性，确保预算可选的拨款来源。

2001—2005 年子纲要实施的经费为 197.289 亿卢布，其中联邦预算资金 74.577 亿卢布，俄罗斯联邦主体和地方预算资金 31.477 亿卢布，预算外资金 91.235 亿卢布。

2001—2005 年子纲要《俄罗斯电影业》拨款数量及来源

(单位：百万卢布，根据 2000 年卢布汇率制定)

拨款来源及方向	拨款数额——总计	具体包括				
		2001 年	2002 年	2003 年	2004 年	2005 年
总计	19728.9	2478.7	3620.3	3925.6	4539.3	5165
具体包括：						
联邦预算	7457.7	744.1	1563.6	1639.9	1712.8	1806.3
俄罗斯联邦主体预算	3147.7	534.1	543.1	590.2	691.5	788.8
预算外资金	9123.5	1200.5	1513.6	1704.2	2135	2569.9
国家投资——总计	1614.2	35	314.2	340.5	433.2	483.8
具体包括：						
联邦预算	1583.6	30.9	308.7	334	426.2	491.3

续表

拨款来源及方向	拨款数额——总计	具体包括				
		2001 年	2002 年	2003 年	2004 年	2005 年
俄罗斯联邦主体预算						
预算外资金	30. 6	4. 1	5. 5	6. 5	7	7. 5
研发——总计	53. 1	3. 2	12. 9	12. 4	12. 3	12. 3
具体包括：						
联邦预算	53. 1	3. 2	12. 9	12. 4	12，3	12. 3
俄罗斯联邦主体预算						
预算外资金						
其他需求——总计	18061. 6	2440. 5	3293. 2	3572. 7	4093. 8	4661. 4
具体包括：						
联邦预算	5821	710	1242	1284. 5	1274. 3	1310. 2
俄罗斯联邦主体预算	3147. 7	534. 1	543. 1	590. 2	691. 5	788. 8
预算外资金	9092. 9	1196. 4	1508. 1	1698	2128	2562. 4

子纲要《俄罗斯电影业》的纲要措施体系

措施名称	预期结果	执行单位	完成期限	经费——总计（百万卢布）	所含联邦预算资金
第一部分　电影制片					
1. 支持制作具有问题导向和创造性价值的电影作品，制作通俗题材电影，制作电影处女作，制作儿童和青少年电影，制作动画电影和电影编年史	由电影制片组织(借助预算外拨款来源)制作 457 部故事片(202 部由国家支持)；非故事片，包括 8647 集电影编年史(3147 集由国家支持)、514. 5 集动画片(314. 5 集由国家支持)、60 部影视连续剧	联邦国产电影业、电影作品制作组织的社会和经济支持基金	2001—2005 年	12060. 9	3971. 2
			2001 年	1544. 7	476. 7
			2002 年	2201. 1	840. 3
			2003 年	2392. 5	881. 5
			2004 年	2767. 9	878
			2005 年	3154. 7	894. 7
第二部分　电影发行与居民电影服务					
2. 建立联邦电影网和影视放映体系；促进俄罗斯电影中心网的发展；实施跨地区电影院重建与现代化建设项目，实施促进乡村电影由机器播放转向视频放映的项目；推行电影院资质；国家支持电影发行与推广；保护及补充各地区电影发行组织的电影储备；修复和使用现行有效的电影储备；实行影视演出组织登记制；制定和推广国家电子售票系统；建设俄罗斯电影信息数据库并加入万维网；建设现代化的电影技术设备，更新电影网和电影放映设备；举办电影节、主题放映和电影首映活动；制作专业电视节目，推广广告宣传	国家电影发行实现现代化发展，使国民电影服务水平接近世界标准；提高各电影场次的平均上座率和盈利额；建设联邦电影储备并引进影片；保护、补充和推广地区电影储备；复兴国产电影工业；用现代模式替代传统电影放映和声音播放技术，但拒绝模式引进；扩大观众群	电影组织、俄罗斯联邦电影协会	2001—2005 年	4867. 7	810. 7
			2001 年	761. 6	116
			2002 年	875. 4	202
			2003 年	941	181. 8
			2004 年	1073. 2	163. 6
			2005 年	1216. 5	147. 3

续表

措施名称	预期结果	执行单位	完成期限	经费——总计（百万卢布）	所含联邦预算资金
第三部分　国际联系					
3. 参与国际电影和视听组织的活动 开展非商业性质的社会发行活动；在海外电影市场组织俄罗斯电影展；在电影教育、电影艺术史和理论、电影技术和工艺领域开展国际合作；开发电影制片合作项目；举办莫斯科国际电影节及其他国际电影节；向参加海外国际电影节的俄罗斯国产电影提供国家财政支持	扩大海外俄罗斯电影的上映范围和观众范围；提高俄罗斯电影的声誉；吸引海外投资；在独联体成员国区域内建立统一电影空间	俄罗斯科学和文化国际交流中心、电影组织、创作协会	2001—2005年	903.5	809.6
			2001年	95.7	78.8
			2002年	175.2	158.2
			2003年	194.7	176.7
			2004年	203.2	183.2
			2005年	234.7	212.7
第四部分　支持和发展电影业的其他措施					
4. 保障俄罗斯电影组织的进口胶片数量和品种	在国家财政积极支持电影业创造潜力的背景下，促进发展电影制作和电影发行的技术	专业组织	2001—2005年	167	167
			2001年	26	26
			2002年	29	29
			2003年	32	32
			2004年	37	37
			2005年	43	43
5. 为建立和保护博物馆馆藏创造条件；促进国产电影艺术宣传，促进完善演员专业水平和音乐录制工作，提高电影特技骑兵演员的职业水平	保护电影文化遗产，发展电影创作潜力	电影组织、文化组织	2001—2005年	62.5	62.5
			2001年	12.5	12.5
			2002年	12.5	12.5
			2003年	12.5	12.5
			2004年	12.5	12.5
			2005年	12.5	12.5
第五部分　科学技术政策					
6. 加强俄罗斯电影、国外电影艺术、电影社会学的理论和历史领域的基础研究；为制定和完善电影拍摄、图片合成处理、照明、影片副本复印，以及影片资料、录音、加工和声音再现、电影放映等方面的技术和工艺标准，开展科学研究和实验设计工作；制定行业标准；开展方案设计和研究工作	筹备出版科学著作和科学参考图书；为电影剪辑和电影胶片冲洗复制的现代技术提供电影照明设备、电影拍摄技术和设备的标准样式；准备便于摄影设备统一化和标准化使用的文件说明，提供电影拍摄过程中保证设备顺利使用的文件说明，提供如何利用数字格式将电影材料转化为现代载体存储的技术转化文件说明	电影艺术的科学研究组织	2001—2005年	53.1	53.1
			2001年	3.2	3.2
			2002年	12.9	12.9
			2003年	12.4	12.4
			2004年	12.3	12.3
			2005年	12.3	12.3
第六部分　投资措施					
7. 对电影组织进行建设、改造和技术更新；促进电影院放映设备和电影发行组织技术设备的现代化发展，推广立体声的声音再现设备；住房建设	建立联邦国家电影网；用新一代电影视频放映设备、声音再现设备、存储部件、专业自动传输设备装备俄罗斯电影中心、电影院和农村电影播放站；提高电影业活动家和工作者的社会保障	专业组织	2001—2005年	1614.2	1583.6
			2001年	35	30.9
			2002年	314.2	308.7
			2003年	340.5	334
			2004年	433.2	426.2
			2005年	491.3	483.8

子纲要《俄罗斯档案》

国家政治和社会经济的根本性变革促进了档案工作的积极发展。根据保护和发展文化的系列联邦专项纲要的规定，1993年至1999年间积极推动了发展档案工作的措施。这些措施为档案业提供了必备的立法保障，显著提高了俄罗斯联邦档案馆馆藏的数量和种类，促进了文献和受保护文件手册的出版，确保了档案的可使用性，满足了国家和其他机构对档案信息的需求。

1. 子纲要的主要目标

子纲要的主要目标包括：

保护和补充俄罗斯联邦档案馆馆藏，将其作为俄罗斯国家的重要元素和象征，以及俄罗斯联邦各民族历史文化遗产、信息遗产和知识遗产的重要组成部分；

完善法律法规基础，制定系列组织措施，清除档案中危害俄罗斯国家利益的信息；

保障国家和公民生活必备的有效档案信息；扩大公民对俄罗斯联邦档案馆馆藏中国家级别档案文件的享用范围，以此获取、使用和传播这些档案文件所包含的信息；

保障公民掌握、使用俄罗斯联邦档案馆馆藏中非国家级别档案文件的权利；

采取系列措施，防止非法访问和使用含有国家秘密、个人生活隐私、商业秘密和其他受法律保护内容的信息；

依据俄罗斯联邦法律对封闭保存的档案文件进行解密。

为实现上述目标必须保证：

采取措施，以此巩固档案的物质技术基础；遵循联邦国家档案、俄罗斯联邦主体国家档案以及市级档案文件保护的规范条件；

为改善档案文件保存现状开展系列工作，首要任务即制作档案文件备份并对其进行文件修复；

在国家层面组织和完善俄罗斯联邦档案馆馆藏文件的登记工作，包括推广档案馆馆藏和珍稀文件登记的信息技术，建设中央自动化登记系统；

进一步扩大档案馆馆藏服务，开发档案科学咨询设备系统并促进其发展；

组织出版反映国家历史重要问题的文件资料，将档案文件运用于教育文化；

建设使档案机构工作者技能提高的连续教育系统，在国内和国际档案、科学和文化机构积极开展进修学习和经验交流；

俄罗斯联邦国家档案局的国际合作重点关注如何巩固俄罗斯档案的国际声望，使国际上将其视为蕴含重要信息资源、科学资源和人力资源的可靠合作对象。

2. 子纲要的资源保障

由联邦预算资金、俄罗斯联邦主体预算资金和预算外资金为子纲要实施提供拨款。

联邦预算专款主要用于联邦国家档案机构的相关措施。

2001 年至 2005 年子纲要实施金额 15.011 亿卢布，其中联邦预算资金 9.827 亿卢布，俄罗斯联邦主体和地方预算资金 4.173 亿卢布，预算外资金 1.011 亿卢布。

2001—2005 年子纲要《俄罗斯档案》拨款数量及来源

（单位：百万卢布，根据 2000 年卢布汇率制定）

拨款来源及方向	拨款数额——总计	具体包括				
		2001 年	2002 年	2003 年	2004 年	2005 年
总计	1501.1	87.6	229.7	330.9	400.3	452.6
具体包括：						
联邦预算	982.7	60.4	144.7	213.9	263.1	300.6
俄罗斯联邦主体预算	417.3	11.5	67.2	97.3	114.2	127.1
预算外资金	101.7	15.7	17.8	19.7	23	24.9
国家投资——总计	893.7	20	145.6	224.3	247.8	256
具体包括：						
联邦预算	556.7	20	92.3	143.1	152	149.4
		2001 年	2002 年	2003 年	2004 年	2005 年
俄罗斯联邦主体预算	337		53.4	81.2	95.8	106.6
预算外资金						
研发——总计	26.5	2.6	4	5.8	6.6	7.5
具体包括：						
联邦预算	24.5	2.4	3.7	5.4	6.1	6.9
俄罗斯联邦主体预算						
预算外资金	2	0.2	0.3	0.4	0.5	0.6
其他需求——总计	580.9	65	80.1	100.8	145.9	189.1
具体包括：						
联邦预算	401.5	38	48.8	65.4	105	144.3
俄罗斯联邦主体预算	80.3	11.5	13.8	16.1	18.4	20.5
预算外资金	99.1	15.5	17.5	19.3	22.5	24.3

子纲要《俄罗斯档案》的纲要措施体系

措施名称	预期结果	执行单位	完成期限	经费——总计（百万卢布）	所含联邦预算资金
第一部分　档案工作发展的国家调控					
1. 基于对各俄罗斯联邦主体关涉俄罗斯联邦主体档案馆馆藏和档案馆的法律分析，在联邦及地区层面完善档案工作的法律调节	结合俄罗斯联邦法律，推动俄罗斯联邦档案馆馆藏及档案馆的联邦立法，筹备出版档案工作领域的规范法律集	全俄文件学与档案工作科学研究所、俄罗斯联邦主体档案工作管理机关、专业组织	2001—2005 年	0.8	0.8
			2001 年	0.7	0.7
			2002 年	0.05	0.05
			2003 年		
			2004 年		
			2005 年	0.05	0.05

续表

措施名称	预期结果	执行单位	完成期限	经费——总计（百万卢布）	所含联邦预算资金
2. 体现公民社会权利的文件信息回查系统的有序化发展	完善文件信息的保存及使用，以保障公民使用文件信息的合法权益	联邦档案机构	2002—2005 年	9. 4	9. 4
			2002 年	1. 2	1. 2
			2003 年	1. 5	1. 5
			2004 年	2. 8	2. 8
			2005 年	3. 9	3. 9
3. 国家档案馆和国家组织档案部门的活动分析与条例制定	提高国家档案机构工作的有效性	全俄文件学与档案工作科学研究所	2001—2002 年	0. 7	0. 7
			2001 年	0. 45	0. 45
			2002 年	0. 25	0. 25
第二部分　确保俄罗斯联邦档案储存的文件保存					
4. 联邦国家档案馆消防报警信号系统和技术装备的现代化	提高档案馆和档案文件的安全水平	联邦国家档案馆	2001—2005 年	17. 6	13. 7
			2001 年	2. 4	2
			2002 年	2. 5	2. 1
			2003 年	2. 9	2. 5
			2004 年	4. 15	3. 2
			2005 年	5. 65	3. 9
5. 高防御性的储存设备	建设局域安全系统，确保孤本文件的有效保存	联邦国家档案馆	2001—2005 年	9. 2	7. 1
			2001 年	1	0. 9
			2002 年	1. 2	1. 1
			2003 年	1. 4	1. 3
			2004 年	2. 15	1. 6
			2005 年	3. 45	2. 2
6. 用文件保存的现代技术手段装备联邦国家档案馆	改善文件保存，提高档案存储库的使用效率	联邦国家档案馆	2001—2005 年	25. 4	20. 2
			2001 年	3. 4	2. 94
			2002 年	4. 15	3. 46
			2003 年	4. 9	4
			2004 年	5. 49	4. 4
			2005 年	7. 46	5. 4
7. 用高科技设备装备国家档案馆，以此修复、保存和备份孤本文件和珍贵文件，并将这些文件转录在不同的存储介质中	提升文件修复和保存的数量和质量，同时降低工作成本	联邦国家档案馆、卡尔梅克共和国和科斯特罗马州档案工作管理机关	2001—2005 年	66. 35	66
			2001 年	4. 05	3. 9
			2002 年	8. 24	8. 2
			2003 年	12. 45	12. 4
			2004 年	17. 75	17. 7
			2005 年	23. 86	23. 8

续表

措施名称	预期结果	执行单位	完成期限	经费——总计（百万卢布）	所含联邦预算资金
8. 修复 1.35 万份文件档案，预防性保存 10.5 万份电影摄影文件和缩微保存储备	物理保存包括科斯特罗马州国家档案馆馆藏在内的孤本文件、珍贵文件以及缩微保存储备	联邦国家档案馆、科斯特罗马州政府	2001—2005 年	31.4	23.4
			2001 年	4.04	3.19
			2002 年	4.56	3.71
			2003 年	4.99	4.14
			2004 年	7.35	5.35
			2005 年	10.46	7.01
9. 创建 5 万份纸质和 6 万份电影摄影文件备份，其中包括孤本文件、珍贵文件和正在使用的文件	保存文件信息，防止原文件遗失或损坏	联邦国家档案馆、科斯特罗马州政府	2001—2005 年	41.7	29.8
			2001 年	6.5	4.5
			2002 年	6.75	4.7
			2003 年	7.85	5.5
			2004 年	8.9	6，4
			2005 年	11.7	8.7
10. 将 6000 个易燃电影文件妥善保存，防止自燃	提高电影文件保存的安全防火水平，保存音频信息	俄罗斯国家电影摄影文献档案馆	2001—2005 年	58.3	57.1
			2001 年	2.5	2.4
			2002 年	4.3	4.2
			2003 年	9.1	9
			2004 年	18.8	18.5
			2005 年	23.6	23
11. 在国家层面对俄罗斯联邦档案馆馆藏的孤本文件进行登记	面向最珍贵的文件遗物组织国家层面的清点工作	联邦国家档案馆、俄罗斯联邦主体档案工作管理机关	2001—2005 年	8	8
			2001 年	0.3	0.3
			2002 年	0.9	0.9
			2003 年	1.1	1.1
			2004 年	2.2	2.2
			2005 年	3.5	3.5
12. 制定和实施相关措施，确保俄罗斯联邦档案馆能够在危急情况下发挥稳定作用	保障档案馆的日常工作，确保在危急情况下抢救人和文件	全俄文件学与档案工作科学研究所、联邦国家档案馆	2001—2005 年	10.2	10.2
			2001 年	1.1	1.1
			2002 年	1.4	1.4
			2003 年	1.7	1.7
			2004 年	2.5	2.5
			2005 年	3.5	3.5
13. 在国家、市和个别档案馆筹备和组织俄罗斯联邦档案储备文件保存的全俄观摩活动	提高档案文件保存的安全水平，改善档案文件保存条件	联邦国家档案馆、俄罗斯联邦主体档案工作管理机关	2002—2003 年	0.7	0.1
			2002 年	0.3	0.05
			2003 年	0.4	0.05
第三部分　补充俄罗斯联邦档案馆馆藏					
14. 确保保存在处于破产境地的创作协会和联合会、国家和非国家科技组织的俄罗斯联邦档案馆馆藏的国家级文件有序化发展	向国家档案保存部门转移 3.5 万份档案	俄罗斯国家文学和艺术档案馆、俄罗斯国家科技文献档案馆	2001—2005 年	3.2	3.2
			2001 年	0.64	0.64
			2002 年	0.5	0.5
			2003 年	0.5	0.5
			2004 年	0.67	0.67
			2005 年	0.89	0.89

续表

<table>
<tr><th>措施名称</th><th>预期结果</th><th>执行单位</th><th>完成期限</th><th>经费——总计（百万卢布）</th><th>所含联邦预算资金</th></tr>
<tr><td rowspan="6">15. 发掘和备份近500万页有关车臣和印古什民族历史的国家档案文件和部门档案文件</td><td rowspan="6">重建印古什共和国和车臣共和国档案馆馆藏</td><td rowspan="6">联邦国家档案馆</td><td>2001—2005年</td><td>25</td><td>25</td></tr>
<tr><td>2001年</td><td>1.4</td><td>1.4</td></tr>
<tr><td>2002年</td><td>1.7</td><td>1.7</td></tr>
<tr><td>2003年</td><td>3.3</td><td>3.3</td></tr>
<tr><td>2004年</td><td>7.7</td><td>7.7</td></tr>
<tr><td>2005年</td><td>10.9</td><td>10.9</td></tr>
<tr><td rowspan="6">16. 用音像信息记录设备和存储介质保存联邦国家档案</td><td rowspan="6">增加音像文件的国家保存数量</td><td rowspan="6">俄罗斯国家电影摄影文献档案馆、俄罗斯国家图片文献档案馆</td><td>2001—2005年</td><td>13.4</td><td>11.6</td></tr>
<tr><td>2001年</td><td>1.45</td><td>1.3</td></tr>
<tr><td>2002年</td><td>2.1</td><td>1.9</td></tr>
<tr><td>2003年</td><td>3.24</td><td>2.99</td></tr>
<tr><td>2004年</td><td>2.08</td><td>1.73</td></tr>
<tr><td>2005年</td><td>4.53</td><td>3.68</td></tr>
<tr><td rowspan="6">17. 购置俄罗斯联邦及海外自然人和法人持有的极珍贵文件收藏、俄罗斯杰出活动家的私人收藏和文件</td><td rowspan="6">补充俄罗斯联邦档案馆馆藏</td><td rowspan="6">俄罗斯国家文学和艺术档案馆、俄罗斯国家电影摄影文献档案馆、俄罗斯国家社会政治史档案馆、俄罗斯国家军事历史档案馆、俄罗斯国家历史档案馆</td><td>2001—2005年</td><td>2.34</td><td>1.78</td></tr>
<tr><td>2001年</td><td>0.31</td><td>0.22</td></tr>
<tr><td>2002年</td><td>0.41</td><td>0.3</td></tr>
<tr><td>2003年</td><td>0.42</td><td>0.31</td></tr>
<tr><td>2004年</td><td>0.54</td><td>0.42</td></tr>
<tr><td>2005年</td><td>0.66</td><td>0.53</td></tr>
<tr><td rowspan="5">18. 创建缩微胶片文件档案，收集“二战”转移至苏联以及按照俄罗斯联邦法律理应归还我国的缩微胶片</td><td rowspan="5">扩大档案信息的科学和实践应用</td><td rowspan="5">俄罗斯国家军事档案馆、俄罗斯国家科技文献档案馆</td><td>2001—2004年</td><td>28</td><td></td></tr>
<tr><td>2001年</td><td>5.5</td><td></td></tr>
<tr><td>2002年</td><td>6.5</td><td></td></tr>
<tr><td>2003年</td><td>7.8</td><td></td></tr>
<tr><td>2004年</td><td>8.2</td><td></td></tr>
<tr><td colspan="6">第四部分　俄罗斯联邦档案馆馆藏文件的利用</td></tr>
<tr><td rowspan="6">19. 完成系列工作，促进国家文件信息档案使用系统的完善与现代化</td><td rowspan="6">提高档案文件使用的有效性，满足个人、社会、国家的需求</td><td rowspan="6">联邦国家档案馆、俄罗斯联邦主体档案机构</td><td>2001—2005年</td><td>32</td><td>8</td></tr>
<tr><td>2001年</td><td>3.92</td><td>0.52</td></tr>
<tr><td>2002年</td><td>4.78</td><td>0.88</td></tr>
<tr><td>2003年</td><td>5.4</td><td>1.1</td></tr>
<tr><td>2004年</td><td>8.19</td><td>2</td></tr>
<tr><td>2005年</td><td>9.71</td><td>3.5</td></tr>
<tr><td rowspan="6">20. 建设并支持250万份国家档案文件的优先解密机制</td><td rowspan="6">推动早期非公开信息的科学研究与社会调查，扩大科学研究基础</td><td rowspan="6">联邦国家档案馆、俄罗斯联邦主体档案机构</td><td>2001—2005年</td><td>5.5</td><td>3.8</td></tr>
<tr><td>2001年</td><td>0.35</td><td>0.1</td></tr>
<tr><td>2002年</td><td>0.55</td><td>0.3</td></tr>
<tr><td>2003年</td><td>0.75</td><td>0.5</td></tr>
<tr><td>2004年</td><td>1.65</td><td>1.2</td></tr>
<tr><td>2005年</td><td>2.2</td><td>1.7</td></tr>
</table>

续表

措施名称	预期结果	执行单位	完成期限	经费——总计（百万卢布）	所含联邦预算资金
21. 为筹备出版纪念在1939—1940年苏联芬兰战争和其他军事冲突中牺牲、下落不明的俄罗斯（苏联）战士的纪念名册提供信息保障	促进完成纪念册的出版工作，有效履行具有社会法律性质的查询功能	联邦国家档案馆、俄罗斯联邦主体档案机构	2001—2002年	1	0.5
			2001年	0.6	0.4
			2002年	0.4	0.1
22. 组织开展庆祝具有国家和国际意义的纪念日、纪念事件的文献展览	俄罗斯联邦档案馆馆藏文件的普及化	联邦国家档案馆、俄罗斯联邦主体档案机构	2001—2005年	8.5	6.5
			2001年	0.88	0.56
			2002年	1.03	0.65
			2003年	1.3	0.9
			2004年	2.2	1.8
			2005年	3.09	2.59
23. 为联邦国家档案馆展览厅配备现代技术设备	提高俄罗斯联邦档案馆馆藏的展览水平	联邦国家档案馆、俄罗斯联邦主体档案机构	2001—2005年	11	10
			2001年	0.6	0.6
			2002年	0.85	0.85
			2003年	1.35	1.15
			2004年	3.27	2.9
			2005年	4.93	4.5
24. 筹备档案文件的目录、指南和汇编（包括电子版）	扩大可为公民享用的俄罗斯联邦档案馆馆藏的历史文化财产和信息资源服务	联邦国家档案馆、俄罗斯联邦主体档案机构	2001—2005年	88	32
			2001年	9.3	2.4
			2002年	11.2	3.2
			2003年	15.1	4
			2004年	21.5	9
			2005年	30.9	13.4
25. 完善国家档案馆阅览室工作的组织过程与技术	确保有效查找档案信息	全俄文件学与档案工作科学研究所、联邦国家档案馆、俄罗斯联邦主体档案机构	2001—2005年	7	5
			2001年	0.75	0.45
			2002年	0.88	0.5
			2003年	1.05	0.65
			2004年	1.8	1.4
			2005年	2.52	2
第五部分　科学研究与实验设计工作					
26. 制定采用不同介质对文件进行物理保存的科学原则和技术保障措施	提出档案文件物理保存的措施和技术体系的理念、原则和方法建议	通过选拔确定的措施执行单位	2001—2005年	3.81	3.57
			2001年	0.37	0.34
			2002年	0.51	0.47
			2003年	0.86	0.81
			2004年	0.96	0.91
			2005年	1.11	1.04

续表

措施名称	预期结果	执行单位	完成期限	经费——总计（百万卢布）	所含联邦预算资金
27. 开展信息数字加工及使用的方法研究，以此完成档案文件的备份与修复	为档案文件的数字化备份和修复开发系列软件技术	通过选拔确定的措施执行单位	2001—2005 年	7. 1	6. 78
			2001 年	0. 75	0. 71
			2002 年	1. 43	1. 37
			2003 年	1. 44	1. 38
			2004 年	1. 63	1. 56
			2005 年	1. 85	1. 76
28. 采用新信息技术实现文件管理	制定系统的规范、规则和方法，确保文件信息资源的合理使用	通过选拔确定的措施执行单位	2001—2005 年	5. 04	4. 72
			2001 年	0. 49	0. 45
			2002 年	0. 68	0. 62
			2003 年	1. 13	1. 07
			2004 年	1. 28	1. 21
			2005 年	1. 46	1. 37
29. 借助传统形式文件、电子形式文件以及科技文献和音像文献，为俄罗斯联邦档案馆馆藏制定系列规范方法和法律组织文件	以反映俄罗斯军事历史的文件配套补充国家档案	通过选拔确定的措施执行单位	2001—2005 年	4. 34	3. 79
			2001 年	0. 43	0. 36
			2002 年	0. 59	0. 5
			2003 年	0. 97	0. 86
			2004 年	1. 1	0. 97
			2005 年	1. 25	1. 1
30. 为促进科学查询设备系统、档案文件信息分类的理论和方法原则的发展，建立相应理念和措施	确定俄罗斯联邦档案馆馆藏文件科学查询设备系统的最佳参数，确保查询设备的现代化发展	通过选拔确定的措施执行单位	2001—2005 年	3. 07	2. 83
			2001 年	0. 3	0. 27
			2002 年	0. 41	0. 37
			2003 年	0. 69	0. 64
			2004 年	0. 78	0. 73
			2005 年	0. 89	0. 82
31. 研究电子文件的出版发行问题	制定规则、规范和方法，扩大档案文件服务范围，促进档案文件的集约化利用	通过选拔确定的措施执行单位	2001—2005 年	3. 15	2. 82
			2001 年	0. 31	0. 27
			2002 年	0. 43	0. 37
			2003 年	0. 7	0. 64
			2004 年	0. 8	0. 73
			2005 年	0. 91	0. 81
第六部分　档案的信息化					
32. 成立公共行业信息计算中心	完善档案工作的信息化进程	联邦国家档案馆	2001 年	1	1
33. 制定和阶段性推进俄罗斯联邦档案馆馆藏文件的中央国家核算系统自动化方案	从根本上改善国家核算现状，提高获得档案信息的效率	联邦国家档案馆、俄罗斯联邦主体档案机构	2001—2005 年	24	21
			2001 年	2. 58	2. 28
			2002 年	3. 2	2. 75
			2003 年	3. 77	3. 17
			2004 年	6. 32	5. 62
			2005 年	8. 13	7. 18

续表

措施名称	预期结果	执行单位	完成期限	经费——总计（百万卢布）	所含联邦预算资金
34. 为档案机构配备电脑设备并为其提供已获认证的程序保障	从根本上改善档案机构活动，降低档案工作开支	全俄文件学与档案工作科学研究所、联邦国家档案馆、俄罗斯联邦主体档案机构	2001—2005 年	18.52	11.02
			2001 年	3.1	2.2
			2002 年	3.17	2.27
			2003 年	3.25	1.65
			2004 年	3.9	2.1
			2005 年	5.1	2.8
35. 支持俄罗斯国家档案馆系统的互联网网站建设	提高档案机构信息资源的服务性能	全俄文件学与档案工作科学研究所、联邦国家档案馆、俄罗斯联邦主体档案机构	2001—2005 年	5	2.5
			2001 年	0.5	0.2
			2002 年	0.6	0.25
			2003 年	0.84	0.35
			2004 年	1.3	0.7
			2005 年	1.76	1
36. 建设无数据的主题式信息查询系统	发展和优化国家权力机关和社会机构的信息保障	联邦国家档案馆、俄罗斯联邦主体档案机构	2001—2005 年	8	3.5
			2001 年	1	0.4
			2002 年	1.25	0.45
			2003 年	1.4	0.5
			2004 年	1.83	0.85
			2005 年	2.52	1.3
37. 基于独联体成员国中央档案馆馆藏目录，制定有关建设自动化数据库的方案	推广新信息技术，扩大独联体成员国国家档案的文件信息服务范围	全俄文件学与档案工作科学研究所、独联体成员国国家档案局	2003—2005 年	4	3
			2003 年	0.3	0.2
			2004 年	1.3	1
			2005 年	2.4	0.8
38. 实施共产国际档案和经济互助委员会档案的信息化方案，实施俄罗斯国家电影摄影文献档案的电子目录制作方案	扩大文件信息的远程访问服务	俄罗斯国家社会政治史档案馆、俄罗斯国家经济档案馆、俄罗斯国家电影摄影文献档案馆	2001—2003 年	9.6	
			2001 年	3.7	
			2002 年	4.2	
			2003 年	1.7	
第七部分　发展档案工作领域的国际合作					
39. 在国际档案委员会（MCA）成立独联体成员国的地区分部并组织相关工作	执行国家档案委员会决议	独联体成员国国家档案局	2001 年	0.05	0.05
40. 完善独联体成员国档案工作信息中心的活动	加强针对档案工作现实问题的国际信息交流	全俄文件学与档案工作科学研究所	2001—2005 年	0.78	0.78
			2001 年	0.1	0.1
			2002 年	0.15	0.15
			2003 年	0.13	0.13
			2004 年	0.2	0.2
			2005 年	0.2	0.2
41. 成立独联体成员国档案文件、文件保存人才的再培训和技能提高中心	制定独联体成员国在档案信息使用领域的共识性合作原则与合作形式	全俄文件学与档案工作科学研究所	2001—2003 年	0.4	0.4
			2001 年	0.15	0.15
			2002 年	0.05	0.05
			2003 年	0.2	0.2

续表

措施名称	预期结果	执行单位	完成期限	经费——总计（百万卢布）	所含联邦预算资金
42. 筹备出版对“独联体成员国档案工作”(1991—1998年)的分析概述	加强独联体成员国档案机构之间的联系	全俄文件学与档案工作科学研究所、独联体成员国国家档案局	2001—2002年	0.2	0.2
			2001年	0.15	0.15
			2002年	0.05	0.05
第八部分　组织和人才保障					
43. 建设档案机构工作人员技能持续提高体系；制定旨在培养档案历史学家和文献学家的教育部门档案机构工作人员再培训的教学计划和大纲	巩固人才潜力，提高档案机构工作人员的职业水平	全俄文件学与档案工作科学研究所、俄罗斯国立人文大学历史档案学院、联邦国家档案馆、俄罗斯联邦主体档案工作的管理机关	2001—2005年	2.85	2.7
			2001年	0.33	0.3
			2002年	0.27	0.27
			2003年	0.43	0.38
			2004年	0.67	0.65
			2005年	1.15	1.1
44. 组织档案学、文献学和古文献学领域的职业技能竞赛和科学工作竞赛	完善激励制度，提高档案机构工作人员的职业技能和创造积极性	全俄文件学与档案工作科学研究所、俄罗斯国立人文大学历史档案学院、联邦国家档案馆、俄罗斯联邦主体档案工作的管理机关	2002—2005年	0.8	0.6
			2002年	0.25	0.2
			2003年	0.11	0.1
			2004年	0.28	0.2
			2005年	0.16	0.1
45. 子纲要管理	实施子纲要	子纲要管理处	2001—2005年	1	1
			2001年	0.2	0.2
			2002年	0.18	0.18
			2003年	0.19	0.19
			2004年	0.2	0.2
			2005年	0.23	0.23
第九部分　投资措施					
46. 建设和改造联邦国家档案馆和俄罗斯联邦主体的档案机构	加强档案保管室的物质基础建设	专业组织	2001—2005年	893.7	556.7
			2001年	20	20
			2002年	145.6	92.2
			2003年	224.3	143.1
			2004年	247.8	152
			2005年	256	149.4

附件 《2001—2005 年俄罗斯文化》联邦专项纲要中由联邦预算拨款的国家投资部分承担费用的措施

（单位：百万卢布，根据 2000 年卢布汇率制定）

	项目名称及地点	措施	国家投资				
			2001 年	2002 年	2003 年	2004 年	2005 年
子纲要《俄罗斯文化发展与文化遗产保护》							
1	俄罗斯国家模范大剧院，莫斯科	改造和修复剧院建筑群，确保剧院主建筑处于安全状态	345. 6	500	500	500	500
2	莫斯科契诃夫艺术剧院，莫斯科	剧院改造		5	20	30	30
3	“萨蒂利孔”俄罗斯国立阿尔卡季·拉金剧院，莫斯科	剧院改造和技术装备更新	6	39	25	25	25
4	瓦西廖夫和卡萨特金娜夫妇管理的国家模范古典芭蕾舞剧院，莫斯科	改造剧院建筑群“曼塔舍夫马厩”	1	14	50	50	50
5	俄罗斯国家模范青年剧院，莫斯科	剧院改造	<**>	44	70	70	70
6	莫斯科国家模范“萨茨”儿童音乐剧院，莫斯科	剧院改造和技术装备更新				5	10
7	叶甫盖尼·瓦赫坦戈夫国立模范剧院，莫斯科	剧院技术装备更新				5	10
8	奥布拉佐夫国立中心模范木偶剧院，莫斯科	剧院改造和技术装备更新		5	15	15	15
9	维尔纳茨基大街上的莫斯科国家大马戏，莫斯科	扩建			4		
10	“彩虹”马戏团娱乐设施，莫斯科	建筑建设		4		8	6
11	普希金国家造型艺术博物馆，莫斯科	博物馆项目改造	8	72	70	70	
12	国家历史文化博物馆保护区莫斯科克里姆林宫，莫斯科	文化修复中心建设	2	15	30	50	50
13	苏联全苏博物馆“国立特列季亚科夫画廊”，莫斯科	第二批博物馆项目修建及改造	5. 2	10	30	50	50
14	国家历史博物馆，莫斯科	博物馆克鲁季茨基庄园典藏室建设	<**>	15	20	40	50
15	综合技术博物馆，莫斯科	博物馆建筑改造	<**>	4	30	50	50
16	鲁勃廖夫古代俄罗斯文化艺术中央博物馆，莫斯科	博物馆项目改造	1. 5	6. 5	30	30	30
17	1941—1945 年伟大的卫国战争中央博物馆，莫斯科	博物馆项目建设与主楼改造					20
18	巴赫鲁申国家戏剧中央博物馆，莫斯科	博物馆项目改造				10	15

续表

	项目名称及地点	措施	国家投资				
			2001年	2002年	2003年	2004年	2005年
19	察里津诺国家建筑历史、艺术、园林自然保护区博物馆，莫斯科	博物馆项目改造				25	25
20	国立中央俄罗斯现代历史博物馆，莫斯科	博物馆主建筑改造			5	15	20
21	全俄装饰艺术与民间艺术博物馆，莫斯科	博物馆建筑改造				3	
22	国家东方人民艺术博物馆，莫斯科	博物馆典藏室和博物馆北高加索分院建筑改造	3	4			
23	国家儿童剧院博物馆，莫斯科	博物馆建筑改造				5	5
24	俄罗斯国家图书馆，莫斯科	图书馆项目改造	27	13	45	45	45
25	国家历史图书馆，莫斯科	图书馆改造				10	10
26	鲁多米诺全俄国家外国文学图书馆，莫斯科	图书馆项目建设				20	20
27	俄罗斯戏剧艺术研究院，莫斯科	研究院项目改造和建设				4	5
28	俄罗斯国家模范小剧院谢普金高等戏剧学校，莫斯科	学校建筑改造				10	10
29	格涅新内国立音乐学校，莫斯科	学校建筑改造			15	20	20
30	俄罗斯残疾人康复国际中心艺术专科学校，莫斯科	剧院、画室建筑改造，宿舍建设				15	15
31	莫斯科国立柴可夫斯基音乐学院附属中央音乐学校，莫斯科	学校建筑改造	28	62		20	20
32	全俄绘画、雕塑及建筑研究院，莫斯科	学院建筑改造	1	9	5	5	5
33	鲁米扬采瓦国家马戏与曲艺学校，莫斯科	行政大楼建设			10		
34	ROSIZO国家博物馆与展览中心，莫斯科	中心典藏室和其他项目建设			20	30	30
35	戈拉巴卢全俄艺术科技修复中心，莫斯科	中心建筑改造			20	40	50
36	俄罗斯文化学学院，莫斯科	新建筑建设			4	4	4
37	国立模范马林斯基剧院，圣彼得堡	剧院改造	123	70	130	250	127
38	俄罗斯国立模范普希金剧院，圣彼得堡	辅助厂房建设和剧院主建筑改造	6	24			
39	托弗斯诺戈夫俄罗斯国家模范大话剧院，圣彼得堡	剧院主建筑改造		15	15	20	20
40	圣彼得堡肖斯塔科维奇国家模范音乐厅，圣彼得堡	音乐厅建筑改造					9
41	圣彼得堡大马戏，圣彼得堡	马戏团建筑和演员宾馆改造				10	10
42	AVTOVO马戏，圣彼得堡	马戏团改造		6			
43	俄罗斯艾尔米塔什博物馆，圣彼得堡	博物馆典藏室建设	15. 1	85	85	80	80
44	全俄普希金博物馆，圣彼得堡	博物馆项目改造	13	87			
45	国立俄罗斯博物馆，圣彼得堡	博物馆项目改造	5	95	150	150	150
46	俄罗斯人类学民族学博物馆，圣彼得堡	博物馆项目建设和改造				10	20
47	国家宗教历史博物馆，圣彼得堡	博物馆建筑改造	5	70	75		
48	彼得宫国家保护区博物馆，列宁格勒州	博物馆项目改造				25	50
49	“皇村”国立宫廷庄园艺术建筑保护区博物馆，列宁格勒州	博物馆项目建设和改造				35	35
50	俄罗斯国家图书馆，圣彼得堡	图书馆新建筑建设	72	48	30	20	25

续表

	项目名称及地点	措施	国家投资				
			2001 年	2002 年	2003 年	2004 年	2005 年
51	圣彼得堡国立里姆斯基—科萨科夫音乐学院，圣彼得堡	教学楼建设				8	10
52	瓦加诺娃俄罗斯芭蕾舞学院，圣彼得堡	建筑改造				10	10
53	圣彼得堡国立文化艺术大学，圣彼得堡	锅炉房建设			4		
54	圣彼得堡国家戏剧艺术研究院，圣彼得堡	教学剧院和教学楼改造			12	20	20
55	北高加索国立艺术学院，纳尔奇克	教学楼改造					10
56	“基日”国家历史建筑和人类学民族学保护区博物馆，彼得罗扎沃茨克	购置灭火设备				10	
57	彼得罗扎沃茨克国立音乐学院，彼得罗扎沃茨克	教学楼建设				5	10
58	喀山国立音乐学院，喀山	宿舍建设				12	
59	伊热夫斯克国家马戏，伊热夫斯克	马戏团建筑建设	1	13	14	7	6
60	阿尔泰国立艺术文化学院，巴尔瑙尔	学院辅助设施建设				3	
61	克拉斯诺达尔国立文化艺术大学，克拉斯诺达尔	大学项目建设			6		
62	克拉斯诺亚尔斯克国立美术学院，克拉斯诺亚尔斯克	学院改造		20	60		
63	克拉斯诺亚尔斯克国立艺术学院，克拉斯诺亚尔斯克	学院建筑改造				7	
64	哈巴罗夫斯克国家马戏，哈巴罗夫斯克	建筑建设		3	2	2	1
65	国家弗拉基米尔-苏兹达里历史建筑和艺术保护区博物馆，弗拉基米尔	锅炉房建设				2	
66	苏兹达里艺术修复学校，弗拉基米尔州	学校项目建设				8	
67	基里尔别洛泽尔斯基历史建筑和艺术保护区博物馆，沃洛格达州	灭火工程网和系统建设				15	15
68	帕列赫高尔基艺术学校，帕列赫镇，伊万诺夫州	学校项目改造和建设			10	10	10
69	世界海洋博物馆，加里宁格勒州	新建筑建设	3	20	20		
70	克麦罗沃国家文化艺术研究院，克麦罗沃	教学建筑建设		15			
71	库尔斯基国家马戏，库尔斯基	马戏团建筑改造	1	11			
72	“阿布拉姆采沃”国家历史艺术和文学保护区博物馆，莫斯科	典藏室和图书馆建筑建设				12	12
73	“列宁山”国家历史保护区，莫斯科州	博物馆项目建设				6	10
74	国立博罗季诺军事历史保护区博物馆，莫斯科州	博物馆典藏室和陈列室的建筑改造			12	12	12
75	“俄罗斯帕纳萨斯山”国家奥斯塔菲耶娃庄园博物馆，莫斯科州	行政管理楼建设		2	10	10	
76	德国反法西斯纪念博物馆，克拉斯诺戈尔斯克市，莫斯科州	博物馆附属建筑建设		5.5	10	15	
77	莫斯科国立文化艺术大学，希姆基市，莫斯科州	教学楼建设	10	25	25		
78	下诺夫哥罗德国家马戏，下诺夫哥罗德	马戏团改造	1.6	32.4	3	5	
79	新西伯利亚国家模范歌剧芭蕾舞剧院，新西伯利亚	剧院改造和技术设备更新	<**>	30	80	120	150

续表

	项目名称及地点	措施	国家投资				
			2001 年	2002 年	2003 年	2004 年	2005 年
80	新西伯利亚国立格林卡音乐学院，新西伯利亚	附属建筑建设				25	25
81	新西伯利亚舞蹈艺术学校，新西伯利亚	第二批教学楼建设			5	15	15
82	新西伯利亚国立格林卡音乐学院附属中等专业音乐学校，新西伯利亚	学校改造		6			
83	“斯帕斯斯基-卢托维诺娃”屠格涅夫国立自然保护区，奥列利州	博物馆项目建设				3	3
84	奔萨国家马戏，奔萨	马戏团改造		10			
85	彼尔姆国立艺术文化学院，彼尔姆	教学楼建设				16	
86	彼尔姆国立“荣誉”勋章舞蹈艺术学校，彼尔姆	教学楼建设					5
87	米哈伊洛维奇普希金国立历史文学和园林自然保护区纪念博物馆，普斯科夫州	博物馆项目建设	10	35	28		
88	国立肖洛霍夫保护区博物馆，魏申科村镇，罗斯托夫州	购置馆藏存放厂房		1			
89	梁赞历史建筑保护区博物馆，梁赞	锅炉房建设				2	
90	萨拉托夫拉吉舍夫国立艺术博物馆，萨拉托夫	博物馆项目改造		6. 5	20	20	
91	萨拉托夫索比诺娃国立音乐学院，萨拉托夫	改造和建设				4	15
92	“卡廷”国家纪念建筑群，斯摩棱斯克州	纪念建筑物建设	<**>	5	27		
93	国家纪念建筑群，特维尔州	纪念建筑物建设	<**>	10	15		
94	“亚斯纳亚-博利尔纳”国家托尔斯泰庄园自然保护区，图拉州	工业区建设，旅游服务项目建设，购置“亚斯纳亚-博利尔纳”休息区建筑	2	13	20	20	20
95	“库里科沃原野”国家军事历史和自然保护区博物馆，图拉州	展览陈列综合体改造和厂房、行政大楼改造			10	20	20
96	秋明国立艺术文化学院，秋明	教学楼改造				3	6
97	车里雅宾斯克国立艺术文化学院，车里雅宾斯克	教学训练厅建设			6	6	
98	国家罗斯托夫-雅罗斯拉夫建筑艺术保护区博物馆，罗斯托夫市，雅罗斯拉夫州	博物馆项目建设与改造				6	
99	瓦利基国家图书馆，乌法	改造	1	2	3	5	2
100	俄罗斯话剧院，马哈奇卡拉	改造		10	10	19	30
101	戏剧中心，纳尔奇克	建设		11	18	19	29
102	话剧院，埃利斯塔	建设		10	13	15	15
103	卡尔梅克帕利莫娃地方志博物馆，埃利斯塔	建设		2	10	20	30
104	卡累利阿国家剧院，彼得罗扎沃茨克	改造	3	16	14	15	25
105	历史中心，彼得罗扎沃茨克	改造		8	8	5	25
106	恰瓦伊国立图书馆，约什卡尔奥拉	改造		6	10	15	25
107	卡恰洛夫喀山模范大话剧院，喀山	改造		7	9	20	35
108	共和国地方志博物馆，克孜勒	改造	<**>	10	15	15	25
109	国家乐团演奏厅，克孜勒	改造		10	15	15	25
110	共和国地方志博物馆，阿巴坎	建设				25	30
111	文化艺术项目，车臣共和国	建设和改造			10	21	98

续表

	项目名称及地点	措施	国家投资				
			2001年	2002年	2003年	2004年	2005年
112	舒克申话剧院，巴尔瑙尔	建设	3	2	10	3	1
113	州立话剧剧院，布良斯克	改造		11	10	13	7
114	“斯大林格勒战役”全景博物馆，伏尔加格勒州	改造		15	11		
115	剧院综合体，伊万诺夫	技术设备更新		2			
116	木偶剧院，基洛夫	建设	1	1	2	2	1
117	展览厅，库尔干	建设			6	26	30
118	音乐话剧剧院，马加丹	改造		10	15	10	40
119	谢尔吉耶夫镇艺术历史保护区博物馆，谢尔吉耶夫镇，莫斯科州	改造	1	17			
120	斯拉夫文化中心(文化之家)，下诺夫哥罗德州	改造	1	2	2	2	1
121	话剧院，萨罗夫，下诺夫哥罗德州	建设	<**>	4	5	5	6
122	季谢廖夫青年观众剧院，萨拉托夫	建设	<**>	3			
123	话剧院，巴拉绍夫，萨拉托夫州	建设		3	2	5	5
124	木偶剧院，图拉	建设	1	11			
125	科米-彼尔米亚克话剧院，库德姆卡尔	建设		2	10	15	25
子纲要总计			687	1762.9	2103	2616	2708
子纲要《俄罗斯电影业》							
1	高尔基儿童青少年中央电影制片厂，莫斯科	胶片加工车间、锅炉房和供暖系统改造，发电站建筑建设	1.8	9.2	6.8	7.8	8.4
2	列宁格勒电影制片厂，圣彼得堡	厂房和工程通信改造	1.3	12.7	8.6	9.7	10.4
3	斯维尔德罗夫斯科电影制片厂，叶卡捷琳堡	厂房和工程网改造		6	3	3	3
4	“动画片联盟”动画片制片厂，莫斯科	厂房改造	2	35	6.5	7.4	7.9
5	远东新闻制片厂，哈巴罗夫斯克	制片厂和工程网改造		2.2	1.6	1.8	1.9
6	“中央科学电影”科普教育电影中央制片厂，莫斯科	工程网和厂房改造		2	1.4	1.6	1.7
7	罗斯托夫电影制片厂，顿河畔罗斯托夫	厂房和工程网改造		2	1	1	1
8	俄罗斯新闻纪录片和教育影片中央制片厂，莫斯科	工程网和厂房改造		2	1	1	1
9	“列宁格勒科学电影”圣彼得堡科普电影制片厂，圣彼得堡	厂房、辅助建筑和工程网改造		2	1	1	1
10	圣彼得堡纪录片制片厂，圣彼得堡	工程系统和车间改造		2	1	1	1
11	西西伯利亚电影制片厂，新西伯利亚	工程系统改造		1.8	1	1	1
12	新西伯利亚影片复照工厂，新西伯利亚	建筑和工程系统改造		1	1	1	1
13	北高加索新闻片制片厂，弗拉基高加索	工程系统改造		1	1	1	1
14	下伏尔加新闻片制片厂，萨拉托夫	车间和工程系统改造		1	1	1	1
15	喀山新闻片制片厂，喀山	厂房和工程网改造		1	1	1	1
16	萨马拉新闻片制片厂，萨马拉	厂房和工程网改造		1	1.5	1.7	1.8
17	克拉斯诺亚尔斯克电影制片厂，克拉斯诺亚尔斯克	车间改造		1	1	1	1

续表

	项目名称及地点	措施	国家投资				
			2001年	2002年	2003年	2004年	2005年
18	“演员·电影”创作生产电影制片厂，莫斯科	房间和工程网改造		2.5	1.7	2	2.7
19	国家电影演员剧院，莫斯科	房间和工程网改造		2.8	2.5	2.5	3
20	格拉西莫夫全俄国家电影艺术学院，莫斯科	教学场所、教学工作室和工程系统改造	1.2	4.8	4.2	4.8	5.2
21	圣彼得堡国立电影电视大学，圣彼得堡	教学楼和工程系统改造	1.2	4.3	3.6	4.1	4.5
22	罗斯托夫电影中等技术学校，顿河畔罗斯托夫	危楼改造		1	1.3	1.9	1.4
23	谢尔吉耶夫影视技术学院，谢尔吉耶夫镇，莫斯科州	教学楼和工程网改造		2.5	2.3	2.9	2.5
24	圣彼得堡影视技术学院，圣彼得堡	教学场所和工程系统改造		2.8	2	2.5	2.2
25	苏联电影中等技术学校，苏维埃茨克，加里宁格勒州	工程系统改造		2.4	1.6	2	2.9
26	伊尔库斯科电影中等技术学校，伊尔库斯科	工程系统和教学楼改造		2.5	1.8	2	2.4
27	莫斯科电影设备工厂，莫斯科	电影放映设备改造、发展与技术设备更新		4.8	4.7	5.9	6.8
28	“电影技术”国有企业，莫斯科	改造		2.5	1.9	2.3	2.4
29	“发源地”国有企业，诺夫哥罗德	厂房改造		1	1	1	1
30	电影艺术科学研究院，莫斯科	房屋和工程系统改造		2.5	2.5	2.3	3.5
31	电影摄影科学研究院，莫斯科	房屋和工程系统改造		2.6	2.9	3.5	4.3
32	电影摄影科学研究院实验厂，莫斯科	厂房和工程系统改造		1	1	1	1
33	国家电影设计学院，莫斯科	工程系统改造		2.3	1.9	2.5	2.9
34	“共和国电影联合工厂”国有企业，莫斯科	建筑和工程系统改造		2.5	1.5	2	2.5
35	梁赞影片复照工厂，梁赞	工程通信、技术设备改造和更新		1	1	1	1
36	电影业组织	购置预算外设备	5.2	30.6	36.1	39.4	36.9
37	电影业组织	建立和推广用于行业信息统计的电信系统		1	1	1	1
38	住宅建设项目	按照份额参与住宅建设		1	1	1	1
39	联邦电影院	建设、改造、技术设备更新		53.8	74.4	85.8	91.5
40	“莫斯科电影”电影公司，莫斯科	建筑和工程系统改造		10	6.5	6.9	7.6
41	俄罗斯联邦国家电影基金会，莫斯科州	建设	17.2	60	20	80	18
42	东西伯利亚电影制片厂，伊尔库斯科	车间和工程网改造		2.3	1.5	1.9	2.7
43	电影院，小雅罗斯拉维茨市，卡卢加州	建设	1				
44	俄罗斯电影中心	技术设备更新		19.3	11.8	17.5	22.8
45	影视租赁企业	改造、技术设备更新		2	2.9	3.5	5
子纲要总计			30.9	308.7	334	426.2	483.8
子纲要《俄罗斯档案》							
1	俄罗斯国家科技文献档案馆，莫斯科	建筑建设	9	16.8	16.8		
2	俄罗斯国家军事历史档案馆，莫斯科	建筑改造		1	7	7	8
3	俄罗斯联邦国家档案馆，莫斯科	档案储存室建设			3	4	5
4	俄罗斯古代文献档案馆，莫斯科	建筑改造		2	4	4	

续表

	项目名称及地点	措施	国家投资				
			2001 年	2002 年	2003 年	2004 年	2005 年
5	俄罗斯国家电影摄影文件档案馆，克拉斯诺戈尔斯克，莫斯科州	锅炉改造和实验楼建设		1.6	10	25	25
6	俄罗斯国家经济档案馆(分馆)，沃洛诺夫镇，莫斯科州	建筑建设		14	9	14	
7	俄罗斯国家海军档案馆，圣彼得堡	建筑建设	9	18	14		
8	俄罗斯国家历史档案馆，圣彼得堡	建筑建设	2	12	24	30	40
9	俄罗斯国家历史档案馆，圣彼得堡	建筑改造		2	11	14	14
10	馆藏保存中心，亚鲁托夫斯克，秋明州	建筑改造			2	5	5
11	国家档案馆，戈尔诺-阿尔泰斯克	建设			0.9	1	3
12	中央国家历史档案馆，乌法	建设			1.5	3	6.2
13	中央国家档案馆，马卡斯	建设			0.5	2	4
14	中央国家档案馆，约什卡尔奥拉	建设		2.5	1.5		
15	中央国家政治历史文献档案馆，喀山	建设			0.5	1.5	3
16	中央国家档案馆，格罗兹尼	建设			0.5	2	4
17	中央国家档案馆，切博克萨雷	建设				1	3
18	国家档案馆，雅库斯克	建设		0.5	2.5	3.5	
19	边疆国家档案馆，巴尔瑙尔	建设		0.4	0.5		
20	边疆国家档案馆，克拉斯诺亚尔斯克	建设		2.5	3	3.5	
21	州立国家档案馆，布拉格维申科	改造			0.5	1	3.5
22	州立国家档案馆，布良斯克	建设			1.0	2.5	5
23	州立国家档案馆，弗拉基米尔	建设			1.7	4	5
24	国家档案馆，切列波韦茨，沃罗达尔斯基州	建设		2.8	3	3	
25	州立国家档案馆，沃罗涅日	建设		2	3	3	4
26	州立国家档案馆，卡卢加	改造		1.2	2.5	1	
27	州立国家档案馆，加里宁格勒	建设		2	3	5	7
28	州立国家档案馆，诺夫哥罗德	改造		1.5	0.6		
29	州立国家档案馆(分馆)，普斯科夫州	建设		1.5	1.5		
30	州立国家档案馆，顿河畔罗斯托夫	改造			0.5	1	3.7
31	州立国家档案馆，梁赞	改造		2	4.1	2	
32	州立国家档案馆(分馆)，恩格斯城，萨拉托夫州	改造		1			
33	州立国家档案馆，斯摩棱斯克	建设		3.9	3.9	4	
34	州立国家档案馆，坦波夫	改造			1.1		
35	州立国家档案馆，托木斯克	改造			0.5	1	
36	州立国家档案馆，秋明	建设		1	4	4	1
子纲要总计			20	92.2	43.1	152	149.4

<**> 2001 年项目拨款将在联邦专项投资项目实施的 6 个月内落实

《2001—2005 年俄罗斯联邦公民爱国主义教育》国家纲要

* 俄罗斯联邦政府 2001 年 2 月 16 日 第 122 号决议

俄罗斯联邦政府第 122 号决议

2001 年 2 月 16 日　莫斯科

关于《2001—2005 年俄罗斯联邦公民爱国主义教育》国家纲要的几点说明

俄罗斯联邦政府决议如下：

1. 确认通过《2001—2005 年俄罗斯联邦公民爱国主义教育》国家纲要（以下简称纲要）。

2. 委托俄罗斯政府军人、退役军人及其家庭成员社会问题委员会，负责协调联邦执行权力机关、俄罗斯联邦主体执行权力机关及组织参与纲要的相关工作。

3. 由俄罗斯联邦主体执行权力机关负责研究和制定各地区公民爱国主义教育大纲。各地区爱国主义教育大纲必须含有国家纲要规定的爱国主义教育活动。

4. 用于实施 2001 年纲要活动的资金不可超支，必须在参与纲要的联邦执行权力机关及组织提交的联邦预算范围内，也不可超过俄罗斯联邦主体执行权力机关提供的资金以及预算外资金。

5. 委托俄罗斯联邦财政部，参考联邦执行权力机关及组织的合理化建议，制定自 2002 年起用于实施纲要的联邦预算草案。

俄罗斯联邦政府总理　　　　米·卡西亚诺夫

批准纲要
俄罗斯联邦政府
2001 年 2 月 16 日
第 122 号决议

《2001—2005 年俄罗斯联邦公民爱国主义教育》国家纲要

一、前言

《2001—2005 年俄罗斯联邦公民爱国主义教育》国家纲要(以下简称纲要)，根据俄罗斯联邦会议，俄罗斯联邦政府，联邦执行权力机关，俄罗斯联邦主体执行权力机关，俄罗斯社会联合会、创作协会以及地区宗教团体共同提议制定。

纲要具有国家纲领性和指导性地位。

纲要的实施有助于促进社会稳定，重振民族经济，巩固国家防御能力。

纲要面向俄罗斯全部社会阶层和各年龄阶段的俄罗斯公民，明确规定公民爱国主义教育体系发展的基本方向和主要结构，旨在培养俄罗斯公民服务社会、报效祖国的爱国意识。纲要的制定完全基于并符合俄罗斯国家发展历程和已取得的历史性成绩、国家的现实发展与存在的问题，以及社会未来发展趋势。

二、爱国主义教育问题，以国家纲要形式解决此类问题的必要性

爱国主义教育是国家权力机关及组织为促进公民形成崇高的爱国意识、忠于祖国的高尚情感，使其能够以维护祖国利益为宗旨，自觉履行公民职责和宪法义务，而开展的一项系统化、有目的的实践活动。

爱国主义教育旨在促进个体发展，使其获得公民—爱国者的基本品质，在和平年代和战争年代均可自觉、有效地履行公民义务。

根据俄罗斯联邦《兵役义务与兵役法》要求，公民军事爱国主义教育是爱国主义教育的重要组成部分。

近些年的俄罗斯社会现实表明，经济解体、社会分化、精神价值贬值已经对国内各年龄阶段的社会居民产生了负面影响，直接损害了他们的社会意识，极速降低了俄罗斯文化、艺术和教育等爱国主义教育重要载体的教育成效。俄罗斯社会正不断失去传统爱国意识的社会现实引起了广泛关注。传统爱国意识逐渐消退的主客观进程使得民族问题也愈发尖锐。在某些地区，爱国主义发展成为民族主义。国际主义失去了真正的价值，不为人所理解。冷漠、自私、个人主义、犬儒主义、无端侵略、不尊重国家和社会制度等态度和意识大量充斥于大众意识。军人和公务员的威信也不断降低。

爱国主义是社会团结和国家稳定的基石。基于上述社会现状，从国家层面解决爱国主义教育体系存在的严峻问题，势在必行。

为进一步整合联邦执行权力机关、俄罗斯联邦主体执行权力机关的力量，合力面向全部社会阶层和各年龄阶段社会群体，以及作为社会最小组成单位的家庭开展相关工作，必须出台俄罗斯公民爱国主义教育的统一国家政策，必须形成符合爱国主义教育国家政策、促进多层次爱国主义教育工作协调发展的公民爱国主义教育体系。

公民爱国主义教育体系应当包括国家层面的组织机构，从最基本的教育团体到国家最高权力机关各层面开展教育实践活动均应具备的法律规范基础，以及一系列旨在形成俄罗斯联邦公民爱国情感和意识的具体实践活动。

国家历史进程中涌现的英雄事迹，国家在政治、经济、科学、文化和体育领域取得的伟大成就，蕴含着深刻而丰富的道德理想，为规划公民爱国主义教育系列活动提供了现实前提。当前形势下，公民爱国主义教育系列活动的规划趋势，应体现为促进社会团结，激发爱国主义精神，提升地区爱国主义教育力量，形成抵制分离主义的社会舆论，凸显中央参与地方爱国主义教育活动的必要性。

爱国主义教育体系建设的基本内容包括：在各类教育机构的德育和教学环节促进青少年掌握重要的社会价值，形成并发展公民性及爱国主义精神；国家机构、社会运动和社会组织开展大量的爱国主义教育工作；借助大众传媒、科学机构和其他组织、创作协会的力量，集中分析和研究爱国主义教育相关问题，促进俄罗斯公民和祖国保卫者个体的形成与发展。

国家是保障爱国主义教育体系组织运转的主要机构。

构建爱国主义教育体系的前提条件是整合国家各级权力机关、科学组织和教育机构、老战士组织、青年组织和其他社会及地区组织、创作协会的力量，在《俄罗斯联邦国家安全战略》的框架下，基于纲要涉及的教育方法和统一的国家政策，协调发展上述组织机构的各项活动，进而有效解决爱国主义教育现存的一系列问题。

三、纲要的目的和任务

纲要的主要目的是发展俄罗斯联邦公民爱国主义教育体系，以此培养公民的爱国情感和爱国意识，促进社会团结、人民生活安定、经济稳定增长以及俄罗斯联邦各民族和睦为善。

为实现纲要目的须完成下述任务：

构建确保国家爱国主义教育体系确立及其功能实现的相关机制；

基于俄罗斯传统价值及其在世界进程中的历史角色，培养公民的爱国情感与爱国意识，凝塑公民的国家荣誉感与民族自豪感；

发展公民—爱国者个体教育，培养公民捍卫国家利益的优秀品质；

为爱国主义教育体系提供规范的法律基础保障和组织方法保障，促进爱国主义教育体系功能实现。

纲要为完成上述任务的连续性提供保障。

纲要将在 2001 年至 2005 年期间执行，具体分为两个阶段：

第一阶段：2001 年；

第二阶段：2002 年至 2005 年。

第一阶段预计任务：

研究纲要实施的组织基础；

建立爱国主义教育的法律规范基础；

由俄罗斯联邦执行权力机关、俄罗斯联邦主体执行权力机关研究和制定纲要的子纲要(包括任务一览表和计划)；

开展各部门和地区的爱国主义教育活动。

第二阶段主要按照纲要附件 1 规定的基本活动实施爱国主义教育。

四、纲要的措施体系

1. 建立俄罗斯联邦公民爱国主义教育的法律规范基础

首要任务在于制定立法方案，其中有必要关涉俄罗斯联邦公民爱国主义教育问题，推动《俄罗斯军事荣誉日(胜利日)法》联邦法令的修改，增加保存俄罗斯民族财产的博物馆数量，出台博物馆管理条例、全俄军事体育运动会举办章程，还应在新形势下推动符合俄罗斯联邦主体立法活动的爱国主义教育方案、规划、方法和途径的有效竞争。

其次，为具有相互联系与相互影响关系的爱国主义教育主体制定规范的法律机制，即结合作为爱国主义教育体系组成部分的各机构和组织的现实特征，基于俄罗斯社会近些年发生的变革，进一步明确爱国主义教育主体的社会角色、社会法律地位、任务和功能。

2. 完善国家权力机关的公民爱国主义教育活动

首要任务在于制定俄罗斯联邦公民爱国主义教育具体方案和规划，塑造新时期公民爱国者，为推动俄罗斯联邦公民爱国主义教育的联邦法律出台奠定基础，同时也为爱国主义教育领域相关国家政策的实施创建法律基础。

有计划地扩大俄罗斯政府军人、退役军人及其家庭成员社会问题委员会的权力，使其从联邦层面在爱国主义教育领域发挥更大作用。有必要在各地成立爱国主义教育协调委员会和爱国主义教育中心。在个别示范区继续开展研究工作，在构建爱国主义教育评价考核系统、探索爱国主义教育体系自身调节方式等领域获得共识性结论。

在实施纲要的各个阶段，有必要在联邦层面和地区层面加强从事爱国主义教育工作的人才培养，其中包括制定实施爱国主义教育的一体化方法，研发课程，举办以爱国主义教育为主题的科学实践大会、研讨会和圆桌会议，举办全俄爱国主义教育社会联合会代表大会，全俄组织方法和教学方法会议代表大会，全俄爱国主义教育联合会和俱乐部负责人代表大会。

3. 国家机构致力于完善俄罗斯联邦公民爱国主义教育的措施体系

国家措施体系的首要任务是在精神层面培养和塑造俄罗斯联邦公民的爱国主义价值观念、职业品质和能力，使其能够忠于宪法义务和军事义务，促进俄罗斯公民在社会生活不同领域，特别是在服兵役和执行国家公务过程中展现良好风貌。为此有必要推进军事爱国主义教育系列工作，举办博物馆展览，在爱国主义和军事爱国主义、军事历史和历史文化、军事技术和军事体育俱乐部和联合会，未来士兵、军官俱乐部和训练营组织开展各类活动，广泛推动祖国保卫者日、祖国保卫者月活动，开展军事爱国主义工作和兵役预备工作，开展“卫国战争烈士纪念劳动日”活动和搜寻活动，开展军事体育运动赛和远足活动。

上述活动须在现有国家纲要、部门大纲和地区大纲的框架下推动和实施。

4. 国家对大众传媒宣传爱国主义的支持与影响

对大众传媒宣传爱国主义的支持措施：

开发栏目和系列板块，推动爱国题材电视广播节目的建设；

创建俄罗斯国家层面的广播节目，建设客观体现历史事件和现实事件的媒体渠道；

坚决抵制否定和篡改祖国历史的行为；

构建爱国主义教育网络数据库；

在电视节目和广播节目中开设切实有效的公民爱国主义教育专栏，设立针对爱国主义教育问题讨论的报刊专栏，邀请相关学者、社会活动家、文化艺术代表、教育家、德育专家、老战士、现役军人和劳动者参加上述活动。

结合俄罗斯民族发展历程、历史和文化的特殊性，围绕公民爱国主义教育题材，出品电影，推进各类出版工作，编排相关题材的戏剧，推动俄罗斯民族文化交流互通，积极发挥民族创造力，为艺术作品提供英雄事迹，树立典型英雄形象，满足各年龄阶层社会群体的需求。

纲要针对否定和篡改祖国历史的行为采取相关措施，措施包括广泛开展对历史事件的写实性描述，公开出版档案文件，军事历史题材的文学作品、回忆录和参考书，爱国主义题材的系列图书，以及日历、纪念品等。有必要成立爱国主义教育的专门化印刷机构。

从国家层面出版教科书，展现国家社会经济和文化改革的重要价值，提高人们对国家和个体于俄罗斯民族命运发展进程中所肩负作用的认识。

激发新闻工作者、作家、电影工作者的创造潜力，以爱国主义为题材每年举办有奖竞赛。

5. 社会联合会和社会团体开展俄罗斯联邦公民爱国主义教育工作的协调性和一致性

国家有必要向社会联合会和社会团体的爱国主义教育工作提供支持，并为提高其工作有效性创造条件。

提高老战士组织和其他创作团体及协会参与青年事务的积极性，基于以往工作经验及其在精神层面具备的价值导向，带动青年人继承和发扬光荣的革命传统和劳动传统。

采取有效措施，促进社会联合会和社会团体在开展俄罗斯军事荣誉纪念事件相关活动，以及探索致力于提高俄罗斯人民爱国意识的集体主义教育新形式的过程中，实现协同发展。

6. 确立俄罗斯联邦公民爱国主义教育的科学理论和方法论基础

确立爱国主义教育的科学理论和方法论基础是纲要的重要方向之一。

确立科学理论和方法论基础的前提在于增强科学领域活动家的创造潜力，使其能够瞄准爱国主义教育问题，全面开展科学理论的创新工作，围绕国家军队历史和战争大事记，以及俄罗斯优秀军事将领的事迹开展相应的研究工作，编写教科书。

在科学论证的基础上编写教学方法参考书，针对爱国主义教育工作提出具体建议，引领未成年人掌握爱国价值，增强青少年的义务参军意识和保家卫国的决心。

成立社会信息分析中心，梳理和积累公民—爱国者个体培养与教育的相关问题。

五、纲要的实施机制

纲要的国家地位决定了纲要的实施机制。在新形势下，实施机制应体现如下的发展定位，即：促进社会团结，激发爱国主义精神，增强地区爱国主义教育力量，形成抵制分离主义的社会舆论，凸显中央参与地方爱国主义教育活动的必要性。

俄罗斯政府军人、退役军人及其家庭成员社会问题委员会(以下简称委员会)负责协调纲要实施的各项活动。

委员会的职能：

负责监管，确保财政资金专款专用；

向俄罗斯联邦政府提供合理化建议，确保纲要所含的爱国主义教育实践活动按期实施；

俄罗斯联邦政府下设的俄罗斯国家军事历史文化中心委托委员会办事机构解决上述问题。

纲要措施的总执行单位是俄罗斯联邦教育部、俄罗斯联邦文化部、俄罗斯联邦国防部和俄罗斯联邦政府下设的俄罗斯国家军事历史文化中心。

总执行单位的职能：

在纲要的框架下研究和制定实施纲要的子纲要，包括子纲要各项活动所需的费用(配有计算依据)及其财政来源(标明每项活动的财政来源及其年度分配)；

按照俄罗斯联邦法律，组织开展竞争选拔工作，遴选具体负责实施各子纲要工作的执行单位；

大量引进预算外资金，以及俄罗斯联邦主体执行权力机关资金（计划参与实施纲要的财政份额），进而确定子纲要的财政来源；

向委员会提交符合俄罗斯联邦财政部、俄罗斯联邦经济发展和贸易部、俄罗斯联邦主体执行权力机关及其他相关部门要求的子纲要；

保证各子纲要的实施。

联邦执行权力机关是纲要的执行单位，在纲要和总执行单位制定的子纲要的基础上，负责研究和制定公民爱国主义教育的部门大纲（包括任务一览表和计划），并负责组织实施工作。

俄罗斯联邦主体执行权力机关的职能：

研究和制定各地区公民爱国主义教育大纲（包括任务一览表和计划）。各地区爱国主义教育大纲必须含有国家纲要预先规定的爱国主义教育活动。

保证各地区公民爱国主义教育大纲（包括任务一览表和计划）具有独立财政资金。

六、纲要的资金保障

纲要的总财政资金为 1. 7795 亿卢布，其中，1. 3078 亿卢布来自联邦预算拨款，3267 万卢布来自俄罗斯联邦主体执行权力机关资金支持，1450 万卢布是预算外资金。联邦执行权力机关按照纲要附件 2 分配联邦预算资金，以用于纲要的实施。

纲要活动涉及的联邦财政总预算（年度分配）取决于子纲要的制定。

来源于联邦财政拨款的纲要活动预算，每年分配额度根据审查纲要的总执行单位——联邦执行权力机关及组织的预算申请结果制定。

联邦执行权力机关及组织用于实施子纲要活动的财政支出，必须符合联邦预算支出的部门标准。

七、纲要实施的成效评价

纲要预期成效：

在社会意识形态领域，保证社会精神道德共同性，降低意识形态对抗程度，重塑俄罗斯民族的真正精神价值，巩固俄罗斯联邦各民族之间的友谊；

在社会经济领域，提高全社会对民族经济发展的关注度，缓解社会紧张局势，维护社会稳定和经济稳定；

在国家防御能力领域，提高青年参军热情，激发公民保卫祖国的强烈愿望，培养公民的军事荣誉感，发扬劳动传统。

实施纲要的最终成果，体现为社会经济、精神和文化的高度发展，国家及其防御能力得以巩固，社会稳定发展和经济稳固增长。高尚的精神发展、鲜明的公民立场、强烈的爱国意识将在很大程度上帮助俄罗斯战胜危机，进一步明确俄罗斯的未来。

附件 1 《2001—2005 年俄罗斯联邦公民爱国主义教育》国家纲要实施措施

	执行单位	执行期限	预期结果
一、建立俄罗斯联邦公民爱国主义教育的法律规范基础			
1. 提交俄罗斯国家杜马审阅下述决议草案：			
修改联邦法令《俄罗斯军事荣誉日(胜利日法)》以及军事荣誉日法补充清单	俄罗斯国家军事历史文化中心、俄罗斯国防部、俄罗斯司法部、俄罗斯经济发展与贸易部、俄罗斯财政部、俄罗斯国家档案局、俄罗斯科学院	2001—2005 年	确立爱国主义教育的历史法律基础
涉及俄罗斯联邦公民爱国主义教育问题的联邦法律法案	俄罗斯国防部，俄罗斯教育部，俄罗斯文化部，俄罗斯内务部，俄罗斯经济发展与贸易部，俄罗斯财政部，俄罗斯司法部，俄罗斯卫生部，俄罗斯联邦事务、民族及移民政策部，俄罗斯新闻出版、广播电视与大众传媒事务部，俄罗斯国家体育运动委员会，俄罗斯边防局，俄罗斯安全局，俄罗斯对外情报局，俄罗斯铁道兵部队，俄罗斯国家档案局，俄罗斯国家军事历史文化中心，俄罗斯国际科学文化合作中心，俄罗斯科学院	2001—2005 年	确立爱国主义教育国家政策的规范法律基础
2. 制定和修订俄罗斯联邦政府国家遗产清单，赋予其国家级博物馆身份(莫尼纳市俄罗斯空军博物馆，圣彼得堡市炮兵、工程兵和通信兵军事历史博物馆，圣彼得堡市中央海军博物馆，莫斯科市俄罗斯内务部中央博物馆，莫斯科市俄罗斯国家体育科学院体育博物馆，莫斯科市俄罗斯边防局中央博物馆，莫斯科市俄罗斯紧急情况部中央博物馆)	俄罗斯国防部、俄罗斯内务部、俄罗斯紧急情况部、俄罗斯司法部、俄罗斯国家体育运动委员会、俄罗斯边防局、俄罗斯文化部、俄罗斯经济发展与贸易部、俄罗斯财政部、莫斯科政府、莫斯科州政府、圣彼得堡政府	2001—2003 年	提升国家主要博物馆保护、促进和发展公民国家自豪感的积极作用，帮助公民永远铭记俄罗斯战士和国家重要军事历史事件
3. 制定和修订下述俄罗斯联邦政府决议草案：			
在俄罗斯国防体育技术组织的彩票事业的基础上，发行“俄罗斯爱国者”彩票	俄罗斯国防体育技术组织、俄罗斯教育部、俄罗斯司法部、俄罗斯国家军事历史文化中心、俄罗斯财政部、俄罗斯经济发展与贸易部、俄罗斯国防部	2003 年	保障青年军事技术培训预算外财政经费

续表

	执行单位	执行期限	预期结果
确定"俄罗斯国防体育技术组织陆海空军志愿后援协会的国防和航空化学建设促进协会日"（每年1月23日）	俄罗斯国防体育技术组织、俄罗斯司法部、俄罗斯国防部、俄罗斯教育部	2002年	确立爱国主义教育的历史法律基础
4. 制定规章条例：			
定期对执行权力机关、科学教育机构、社会和军事爱国主义联合会、退伍军人组织开展的爱国主义教育的优秀项目和方案进行评比并制定章程	俄罗斯教育部、俄罗斯国防部、俄罗斯司法部、俄罗斯国家体育运动委员会、俄罗斯国防体育技术组织	2001年	为积极开展爱国主义教育相关问题的科学研究与实践方法探索工作创造条件
教育机构开展全俄军事体育运动会的组织章程	俄罗斯教育部、俄罗斯国家体育运动委员会、俄罗斯国防部、俄罗斯国防体育技术组织、俄罗斯联邦主体执行权力机关	2001年	完善学生军事体育运动会的筹备和组织工作
公共博物馆相关条例（中小学的、高校的、职工的，等等）	俄罗斯教育部、俄罗斯文化部、俄罗斯司法部、俄罗斯地方志联合会、俄罗斯联邦主体执行权力机关	2001年	为成立公共博物馆制定法律规范
5. 筹备出版爱国主义教育问题的法律规范汇编	俄罗斯教育部、俄罗斯国防部、俄罗斯内务部、俄罗斯司法部、俄罗斯边防局、俄罗斯铁道兵部队、俄罗斯国家军事历史文化中心、俄罗斯国防体育技术组织	2001—2003年	为确立爱国主义教育实践活动的法律规范创造条件
二、完善俄罗斯联邦国家权力机关的公民爱国主义教育活动			
6. 制定俄罗斯联邦公民爱国主义教育构想	俄罗斯国家军事历史文化中心，俄罗斯国防部，俄罗斯教育部，俄罗斯文化部，俄罗斯内务部，俄罗斯司法部，俄罗斯新闻出版、广播电视与大众传媒事务部，俄罗斯边防局，俄罗斯国防体育技术组织，俄罗斯科学院，俄罗斯联邦主体执行权力机关	2001—2002年	确立爱国主义教育的组织方法基础
7. 成立地区跨部门爱国主义教育协调委员会和爱国主义教育中心	俄罗斯联邦主体执行权力机关	2001年	在地区层面对爱国主义教育进程进行监测
8. 制定和实施致力于培养祖国建设者的爱国主义教育地区项目	俄罗斯联邦主体执行权力机关	2001—2005年	建设地区爱国主义教育体系
9. 为不断积累、总结和传播俄罗斯不同地区优秀的爱国主义教育经验，在个别地区规划成立地区示范区和试验区	俄罗斯教育部、俄罗斯国防部、俄罗斯司法部、俄罗斯国家军事历史文化中心、俄罗斯联邦主体执行权力机关	2001—2005年	成立地区示范区，普及爱国主义教育成熟经验
10. 举办全俄"俄罗斯爱国主义——根源、现代性、复兴与发展的问题"科学实践大会	俄罗斯国家军事历史文化中心、俄罗斯国防部、俄罗斯内务部、俄罗斯教育部、俄罗斯司法部、俄罗斯国家体育运动委员会、俄罗斯边防局、俄罗斯铁道兵部队、俄罗斯科学院、俄罗斯国防体育技术组织	2004年	提出爱国主义国家政策的基本方向，促进交流爱国主义教育先进形式与方法
11. 举办全俄"爱国主义教育：基本问题与解决路径"研讨会	俄罗斯教育部、俄罗斯国防部、俄罗斯司法部、俄罗斯退伍军人组织、秋明州政府	2002年	普及爱国主义教育组织工作的先进经验

续表

	执行单位	执行期限	预期结果
12. 筹备举办全俄教育工作者爱国主义教育组织工作方案竞赛——“我们培养俄罗斯爱国者”	俄罗斯教育部、俄罗斯退伍军人组织	2002 年 2004 年	提高教育工作者实施爱国主义教育的创造力
13. 在联邦和地区层面，定期组织开展有效的短期课程，培训爱国主义教育专家	俄罗斯教育部、俄罗斯联邦主体执行权力机关	2001—2005 年	提高爱国主义教育组织能力
14. 面向俄罗斯联邦主体教育管理机构的专家、教育机构领导、爱国主义教育项目首席专家举办研讨会	俄罗斯教育部、俄罗斯国防部、俄罗斯国家军事历史文化中心	2001 年 2002 年 2004 年	增强教育机构实施爱国主义教育的潜力和可能性
15. 探讨传统文化、民族志、民族工艺品中心等爱国主义教育补充教育机构的组织模式	俄罗斯文化部、俄罗斯教育部、俄罗斯国防体育技术部、俄罗斯联邦主体执行权力机关	2001—2003 年	补充教育机构爱国主义教育工作的组织方法研究
16. 探索新的人才培养模式，培养可在教育文化系统中独立使用电脑技术开展爱国主义教育工作的人才	俄罗斯教育部、俄罗斯司法部、俄罗斯文化部、俄罗斯国防部、俄罗斯内务部、俄罗斯边防局、俄罗斯科学院	2001—2005 年	
17. 提议设立部门年度奖金：			完善爱国主义教育人才培养体系，积极调动文化、艺术、教育、大众传媒领域活动家开展爱国主义教育的创造性
“爱国主义教育成就奖”(面向文化、艺术、教育、青年事务机构、大众传媒工作者)	俄罗斯文化部，俄罗斯教育部，俄罗斯国防部，俄罗斯新闻出版、广播电视与大众传媒事务部，俄罗斯国家军事历史文化中心	2001—2005 年	
“奖励在国际经济舞台充分体现爱国主义精神的人”	俄罗斯国家体育运动委员会、俄罗斯国防部、俄罗斯国家军事历史文化中心	2001—2005 年	
三、国家机构致力于完善俄罗斯联邦公民爱国主义教育进程的措施体系			
18. 组织和开展周年纪念活动：			保护和培养公民的国家自豪感，帮助人们永远铭记俄罗斯战士和国家重要的历史事件
纪念伟大的卫国战争胜利 60 周年	俄罗斯国防部、俄罗斯文化部、俄罗斯教育部、俄罗斯内务部、俄罗斯边防局、俄罗斯国家档案局、俄罗斯国家军事历史文化中心、俄罗斯联邦主体执行权力机关	2005 年	
纪念哈桑湖战役 65 周年	俄罗斯国防部、俄罗斯文化部、俄罗斯教育部、俄罗斯边防局、俄罗斯国家档案局、俄罗斯国际科学文化合作中心、俄罗斯国家军事历史文化中心	2003 年	
纪念俄罗斯铁道兵成立 150 周年	俄罗斯铁道兵部队，俄罗斯文化部，俄罗斯新闻出版、广播电视与大众传媒事务部	2001 年	

续表

	执行单位	执行期限	预期结果
纪念俄罗斯联邦内务部成立200周年	俄罗斯内务部，俄罗斯文化部，俄罗斯新闻出版、广播电视与大众传媒事务部	2002年	
纪念俄罗斯刑事执行制度确立125周年	俄罗斯司法部，俄罗斯文化部，俄罗斯新闻出版、广播电视与大众传媒事务部	2004年	
19. 组织开展纪念第二次世界大战胜利60周年国际民间创作艺术节“太平洋上的和平日”	俄罗斯外交部、俄罗斯国防部、俄罗斯文化部、俄罗斯内务部、俄罗斯教育部、俄罗斯边防局、俄罗斯国际科学文化合作中心、滨海边疆区政府、俄罗斯国家军事历史文化中心	2005年	铭记苏联人民打败日本军国主义并取得第二次世界大战战争胜利的历史 客观评价俄罗斯对世界历史作出的贡献
20. 组织开展全俄爱国主义歌曲、舞台艺术、交响乐和音乐作品大赛(“俄罗斯的精神”“祖国的诗歌”“当战士们唱起歌来”“父辈的青春”)	俄罗斯文化部，俄罗斯教育部，俄罗斯国防部，俄罗斯内务部，俄罗斯联邦事务、民族及移民政策部，俄罗斯边防局，俄罗斯国家军事历史文化中心，俄罗斯戏剧家联盟，俄罗斯作曲家联盟，俄罗斯联邦主体执行权力机关	2001—2005年	吸引更多的艺术和文化活动家、艺术集体参与爱国主义教育工作，帮助更多公民了解国家艺术，铭记国家光荣历史
21. 举办全俄战争、劳动、武装和执法部门退伍(退休)军人艺术节	俄罗斯文化部，俄罗斯国防部，俄罗斯内务部，俄罗斯边防局，俄罗斯国防体育技术组织，俄罗斯退伍军人和现役军人委员会，全俄战争、劳动、武装和执法部门退伍(退休)军人委员会	2003年	调动退伍军人开展未成年人教育的积极性和创造力
22. 在俄联邦、乌克兰、白俄罗斯兄弟邻国边界的友谊纪念碑下举办国际斯拉夫青年艺术节	俄罗斯教育部、俄罗斯文化部、俄罗斯边防局、布良斯克州政府	2001—2005年	基于俄罗斯在斯拉夫国家历史发展中体现的历史价值和积极作用，促进社会团结
23. 举办全俄“友谊之河”艺术节	俄罗斯文化部、俄罗斯教育部、托木斯克州政府	2001—2005年	以各兄弟民族文化和艺术为路径复兴俄罗斯传统文化，展示其在俄罗斯历史进程中的重要作用
24. 组织开展全俄“啊，我的祖国”古诗歌和歌曲艺术节	俄罗斯文化部、俄罗斯教育部、弗拉基米尔州政府	2001—2005年	吸引文化和艺术领域的作家、活动家积极加入俄罗斯联邦公民爱国主义教育工作
25. 邀请参加过战争和武装冲突的优秀作家、出版过保卫祖国书籍的作者、文化和艺术活动家，共同推动“俄罗斯——我的祖国”文学音乐项目实施	俄罗斯文化部，俄罗斯教育部，俄罗斯国防部，俄罗斯联邦事务、民族及移民政策部，俄罗斯作家联盟，俄罗斯戏剧家联盟，俄罗斯作曲家联盟，俄罗斯电影家联盟	2001—2005年	
26. 组织“滨海之声”跨地区原创歌曲节，为伟大的卫国战争胜利60周年献礼	滨海边疆区政府、俄罗斯教育部、俄罗斯文化部、俄罗斯边防局、俄罗斯国家军事历史文化中心	2005年	促进形成地区自豪感，自豪于所在地抗击敌人、赢得胜利的历史贡献

续表

	执行单位	执行期限	预期结果
27. 组织"基里尔文字"艺术节，纪念斯拉夫书写与斯拉夫文化日	俄罗斯教育部，俄罗斯文化部，俄罗斯联邦事务、民族及移民政策部，雅罗斯拉夫尔州政府	2001 年 2003 年 2005 年	发挥俄语的民族凝聚力
28. 筹备开展全俄竞赛、参观和军事体育运动会：			塑造青年参军保卫祖国的自觉性，提高其研究国家历史的主动性和积极性；提高青年对军事应用类体育项目的兴趣，提高其体能和作战素质，提高其保卫国家的意识和能力
评选最优秀的战争博物馆、军事博物馆和劳动荣誉博物馆（包括企业、教育机构、部队、各级部门及其附属单位）	俄罗斯国防部、俄罗斯劳动和社会保障部、俄罗斯内务部、俄罗斯教育部、俄罗斯司法部、俄罗斯边防局、俄罗斯铁道兵部队、俄罗斯国家军事历史文化中心、俄罗斯国防体育技术组织	2001—2005 年	
在青年历史学家和地方志学家中评选优秀教学研究奖	俄罗斯教育部、俄罗斯国家军事历史文化中心	2001—2005 年	
评选"俄罗斯青年爱国者"儿童艺术创造奖	俄罗斯教育部、俄罗斯文化部、俄罗斯国家军事历史文化中心	2001—2005 年	
开展以"时刻准备保卫祖国"为主题的全能体育竞赛、军事训练、武器使用技能比赛和其他技术类和军事应用类体育活动（支持用电视收看青年竞赛）	俄罗斯国防部，俄罗斯教育部，俄罗斯内务部，俄罗斯新闻出版、广播电视与大众传媒事务部，俄罗斯国家体育运动委员会，俄罗斯边防局，俄罗斯铁道兵部队，俄罗斯国防体育技术组织	2002 年	
地区中小学军事体育运动会	俄罗斯教育部、俄罗斯国家体育运动委员会、俄罗斯国防部、俄罗斯紧急情况部、俄罗斯边防局、俄罗斯国防体育技术组织	2001 年 2003 年 2005 年	
29. 举办军事体育运动会决赛	俄罗斯教育部、俄罗斯国防部、俄罗斯国防体育技术组织	2001 年 2003 年 2005 年	
30. 推动全俄青年爱国者转型	俄罗斯教育部、俄罗斯国防体育技术组织、俄罗斯国家军事历史文化中心、伏尔加格勒州和伏尔加格勒市政府、克拉斯诺达尔州政府、科斯特罗马州政府	2001—2005 年	
31. 组织开展全俄青年爱国者大会	俄罗斯教育部、俄罗斯国防部、俄罗斯国防体育技术组织、俄罗斯国家军事历史文化中心	2002 年 2004 年	发展青年爱国者运动

续表

	执行单位	执行期限	预期结果
32. 举办全俄中小学生军事应用和军事技术体育运动会	俄罗斯教育部、俄罗斯国防部、俄罗斯国家体育运动委员会、俄罗斯国防体育技术组织	2001年 2003年 2005年	扩大军事技术类体育运动的青年参与
33. 面向即满应征入伍年龄的青年举办地区运动会	俄罗斯联邦主体执行权力机关	每年	
34. 在俄罗斯各地区举办航空、技术和军事应用类传统体育竞赛，纪念军事历史纪念日和俄罗斯杰出的历史人物	俄罗斯联邦主体执行权力机关、俄罗斯国防体育技术组织	2001—2005年	
35. 各教育机构需面向即满应征入伍年龄的青年开展体能训练，并组织观摩和竞赛工作	俄罗斯教育部、俄罗斯国防部、俄罗斯国家体育运动委员会、俄罗斯国防体育技术组织、俄罗斯联邦主体执行权力机关	2001—2005年	完善参军青年的体能训练体系
36. 组织全俄中小学生健身比赛	俄罗斯教育部、俄罗斯国家体育运动委员会	2001—2005年	
37. 帮助来自献身国家崇高事业的军人家庭、执法部门工作者家庭的孤儿解决社会问题，提供疾病救治和疗养服务 面向未成年人组织“战争的儿童”系列爱国主义教育活动	俄罗斯国防部、俄罗斯内务部、俄罗斯安全总局、俄罗斯边防局、俄罗斯教育部、俄罗斯劳动和社会保障部、全俄教育基金会	2001—2005年	铭记为国家崇高事业献身的军人、执法部门工作者 培养青少年对父辈功勋的敬仰
38. 俄罗斯联邦主体执行权力机关向组织苏联英雄和俄罗斯英雄称号授予活动的地区教育机构、企业、俱乐部和联合会、社会组织提供帮助	俄罗斯教育部、俄罗斯劳动和社会保障部、俄罗斯国防部、俄罗斯内务部、俄罗斯边防局、俄罗斯联邦主体执行权力机关	2001—2005年（每年开展）	保护国家荣誉感和对国家军队的自豪感，为积极开展地区爱国主义教育工作创造条件
39. 设立俄罗斯英雄和杰出人物奖，以此表彰教学机构、机关、企业、退伍军人组织、青年联合会等集体在组织有效爱国主义教育工作中发挥的作用	俄罗斯国家军事历史文化中心、俄罗斯教育部、俄罗斯国防部、俄罗斯司法部、俄罗斯文化部、俄罗斯内务部、俄罗斯边防局、俄罗斯国防体育技术组织	2001年	加强人们对俄罗斯英雄和杰出人物的尊敬之情，使之为身边的集体感到自豪
40. 面向即满应征入伍年龄的青年在组织入伍工作期间开展系列活动（退伍军人见面会、“开放日”、参观部队、参观军校等）	俄罗斯国防部、俄罗斯教育部、俄罗斯国防体育技术组织、俄罗斯联邦主体执行权力机关、退伍军人社会联合会、莫斯科宗主教区、俄罗斯穆斯林联盟	每年每季度	确保保家卫国的优秀传统代代相传
41. 在国家历史博物馆、国家艾尔米塔什博物馆、国家特列季亚科夫画廊、俄罗斯武装力量中央博物馆、海军中央博物馆、俄罗斯内务部中央博物馆、俄罗斯边防局中央博物馆等场馆，组织“艺术作品中的俄罗斯军事历史、军事荣誉文物”系列艺术主题展	俄罗斯文化部、俄罗斯国防部、俄罗斯内务部、俄罗斯边防局、俄罗斯安全总局、俄罗斯教育部、俄罗斯联邦主体执行权力机关	2001—2005年	在艺术作品和国家历史价值观中培养爱国情感和爱国意识

续表

	执行单位	执行期限	预期结果
42. 建设战争和劳动荣誉博物馆；根据俄罗斯保家卫国历史事件确定场馆建设的地区	俄罗斯联邦主体执行权力机关	2001—2005 年	铭记在 1941—1945 年伟大的卫国战争中作出杰出贡献的俄罗斯战士和后方劳动者
43. 为三次苏联英雄称号获得者亚·伊·波克雷什金建设博物馆，并在其 90 岁诞辰之际组织系列活动	俄罗斯国防部、俄罗斯国家军事历史文化中心、新西伯利亚州政府	2003 年	铭记三次苏联英雄称号获得者亚·伊·波克雷什金
44. 在伏尔加格勒市建设体现“二战”价值观的“和解”博物馆	伏尔加格勒州和伏尔加格勒市政府	2001 年	充分认识到俄罗斯在世界发展进程以及塑造和平文化中作出的贡献
45. 组织专人对 1941—1945 年伟大的卫国战争时期高加索山历史文物进行修缮工作	俄罗斯文化部、俄罗斯国防部、俄罗斯国家军事历史文化中心、卡拉恰伊-切尔克斯共和国政府	2004 年	完善对 1941—1945 年伟大的卫国战争的历史研究
46. 组织全俄季米特里星期六活动	俄罗斯文化部、俄罗斯教育部、俄罗斯国防部、俄罗斯东正教教会、秋明州政府	2001—2005 年	复兴俄罗斯缅怀祖国保卫者的历史传统
47. 在教育体系中组织开展下述活动：由陆军和海军退伍军人参加的“勇气课堂”；学生与将军、上将和军官共同参与的“祖国之子”见面会	俄罗斯教育部、俄罗斯国防部、俄罗斯边防局、俄罗斯对外情报局、俄罗斯退伍军人组织	2001—2005 年	教育青年人发自内心地理解和尊重老一辈的战争传统，尊重俄罗斯军官
48. 以纪念伟大的卫国战争胜利为宗旨，组织英雄城市青年旅行者的传统集会活动	俄罗斯教育部、俄罗斯国家体育运动委员会、俄罗斯英雄城市执行权力机关	2001—2005 年	铭记俄罗斯战士和国家重要军事历史事件
49. 恢复开展庄严仪式教育，邀请即满应征入伍年龄的青年及其父母，以及退伍军人在战争荣誉博物馆和纪念碑前宣读军事誓词	俄罗斯国防部、俄罗斯内务部、俄罗斯教育部、俄罗斯边防局、俄罗斯铁道兵部队、俄罗斯联邦主体执行权力机关	2001—2005 年	恢复爱国主义军事传统，培养年轻一代对国家历史的情感
50. 组织全俄“生存学校”“安全学校”竞赛	俄罗斯教育部、俄罗斯紧急情况部、俄罗斯国防部、俄罗斯内务部、俄罗斯国防体育技术组织	2001—2005 年	培养未成年人形成保卫祖国的意识，学会如何在极端环境下生存和行动
51. 为纪念 1941—1945 年伟大的卫国战争，组织开展英雄城市汽车拉力赛	俄罗斯国家体育运动委员会、俄罗斯教育部、俄罗斯国防部、俄罗斯国防体育技术组织、英雄城市政府	2001—2005 年	恢复军事运动传统，铭记 1941—1945 年伟大的卫国战争
52. 在诺夫哥罗德州组织“卫国战争烈士纪念劳动日”国际活动，邀请来自俄罗斯、白俄罗斯、哈萨克斯坦和乌克兰的“山谷”野外搜寻队参加	俄罗斯教育部、俄罗斯外交部、国际搜寻联合会、诺夫哥罗德州政府	2001 年	保护和发展爱国主义传统，巩固独联体国家关系
53. 在全俄“卫国战争烈士纪念劳动日”活动期间，组织开展斯大林格勒战役烈士墓的搜寻工作	俄罗斯国防部、俄罗斯教育部、俄罗斯地区搜寻联合会、伏尔加格勒州政府	2001—2003 年	铭记俄罗斯烈士，提高国家威信

续表

	执行单位	执行期限	预期结果
54. 核实并登记俄罗斯境内烈士墓信息	俄罗斯国防部，俄罗斯外交部，俄罗斯文化部，俄罗斯新闻出版、广播电视与大众传媒事务部，俄罗斯内务部，俄罗斯联邦主体执行权力机关，社会搜寻联合会，“军事纪念碑”联合会	2001年	落实俄罗斯联邦法令《永远铭记祖国先烈》
55. 筹备出版杰出军事活动家墓地登记簿	俄罗斯国防部，俄罗斯文化部，俄罗斯新闻出版、广播电视与大众传媒事务部，俄罗斯国家档案局，俄罗斯科学院，俄罗斯国家军事历史文化中心	2002年	铭记杰出的军事活动家，建立军事活动家墓地的数据库
56. 若俄罗斯未提出政府间协定，则由俄罗斯负责军事墓地的建设工作，并在境内为先烈们建设纪念碑	俄罗斯国防部、俄罗斯外交部、“军事纪念碑”联合会	2001—2005年	巩固俄罗斯国际权威
四、国家对大众传媒宣传爱国主义的支持与影响			
57. 组织全俄军事爱国主义教育报道大赛	俄罗斯新闻出版、广播电视与大众传媒事务部，俄罗斯国防部，俄罗斯联邦事务、民族及移民政策部，俄罗斯教育部，俄罗斯文化部，俄罗斯边防局，俄罗斯国家军事历史文化中心，俄罗斯国防体育技术组织，俄罗斯记者联盟	2001—2005年	积极调动和激发新闻工作者报道军事爱国主义教育的积极性和创造力
58. 制作纪念伟大的卫国战争胜利60周年系列电视节目： 《英雄城》	俄罗斯国家电视和广播公司、俄罗斯国防部、俄罗斯教育部、俄罗斯文化部、俄罗斯国家档案局、俄罗斯英雄城政府、退伍军人社会联合会	2005年	促进俄罗斯联邦公民形成国家自豪感、民族自豪感；激发其学习和研究重要国家历史事件的兴趣；使其对投身解放事业的战士立下的功勋怀有敬意
《俄罗斯城市》	俄罗斯国家电视和广播公司、俄罗斯国防部、俄罗斯国家档案局、退伍军人社会联合会	2005年	
《运动员—英雄—伟大的卫国战争参与者》	俄罗斯国家体育运动委员会、俄罗斯国家电视和广播公司、俄罗斯国家档案局	2005年	
59. 筹备出品系列电视和广播节目，宣传报道国际形势和国内政治	俄罗斯国家电视和广播公司、俄罗斯外交部、俄罗斯国防部、俄罗斯内务部、俄罗斯对外情报局、俄罗斯教育部、俄罗斯科学院	2001—2005年	帮助公民客观评价国际形势以及国内政治，了解俄罗斯在世界民族进程中的重要作用，以及现阶段国家发展的基本情况与特征
60. 制作俄罗斯历史题材的电视广播节目，抵制歪曲和捏造历史事实	俄罗斯国家电视和广播公司、俄罗斯国防部、俄罗斯外交部、俄罗斯安全总局、俄罗斯内务部、俄罗斯对外情报局、俄罗斯科学院、俄罗斯国家档案局	2001—2005年	培养俄罗斯公民客观分析国家历史事件的积极立场，坚决反对任何歪曲和捏造国家历史的恶劣行径
61. 在俄罗斯联邦、共和国、边疆区、州、市和地区各级层面，定期播放公民爱国主义教育题材的广播电视教育节目	俄罗斯国家电视和广播公司、俄罗斯国防部、俄罗斯文化部、俄罗斯教育部、俄罗斯内务部、俄罗斯国家体育运动委员会、俄罗斯边防局、俄罗斯铁道兵部队、俄罗斯国家军事历史文化中心、俄罗斯科学院、俄罗斯国防体育技术组织、俄罗斯联邦主体执行权力机关	2001—2005年	培养公民对祖国、家乡的热爱之情，以及国家自豪感

续表

	执行单位	执行期限	预期结果
62. 建立解决俄罗斯爱国主义发展问题的互联网信息库	俄罗斯教育部，俄罗斯文化部，俄罗斯新闻出版、广播电视与大众传媒事务部，俄罗斯电信局，俄罗斯国际科学文化合作中心，俄罗斯国防体育技术组织，俄罗斯科学院	2002—2004 年	为公民爱国主义教育的组织工作提供有效的客观事实材料
63. 组织开展年度评选：			
“公民爱国主义教育题材最佳传媒报道奖”	俄罗斯新闻出版、广播电视与大众传媒事务部，俄罗斯国防部	2001—2005 年	广泛吸引全社会参与爱国主义教育工作；积极调动文化和艺术活动家创造爱国主义题材作品的潜力
“影视领域最佳爱国主义题材作品奖”	俄罗斯文化部、俄罗斯国防部、俄罗斯电影家联盟	2001—2005 年	
“文化和艺术领域最佳爱国主义题材作品奖”	俄罗斯文化部、俄罗斯国防部、俄罗斯教育部、俄罗斯边防局、俄罗斯国家军事历史文化中心、俄罗斯作家联盟	2001—2005 年	
64. 筹划开展下列比赛活动： 评选知识分子英雄代表 评选最佳连续剧 评选最佳电影脚本 评选最佳演员角色	俄罗斯文化部，俄罗斯国防部，俄罗斯教育部，俄罗斯边防局，俄罗斯安全总局，俄罗斯对外情报局，俄罗斯内务部，俄罗斯新闻出版、广播电视与大众传媒事务部，俄罗斯国家军事历史文化中心，俄罗斯国防体育技术组织，俄罗斯戏剧家联盟，俄罗斯新闻工作者联盟，俄罗斯电影家联盟	2001—2005 年	激发艺术工作者的创造潜力，确保俄罗斯军事历史事件的正面报道，塑造正面英雄形象
65. 发布档案文件，在此基础上出版论文集、小册子、画册等其他印刷品，客观报道俄罗斯公民参加的军事事件和武装冲突	俄罗斯国防部，俄罗斯新闻出版、广播电视与大众传媒事务部，俄罗斯边防局，俄罗斯国家档案局，俄罗斯国际科学文化合作中心，俄罗斯科学院	2001—2005 年	确保正面报道俄罗斯国家的历史事件、民族角色和杰出活动家
66. 研究和出版俄罗斯陆军和海军历史和作战年志，俄罗斯哥萨克问题汇编	俄罗斯国防部、俄罗斯边防局、俄罗斯国家档案局、俄罗斯国家军事历史文化中心、俄罗斯科学院	2001—2004 年	
67. 筹备出版记录俄罗斯杰出统帅和司令生平与活动的文件汇编，开展英雄爱国主义教育活动	俄罗斯国防部、俄罗斯国家档案局、俄罗斯国家军事历史文化中心	2001—2004 年	加强个体情感教育，增强个体对祖国的热爱，提高其对国家军事历史的兴趣
68. 出版爱国主义题材系列图书：			
《祖国忠诚之子》	俄罗斯国防部，俄罗斯教育部，俄罗斯新闻出版、广播电视与大众传媒事务部，“爱国者”出版社	2002—2003 年	铭记国家重要军事历史事件，铭记俄罗斯杰出的军事活动家
《俄罗斯伟大爱国者的生活》	俄罗斯教育部，俄罗斯新闻出版、广播电视与大众传媒事务部，“青年近卫军”出版社	2004—2005 年	为俄罗斯联邦公民爱国主义教育创建素材库
69. 筹备出版军事历史文学作品和回忆录			
《博物馆展品中的俄罗斯战争史》(图书画册)	国家历史博物馆，俄罗斯教育部，俄罗斯新闻出版、广播电视与大众传媒事务部，国家艾尔米塔什博物馆	2001—2002 年	

续表

	执行单位	执行期限	预期结果
《铭记祖国卫士的军事历史纪念碑和军事荣誉纪念碑》	俄罗斯国防部、俄罗斯国家军事历史文化中心、俄罗斯国家档案局、俄罗斯国防部军事历史研究所、“军事纪念碑”联合会	2001年	
《俄罗斯武器在他国领土的荣誉纪念》(包括独联体国家)	俄罗斯国防部，俄罗斯新闻出版、广播电视与大众传媒事务部，俄罗斯外交部，俄罗斯教育部，俄罗斯国家档案局，俄罗斯国际科学文化合作中心	2005年	
《俄罗斯统帅、司令和军事长官的历史画像》	俄罗斯国防部，俄罗斯国家军事历史文化中心，俄罗斯国家档案局	2002—2004年	
70. 筹备出版下述出版物：			
《写给儿童的俄罗斯历史》系列儿童图书	俄罗斯教育部、俄罗斯科学院、俄罗斯国防部	2001—2002年	
俄罗斯军事历史地图系列	俄罗斯国防部	2001—2002年	
71. 出品电影：			
《前线与后方》——纪念伟大的卫国战争胜利60周年影片(根据伟大的卫国战争历史资料)	俄罗斯国防部、俄罗斯教育部、俄罗斯边防局、俄罗斯国家档案局、俄罗斯国家电影基金会、俄罗斯地区搜寻联合会、国际搜寻联合会	2005年	
《俄罗斯军事荣誉博物馆和纪念碑》		2003年	
《战功的原野》(库里科沃原野、波尔塔瓦战役、博罗季诺战役原野、普罗霍罗夫卡原野)		2002年	
《搜寻队活动》		2003年	
72. 完善和再版教材：			客观报道历史事件，抵制在教学过程中歪曲和捏造国家历史
《20世纪俄罗斯历史》(9~11年级学生用书)	俄罗斯教育部	2001—2002年	
《当代史》(7~8年级学生用书)		2001—2003年	
《当代外国史》(9~11年级学生用书)		2002—2003年	
73. 筹备出版军事历史题材的文学作品：			
《国家战争史》(三卷本)	俄罗斯国防部、俄罗斯国防部军事研究所、俄罗斯国家军事历史文化中心	2001—2002年	尊重国家重要军事历史事件，培养公民了解俄罗斯正规军、执法机关、国防工业综合体建立和形成历程的兴趣
《俄罗斯军事历史概况》	俄罗斯国防部、俄罗斯国防部军事研究所、俄罗斯国家军事历史文化中心	2001年	
《俄罗斯正规军》(俄罗斯军队建立和形成的历史)	俄罗斯国防部、俄罗斯国防部军事研究所、俄罗斯国家军事历史文化中心	2002年	
《军事传记辞典》	俄罗斯国防部，俄罗斯国家军事历史文化中心，俄罗斯新闻出版、广播电视与大众传媒事务部，俄罗斯国防部军事研究所	2003—2005年	
《俄罗斯军事荣誉日(胜利日)》	俄罗斯国防部、俄罗斯国防部军事研究所、俄罗斯国家军事历史文化中心	2001年	

续表

	执行单位	执行期限	预期结果
《俄罗斯科学院的军事活动家(18—20世纪)》	俄罗斯国防部、俄罗斯科学院、俄罗斯国防部军事研究所	2001年	
《伟大的卫国战争年代俄罗斯的人文学者》	俄罗斯教育部、俄罗斯科学院、俄罗斯国防部军事研究所	2002—2003年	
《艺术作品中的俄罗斯军事历史》(图书画册)	俄罗斯国防部，俄罗斯新闻出版、广播电视与大众传媒事务部，国家特列季亚科夫画廊，国家历史博物馆，国家艾尔米塔什博物馆	2001—2002年	
74. 出版《俄罗斯、苏联时期建设和发展国防工业综合体的历史 1901—1963年》(六卷本)系列档案文件汇编	俄罗斯国家档案局，俄罗斯国防部，俄罗斯原子能部，俄罗斯新闻出版、广播电视与大众传媒事务部，俄罗斯航空航天局，俄罗斯常规武器署，俄罗斯弹药署，俄罗斯造船署，俄罗斯原子能协会	2001—2005年	
75. 基于国家历史英雄事迹研发爱国主义题材电脑游戏(从壮士歌史诗至今)	俄罗斯教育部、俄罗斯国防部、俄罗斯内务部、俄罗斯紧急情况部、俄罗斯边防局	2002—2003年	培养国家自豪感，形成历史价值观，正确认识俄罗斯在世界进程中的作用，参与国家的时代建设与发展
76. 通过招标竞争方式设计和制作象征爱国主义和反映俄罗斯历史与现实发展的直观教具、海报、旗帜、纪念品、明信片、邮票和标识	俄罗斯国防体育技术组织，俄罗斯教育部，俄罗斯国防部，俄罗斯文化部，俄罗斯邮电局，俄罗斯新闻出版、广播电视与大众传媒事务部	2001—2005年	培育和发展俄罗斯公民的爱国情感
77. 利用档案资料以及影院、公共电视频道播放的节目素材，组织出版反映国家强力部门生活和活动的影视纪录片	俄罗斯国防部，俄罗斯内务部，俄罗斯边防局，俄罗斯安全总局，俄罗斯对外情报局，俄罗斯铁道兵部队，俄罗斯国家档案局，俄罗斯新闻出版、广播电视与大众传媒事务部，俄罗斯国防体育技术组织，俄罗斯国家电视和广播公司	2001—2005年	时刻准备保卫祖国
78. 制作爱国主义教育题材的电影和电视节目	俄罗斯国家电视和广播公司、俄罗斯国防部、俄罗斯作家联盟、俄罗斯电影家联盟、俄罗斯科学院	2001—2005年	为宣传爱国主义教育创建信息库
79. 筹备出版刻有选入俄罗斯金色基金会的爱国主义歌曲和进行曲的系列磁带和光盘，录制军事歌舞团演出的视频	俄罗斯国防部，俄罗斯国家军事历史文化中心，国家广播录音棚，俄罗斯新闻出版、广播电视与大众传媒事务部，俄罗斯边防局，俄罗斯国家档案局	2002年	
80. 利用媒体和地方电视台组织地区竞赛，评选反映爱国精神和献身精神的优秀出版物和节目	俄罗斯联邦主体执行权力机关	2001—2005年	利用传媒手段探索新型爱国主义出版物和节目
五、社会联合会和社会团体开展俄罗斯联邦公民爱国主义教育工作的协调性和一致性			
81. 筹备开展下列活动：			
全俄军事爱国主义俱乐部和联合会代表大会	俄罗斯教育部、俄罗斯国防部、俄罗斯内务部、俄罗斯国家体育运动委员会、俄罗斯边防局、俄罗斯铁道兵部队、俄罗斯国家军事历史文化中心	2001年 2003年 2005年	完善社会团体和组织的公民爱国主义教育活动

续表

	执行单位	执行期限	预期结果
全俄军事爱国主义联合会和俱乐部负责人组织方法交流会	俄罗斯教育部、俄罗斯国防部、俄罗斯国防体育技术组织、俄罗斯国家军事历史文化中心	2001—2005年	为爱国搜寻联合会和俱乐部的负责人提供技术支持
搜寻联合会(俱乐部)负责人教学方法交流会	俄罗斯教育部、国际搜寻联合会	2001—2005年	
82. 举办促进爱国主义俱乐部、联盟、联合会和中心参与者交流工作经验的跨地区和地区内科学实践大会、研讨会、圆桌会议	俄罗斯教育部、俄罗斯国防部、俄罗斯边防局、俄罗斯联邦主体执行权力机关	2001—2005年	推广爱国主义教育先进经验
83. 筹备出版反映爱国主义教育领域运动和联合会活动及工作经验的信息资料	俄罗斯教育部、俄罗斯国防部、俄罗斯国家体育运动委员会、俄罗斯国防体育技术组织	2001—2005年	创建爱国主义教育社会联合会工作经验信息库
84. 为纪念1941—1945年伟大的卫国战争胜利60周年，举办全俄退伍军人与青年的传统见面会	俄罗斯退伍军人和现役军人委员会、俄罗斯教育部、俄罗斯国防部、俄罗斯对外情报局、俄罗斯国家军事历史文化中心、俄罗斯国防体育技术组织	2001—2005年	向青年传递老一辈卫国精神
85. 搜寻联合会和搜寻队在1941—1945年伟大的卫国战争中央博物馆组织“祖国保卫者的民族记忆”国际展	俄罗斯教育部、俄罗斯国防部、国际搜寻联合会、俄罗斯地区搜寻联合会	2002年	加强搜寻联合会的爱国主义教育作用
86. 举办下伏尔加河地区搜寻队的跨地区大会	卡尔梅克共和国政府、俄罗斯教育部、俄罗斯国防部	2001年	落实俄联邦法令《永远铭记祖国先烈》
87. 寻找和处理为国捐躯无名战士墓和暴露在外的战士尸体	俄罗斯国防部、俄罗斯联邦主体执行权力机关、社会搜寻联合会、“军事纪念碑”联合会	2001—2005年	
六、确立俄罗斯联邦公民爱国主义教育的科学理论和方法论基础			
88. 举办全俄科学实践大会： “第二次世界大战中的俄罗斯”	俄罗斯国防部、俄罗斯教育部、俄罗斯国家档案局、俄罗斯科学院、俄罗斯国家军事历史文化中心	2005年	为公民爱国主义教育创建素材库
“俄罗斯联邦内务部1802—2002年”		2002年	
“格·康·朱可夫的统帅才能”	俄罗斯内务部、俄罗斯国家档案局、俄罗斯国防部、退伍军人组织、卡卢加州政府	2004年	
“祖国·军队·教堂”	俄罗斯国家军事历史文化中心、俄罗斯国防部、俄罗斯东正教教会、俄罗斯边防局、俄罗斯内务部	2003年	为复兴军事爱国主义教育传统创造路径和方法
89. 举办科学实践大会： “俄罗斯历史上的随军神职人员” “伟大的卫国战争时期的俄罗斯东正教教会”	俄罗斯东正教教会、俄罗斯国家档案局、俄罗斯国防部、俄罗斯科学院、俄罗斯国家军事历史文化中心	2002年 2005年	重现俄罗斯军人精神道德教育的历史经验

续表

	执行单位	执行期限	预期结果
90. 出版教学参考书： 《学前机构爱国主义教育组织方法》	俄罗斯教育部、全俄教育基金会	2001 年	提升教育体系爱国主义教育的方法论基础
《军事爱国主义和体育类青年俱乐部爱国主义教育组织方法》	俄罗斯教育部、俄罗斯国防部、俄罗斯国家体育运动委员会、俄罗斯国家军事历史文化中心、俄罗斯国防体育技术组织	2002 年	
91. 面向实施爱国主义教育的审美艺术补充教育项目提供教学方法建议	俄罗斯教育部、俄罗斯文化部	2001 年	
92. 筹备出版推动爱国主义和公民性发展的参考资料，出版促进未成年人积极参军和志愿服务祖国的培训资料	俄罗斯国防部、俄罗斯教育部、俄罗斯国家体育运动委员会、俄罗斯国家军事历史文化中心、俄罗斯国防体育技术组织	2002—2005 年	
93. 在教育机构组织各类竞赛、科学大会，引导学生撰写与俄罗斯英勇历史和人民生活重要事件相关的年级作业和毕业作业	俄罗斯教育部、俄罗斯国防部、俄罗斯内务部、俄罗斯边防局	2001—2005 年	提升教育体系历史研究的深刻性
94. 开展促进未成年人和青年形成重要职业品质、能力，并能够在社会生活不同领域积极展现这些品质和能力的系列活动，并为其提供方法依据	俄罗斯医学科学院	2001—2005 年	评价未成年人和青年健康保护措施的有效性，激发其传统道德价值观，时刻准备履行军事职责和公民责任
95. 组织关于爱国主义教育问题的社会调查	俄罗斯教育部、俄罗斯医学科学院儿童健康科学中心	2003 年	总结和提出儿童和青少年爱国情感形成的特殊性
96. 组织教育机构人文项目和德育项目的鉴定工作	俄罗斯卫生部、俄罗斯医学科学院、儿童和青少年卫生与保健科学研究所、俄罗斯教育部	2001 年	评价教育体系德育项目的有效性，保护中小学生精神和身体健康发展
97. 为促进未成年人和青年了解、掌握正确生育行为和组建家庭的基本准则，组织相应工作，探索相应工作方法，帮助他们认识到这是复兴传统道德价值观的基础	俄罗斯教育部、俄罗斯医学科学院、儿童和青少年卫生与保健科学研究所、俄罗斯卫生部	2001—2005 年	唤醒青年一代的传统道德价值观
98. 开发促进儿童、青少年和居民形成稳定健康的生活方式的教学和教育项目	俄罗斯教育部，俄罗斯医学科学院，俄罗斯新闻出版、广播电视与大众传媒事务部，俄罗斯卫生部	2001—2005 年	保持公民爱国主义教育中道德教育、公民教育和体育的关联性
99. 举办跨地区科学实践大会： “俄罗斯爱国主义：历史经验、现实状态和前景”	俄罗斯教育部、俄罗斯国防部、俄罗斯边防局、退伍军人组织、伏尔加格勒州政府	2001 年	确定当代公民爱国主义教育的任务、评价现状、分析前景
发挥学校博物馆的育人潜力	俄罗斯教育部、伏尔加格勒州政府	2002 年	在开展各项活动的过程中不断完善促进爱国情感和意识形成的方法
搜寻工作：问题、寻找、发现	俄罗斯教育部、俄罗斯国防部、卡累利阿共和国政府	2001 年	

续表

	执行单位	执行期限	预期结果
100. 举办跨地区研讨会： 爱国主义教育问题：经验、前景、相互协作	俄罗斯教育部、俄罗斯国防部、伏尔加格勒州政府	2004 年	解决地区层面爱国主义教育问题
复兴和发展俄罗斯联邦武装力量以及各部队与俄罗斯文化机构的合作传统	俄罗斯国防部、俄罗斯文化部、俄罗斯边防局、滨海边疆区政府	2002 年	加强文化机构的公民军事爱国主义教育的作用
101. 面向军人和即满应征入伍年龄的青年编写和出版精神道德教育教学方法参考书： 《军人精神道德基础》	俄罗斯国防部、俄罗斯东正教教会、俄罗斯主要传统宗教	2004 年	有效团结俄罗斯联邦武装力量、其他部队、俄罗斯东正教教会、俄罗斯主要传统宗教在军人和青年精神道德教育领域的教育力量
《部队牧师工作基础(传统与现代性)》	俄罗斯国防部、俄罗斯东正教教会、俄罗斯主要传统宗教	2005 年	

附件 2 《2001—2005 年俄罗斯联邦公民爱国主义教育》国家纲要中分配至联邦执行权力机关的联邦预算资金

	（单位：百万卢布）
俄罗斯国防部	9. 73
俄罗斯教育部	46. 11
俄罗斯文化部	31. 95
俄罗斯新闻出版、广播电视与大众传媒事务部	23. 5
俄罗斯紧急情况部	0. 6
俄罗斯外交部	4. 5
俄罗斯国家体育运动委员会	4. 75
俄罗斯国家档案局	0. 5
俄罗斯国家军事历史文化中心	1. 34
俄罗斯科学院	0. 4
俄罗斯医学科学院	5. 85
其他执行单位	1. 55
总计	130. 78

《2006—2010年俄罗斯联邦公民爱国主义教育》国家纲要

* 俄罗斯联邦政府 2005年7月11日 第422号决议

俄罗斯联邦政府第 422 号决议
2005 年 7 月 11 日　莫斯科

关于《2006—2010 年俄罗斯联邦公民爱国主义教育》国家纲要的几点说明

俄罗斯联邦政府决议修订(第 677 号)　2006 年 11 月 13 日

俄罗斯联邦政府决议如下：

1. 确认通过《2006—2010 年俄罗斯联邦公民爱国主义教育》国家纲要。

2. 委托俄罗斯联邦财政部，参考联邦执行权力机关及组织的合理化建议，制定自 2006 年起用于实施纲要的联邦预算草案。

俄罗斯联邦政府总理　　　　米·弗拉德科夫

批准纲要
俄罗斯联邦政府
2005 年 7 月 11 日
第 422 号决议

《2006—2010 年俄罗斯联邦公民爱国主义教育》国家纲要

（俄罗斯联邦政府 2006 年 11 月 13 日修改通过　第 677 号）

一、前言

《2006—2010 年俄罗斯联邦公民爱国主义教育》国家纲要（以下简称纲要），符合《俄罗斯联邦公民爱国主义教育规划》，根据联邦执行权力机关、俄罗斯联邦主体执行权力机关、科学研究和教育机构、社会团体（联合会）、创作协会以及地区宗教团体共同提议而制定。

纲要符合国家发展的战略目标，致力于促进社会稳定发展，巩固国家防御能力。纲要明确规定了俄罗斯联邦公民爱国主义教育体系（以下简称爱国主义教育）的内容和基本发展方向，旨在进一步培育俄罗斯公民的爱国意识。作为最重要的价值，公民爱国意识是社会精神道德和谐统一的基础。

纲要有目的地涉及了一系列爱国主义教育的法律规范、组织实施、科学研究和方法措施等领域的活动，旨在完成爱国主义教育的基本任务。

纲要具有国家纲领性和指导性地位，由联邦执行权力机关和俄罗斯联邦主体执行权力机关协同推进和实施。

纲要是在《2001—2005 年俄罗斯联邦公民爱国主义教育》国家纲要的基础上制定的。为广泛解决爱国主义教育中存在的问题，推动爱国主义教育深入发展，需要国家机构和社会团体（联合会）形成合力。

纲要遵循民主国家和公民社会原则，各国家权力机关、社会团体（联合会）、科学组织和创作协会均可在各自教育计划的基础上参与其中。

二、爱国主义教育问题，以国家纲要形式解决此类问题的必要性

自实施《2001—2005 年俄罗斯联邦公民爱国主义教育》国家纲要以来，爱国主义教育领域存在的主要

问题已经得到解决，实现了建立爱国主义教育体系的根本目标。

目前，爱国主义教育体系已经基本形成。基于统一的爱国主义教育国家政策，各国家权力机关、科学研究和教育机构、社会团体(联合会)、创作协会以及地区宗教团体协调开展相关活动，总体形成了覆盖俄罗斯联邦的教育格局。绝大多数的俄罗斯联邦主体已经在本地区成立了爱国主义教育协调委员会和爱国主义教育中心，并且这些机构已经开始工作。从最基本的教育团体到国家最高权力机关，为爱国主义教育的实施提供了一系列法律规范保障和组织方法保障。《俄罗斯联邦公民爱国主义教育规划》以及各部门、各地区的爱国主义教育方案陆续出台并得以推进。

执行权力机关和社会团体(联合会)在爱国主义教育问题的研究和阐释中加入了传媒手段，增加了信息化色彩。执行权力机关积极为社会团体(联合会)爱国主义教育提供支持。老战士组织(联合会)举办的活动更加具体，目的性更强。爱国主义教育更加重视俄罗斯联邦的多民族因素，以及多民族所具有的民族与种族文化的多样性。越来越多的人能够理解，我国是一个多民族国家，民族文化具有差异性，民族文化的相互融合有助于社会物质进步和精神发展。促进爱国主义教育科学理论和方法论发展的工作已经开始。俄罗斯科学院、俄罗斯医学科学院、俄罗斯教育科学院的代表以及国内各高校领导也积极参与了这项工作。爱国主义教育领域的专家培训工作也已开展。

2002—2004 年，总计划拨国家预算资金 1. 14999 亿卢布用于实施纲要活动，全面用于完成爱国主义教育的紧急任务。

若要彻底发挥爱国主义教育体系的有效职能，现在所做的仍远远不够。

在部分地区仍未成立爱国主义教育协调委员会和爱国主义教育中心。教育机构和文化机构在爱国主义教育方法层面仍存在不足，特别是爱国主义教育专家的培训和再培训工作有所欠缺。爱国主义仍未完全成为社会团结的基础。

以上情况表明，有必要进一步开展工作，继续通过国家纲要的形式集中破解爱国主义教育领域存在的现实问题。此项工作的必要性和紧迫性显而易见。

三、纲要的目的和任务

纲要的主要目的是完善爱国主义教育体系，促进俄罗斯发展成为自由、民主的国家，培养俄罗斯联邦公民养成高尚的爱国意识、国家荣誉感，且能自觉履行宪法义务。

为实现纲要目的须完成下述任务：

进一步建设爱国主义教育体系；

进一步完善爱国主义教育的法律规范基础和组织方法基础；

广泛吸引科学机构、社会团体(联合会)、劳动集体和公民个体参与爱国主义教育；

提高教育机构爱国主义教育的质量，将教育机构发展成为未成年人爱国主义教育中心；

科学推动爱国主义教育的组织工作和宣传工作，进一步促进爱国主义成为俄罗斯重要的精神构成。

以实施纲要活动的方式完成上述任务，详见纲要附件 1。

四、纲要实施的基本方向

纲要活动面向的是俄罗斯全部社会阶层。纲要的核心对象是未成年人，即重点面向青少年实施爱国主义教育。纲要突出强调教育合力问题，即在学校、家庭和社会团体(联合会)组成的教育机构中开展一体化的爱国主义教育。

1. 完善爱国主义教育过程

完善爱国主义教育过程的系统措施：

进一步扩大国家权力机关在各级层面的爱国主义教育活动；

明确新时期爱国主义教育工作的核心方向；

丰富爱国主义教育内容；

基于新信息技术拓展爱国主义教育的形式和方法；

增加社会人文类课程的爱国主义教育内容；

研究国家历史的教学方针以及适用于俄罗斯各门专业的科学与技术；

培养未成年人对俄罗斯国家及其成就的自豪感；

铭记为保卫祖国牺牲的烈士；

培养未成年人养成服务社会、报效祖国的忘我奉献精神，履行保卫祖国的宪法义务；

加强俄罗斯联邦各主体爱国主义教育工作的相互联系；

提升爱国主义教育体系及其各组成部分的教育功能和教育质量；

完善爱国主义教育管理体系；

推进人文项目和教育类项目的评审工作，研究俄罗斯联邦青少年和其他年龄阶层公民爱国情感形成的特点；

完善爱国主义教育领域专家的培训体系；

通过法律规范爱国主义教育进程，加强爱国主义教育工作的有效性。

2. 促进爱国主义教育科学理论基础和方法论基础的发展

促进爱国主义教育科学理论基础和方法论基础发展的系统措施：

继续围绕爱国主义教育开展研究，将研究结果运用于爱国主义教育实践活动；

研究关于塑造俄罗斯爱国者个体并促进其发展的方法建议；

研究爱国主义教育的系列教学方案和方法以及专用方案和方法；

研究俄罗斯联邦各阶层公民爱国主义教育的形式、方法和途径；

研究国家权力机关实施和宣传爱国主义教育活动的基本模式；

研究和总结爱国主义教育的先进经验，使其在爱国主义教育实践工作中得到推广。

3. 协调发展社会团体(联合会)的爱国主义教育活动

协调发展社会团体(联合会)爱国主义教育活动的系统措施:

为社会团体(联合会)和创作协会参与爱国主义教育工作创造条件;

提高文化机构、社会团体(联合会)、创造型知识分子代表参与支援军事工作的积极性,以此促进军人熟悉和掌握俄罗斯文化和世界文化;

探索有助于塑造俄罗斯公民爱国意识的社会教育形式。

4. 爱国主义教育领域的信息保障

爱国主义教育领域信息保障的系统措施:

为促进大众传媒广泛参与爱国主义宣传工作创造条件,体现国家对文化、艺术和大众传媒机构爱国题材作品的需求;

抵制大众传媒、文学和艺术作品对爱国思想的损害、贬低;

支持增加电视节目、期刊、文学和艺术作品中爱国主题的数量;

提升新闻工作者、作家、电影工作者在爱国主义教育领域的创造潜力;

为大众传媒工作者掌握档案、博物馆和图书馆等信息化资源提供保障,方便其搜集和整理爱国主义教育资料。

5. 在爱国主义教育中使用国家象征

为在爱国主义教育中规范使用俄罗斯国家象征,有必要预先完成下述任务:

出版各类手册、组织方法说明材料,明确如何在爱国主义教育中使用俄罗斯国家象征和俄罗斯联邦主体象征;

为广泛出版印有俄罗斯国家象征图案的印刷品提供条件,确保面向教育机构、文化机构、部队、社会团体(联合会)、爱国主义教育俱乐部和中心提供这些印刷品;

广泛围绕俄罗斯国家象征举办全俄爱国主义教育竞赛、研讨会、学术会议、展览和陈列;

在教育机构组织人员对俄罗斯国家象征开展研究工作,探讨俄罗斯联邦国旗、国徽和国歌的官方使用程序;

向在爱国主义教育过程中使用俄罗斯国家象征的组织者提供信息保证,组织职业能力培训。

五、纲要的实施机制

纲要的实施机制建立在国家各级权力机关工作方法得以不断完善的条件基础之上。国家各级权力机关致力于保证国家对教育,对运用大众传媒手段宣传爱国主义,以及对实现社会团体(联合会)各项活动协同开展的影响力和作用。

纲要的组织支持工作由俄罗斯联邦政府下设的俄罗斯国家军事历史文化中心负责。

纲要的总执行单位是俄罗斯联邦教育科学部、俄罗斯联邦文化与大众传媒部、俄罗斯联邦国防部、俄罗斯联邦政府下设的俄罗斯国家军事历史文化中心，上述机构具有下述职能：

研究和制定各部门爱国主义教育大纲(含有具体工作以及每一项活动的必要支出和财政来源)；

按照俄罗斯联邦法律，组织开展竞争选拔工作，遴选负责实施各部门大纲具体工作的执行单位；

保证各部门大纲的实施。

联邦执行权力机关是纲要的执行单位，负责所在地区各部门爱国主义教育大纲(计划)的制定、组织和实施工作。

俄罗斯联邦主体执行权力机关与联邦执行权力机关相互作用，协同行动，职能如下：

结合不同地区的特点，研究和制定各地区爱国主义教育大纲，并负责组织实施工作；

与地方自治机关形成合力，号召社会团体(联合会)参与爱国主义教育；

确保俄罗斯联邦主体财政资金划拨至各地区，用于实施地区爱国主义教育大纲的活动，也鼓励吸引预算外经费来源。

联邦执行权力机关、俄罗斯联邦主体执行权力机关，以及地方自治机关，在其职权范围内共同承担着爱国主义教育的指导和管理责任。它们通过协同发挥教育作用，保证爱国主义教育体系实现功能的最大化。作为实现上述功能的组织机构，有必要在联邦执行权力机关建立爱国主义教育委员会，在俄罗斯联邦主体执行权力机关建立地区和部门间的爱国主义教育协调委员会。为确保上述委员会的职能部门发挥现实作用，有必要建立爱国主义教育中心。

六、纲要的资金保障

2006—2010 年国家纲要的总财政资金为 4. 978 亿卢布，其中，3. 7805 亿卢布来自联邦预算拨款，1. 1975 亿卢布为预算外资金，由创作协会基金会、文化组织、体育组织、科学组织等参与爱国主义教育工作的相关组织提供，还包括提供无偿帮助、支援和资助的法人和自然人提供的资金。

联邦执行权力机关及组织按照纲要附件 2 分配联邦预算资金，以用于纲要的实施。

来源于联邦财政拨款的纲要活动预算，每年分配额度根据联邦执行权力机关及组织的预算申请结果，按照程序确定。

联邦执行权力机关及组织用于实施纲要活动的财政支出，必须在纲要的执行单位——联邦执行权力机关预计划拨活动经费的范围内。

地区大纲的活动拨款由俄罗斯联邦主体的预算资金出资。

七、纲要实施的成效评价

纲要实施成效的评价，主要基于纲要附件 3 提供的整体评价指标(标准)，其中包括教育过程的目的性、系统性、内容及其组织特征，还包括科学方法、现代技术的运用，以及所涉及教育客体的范围。

判断纲要实施成效的标准：俄罗斯联邦公民以多样化形式表现出来的、追求履行个人公民义务和爱国职责的迫切程度；俄罗斯联邦公民将社会利益和个人利益有效结合的能力和愿望；俄罗斯联邦公民为祖国繁荣事业作出的现实贡献。纲要实施的成效还应体现在参与纲要实施和预算规划，以及负责调整公民社会需求的主体机构实施活动的结果报告书和主要活动方向报告书中。

纲要的实施需要执行权力机关、国家军事组织、教育系统和执法机关进行相关改革与工作调整，以此合力促进国家稳定，保障人民安居乐业。

实施纲要的最终成果，体现为爱国主义和国际主义精神的正向增长，并在此基础上为促进社会精神文化水平提升提供良好条件，进而稳定国家经济，提高俄罗斯的国际声望。

《2006—2010年俄罗斯联邦公民爱国主义教育》国家纲要实施措施

2006年11月13日修订

附件1

附件1　《2006—2010年俄罗斯联邦公民爱国主义教育》国家纲要实施措施

		执行单位	执行期限	总财政资金（百万卢布，根据2005年第一季度卢布汇率制定）			预期效果
				总计	联邦预算拨款	预算外资金	
一、完善爱国主义教育过程 筹备纪念1941—1945年伟大的卫国战争胜利65周年爱国主义教育工作活动							
1	全俄科学大会“1941—1945年伟大的卫国战争期间的人民和军队”	俄罗斯国家军事历史文化中心、俄罗斯教育科学部、俄罗斯国防部、俄罗斯内务部、俄罗斯边防局、俄罗斯档案署、俄罗斯科学院	2009年	1.5	1.5	—	激发公民了解国家军事历史的兴趣，抵制歪曲1941—1945年伟大的卫国战争历史事件的行为
2	全俄科学实践大会“1941—1945年期间我国的科学、艺术和文学”（在1941—1945年伟大的卫国战争中央博物馆举办文件展）	俄罗斯文化部（俄罗斯文化与电影署、俄罗斯档案署）、俄罗斯国防部、俄罗斯内务部、俄罗斯边防局、俄罗斯国家军事历史文化中心、俄罗斯科学院、俄塔社	2010年	1.5	1.5	—	普及和推广我国文学和艺术工作者在1941—1945年伟大的卫国战争期间开展的爱国主义活动
3	在“俄罗斯档案”官网组织虚拟历史文件展	俄罗斯档案署、俄罗斯国防部	2010年	0.7	0.7	—	铭记1941—1945年伟大的卫国战争中人民的功勋
4	全俄民间创作艺术节“胜利的礼炮”	俄罗斯文化与电影署、俄罗斯教育科学部、俄罗斯国防部、俄罗斯内务部、俄罗斯边防局、俄罗斯交通运输部、俄罗斯国家原子能公司、俄罗斯国家军事历史文化中心、俄罗斯联邦主体执行权力机关	2006年 2007年 2008年 2009年 2010年	0.8 0.8 0.8 0.8 1	0.6 0.6 0.6 0.6 0.75	0.2 0.2 0.2 0.2 0.25	激发独立创作集体开展未成年人德育工作的创作潜力
5	全俄原创歌曲节“滨海之声”	俄罗斯文化与电影署、俄罗斯交通运输部、俄罗斯边防局、俄罗斯国家军事历史文化中心、滨海边疆区政府	2010年	0.6	0.5	0.1	培育公民的地区自豪感，自豪于所在地抗击敌人、赢得胜利的历史贡献
6	国际民间创作艺术节“太平洋上的和平日”	俄罗斯文化与电影署、俄罗斯外交部、俄罗斯国防部、俄罗斯内务部、俄罗斯边防局、俄罗斯教育科学部、俄罗斯国家军事历史文化中心，滨海边疆区政府	2010年	0.8	0.7	0.1	铭记苏联人民打败日本军国主义并取得第二次世界大战胜利的历史； 客观评价俄罗斯对世界历史作出的贡献

续表

		执行单位	执行期限	总财政资金（百万卢布，根据2005年第一季度卢布汇率制定）			预期效果
				总计	联邦预算拨款	预算外资金	
7	全俄青年爱国者大会“向胜利看齐”	俄罗斯教育署、俄罗斯国防部、俄罗斯国防体育技术组织（陆海空军志愿后援协会）、俄罗斯国家军事历史文化中心、俄罗斯国家原子能公司	2007年 2009年	0.9 0.9	0.8 0.8	0.1 0.1	进一步发展和完善青年爱国者活动的组织形式
8	出品电影：						
	《儿童绘画作品、作文和书信中的卫国战争》（基于1941—1945年期间真实的儿童绘画作品、书信和作文创作电影）	俄罗斯文化与电影署、俄罗斯教育科学部	2008年 2009年	0.9 0.9	0.8 0.8	0.1 0.1	铭记1941—1945年伟大的卫国战争中人民的功勋
	《未知的高度》（记录1941—1945年伟大的卫国战争期间鲜为人知的英雄故事的系列短片）	俄罗斯文化与电影署	2007年 2008年 2009年 2010年	1.2 1.2 1.2 1.2	1 1 1 1	0.2 0.2 0.2 0.2	铭记1941—1945年伟大的卫国战争中苏联战士的功勋
9	英雄城市汽车拉力赛	俄罗斯体育、运动和旅游署，俄罗斯教育科学部，俄罗斯国防部，俄罗斯国防体育技术组织（陆海空军志愿后援协会），英雄城市政府	2006年 2007年 2008年 2009年 2010年	0.6 0.6 0.6 0.6 0.6	0.6 0.6 0.6 0.6 0.6	— — — — —	复兴军事体育传统，铭记1941—1945年伟大的卫国战争胜利
10	在图拉国立武器博物馆举办“胜利的武器”展	俄罗斯工业和能源部、图拉州政府	2006年	0.2	0.2	—	塑造青年的爱国主义精神，号召退伍军人和老一辈劳动者参与德育工作
11	俄罗斯联邦境内宣传列车接力赛	俄罗斯交通运输部（俄罗斯铁路运输署）、俄罗斯文化与电影署、俄罗斯联邦主体执行权力机关	2010年	3	2.5	0.5	号召公民参与伟大的卫国战争胜利65周年活动筹备和组织工作
12	在1941—1945年伟大的卫国战争战役地区组织搜索工作，向俄罗斯联邦博物馆展示、修复和呈交战时军械	俄罗斯教育署、俄罗斯文化与电影署、俄罗斯国防部、俄罗斯联邦主体执行权力机关	2006年 2007年 2008年 2009年 2010年	0.8 0.8 0.8 0.8 0.8	0.6 0.6 0.6 0.6 0.6	0.2 0.2 0.2 0.2 0.2	落实俄罗斯联邦法令《永远铭记祖国先烈》

续表

		执行单位	执行期限	总财政资金（百万卢布，根据 2005 年第一季度卢布汇率制定）			预期效果
				总计	联邦预算拨款	预算外资金	
与其他俄罗斯历史纪念日相关的爱国主义教育工作							
1.	举办下述纪念活动：						
	纪念哈桑湖战役 70 周年	俄罗斯国防部、俄罗斯档案署、俄罗斯教育科学部、俄罗斯边防局、俄罗斯科学院、滨海边疆区政府、俄罗斯联邦主体执行权力机关	2008 年	1	0.8	0.2	保护和培育国家自豪感，提高认识，永远铭记参与国家重要历史事件的俄罗斯战士
	纪念国家核盾牌建立 60 周年	俄罗斯工业和能源部、俄罗斯国家原子能公司、俄罗斯国防部、俄罗斯文化与电影署、俄罗斯档案署、俄罗斯国家航天公司、俄罗斯科学院	2009 年	0.3	0.3	—	尊重俄罗斯军事史，激发公民了解俄罗斯正规军、执法机关、国防工业综合体建立和形成历程的兴趣
	纪念波尔塔瓦战役 300 周年	俄罗斯档案署、俄罗斯国防部、俄罗斯教育科学部、俄罗斯科学院、俄罗斯联邦主体执行权力机关	2009 年	0.4	0.4	—	保护和培育公民对国家崇高历史事件的自豪感
	纪念克里米亚战争结束 150 周年	俄罗斯档案署、俄罗斯外交部、俄罗斯国防部、俄罗斯教育科学部、俄罗斯科学院、俄罗斯联邦主体执行权力机关	2006 年	0.5	0.4	0.1	铭记祖国卫士——俄罗斯战士的功勋
	纪念国家潜艇部队成立 100 周年	俄罗斯国防部、俄罗斯档案署、俄罗斯教育科学部、俄罗斯国家原子能公司、俄罗斯科学院	2006 年	0.6	0.5	0.1	重视和尊重俄罗斯海军史
	纪念俄罗斯国防体育技术组织成立 80 周年	俄罗斯国防部、俄罗斯国防体育技术组织（陆海空军志愿后援协会）、俄罗斯卫生与社会发展部、俄罗斯档案署	2007 年	0.25	—	0.25	增加青年参与俄罗斯国防体育技术组织（陆海空军志愿后援协会）活动的机会
	纪念空间理论创始人——康·爱·齐齐奥尔科夫斯基诞辰 150 周年	俄罗斯国家航天公司、俄罗斯文化部、俄罗斯档案署、俄罗斯科学院	2007 年	0.4	0.4	—	尊重国家历史
	纪念航天火箭系统总设计师谢·帕·科罗廖夫诞辰 100 周年	俄罗斯国家航天公司、俄罗斯工业和能源部、俄罗斯档案署、俄罗斯文化与电影署、俄罗斯新闻出版与大众传媒署、俄罗斯科学院、俄罗斯联邦主体执行权力机关	2007 年	0.4	0.4	—	激发公民了解国防工业综合体建立和形成历程的兴趣，了解宇宙空间先驱者生活和活动的兴趣
	纪念国家航天火箭工业建设 60 周年	俄罗斯国家航天公司、俄罗斯国防部、俄罗斯档案署	2006 年	0.4	0.4	—	培育国家自豪感，为国家航空成就而自豪
	纪念第一颗人造地球卫星发射 50 周年、纪念航空时代开启 50 周年	俄罗斯国家航天公司、俄罗斯国防部、俄罗斯档案署、俄罗斯科学院	2007 年	0.4	0.4	—	培育国家自豪感，为国家宇航先驱者而自豪

续表

		执行单位	执行期限	总财政资金（百万卢布，根据 2005 年第一季度卢布汇率制定）			预期效果
				总计	联邦预算拨款	预算外资金	
	纪念第 76 空降师第 6 伞兵连伞兵烈士功勋 10 周年	俄罗斯国防部、普斯科夫州政府	2010 年	0.4	0.3	0.1	铭记在车臣共和国遇难的伞兵
	纪念俄罗斯刑事执行制度确立 130 周年	俄罗斯司法部、俄罗斯档案署、俄罗斯联邦主体执行权力机关	2009 年	0.7	0.6	0.1	面向联邦执行机构工作人员制定高道德评价标准的惩罚体系
	纪念苏联军队撤离阿富汗 20 周年	俄罗斯国防部、俄罗斯档案署、俄罗斯新闻出版与大众传媒署、俄罗斯联邦主体执行权力机关	2009 年	0.4	0.3	0.1	尊重历史事件参与者
	纪念击败达吉斯坦共和国境内匪军 10 周年	俄罗斯国防部、俄罗斯内务部、俄罗斯边防局、达吉斯坦共和国政府、俄罗斯联邦主体执行权力机关	2009 年	0.2	0.1	0.1	巩固俄罗斯联邦的统一和完整，培育北高加索兄弟民族的爱国主义精神和国际主义精神
2.	举办全俄科学实践大会：						
	“俄罗斯民族爱国主义：传统与现代性”	俄罗斯国家军事历史文化中心、俄罗斯文化与电影署、俄罗斯教育科学部、俄罗斯国防部、俄罗斯内务部、俄罗斯边防局、俄罗斯科学院、俄罗斯教育科学院、俄罗斯国防体育技术组织（陆海空军志愿后援协会）、俄罗斯联邦主体执行权力机关	2007 年	1.6	1.5	0.1	总结和推广爱国主义教育先进经验
	“俄罗斯历史上的哥萨克”	俄罗斯国家军事历史文化中心、俄罗斯国防部、俄罗斯地区发展部、俄罗斯文化与电影署、俄罗斯教育科学部、俄罗斯档案署、俄罗斯科学院、克拉斯诺达尔边疆区政府	2007 年	1.3	1	0.3	深入了解哥萨克历史
	“传统民族文化：爱国主义教育的有效途径和促进国家关系发展的有效路径”	俄罗斯文化与电影署、俄罗斯教育科学部、俄罗斯教育科学院、俄罗斯国家军事历史文化中心、俄罗斯联邦主体执行权力机关	2007 年	1	0.75	0.25	普及完善爱国主义教育形式和方法的经验
	“爱国主义和商业：俄罗斯企业家对公民爱国主义教育的贡献”	俄罗斯经济发展与贸易部、俄罗斯工业家和企业家（雇主）联盟、俄罗斯国家军事历史文化中心、俄罗斯联邦主体执行权力机关	2006 年	1.4	0.7	0.7	扩大俄罗斯企业家参与爱国主义教育工作的路径

续表

		执行单位	执行期限	总财政资金（百万卢布，根据 2005 年第一季度卢布汇率制定）			预期效果
				总计	联邦预算拨款	预算外资金	
3.	完善爱国主义教育组织工作的措施：						
	组织旨在提高教育机构和爱国主义联合会领导者爱国主义教育技能的课程培训工作	俄罗斯教育科学部、俄罗斯国防部、俄罗斯内务部、俄罗斯国防体育技术组织（陆海空军志愿后援协会）、俄罗斯国家军事历史文化中心、俄罗斯联邦主体执行权力机关	2006 年 2007 年 2008 年 2009 年 2010 年	0.7 0.7 0.7 0.7 0.7	0.5 0.5 0.5 0.5 0.5	0.2 0.2 0.2 0.2 0.2	发展爱国主义教育组织者和专家的技能提高体系
	基于 2003 年 10 月 6 日颁布的 131-Ф3 联邦法令《俄罗斯联邦地方自治法》，举办全俄“青年爱国主义教育特殊性与结构”主题研讨会	俄罗斯教育科学部、俄罗斯文化部、俄罗斯国防部、俄罗斯国家原子能公司、基洛夫州政府、俄罗斯联邦主体执行权力机关	2006 年	0.9	0.6	0.3	交流爱国主义教育工作经验
	围绕“教育机构如何组织搜索工作和博物馆工作”的主题，组织全俄、跨地区和地区搜索工作组织者和教育机构博物馆负责人的研讨会	俄罗斯教育署、俄罗斯文化与电影署、俄罗斯国防部、俄罗斯交通运输部、俄罗斯国家军事历史文化中心、俄罗斯联邦主体执行权力机关	2006 年 2007 年 2008 年 2009 年 2010 年	0.6 0.6 0.6 0.6 0.6	0.5 0.5 0.5 0.5 0.5	0.1 0.1 0.1 0.1 0.1	教育机构搜索工作和博物馆工作组织者交流工作经验
	举办全俄中等军事学校（中等军事网络学校）负责人研讨会，交流爱国主义教育工作经验	俄罗斯教育署、俄罗斯文化与电影署、俄罗斯国防体育技术组织（陆海空军志愿后援协会）、俄罗斯联邦主体执行权力机关	2007 年 2009 年	0.9 0.9	0.5 0.5	0.4 0.4	统一中等军事学校（中等军事网络学校）负责人的思想，使其充分认识到爱国主义教育对激发学生在民用岗位和军事岗位上服务祖国的动机的重要作用
	每年组织纪念碑和军人墓地青年仪仗队及“1 号岗”负责人的跨地区研讨会	俄罗斯教育署、俄罗斯国防部、俄罗斯内务部、俄罗斯安全总局、俄罗斯紧急情况部、俄罗斯国防体育技术组织（陆海空军志愿后援协会）、俄罗斯国家军事历史文化中心、俄罗斯联邦主体执行权力机关	2006 年 2007 年 2008 年 2009 年 2010 年	0.3 0.3 0.3 0.3 0.3	0.2 0.2 0.2 0.2 0.2	0.1 0.1 0.1 0.1 0.1	完善纪念碑和军人墓地青年仪仗队及“1 号岗”的工作
	举办全俄“青年事务机构、军事委员会、俄罗斯东正教教会、俄罗斯国防体育技术组织（陆海空军志愿后援协会）促进青年参加俄联邦武装力量和保卫祖国的协同工作经验”交流研讨会	俄罗斯教育署、俄罗斯国防部、俄罗斯国防体育技术组织（陆海空军志愿后援协会）、俄罗斯国家军事历史文化中心、别尔哥罗德州政府、俄罗斯联邦主体执行权力机关	2007 年	1.5	1	0.5	在培养青年积极参加俄罗斯联邦武装力量和形成保家卫国意识的过程中，解决组织协同配合的问题

续表

		执行单位	执行期限	总财政资金(百万卢布，根据2005年第一季度卢布汇率制定)			预期效果
				总计	联邦预算拨款	预算外资金	
	举办全俄教育机构“进一步完善现阶段爱国主义教育的路径”爱国主义教育组织者大会	俄罗斯教育署、俄罗斯国家军事历史文化中心、俄罗斯国防部、俄罗斯内务部、俄罗斯边防局、俄罗斯文化与电影署、俄罗斯科学院、俄罗斯教育科学院、俄罗斯医学科学院、俄罗斯联邦主体执行权力机关	2006年 2008年 2010年	0.8 0.8 0.8	0.6 0.6 0.6	0.2 0.2 0.2	研究培育爱国意识的新方法，完善公民爱国主义教育的形式和方法，交流工作经验
4.	组织开展年度评奖：						
	“踏浪而行”——青年参军职业取向指导和俄罗斯海军职业人才培训工作贡献奖(教育机构)	俄罗斯国家军事历史文化中心、俄罗斯教育科学部、俄罗斯国防部、俄罗斯交通运输部、俄罗斯紧急情况部、俄罗斯国防体育技术组织(陆海空军志愿后援协会)、俄罗斯退伍军人和现役军人委员会、俄罗斯联邦主体执行权力机关	2006年 2007年 2008年 2009年 2010年	0.4 0.4 0.4 0.4 0.4	0.2 0.2 0.2 0.2 0.2	0.2 0.2 0.2 0.2 0.2	提高教育机构开展青年参军职业取向指导工作和俄罗斯海军职业人才培训工作的质量
	“爱国主义教育成就奖”[军人，文化、艺术、教育、旅游领域工作者，青年事务机构，体育运动专家，大众传媒专家，俄罗斯国防体育技术组织(陆海空军志愿后援协会)积极分子，爱国主义教育组织者]	俄罗斯文化部，俄罗斯教育科学部，俄罗斯卫生与发展部，俄罗斯国防部，俄罗斯内务部，俄罗斯边防局，俄罗斯体育、运动和旅游署，俄罗斯国家军事历史文化中心，俄罗斯国防体育技术组织(陆海空军志愿后援协会)，俄罗斯联邦主体执行权力机关	2006年 2007年 2008年 2009年 2010年	0.7 0.7 0.7 0.7 0.7	0.35 0.35 0.35 0.35 0.35	0.35 0.35 0.35 0.35 0.35	提高爱国主义教育活动不同领域专家的创造力
	“国际体育竞技舞台爱国主义精神风貌奖”(运动员)	俄罗斯体育、运动和旅游署，俄罗斯国防部，俄罗斯国家军事历史文化中心，俄罗斯国防体育技术组织(陆海空军志愿后援协会)	2006年 2007年 2008年 2009年 2010年	0.4 0.4 0.4 0.4 0.4	0.4 0.4 0.4 0.4 0.4	— — — —	提高国际竞赛中我国运动员的比赛成绩
	“爱国主义题材图书出版奖”(作家)	俄罗斯科学院、俄罗斯新闻出版与大众传媒署	2006年 2007年 2008年 2009年 2010年	0.5 0.5 0.5 0.5 0.5	0.5 0.5 0.5 0.5 0.5	— — — — —	提高爱国主义题材图书作家的创造力
4-1	机构评比：						
	“俄罗斯爱国者”纪念章(奖励体现爱国主义精神风貌的社会活动、公务活动、军事和劳动活动)	俄罗斯国家军事历史文化中心协调俄罗斯国防部、俄罗斯内务部、俄罗斯紧急情况部、俄罗斯财政部	2007年 2008年	1.8 1.8	1.5 1.5	0.3 0.3	为复兴作为俄罗斯民族思想的爱国主义及其教育创造条件

续表

		执行单位	执行期限	总财政资金（百万卢布，根据 2005 年第一季度卢布汇率制定）			预期效果
				总计	联邦预算拨款	预算外资金	
	“俄罗斯联邦公民爱国主义教育积极工作”荣誉奖章	俄罗斯国家军事历史文化中心协调俄罗斯教育科学部、俄罗斯国防部、俄罗斯内务部、俄罗斯紧急情况部、俄罗斯财政部	2006 年	1	0.8	0.2	提高公民爱国主义教育组织者的威信
［2006 年 11 月 13 日俄罗斯联邦政府补充修订 4-1 条（第 677 号）］							
5.	“俄罗斯军事荣誉遗物”主题系列展						加强国家主要博物馆在爱国主义教育上的作用，发挥主要博物馆宣传俄罗斯陆军和海军斯拉夫战争传统的作用，以及加强公民精神道德教育的作用
	国家历史博物馆	俄罗斯文化与电影署、俄罗斯国防部、俄罗斯教育科学部、俄罗斯内务部、俄罗斯国家军事历史文化中心	2006 年	0.3	0.3	—	
	俄罗斯国立博物馆	俄罗斯文化与电影署、俄罗斯国防部、俄罗斯教育科学部、俄罗斯内务部、俄罗斯国家军事历史文化中心	2007 年	0.3	0.3	—	
	国立特列季亚科夫画廊	俄罗斯文化与电影署、俄罗斯国防部、俄罗斯教育科学部、俄罗斯内务部、俄罗斯国家军事历史文化中心、俄罗斯联邦主体执行权力机关	2008 年	0.3	0.3	—	
	中央武装力量博物馆	俄罗斯国防部、俄罗斯文化与电影署、俄罗斯内务部、俄罗斯边防局、俄罗斯教育科学部、俄罗斯国家原子能公司、俄罗斯国家军事历史文化中心	2009 年	0.3	0.3	—	
	1941—1945 年伟大的卫国战争中央博物馆	俄罗斯文化与电影署、俄罗斯国防部、俄罗斯国家军事历史文化中心、俄罗斯联邦主体执行权力机关	2010 年	0.3	0.3	—	
6.	举办纪念历史上俄罗斯军队胜利，伟大的卫国战争年代苏联军队胜利，以及反映俄罗斯陆军和海军作战传统、俄罗斯联邦武装力量现代生活的主题图片巡回展	俄罗斯国防部、俄罗斯内务部、俄罗斯安全总局、俄罗斯档案署、俄罗斯国家军事历史文化中心	2006 年 2007 年 2008 年 2009 年 2010 年	0.45 0.45 0.45 0.45 0.45	0.45 0.45 0.45 0.45 0.45	— — — — —	实施公民军事爱国主义教育，提高军队威信

续表

		执行单位	执行期限	总财政资金（百万卢布，根据2005年第一季度卢布汇率制定）			预期效果
				总计	联邦预算拨款	预算外资金	
7.	举办“千年之交的西伯利亚人”历史艺术巡回展	俄罗斯文化与电影署、俄罗斯教育科学部、俄罗斯国家军事历史文化中心、西伯利亚联邦区俄罗斯联邦主体执行权力机关	2006年 2007年 2008年 2009年 2010年	0.2 0.2 0.2 0.2 0.2	0.2 0.2 0.2 0.2 0.2	— — — —	培养人们对家乡的热爱之情和自豪之情，宣传家乡、州、边疆区的风俗、传统和成就
8.	筹备组织艺术节和竞赛：						
	在俄罗斯联邦与其兄弟邻国乌克兰、白俄罗斯边界的友谊纪念碑下举办国际斯拉夫青年艺术节	俄罗斯教育署、俄罗斯文化与电影署、俄罗斯边防局、俄罗斯国家军事历史文化中心、俄罗斯国防体育技术组织（陆海空军志愿后援协会）、布良斯克州政府	2007年 2010年	1 1.2	0.5 0.65	0.5 0.55	了解兄弟民族在俄罗斯发展进程中的历史参与性
	边防歌曲国际艺术节	俄罗斯边防局、俄罗斯文化与电影署、俄罗斯教育署、莫斯科州政府	2007年	0.85	0.65	0.2	号召艺术和文学活动家、艺术集体、爱国原创歌曲主唱积极参与公民爱国主义教育
	全俄武装力量——包含退伍军人和现役军人及其“喀秋莎”家庭成员民间创作艺术节	俄罗斯国防部，俄罗斯内务部，俄罗斯安全总局，俄罗斯文化与电影署，全俄战争、劳动、武装和执法部门退伍（退休）军人社会组织，俄罗斯国家军事历史文化中心	2006年 2007年 2008年 2009年 2010年	1.4 1.4 1.4 1.4 1.4	1.3 1.3 1.3 1.3 1.3	0.1 0.1 0.1 0.1 0.1	激发退伍军人开展未成年人德育工作的创造力
	全俄“哥萨克客栈”民间创作艺术节	俄罗斯文化与电影署、俄罗斯教育科学部、克拉斯诺达尔边疆区政府、哥萨克地区的俄罗斯联邦主体	2007年	0.7	0.4	0.3	提高俄罗斯哥萨克人开展未成年人德育工作的创造力
	全俄“我爱你，俄罗斯”爱国歌曲竞赛	俄罗斯教育署、俄罗斯文化与电影署、俄罗斯国防部、俄罗斯内务部、俄罗斯安全总局、俄罗斯教育科学部、俄罗斯交通运输部、俄罗斯国家军事历史文化中心、俄罗斯联邦主体执行权力机关	2006年 2007年 2008年 2009年 2010年	2.2 2.2 2.2 2.2 2.2	1.5 1.5 1.5 1.5 1.5	0.7 0.7 0.7 0.7 0.7	激发独立创作集体开展未成年人德育工作的创作潜力
	全俄“我的祖国”法基扬诺夫斯基诗歌和歌曲艺术节	俄罗斯文化与电影署、俄罗斯教育科学部、弗拉基米尔州政府	2006年 2007年 2008年 2009年 2010年	0.55 0.55 0.55 0.55 0.55	0.3 0.3 0.3 0.3 0.3	0.25 0.25 0.25 0.25 0.25	以文学作品和艺术作品为载体培育爱国意识

续表

		执行单位	执行期限	总财政资金（百万卢布，根据2005年第一季度卢布汇率制定）			预期效果
				总计	联邦预算拨款	预算外资金	
	全俄“突厥文化日”艺术节	俄罗斯文化与电影署、俄罗斯教育科学部、鞑靼斯坦共和国政府	2006年 2007年 2008年 2009年 2010年	0.6 0.6 0.6 0.6 0.6	0.35 0.35 0.35 0.35 0.35	0.25 0.25 0.25 0.25 0.25	巩固俄罗斯民族统一
	由作家、文学和艺术活动家参与的《俄罗斯——我的祖国》文学音乐节目	俄罗斯文化与电影署、俄罗斯教育科学部、俄罗斯联邦主体执行权力机关	2006年 2007年 2008年 2009年 2010年	0.6 0.6 0.6 0.6 0.6	0.5 0.5 0.5 0.5 0.5	0.1 0.1 0.1 0.1 0.1	号召作家、文化和艺术活动家广泛参与俄罗斯联邦公民爱国主义教育
	《从何谈起祖国》音乐剧	俄罗斯文化与电影署、俄罗斯教育署	2006年	2	1.5	0.5	提高青年道德教育和精神审美教育的作用，促进青年形成积极的生活立场和爱国意识
	在“祖国保卫者”日前举办献礼俄罗斯陆军和海军的职业作曲家和演奏家歌曲竞赛	俄罗斯国家军事历史文化中心、俄罗斯文化与电影署、俄罗斯国防部	2009年	2	1.5	0.5	激发职业作曲家和演奏家的创造力
	全俄市属乐队和军乐队的竞赛和游行	俄罗斯文化与电影署、俄罗斯国防部、俄罗斯边防局、俄罗斯内务部、俄罗斯紧急情况部、俄罗斯司法部、俄罗斯联邦主体执行权力机关	2010年	0.6	0.4	0.2	复兴俄罗斯管乐队竞赛和游行传统并促进其发展
	全俄国家军事史最佳教材和教学参考书评比大赛	俄罗斯教育科学部、俄罗斯科学院（俄罗斯历史研究所）、俄罗斯国防部	2009年	1	1	—	完善历史教育
	跨地区评比俄罗斯联邦公民参军工作和应征加入俄罗斯联邦武装力量工作的最佳年度组织奖	俄罗斯国防部、俄罗斯教育科学部、俄罗斯国防体育技术组织（陆海空军志愿后援协会）、俄罗斯联邦主体执行权力机关	2006年 2007年 2008年 2009年 2010年	0.3 0.3 0.3 0.3 0.3	0.2 0.2 0.2 0.2 0.2	0.1 0.1 0.1 0.1 0.1	培育青年的参军卫国意识
	每年举办最佳战争博物馆、军事荣誉博物馆和劳动荣誉博物馆评比（包括企业、教育机构、部队、各级部门及其附属单位）	俄罗斯文化与电影署、俄罗斯教育科学部、俄罗斯国防部、俄罗斯交通运输部、俄罗斯国家原子能公司、俄罗斯国家军事历史文化中心、俄罗斯国防体育技术组织（陆海空军志愿后援协会）、俄罗斯联邦主体执行权力机关	2006年 2007年 2008年 2009年 2010年	0.4 0.4 0.4 0.4 0.4	0.35 0.35 0.35 0.35 0.35	0.05 0.05 0.05 0.05 0.05	提高青年军事爱国主义教育的有效性，为积极发展地区爱国主义工作创造条件

续表

		执行单位	执行期限	总财政资金（百万卢布，根据2005年第一季度卢布汇率制定）			预期效果
				总计	联邦预算拨款	预算外资金	
9.	历史爱国活动：						
	在伟大的卫国战争战役地区，组建专业大学生建设队，开展军人墓地修缮工作和各类搜索工作	俄罗斯教育署、俄罗斯国防部、俄罗斯劳动与就业局、俄罗斯联邦主体执行权力机关	2006年 2007年 2008年 2009年 2010年	1.1 1.1 1.1 1.1 1.1	0.8 0.8 0.8 0.8 0.8	0.3 0.3 0.3 0.3 0.3	铭记俄罗斯军人、为国捐躯的烈士；合理安排青年学生的课余时间
	组织全俄“卫国战争烈士纪念劳动日”开幕式和闭幕式活动	俄罗斯教育署、俄罗斯国防部、俄罗斯内务部、俄罗斯文化部、俄罗斯国家军事历史文化中心、俄罗斯联邦主体执行权力机关、俄罗斯国防体育技术组织（陆海空军志愿后援协会）	2006年 2007年 2008年 2009年 2010年	0.4 0.4 0.4 0.4 0.4	0.2 0.2 0.2 0.2 0.2	0.2 0.2 0.2 0.2 0.2	加强社会搜索联合会实施公民爱国主义教育的作用，并提高其威信
	举办国际“卫国战争烈士纪念劳动日”活动，献礼搜索运动20周年	俄罗斯教育署、俄罗斯国防部、俄罗斯文化与电影署、俄罗斯内务部、俄罗斯外交部、俄罗斯国防体育技术组织（陆海空军志愿后援协会）、卡卢加州政府、俄罗斯联邦主体执行权力机关	2008年	1.5	1.4	0.1	为积极开展搜索工作创造条件；铭记为国捐躯的烈士，保护和发展爱国传统，巩固与独联体国家的关系
	结合搜索联合会和搜索队工作，举办年度“祖国卫士的民族记忆”国际展	俄罗斯教育署、俄罗斯国防部、俄罗斯国家军事历史文化中心	2006年 2007年 2008年 2009年 2010年	0.8 0.8 0.8 0.8 0.8	0.7 0.7 0.7 0.7 0.7	0.1 0.1 0.1 0.1 0.1	落实1993年1月14日颁发的4292-1号俄罗斯联邦法令《永远铭记祖国先烈》，巩固俄罗斯的国际形象
	举办全俄“续写纪念册”搜索联合会和搜索队大会	俄罗斯教育科学部、俄罗斯国防部、俄罗斯内务部、俄罗斯交通运输部、布里亚特共和国政府	2010年	1.3	1.1	0.2	提高搜索工作质量
	举办英雄城青年旅行者大会	俄罗斯教育署、俄罗斯旅游署	2006年 2007年 2008年 2009年 2010年	0.4 0.4 0.4 0.4 0.4	0.4 0.4 0.4 0.4 0.4	— — — — —	提高地方志工作质量
	授予在爱国主义教育领域开展纪念苏联英雄和俄罗斯英雄活动且取得佳绩的教育机构、企业、俱乐部荣誉称号	俄罗斯教育署、俄罗斯文化与电影署、俄罗斯国防部、俄罗斯内务部、俄罗斯安全总局、俄罗斯联邦主体执行权力机关、俄罗斯国防体育技术组织（陆海空军志愿后援协会）	2006年 2007年 2008年 2009年 2010年	0.4 0.4 0.4 0.4 0.4	0.3 0.3 0.3 0.3 0.3	0.1 0.1 0.1 0.1 0.1	铭记祖国英雄，为积极开展地区爱国主义工作创造条件

续表

		执行单位	执行期限	总财政资金(百万卢布，根据 2005 年第一季度卢布汇率制定)			预期效果
				总计	联邦预算拨款	预算外资金	
	举办国家爱国活动“我们相信你，士兵!”	俄罗斯国防部、莫斯科市政府	2006 年 2007 年 2008 年 2009 年 2010 年	1 1 1 1 1	0.2 0.2 0.2 0.2 0.2	0.8 0.8 0.8 0.8 0.8	培育青年保家卫国和积极参军的意识
	举办全俄博物馆工作者大会，通过陈列品和展览向人们展示 1941—1945 年伟大的卫国战争历史	俄罗斯文化与电影署、俄罗斯教育科学部、俄罗斯联邦主体执行权力机关、国家历史博物馆俄罗斯国家军事历史文化中心	2006 年 2007 年 2008 年 2009 年 2010 年	0.7 0.7 0.7 0.7 0.7	0.7 0.7 0.7 0.7 0.7	— — — —	提高博物馆和展览工作的质量
	组织开展全俄青年爱国活动“我是俄罗斯公民”	俄罗斯教育署、俄罗斯文化与电影署、俄罗斯卫生与社会发展部、俄罗斯国防部、俄罗斯内务部	2006 年 2007 年 2008 年 2009 年 2010 年	0.6 0.6 0.6 0.6 0.6	0.5 0.5 0.5 0.5 0.5	0.1 0.1 0.1 0.1 0.1	帮助取得人生第一个护照的 14 岁未成年人意识到自己的俄罗斯联邦公民身份
	组织开展社会爱国活动“应征入伍的日子”	俄罗斯国防部、俄罗斯教育科学部、俄罗斯国家军事历史文化中心	2006 年 2007 年 2008 年 2009 年 2010 年	0.3 0.3 0.3 0.3 0.3	0.2 0.2 0.2 0.2 0.2	0.1 0.1 0.1 0.1 0.1	帮助即满应征入伍年龄的青年认识到自身的公民职责
	组织开展全俄武备中学、中等军事学校(中等军事网络学校)学生大会	俄罗斯教育署、俄罗斯国防部、俄罗斯内务部、俄罗斯国家军事历史文化中心	2006 年 2008 年 2010 年	0.7 0.7 0.7	0.6 0.6 0.6	0.1 0.1 0.1	交流经验，不断完善中小学生的爱国主义教育工作
	恢复开展庄严仪式教育，邀请即满应征入伍年龄的青年及其父母，以及退伍军人在战争荣誉博物馆和纪念碑前宣读军事誓词	俄罗斯国防部、俄罗斯内务部、俄罗斯安全总局、俄罗斯紧急情况部、俄罗斯教育科学部、俄罗斯国防体育技术组织(陆海空军志愿后援协会)、俄罗斯联邦主体执行权力机关	2006 年 2007 年 2008 年 2009 年 2010 年	0.1 0.1 0.1 0.1 0.1	— — — —	0.1 0.1 0.1 0.1 0.1	复兴和发展军事爱国传统，唤起国家历史归属感
10.	筹备组织全俄运动会和竞赛：						提高青年参加军事应用类运动、发展自身身体素质和意志品质的兴趣，使之时刻准备保卫国家

续表

		执行单位	执行期限	总财政资金（百万卢布，根据2005年第一季度卢布汇率制定）			预期效果
				总计	联邦预算拨款	预算外资金	
	开展以"时刻准备保卫祖国"为主题的全能体育竞赛、公共军事训练、武器使用技能比赛和其他技术类、军事应用类体育活动	俄罗斯体育、运动和旅游署，俄罗斯国防体育技术组织（陆海空军志愿后援协会），俄罗斯国防部，俄罗斯教育科学部，俄罗斯内务部，俄罗斯国家军事历史文化中心，俄罗斯联邦主体执行权力机关	2007年	2	2	—	
	纪念斯大林战役胜利65周年的哥萨克体育运动会	俄罗斯国家军事历史文化中心，俄罗斯体育、运动和旅游署，俄罗斯地区发展部，俄罗斯国防体育技术组织（陆海空军志愿后援协会），伏尔加格勒州政府，俄罗斯联邦主体执行权力机关	2008年	0.5	0.3	0.2	
	全俄中小学军事应用类和技术类体育比赛	俄罗斯教育署，俄罗斯国防体育技术组织（陆海空军志愿后援协会），俄罗斯国防部，俄罗斯体育、运动和旅游署，俄罗斯国家军事历史文化中心	2007年 2009年	1.5 1.5	1.5 1.5	— —	
	第二届全俄航空、技术类和军事应用类运动会	俄罗斯国防部、俄罗斯国防体育技术组织（陆海空军志愿后援协会）、俄罗斯教育科学部、俄罗斯联邦主体执行权力机关	2006年	1.5	—	1.5	
	"胜利"军事体育运动会决赛	俄罗斯教育署，俄罗斯国防体育技术组织（陆海空军志愿后援协会），俄罗斯国防部，俄罗斯体育、运动和旅游署，俄罗斯联邦主体执行权力机关	2006年 2008年 2010年	1 1 1	1 1 1	— — —	
	以"总统赛"冠名的全俄学生健身赛	俄罗斯教育署，俄罗斯体育、运动和旅游署，俄罗斯联邦主体执行权力机关	2006年 2007年 2008年 2009年 2010年	2 2 2 2 2	2 2 2 2 2	— — — — —	
	普通教育机构学生"安全学校"竞赛	俄罗斯紧急情况部、俄罗斯教育署、俄罗斯联邦主体执行权力机关	2006年 2007年 2008年 2009年 2010年	5.6 5.6 5.6 5.6 5.6	4.1 4.1 4.1 4.1 4.1	1.5 1.5 1.5 1.5 1.5	

续表

		执行单位	执行期限	总财政资金(百万卢布，根据2005年第一季度卢布汇率制定)			预期效果
				总计	联邦预算拨款	预算外资金	
	组织由武备中学、普通中学班级、“俄罗斯联邦青年救援者”小组(分部)参加的“青年救援者”野外夏令营	俄罗斯紧急情况部、俄罗斯教育科学部、俄罗斯联邦主体执行权力机关	2006年 2007年 2008年 2009年 2010年	4 4 4 4 4	3 3 3 3 3	1 1 1 1 1	
二、完善爱国主义教育的法律规范基础							
1.	提交俄罗斯国家杜马审阅下述决议草案：						
	《俄罗斯联邦法令〈永远铭记祖国先烈〉修正案》	俄罗斯国防部、俄罗斯教育科学部、俄罗斯文化部、俄罗斯国家军事历史文化中心、俄罗斯退伍军人和现役军人委员会	根据需要	—	—	—	完善烈士悼念工作的法律规范基础，培育人们对先烈的敬仰之情
	《俄罗斯联邦法令〈俄罗斯军事荣誉日(胜利日)法〉修正案》	俄罗斯国防部、俄罗斯内务部、俄罗斯边防局、俄罗斯财政部、俄罗斯司法部、俄罗斯文化部、俄罗斯国家军事历史文化中心	根据需要	—	—	—	确立爱国主义教育的历史法律基础
2.	提交俄罗斯联邦总统审阅下述法令法案：						
	《国际战士日法》	俄罗斯国防部、俄罗斯内务部、俄罗斯边防局、俄罗斯对外情报总局、俄罗斯财政部、俄罗斯司法部、俄罗斯文化部、俄罗斯国家军事历史文化中心	2006年	—	—	—	基于国际主义教育促进社会团结，巩固俄罗斯民族和独联体国家的兄弟友谊
	《切尔诺贝利灾难伤亡者纪念日法》	俄罗斯国防部、俄罗斯内务部、俄罗斯紧急情况部、俄罗斯司法部、俄罗斯财政部、俄罗斯文化部	2006年 2007年	— —	— —	— —	铭记切尔诺贝利灾难伤亡者，以及在处理灾难后事中表现出崇高爱国主义、英雄主义和自我牺牲奉献精神的先烈
3.	提交俄罗斯联邦政府审阅并确立“为国奋斗，保卫祖国”体育技术综合体方案	俄罗斯体育、运动和旅游署，俄罗斯国防部，俄罗斯教育科学部，俄罗斯国防体育技术组织(陆海空军志愿后援协会)	2006年	0.2	0.2	—	激发青年参与军事应用类体育运动的兴趣；激发青年提升自我身体素质和意志力的兴趣，使之时刻准备保卫祖国

续表

		执行单位	执行期限	总财政资金(百万卢布，根据2005年第一季度卢布汇率制定)			预期效果
				总计	联邦预算拨款	预算外资金	
[2006年11月13日俄罗斯联邦政府补充修订(第677号)]							
4.	筹备出版法律法规：						
	教育机构、军事爱国主义俱乐部和联合会开展中小学生爱国主义教育的法律规范	俄罗斯教育科学部、俄罗斯文化部、俄罗斯国防部、俄罗斯内务部、俄罗斯边防局、俄罗斯国防体育技术组织(陆海空军志愿后援协会)、俄罗斯国家军事历史文化中心、俄罗斯联邦主体执行权力机关	2006年	0.25	0.15	0.1	为推动爱国主义教育规范立法发展创造条件
	组织编写地方志和旅游工作的法律规范	俄罗斯教育署、俄罗斯旅游署、俄罗斯文化部、俄罗斯国防体育技术组织(陆海空军志愿后援协会)	2006年	0.2	0.15	0.5	为有效实施青少年爱国主义教育活动创造条件
	国防体育夏令营、“1号岗”、军事体育运动会、地区竞赛的法律规范	俄罗斯教育署、俄罗斯旅游署、俄罗斯文化部、俄罗斯国防体育技术组织(陆海空军志愿后援协会)	2006年	0.4	0.15	0.25	为有效实施青少年爱国主义教育活动创造条件
5.	提交俄罗斯联邦政府审阅将国际战士纪念博物馆(莫斯科市)正式登记纳入国立博物馆的立法草案	俄罗斯文化与电影署、莫斯科市政府	2006年	0.15	0.15	—	提高国际战士纪念博物馆的社会地位
6.	建立记录伟大的卫国战争年代为国捐躯烈士的统一信息咨询体系(信息库)	俄罗斯国防部、俄罗斯档案署、俄罗斯外交部、俄罗斯国家军事历史文化中心、俄罗斯联邦主体执行权力机关	2007年	1.4	1.1	0.3	铭记在伟大的卫国战争中牺牲的先烈
7.	国家电视广播基金会负责编制爱国主义题材的音像视听产品清单(电子产品和印刷品)	俄罗斯新闻出版与大众传媒署	2006年 2007年 2008年 2009年 2010年	0.6 0.6 0.6 0.6 0.6	0.5 0.5 0.5 0.5 0.5	0.1 0.1 0.1 0.1 0.1	提高爱国主义教育工作的信息化程度
三、促进爱国主义教育科学理论基础和方法论基础的发展							
1.	围绕爱国主义教育问题开展下述科学研究工作：						
	确定提高爱国主义教育体系有效性的标准和途径(“爱国主义”科学研究工作)	俄罗斯科学院、俄罗斯国防部、俄罗斯教育科学部、俄罗斯边防局、俄罗斯教育科学院	2006年	0.8	0.7	0.1	确定提高爱国主义教育体系有效性的路径和方法
	为未成年人夏季国防体育夏令营爱国主义教育活动的有效推进提供医疗保障	俄罗斯医学科学院	2006年	0.55	0.4	0.15	评价确保未成年人和青年健康相关措施的有效性，帮助他们认识到自身承担的军事职责和公民责任

续表

		执行单位	执行期限	总财政资金（百万卢布，根据 2005 年第一季度卢布汇率制定）			预期效果
				总计	联邦预算拨款	预算外资金	
	为促进未成年人和青年了解、掌握正确的生育行为和组建家庭的基本准则，组织相应工作，探索相应工作方法，帮助他们认识到这是复兴传统道德价值观的基础	俄罗斯卫生与社会发展部、俄罗斯教育科学部、俄罗斯医学科学院	2008 年	0.4	0.4	—	重塑青年一代的道德价值观
	总结不同部门所属教育机构的青年大学生爱国主义教育经验	俄罗斯教育科学部、俄罗斯文化与电影署、俄罗斯卫生与社会发展部、俄罗斯国防部、俄罗斯内务部、俄罗斯边防局、俄罗斯紧急情况部	2009 年	0.7	0.4	0.3	探索培育青年大学生爱国情感和爱国意识工作的特殊性
	为按照配套合同加入俄罗斯联邦武装力量的军人的爱国主义教育提供建议	俄罗斯国防部、俄罗斯教育科学部	2006 年	0.2	0.1	0.1	在俄罗斯联邦武装力量改革进程中不断完善军人的军事爱国主义教育
	制定爱国主义教育工作成效的评价标准和方法	俄罗斯国家军事历史文化中心、俄罗斯教育科学部、俄罗斯国防部、俄罗斯文化部、俄罗斯内务部、俄罗斯边防局、俄罗斯科学院、俄罗斯联邦主体执行权力机关	2006 年	0.1	0.1	—	提高国家机关和单位、社会联合会爱国主义教育工作的客观性
2.	筹备出版下列教学方法资料和教学参考书：						
	高等学校大学生爱国主义教育方法论基础	俄罗斯教育科学部、联邦执行权力机关附属学校	2007 年	0.4	0.4	—	巩固教育体系的爱国主义教育方法论基础
	青年参军培训期间的爱国主义与公民性	俄罗斯教育科学部、俄罗斯国防部、俄罗斯国防体育技术组织（陆海空军志愿后援协会）	2006 年	0.4	0.4	—	组织有效活动，促进青年志愿参军，并为活动创造条件
	文化机构开展各类公民爱国主义教育活动的组织方法基础	俄罗斯文化部、俄罗斯国防部、俄罗斯内务部、俄罗斯边防局	2007 年	0.4	0.4	—	巩固文化机构爱国主义教育方法论基础
	现阶段培育俄罗斯青年爱国精神的教育学基础	俄罗斯教育科学部、俄罗斯教育科学院、俄罗斯国防部、俄罗斯内务部、俄罗斯边防局	2006 年	0.4	0.4	—	确立青年爱国主义教育的教育学基础及实施路径
	专著《社会转型期的爱国主义教育》	俄罗斯教育科学院	2007 年	0.7	0.7	—	巩固爱国主义教育方法论基础
	俄罗斯联邦境内搜索联合会（队）工作方法建议	俄罗斯教育科学部、俄罗斯国防部、俄罗斯紧急情况部、俄罗斯内务部、俄罗斯边防局、俄罗斯国家军事历史文化中心	2007 年	—	—	—	提出对搜索联合会（队）组织工作方法的建议

续表

		执行单位	执行期限	总财政资金（百万卢布，根据2005年第一季度卢布汇率制定）			预期效果
				总计	联邦预算拨款	预算外资金	
3.	为探索新的人才培养模式组建临时科学研究团队，培养可在军事团队、教育文化机构独立使用电脑技术开展爱国主义教育工作的人才	俄罗斯教育科学部、俄罗斯卫生与社会发展部、俄罗斯文化部、俄罗斯科学院、俄罗斯国家军事历史文化中心	2006年 2007年 2008年 2009年 2010年	1.3 1.3 1.3 1.3 1.3	1 1 1 1 1	0.3 0.3 0.3 0.3 0.3	研究和推动新式人才培养方式
4.	传统文化中心、人类学中心、民间工艺中心及其具有地区和民族特征活动的功能研究	俄罗斯文化与电影署、俄罗斯教育科学部、俄罗斯联邦主体执行权力机关	2007年 2008年 2009年	0.2 0.2 0.2	0.2 0.2 0.2	— — —	探索补充教育机构爱国主义教育工作的组织方法
5.	组织开展全俄竞赛：						
	“21世纪他人对我的评价”青年学者的科学研究工作和创造性工作	俄罗斯教育科学部、俄罗斯国家军事历史文化中心、俄罗斯文化与电影署、俄罗斯国防部、俄罗斯内务部、俄罗斯科学院、俄罗斯联邦主体执行权力机关	2006年 2007年 2008年 2009年 2010年	15 15 15 15 15	0.8 0.8 0.8 0.8 0.8	0.25 0.25 0.25 0.25 0.25	促进培养21世纪新型俄罗斯技术、创新创业类爱国知识分子
	爱国主义教育学术成果	俄罗斯科学院、俄罗斯国家军事历史文化中心、俄罗斯国防部、俄罗斯内务部、俄罗斯边防局、俄罗斯教育科学部	2006年 2007年 2008年 2009年 2010年	0.75 0.75 0.75 0.75 0.85	0.6 0.6 0.6 0.6 0.7	0.15 0.15 0.15 0.15 0.15	激发学者的爱国主义教育创造力
	以“青春·科学·文化”为题的大中小学爱国主义教育科学研究工作	俄罗斯教育科学部、俄罗斯文化与电影署、俄罗斯国防部、俄罗斯科学院、俄罗斯教育科学院、俄罗斯联邦主体执行权力机关	2006年 2007年 2008年 2009年 2010年	0.5 0.5 0.5 0.5 0.5	0.5 0.5 0.5 0.5 0.5	— — — — —	激发青年的爱国主义教育创造力
	《我们培养俄罗斯爱国者》教学参考书（面向教育工作者）	俄罗斯教育署、俄罗斯科学院、俄罗斯国家军事历史文化中心	2006年 2008年 2010年	0.4 0.4 0.4	0.4 0.4 0.4	— — —	推广教育体系爱国主义教育的先进形式和方法
	与俄罗斯英勇历史和人民生活重要事件相关的年级作业和毕业作业	俄罗斯教育科学部、俄罗斯国防部、俄罗斯内务部、俄罗斯边防局、俄罗斯联邦主体执行权力机关	2006年 2007年 2008年 2009年 2010年	0.6 0.6 0.6 0.6 0.6	0.45 0.45 0.45 0.45 0.45	0.15 0.15 0.15 0.15 0.15	巩固教育体系爱国主义教育的方法论基础

续表

		执行单位	执行期限	总财政资金（百万卢布，根据2005年第一季度卢布汇率制定）			预期效果
				总计	联邦预算拨款	预算外资金	
6.	探索国家机构实施地区公民爱国主义教育的基本活动模式并准予推广使用	俄罗斯教育科学部，俄罗斯司法部，俄罗斯国防部，俄罗斯国家军事历史文化中心，俄罗斯体育、运动和旅游署，克拉斯诺达尔边疆区政府，沃洛格达州政府，卡卢加州政府，梁赞州和斯摩棱斯克州政府	2006年 2007年 2008年 2009年 2010年	0. 35 0. 35 0. 35 0. 35 0. 35	0. 25 0. 25 0. 25 0. 25 0. 25	0. 1 0. 1 0. 1 0. 1 0. 1	巩固公民爱国主义教育的方法论基础
7.	组织军事爱国主义联合会的青少年爱国主义教育工作，并为其提供物质技术保障	俄罗斯教育署，俄罗斯国家军事历史文化中心，滨海边疆区、伏尔加格勒州、莫斯科和圣彼得堡市执行权力机关	2006年 2007年 2008年 2009年 2010年	1. 3 1. 3 1. 3 1. 3 1. 3	0. 8 0. 8 0. 8 0. 8 0. 8	0. 5 0. 5 0. 5 0. 5 0. 5	巩固爱国主义教育基础
8.	邀请爱国主义教育领域学者、工作人员围绕下述命题组织跨地区研讨会：						
	技术类教育机构公民爱国主义教育的方法论基础和教育学基础	俄罗斯教育科学部、俄罗斯文化与电影署、俄罗斯国防部、俄罗斯内务部、俄罗斯国防体育技术组织（陆海空军志愿后援协会）	2007年	0. 5	0. 5	—	交流经验，完善中小学生爱国主义教育工作
	参与军事爱国主义俱乐部和联合会工作的教育机构实施爱国主义教育的科学基础	俄罗斯教育科学部、俄罗斯教育科学院、俄罗斯国防部、俄罗斯卫生与社会发展部、俄罗斯内务部、俄罗斯国防体育技术组织（陆海空军志愿后援协会）	2008年	0. 5	0. 5	—	交流经验，完善教育机构、军事体育联合会、军事爱国主义俱乐部和联合会的爱国主义教育工作
9.	举办全俄科学实践大会“俄罗斯爱国主义：俄罗斯企业家和租赁者爱国主义精神的培育问题”	俄罗斯国家军事历史文化中心、俄罗斯工业和能源部、俄罗斯农业部、俄罗斯交通运输部、俄罗斯内务部、俄罗斯国防部、俄罗斯边防局、俄罗斯科学院、俄罗斯工业家和企业家（雇主）联盟、俄罗斯联邦主体执行权力机关	2008年	1. 1	0. 9	0. 2	提出推广爱国主义教育先进形式和方法的工作建议
10.	举办跨地区科学实践大会“培育未来国家卫士爱国意识的创新技术、形式和方法”	俄罗斯教育科学部、俄罗斯国防部、俄罗斯内务部、俄罗斯边防局、俄罗斯联邦主体执行权力机关	2007年	0. 7	0. 6	0. 1	推广爱国主义教育先进形式和方法

续表

		执行单位	执行期限	总财政资金（百万卢布，根据 2005 年第一季度卢布汇率制定）			预期效果
				总计	联邦预算拨款	预算外资金	
11.	举办跨地区科学大会“道德——爱国主义的基础”	俄罗斯教育科学部、俄罗斯文化与电影署、俄罗斯国防部、俄罗斯内务部、俄罗斯边防局、俄罗斯国家军事历史文化中心、俄罗斯联邦主体执行权力机关	2008 年	0. 6	0. 5	0. 1	实践俄罗斯公民精神道德教育的历史经验
12.	建立社会信息分析中心，为公民爱国主义教育提供科学理论依据和问题解决方式	俄罗斯教育科学部、联邦执行权力机关、俄罗斯联邦主体执行权力机关	2006 年	0. 65	0. 4	0. 25	巩固爱国主义教育方法论基础和信息基础
四、协调发展社会联合会和社会组织的网络爱国主义教育活动							
1.	举办全俄爱国青年和儿童联合会负责人大会	俄罗斯教育署，俄罗斯国防部，俄罗斯内务部，俄罗斯卫生与社会发展部，俄罗斯体育、运动和旅游署，俄罗斯国防体育技术组织(陆海空军志愿后援协会)，俄罗斯国家军事历史文化中心	2008 年 2010 年	1 1	0. 8 0. 8	0. 2 0. 2	完善社会联合会和社会组织的爱国主义教育活动
2.	为纪念祖国保卫者日，举办全俄大众国防月活动	俄罗斯国防部、俄罗斯国防体育技术组织(陆海空军志愿后援协会)、俄罗斯教育科学部、俄罗斯紧急情况部、俄罗斯卫生与社会发展部、俄罗斯联邦主体执行权力机关	2006 年 2007 年 2008 年 2009 年 2010 年	0. 5 0. 5 0. 5 0. 5 0. 5	— — — — —	0. 5 0. 5 0. 5 0. 5 0. 5	进一步促进青年形成军事爱国意识
3.	举办全俄和跨地区会议、研讨会、圆桌会议，探讨退伍军人联合会和青年组织在爱国主义教育工作中的协作问题	俄罗斯教育署、俄罗斯国防部、俄罗斯边防局、俄罗斯内务部、俄罗斯对外情报总局、俄罗斯国家军事历史文化中心、俄罗斯退伍军人和现役军人委员会、俄罗斯联邦主体执行权力机关	2007 年 2008 年 2009 年	0. 8 0. 8 0. 8	0. 6 0. 6 0. 6	0. 2 0. 2 0. 2	基于老一辈战争传统和劳动传统教育广大青年
4.	在独立国家“退伍老战士”国际联盟协调委员会的活动框架下，举办科学实践大会、研讨会、圆桌会议，交流爱国主义教育经验，邀请独联体国家相关组织代表参加	俄罗斯国家军事历史文化中心，俄罗斯外交部，俄罗斯国防部，全俄战争、劳动、武装和执法部门退伍(退休)军人社会组织，俄罗斯退伍军人和现役军人委员会	2007 年 2009 年	1. 7 1. 7	1. 5 1. 5	0. 2 0. 2	在爱国主义教育实践中推广独联体国家的先进经验

续表

		执行单位	执行期限	总财政资金（百万卢布，根据2005年第一季度卢布汇率制定）			预期效果
				总计	联邦预算拨款	预算外资金	
5.	在伟大的卫国战争战场所在地组织青年与国内外退伍军人见面会	俄罗斯教育科学部、俄罗斯外交部、俄罗斯国防部、俄罗斯卫生与社会发展部、俄罗斯国家军事历史文化中心、俄罗斯联邦主体执行权力机关	2006年 2007年 2008年 2009年 2010年	2.2 2.2 2.2 2.2 2.2	1.2 1.2 1.2 1.2 1.2	1 1 1 1 1	基于老一辈战争传统教育广大青年
6.	运用网络举办远程“圆桌会议”，邀请俄罗斯爱国主义教育相关社会组织负责人参加	俄罗斯教育科学部、俄罗斯新闻出版与大众传媒署、俄罗斯教育科学院、俄罗斯国家军事历史文化中心、俄罗斯国防部、俄罗斯联邦主体执行权力机关	2006年 2009年	0.3 0.3	0.3 0.3	— —	提升社会组织在公民爱国主义教育上的作用
7.	举办社会爱国联合会负责人、俄罗斯联邦立法机关和执行权力机关负责人见面会	俄罗斯教育科学部、俄罗斯国防部、俄罗斯内务部、俄罗斯边防局、俄罗斯退伍军人和现役军人委员会、俄罗斯联邦立法机关和执行权力机关	2007年 2008年	0.25 0.25	0.2 0.2	0.5 0.5	为有效组织社会爱国主义联合会活动创造条件
8.	恢复开展全俄铁木尔运动，为参加过伟大的卫国战争、局部战争和冲突的退伍军人和殉难者遗孀提供援助	俄罗斯教育署、俄罗斯文化与电影署、俄罗斯卫生与社会发展部、俄罗斯联邦主体执行权力机关	2006年 2007年 2008年 2009年 2010年	1.25 1.25 1.25 1.25 1.25	1 1 1 1 1	0.25 0.25 0.25 0.25 0.25	培养青年对老一辈的关心和尊敬，并使其能主动向长辈提供帮助和支持
9.	筹备出版反映社会运动和联合会爱国主义教育活动及其工作经验的信息资料	俄罗斯教育科学部、俄罗斯国防部、俄罗斯国家军事历史文化中心、俄罗斯联邦主体执行权力机关	2006年 2007年 2008年 2009年 2010年	0.65 0.65 0.65 0.65 0.65	0.5 0.5 0.5 0.5 0.5	0.15 0.15 0.15 0.15 0.15	建立社会联合会和社会组织的工作经验信息库
五、爱国主义教育领域的信息保障							
1.	形成和确定国家需求，分阶段出版影视音像产品，编排剧目，举办博物馆展览，组织爱国主义教育题材的出版工作	俄罗斯文化部、俄罗斯国防部、俄罗斯内务部、俄罗斯边防局、俄罗斯教育科学部、俄罗斯国防体育技术组织（陆海空军志愿后援协会）	2006年 2007年 2008年 2009年 2010年	7 7 7 8 8	4 4 4 5 5	3 3 3 3 3	以艺术和文学作品为载体培养公民爱国意识
2.	组织全俄“俄罗斯爱国者”竞赛，奖励爱国主义教育活动的最佳传媒报道工作	俄罗斯新闻出版与大众传媒署、俄罗斯国防部、俄罗斯国家军事历史文化中心、俄罗斯联邦主体执行权力机关	2006年 2007年 2008年 2009年 2010年	3 3 3 3 3	3 3 3 3 3	— — — — —	号召新闻团体广泛报道爱国主义教育

续表

		执行单位	执行期限	总财政资金(百万卢布，根据2005年第一季度卢布汇率制定)			预期效果
				总计	联邦预算拨款	预算外资金	
3.	出版《祖国爱国者》月刊及副刊	俄罗斯国家军事历史文化中心、俄罗斯新闻出版与大众传媒署	2006年	1.25	1	0.25	通过杂志报道爱国主义教育
			2007年	1.25	1	0.25	
			2008年	1.25	1	0.25	
			2009年	1.25	1	0.25	
			2010年	1.25	1	0.25	
4.	为“俄罗斯档案”官网的“胜利”专栏提供补充信息和软硬件支持	俄罗斯档案署、俄罗斯文化与电影署、俄罗斯国防部	2006年	0.6	0.5	0.1	积极发挥档案工作者客观报道国家历史的作用
			2007年	0.6	0.5	0.1	
			2008年	0.6	0.5	0.1	
			2009年	0.6	0.5	0.1	
			2010年	0.6	0.5	0.1	
5.	在某一家国家电视频道开设“国家爱国者”节目专栏	俄罗斯国家电视和广播公司、俄罗斯教育科学部、俄罗斯文化部、俄罗斯国家军事历史文化中心	2006年	4.5	4	0.5	将爱国主义教育确立为大众传媒优先报道的主题
			2007年	4.5	4	0.5	
			2008年	4.5	4	0.5	
			2009年	5.5	5	0.5	
			2010年	5.5	5	0.5	
6.	支持和促进“俄罗斯爱国者”官网的发展	俄罗斯教育署、俄罗斯国防部、俄罗斯新闻出版与大众传媒署、俄罗斯卫生与社会发展部、俄罗斯国家军事历史文化中心	2006年	1.1	1	0.1	建立数据库，为爱国主义联合会和社会组织活动提供信息方法保障，指导爱国主义教育的相关工作
			2007年	1.1	1	0.1	
			2008年	1.1	1	0.1	
			2009年	1.1	1	0.1	
			2010年	1.1	1	0.1	
7.	出品电影：						为爱国主义教育提供真实素材
	《俄罗斯潜艇》(纪念将潜艇作为独立舰船使用100周年)	俄罗斯国防部、俄罗斯档案署、俄罗斯文化与电影署	2006年	1.25	1	0.25	
	《军队与宗教》	俄罗斯文化与电影署、俄罗斯档案署、俄罗斯国防部	2007年	1.1	1	0.1	
	《近卫军》(记录俄罗斯近卫军历史的电视电影)	俄罗斯国家电视和广播公司	2006年	15	0.8	0.25	
			2007年	15	0.8	0.25	
8.	在俄罗斯联邦、共和国、边疆区、州、市和地区各级层面，定期播放公民爱国主义教育题材的广播电视教育节目	俄罗斯国家电视和广播公司、俄罗斯国防部、俄罗斯教育科学部、俄罗斯内务部、俄罗斯边防局、俄罗斯卫生与社会发展部、俄罗斯国家军事历史文化中心、俄罗斯科学院、俄罗斯国防体育技术组织(陆海空军志愿后援协会)、俄罗斯联邦主体执行权力机关	2006年	1.55	1.3	0.25	培养公民对祖国、家乡的热爱之情，培育其国家自豪感、家乡自豪感
			2007年	1.55	1.3	0.25	
			2008年	1.55	1.3	0.25	
			2009年	1.5	1.25	0.25	
			2010年	1.5	1.25	0.25	

续表

		执行单位	执行期限	总财政资金（百万卢布，根据 2005 年第一季度卢布汇率制定）			预期效果
				总计	联邦预算拨款	预算外资金	
9.	组织开展年度评选：						号召社会公民广泛参与爱国主义教育工作，提高文学和艺术活动家创作爱国题材艺术作品的创造力
	评选最佳脚本	俄罗斯文化与电影署	2006 年	1	0.75	0.25	
			2007 年	1	0.75	0.25	
			2008 年	1	0.75	0.25	
			2009 年	1	0.75	0.25	
			2010 年	1	0.75	0.25	
	评选最佳艺术电影	俄罗斯文化与电影署	2006 年	1	0.75	0.25	
			2007 年	1	0.75	0.25	
			2008 年	1	0.75	0.25	
			2009 年	1	0.75	0.25	
			2010 年	1	0.75	0.25	
	评选最佳戏剧	俄罗斯文化与电影署	2006 年	1	0.75	0.25	
			2007 年	1	0.75	0.25	
			2008 年	1	0.75	0.25	
			2009 年	1	0.75	0.25	
			2010 年	1	0.75	0.25	
	评选最佳演出	俄罗斯文化与电影署	2006 年	0.75	0.5	0.25	
			2008 年	0.75	0.5	0.25	
			2010 年	0.75	0.5	0.25	
10.	出版爱国题材系列图书：						丰富爱国主义教育题材库，尊重俄罗斯军事史
	《俄罗斯军事荣誉日》读本	俄罗斯国家军事历史文化中心、俄罗斯新闻出版与大众传媒署、俄罗斯教育科学部、俄罗斯国防部、俄罗斯内务部、俄罗斯边防局	2006 年	1.25	1	0.25	
	《国家历史和世界历史纪念事件日历》	俄罗斯国家军事历史文化中心、俄罗斯新闻出版与大众传媒署	2006 年	0.45	0.3	0.15	
			2007 年	0.45	0.3	0.15	
	《俄罗斯爱国主义及其现阶段问题》	俄罗斯教育科学部	2007 年	0.65	0.5	0.15	
	《俄罗斯、苏联 1901—1963 年国防工业综合体建设和发展史》（六卷本档案文件汇编）	俄罗斯档案署、俄罗斯国防部、俄罗斯国家原子能公司	2006 年	0.6	0.5	0.1	
			2007 年	0.6	0.5	0.1	
			2008 年	0.6	0.5	0.1	
			2009 年	0.6	0.5	0.1	
			2010 年	0.6	0.5	0.1	

续表

		执行单位	执行期限	总财政资金(百万卢布,根据2005年第一季度卢布汇率制定)			预期效果
				总计	联邦预算拨款	预算外资金	
	《19—20世纪初驻莫斯科俄帝国军队的军事学校和武备中学》	俄罗斯档案署、俄罗斯国防部	2008年	0.5	0.4	0.1	
	《照片中的俄罗斯军事史》(图片画册)	俄罗斯档案署、俄罗斯国防部	2009年	0.8	0.7	0.1	
	《全荣誉勋章获得者》	俄罗斯国防部	2010年	1.2	1	0.2	
	《两个斯拉夫民族的儿子——罗科索夫斯基元帅》	俄罗斯科学院	2009年	0.5	0.5	—	
	《第一次世界大战中的俄罗斯》(纪念战争结束90周年)	俄罗斯科学院、俄罗斯国防部	2009年	0.7	0.7	—	
	《俄罗斯陆军和海军历史》	俄罗斯国防部	2008年 2009年	0.9 0.9	0.8 0.8	0.1 0.1	
	《布鲁西洛夫》	俄罗斯科学院	2007年	0.6	0.45	0.15	
	《战士功勋》(俄罗斯战争中俄部队战士功勋)	俄罗斯国防部、俄罗斯科学院	2010年	1.3	1.15	0.15	
	《祖国忠诚之子》和《胜利战士的话》	俄罗斯国防部、“爱国者”出版社	2006年 2007年 2008年 2009年 2010年	— — — — —	— — — — —	1.5 1.5 1.5 1.5 1.5	
	《走向不朽》	俄罗斯国防部	2006年	1.1	1	0.1	
	《波尔塔瓦》(纪念波尔塔瓦战役300周年专著)	俄罗斯科学院	2009年	0.65	0.5	0.15	
	《伟大俄罗斯爱国者的生活》	俄罗斯教育科学部、俄罗斯新闻出版与大众传媒署	2009年 2010年	15 15	0.8 0.8	0.25 0.25	
	《俄罗斯爱国主义:10—20世纪的历史经验》	俄罗斯科学院	2009年	0.8	0.7	0.1	
	《驻守国家疆界》画册	俄罗斯边防局、俄罗斯国防部、俄罗斯内务部	2008年	1.1	1	0.1	
11.	筹备举办下述主题的系列电视广播节目:《铭记他们的名字》《纪念哀悼日》《战争年代纪录片》《唉,遥远的战争》《他们保卫祖国》《止于太平洋的远征》《记忆中不可抹去的一笔》等	俄罗斯国家电视和广播公司、俄罗斯国家军事历史文化中心、俄罗斯联邦主体执行权力机关	2006年 2007年 2008年 2009年 2010年	1.1 1.1 1.1 1.1 1.1	0.8 0.8 0.8 0.8 0.8	0.3 0.3 0.3 0.3 0.3	通过大众传媒宣传爱国主义,促进新闻工作者广泛报道和编辑爱国题材信息

续表

		执行单位	执行期限	总财政资金（百万卢布，根据 2005 年第一季度卢布汇率制定）			预期效果
				总计	联邦预算拨款	预算外资金	
12.	策划出品反映俄罗斯海军光荣城市的电视广播节目	俄罗斯国防部，俄罗斯档案署，俄罗斯国家电视和广播公司，圣彼得堡、摩尔曼斯克、新罗西斯克、符拉迪沃斯托克、加里宁格勒市政府	2006 年 2007 年 2008 年 2009 年 2010 年	0.9 0.9 0.9 0.9 0.9	0.7 0.7 0.7 0.7 0.7	0.2 0.2 0.2 0.2 0.2	培养俄罗斯联邦公民形成国家和民族荣誉感；激发人们研究国家重要历史事件的兴趣，尊重解放战士的功勋
13.	筹备出版刻有选入俄罗斯金色基金会的爱国主义歌曲和进行曲的系列磁带和光盘，录制军事歌舞团和国家合唱团演出的视频	俄罗斯国防部、俄罗斯国家军事历史文化中心、俄罗斯档案署、俄罗斯文化与电影署	2008 年	2	1.8	0.2	丰富俄罗斯联邦公民爱国主义教育素材库
14.	组建反映国家历史、科学、技术和文学的电子格式爱国题材文学艺术作品、音乐作品和教育项目基金会	俄罗斯教育署、俄罗斯新闻出版与大众传媒署、俄罗斯国防部、俄罗斯内务部、俄罗斯国家军事历史文化中心、俄罗斯联邦主体执行权力机关	2006 年 2007 年 2008 年 2009 年 2010 年	1.4 1.4 1.4 1.4 1.4	1.2 1.2 1.2 1.2 1.2	0.2 0.2 0.2 0.2 0.2	丰富爱国主义教育信息宣传工作素材库
六、国家权力机关在爱国主义教育中使用国家象征的活动							
1.	组织全俄竞赛，评选俄罗斯国家象征的最佳历史研究奖	俄罗斯科学院、俄罗斯教育署、俄罗斯文化与电影署、俄罗斯国防部、俄罗斯联邦主体执行权力机关	2006 年 2007 年	0.7 0.7	0.6 0.6	0.1 0.1	通过深入研究俄罗斯国家象征和国外国家象征，提高爱国主义教育的有效性
2.	研究和总结在公民爱国主义教育中使用国家象征的国内外经验	俄罗斯国家军事历史文化中心、俄罗斯国防部、俄罗斯边防局、俄罗斯外交部、俄罗斯教育署、俄罗斯文化与电影署	2006 年 2007 年	0.15 0.15	0.15 0.15	— —	研究国内外使用国家象征开展公民爱国主义教育的经验
3.	筹备出版信息方法汇编《在公民爱国主义教育中使用俄罗斯国家象征和俄罗斯联邦主体象征的规范立法和方法建议》	俄罗斯文化与电影署	2006 年 2007 年	0.25 0.25	0.2 0.2	0.05 0.05	确保文化娱乐机构负责人全面掌握、合理使用俄罗斯国家象征的有效信息
4.	为在俄罗斯军事荣誉日（胜利日）活动中运用俄罗斯国家象征提供方法建议	俄罗斯国家军事历史文化中心、俄罗斯国防部	2007 年	0.25	0.2	0.05	推广俄罗斯国家象征使用常识
5.	组织出版印有俄罗斯国家象征的印刷品（直观教具、海报、旗帜、纪念品），印刷带有国家标识的邮票、信封和明信片	俄罗斯联邦通信署、俄罗斯教育科学部、俄罗斯国防部、俄罗斯新闻出版与大众传媒署、俄罗斯国防体育技术组织（陆海空军志愿后援协会）	2006 年 2007 年 2008 年 2009 年 2010 年	0.7 0.7 0.7 0.7 0.7	0.5 0.5 0.5 0.5 0.5	0.2 0.2 0.2 0.2 0.2	促进发展俄罗斯公民爱国情感，为保护国家文化遗产创造条件

续表

		执行单位	执行期限	总财政资金（百万卢布，根据 2005 年第一季度卢布汇率制定）			预期效果
				总计	联邦预算拨款	预算外资金	
6.	举办斯拉夫兄弟民族国际科学实践大会“西里尔文字：从过去到现在”	俄罗斯文化与电影署、俄罗斯教育署、俄罗斯地区发展部、俄罗斯国防部、俄罗斯边防局、俄罗斯档案署、俄罗斯国家军事历史文化中心、俄罗斯东正教及其他宗教教会	2007 年	1. 2	1	0. 2	认识到斯拉夫兄弟民族在俄罗斯历史进程中的参与性
7.	筹备举办全俄“祖国旗帜”摄影展	俄罗斯文化与电影署	2008 年 2010 年	0. 35 0. 35	0. 3 0. 3	0. 05 0. 05	培养公民爱国情感，尊重俄罗斯国家象征
8.	在国家博物馆、联邦执行权力机关博物馆定期组织俄罗斯国家象征和军事象征历史的巡回展览	俄罗斯文化与电影署、俄罗斯教育署、俄罗斯国防部、俄罗斯内务部、俄罗斯边防局、俄罗斯紧急情况部、俄罗斯档案署	2006 年 2007 年 2008 年 2009 年 2010 年	0. 25 0. 25 0. 25 0. 25 0. 25	0. 25 0. 25 0. 25 0. 25 0. 25	— — — — —	帮助公民了解和掌握俄罗斯国家象征的知识体系，尊重和感兴趣于俄罗斯国家象征
9.	举办反映苏联人民在 1941—1945 年伟大的卫国战争中夺取胜利的纪念品展	俄罗斯国家军事历史文化中心、俄罗斯文化与电影署、俄罗斯国防部、全俄展览中心、俄罗斯联邦主体执行权力机关	2006 年 2007 年 2008 年 2009 年 2010 年	0. 3 0. 3 0. 3 0. 3 0. 3	0. 25 0. 25 0. 25 0. 25 0. 25	0. 05 0. 05 0. 05 0. 05 0. 05	号召从事手工艺术的组织广泛宣传国家历史、国家英勇精神和俄罗斯国家象征
10.	筹备举办竞赛：						激发人们对俄罗斯国家象征的兴趣
	全俄“俄罗斯工匠”民间实用装饰艺术大师年度竞赛，评选刻有俄罗斯国家象征且运用于公民爱国主义教育的优秀艺术品	俄罗斯文化与电影署	2006 年 2007 年 2008 年 2009 年 2010 年	0. 6 0. 6 0. 6 0. 6 0. 6	0. 5 0. 5 0. 5 0. 5 0. 5	0. 1 0. 1 0. 1 0. 1 0. 1	
	面向教育机构举办俄罗斯国家象征跨地区年度学生知识竞赛	俄罗斯教育署、俄罗斯联邦主体执行权力机关	2006 年 2007 年 2008 年 2009 年 2010 年	0. 35 0. 35 0. 35 0. 35 0. 35	0. 25 0. 25 0. 25 0. 25 0. 25	0. 1 0. 1 0. 1 0. 1 0. 1	
11.	广泛使用俄罗斯国家象征（俄联邦国徽、俄联邦国旗、俄联邦国歌等）装扮教育机构、爱国俱乐部和中心、文化机构、军事单位	俄罗斯教育署、俄罗斯新闻出版与大众传媒署、俄罗斯文化与电影署、俄罗斯国防部、俄罗斯内务部、俄罗斯边防局、俄罗斯紧急情况部	2006 年 2007 年 2008 年 2009 年 2010 年	1. 5 1. 5 1. 5 1. 5 1. 5	1 1 1 1 1	0. 5 0. 5 0. 5 0. 5 0. 5	尊重俄罗斯国家象征，培养俄罗斯联邦公民的爱国情感

续表

		执行单位	执行期限	总财政资金（百万卢布，根据 2005 年第一季度卢布汇率制定）			预期效果
				总计	联邦预算拨款	预算外资金	
12.	将俄罗斯国家象征融入戏剧脚本、俱乐部晚会，以及爱国题材的声乐、器乐、戏剧类节目	俄罗斯文化与电影署	2006 年 2007 年 2008 年 2009 年 2010 年	0.6 0.6 0.6 0.6 0.6	0.5 0.5 0.5 0.5 0.5	0.1 0.1 0.1 0.1 0.1	运用俄罗斯国家象征开展大众文化活动
13.	刻录发行俄罗斯亚历山大红旗歌舞团演奏的俄罗斯联邦国歌	俄罗斯国防部	2006 年	1.5	1.25	0.25	尊重俄罗斯军队，培养公民爱国情感
14.	将如何在公民爱国主义教育中使用俄罗斯国家象征及开展相应研究工作纳入爱国主义教育专家培训与再培训项目	俄罗斯教育科学部、俄罗斯国家公务学院、俄罗斯文化部、俄罗斯国防部、俄罗斯内务部、俄罗斯边防局、俄罗斯紧急情况部	2006 年	0.35	0.3	0.05	帮助爱国主义教育领域专家形成俄罗斯国家象征的知识体系，尊重俄罗斯国家象征
15.	举办如何在爱国活动中使用俄罗斯国家象征和俄罗斯联邦主体象征的专业研讨会，邀请爱国主义教育领域的组织者和专家参加	俄罗斯教育科学部、俄罗斯文化部、俄罗斯联邦主体执行权力机关	2006 年 2008 年	0.4 0.4	0.3 0.3	0.1 0.1	提高爱国主义教育组织者和专家运用俄罗斯国家象征的能力和技能
16.	在教育机构的俄罗斯历史课程中纳入关于国家象征的主题和问题，在普通教育机构教学大纲中纳入俄罗斯联邦国歌歌词和配乐的研究内容	俄罗斯教育科学部、俄罗斯文化部、俄罗斯国防部、俄罗斯内务部、俄罗斯边防局、俄罗斯紧急情况部	2006 年	0.9	0.9	—	培养青年一代的爱国情感，尊重俄罗斯国家象征
17.	在教育机构教学过程中设置体现俄罗斯国家象征的学生电脑游戏环节	俄罗斯教育科学部、俄罗斯通信署	2006 年 2007 年	1.8 1.8	1.5 1.5	0.3 0.3	在教育机构教学过程中推广体现俄罗斯国家象征的学生电脑游戏
18.	筹备出版反映俄罗斯国家象征历史的儿童和青少年系列读物；出版并向教育机构提供反映俄罗斯国家象征和军事象征的百科图书和参考文献	俄罗斯教育科学部、俄罗斯文化部	2006 年 2007 年 2008 年	2 2 2	1 1 1	1 1 1	激发儿童和青年学生系统研究俄罗斯国家象征历史发展的兴趣；塑造他们的爱国情感以及对祖国的忠诚
	总计			497.8	378.05	119.75	

《2006—2010 年俄罗斯联邦公民爱国主义教育》国家纲要
附件 2

附件 2 《2006—2010 年俄罗斯联邦公民爱国主义教育》国家纲要中分配至联邦执行权力机关的联邦预算资金

（单位：百万卢布）

联邦执行权力机关和组织	2006 年	2007 年	2008 年	2009 年	2010 年	总计
俄罗斯教育科学部	11.45	9.9	7.7	7.7	7.1	43.85
俄罗斯教育署	15.85	17.85	18.35	16.35	17	85.4
俄罗斯文化部	4.35	4.75	4.35	5.35	6.85	25.65
俄罗斯档案署	1.4	1	1.4	2.1	1.7	7.6
俄罗斯文化与电影署	9.15	11.35	9.6	8.5	10.35	48.95
俄罗斯新闻出版与大众传媒署	3.5	3.5	3.5	3.5	3.5	17.5
俄罗斯国防部	6.9	4.15	6.45	4.55	5.5	27.55
俄罗斯国家军事历史文化中心	3.8	7.6	4.15	5.95	1.45	22.95
俄罗斯紧急情况部	7.1	7.1	7.1	7.1	7.1	35.5
俄罗斯边防局	—	0.65	1	—	—	1.65
俄罗斯经济发展与贸易部	0.7	—	—	—	—	0.7
俄罗斯卫生与社会发展部	—	—	0.4	—	—	0.4
俄罗斯交通运输部	—	—	—	—	2.5	2.5
俄罗斯司法部	—	—	—	0.6	—	0.6
俄罗斯工业和能源部	0.2	—	—	0.3	—	0.5
俄罗斯国家电视和广播公司	6.9	6.9	6.1	7.05	7.05	34
俄罗斯体育、运动和旅游署	1.2	3	1	1	1	7.2
俄罗斯通信署	0.5	0.5	0.5	0.5	0.5	2.5
俄罗斯国家航天公司	0.4	1.2	—	—	—	1.6
俄罗斯科学院	2.4	2.15	1.1	3.5	1.2	10.35
俄罗斯医学科学院	0.4	—	—	—	—	0.4
俄罗斯教育科学院	0.7	—	—	—	—	0.7
总计	76.9	81.6	72.7	74.05	72.8	378.05

《2006—2010 年俄罗斯联邦公民爱国主义教育》国家纲要
附件 3

附件 3 《2006—2010 年俄罗斯联邦公民爱国主义教育》国家纲要实施的整体评价指标(标准)

基于整体反映评价指标(标准)的客观标准体系评价纲要的实施效果。评价指标包括精神道德评价参数和定量参数。

精神道德评价参数:

社会宽容意识不断提高，意识形态矛盾程度不断降低;

俄罗斯联邦民族统一与民族团结得到不断巩固;

公民在国家经济发展中个人利益得到有效保障，社会压力得到缓解;

公民保家卫国的价值追求和行为体现;

新闻工作者、作家、电影工作者爱国主义教育创造力水平。

定量参数，重点考查下列数量:

组织开展爱国主义教育科学研究工作的数量，科学研究成果在爱国主义教育理论和实践中的推广程度;

爱国主义教育组织者和专家参加培训的数量;

军事体育夏令营数量;

定期参加(儿童和青年)爱国主义联合会、俱乐部和中心工作的公民数量;

参与军事体育夏令营培训的公民数量;

爱国主义历史博物馆、学校博物馆、各类企业和单位博物馆的数量;

爱国题材展览的数量;

举办爱国题材艺术节和竞赛的数量;

举办军事体育运动会的数量;

出版爱国题材图书的数量;

举办军事辅导工作相关活动的数量。

俄罗斯联邦公众院报告
《俄罗斯文化与未来：新观点》

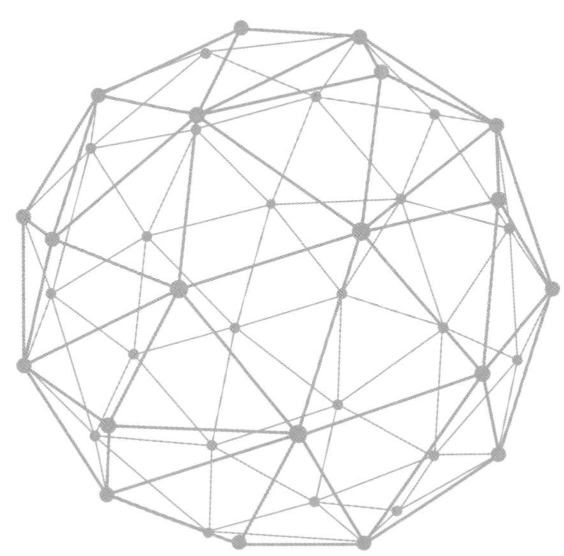

＊致俄罗斯联邦公众院全体会议 2007 年 11 月 24 日

致俄罗斯联邦公众院全体会议
2007 年 11 月 24 日
方案

俄罗斯联邦公众院报告《俄罗斯文化与未来：新观点》

由俄罗斯联邦公众院文化发展问题委员会审核通过

目录：

一、引言：问题的提出

本报告的目的不在于以相同的笔墨描述俄罗斯文化领域，表彰成绩和揭示不足。未来会有这样一天，当文学和艺术工作者思考自己所从事的事业时，他们所体验到的只有自豪和赞许，而在未来的成绩面前，一切不足也定会变得暗淡无光。今天，这样的时刻还未来临；相反，在俄罗斯文化领域出现的现象引起了关心民族命运的人的不安与焦虑。开展深刻的系统性变革是很有必要的，变革的前提在于重新认识文化在社会中的作用、国家在文化领域的作用以及国家建设文化生活所采取的措施。

变革年代为市场经济发展创造了条件，保障了个体自由，改变了人自身的生活方式；然而，改革同时也引起了整体文明——包含科学、教育、文学和艺术等领域的萧条，给社会领域带来了最严重的后果。国家为了追求新的优先发展方向，不假思索地放弃了自己对文化状况所负有的宪法责任，结果导致国家在文化、艺术和电影业的支出急剧降低(见表 1)。

表 1　按 1990 年可比价格计算的文化、艺术和电影业的综合预算支出(1990 年 = 100%)

1990 年	1997 年	1998 年	1999 年	2000 年	2001 年	2002 年	2003 年	2004 年	2005 年
100.0	71.7	43.4	48.4	54.7	52.6	62.8	69.7	68.9	99.0

20 世纪 90 年代文化领域的预算拨款缩减了两次，导致文化产品价格上涨，文化福利不能满足大部分居民的需求，直至 21 世纪也没有成功抑制这一状况。变革的结果使得文化机构物质技术基础急剧恶化，剧院和博物馆的访问人数缩减了一半，音乐会听众数量减少了 2/3，电影院观众数量也大幅下降。

大众文化迅速取代了受束缚的艺术形式，并在短短几年内悄无声息地扩散至俄罗斯生活的方方面面。今天，对于绝大多数公民而言，大众文化是唯一的，也是最受期待的精神源泉。那么这就使得我国的青年一代变得头脑简单、精神赤贫，他们成长在远离了丰富的俄罗斯文化传统的环境里，不能完全理解复杂的社会现象，也不知如何将大师作品与粗制滥造的作品区分开，甚至相信文化只存在于电视里。

最新研究数据表明，未成年的男孩文化发展水平较 1990 年降低了 4/5，未成年的女孩文化发展水平降低了 3/4。家庭道德教育和美育水平也急剧下滑。20 世纪 70 年代末 80 年代初有将近 80%的家长给自己的小孩阅读，而如今这一比例仅有 6%~7%。20 世纪 90 年代，具有娱乐性质的电影、文学和戏剧在市场占据优势，加之人们所具有的消极倾向，普遍丧失了对创作和精神发展的需求，这就导致人们无法理解社会现代化的复杂问题。近 15 年来，报纸、杂志和书籍的阅读量降低了 3/5。

近些年的行政改革也没有改善文化，相反，文化状况急剧恶化。国家机关在文化领域的工作效率不断降低；2007 年，文化业在国家预算中已无法占有一席之地；在俄罗斯历史上，文化业首次未能列入国家优先发展计划。这意味着，文化业在俄罗斯联邦政府层面已经不再被关注。2008—2010 年通过的预算显示，文化领域已经确定实行新一轮的经费削减(见表 2)。

表 2　2007—2010 年联邦预算

	2007 年	2008 年	2009 年	2010 年
国内生产总值(十亿卢布)	30690.0	35000.0	39600.0	44800.0
联邦预算支出(十亿卢布)	5463.5	6570.3	7451.2	8089.9
用于文化、电影业和大众传媒的联邦预算支出(十亿卢布)				
以十亿卢布计算	67.8	82.7	70.2	67.5
占国民生产总值百分比,%	0.22%	0.24%	0.18%	0.15%
占联邦预算支出百分比,%	1.24%	1.26%	0.94%	0.83%

经济和行政改革时期是俄罗斯文化领域的一段艰难岁月，直至现在仍未渡过难关。需要强调的是：改革的思想是无论如何都不会动摇的，但迫使我们有必要重新认真审视国家现代化战略的基础。

对既往事实的分析证实了 20 世纪 90 年代的错误方针：文化发展首要保障的是经济增长，而文化衰落是市场改革的代价。文化领域的国家意识形态是产生错误方针的主要原因，这一意识形态是从早期时代继承下来的，并且至今仍决定着国家文化政策。

(1)这一意识形态的基础——原始的思想观念，认为文化是服务领域孤立的、非必要的组成部分，其价值在于生产和保护艺术作品。艺术作品首要服务于因繁重工作感到疲惫的人的娱乐消遣。在全俄经济活动分类中，文化的地位与休闲和娱乐并列。目录中紧随文化后的是洗衣业、礼仪服务等。这令人想起《十二把椅子》中描写的县城“N”，在这里，每一个人都能够自由决定其所要面对的事物：或是备受尊敬的伊里夫和彼得罗夫撰写的讽刺小品文，或是不祥的国家指令——精神不惧死亡。

(2)基于这一观念，国家层面出现了拨款的剩余原则，虽然这一原则经常遭到质疑与否定，但却始终处于获胜地位，而对于文化而言，这一原则是致命的。文化被认为隶属于文化部和一些联邦机构的娱乐业领域，随时可能被放弃。国家向文化业划拨经费时，表现得似乎很慷慨，而不是持有勤俭预算态度的给予。基于这样的态度，国家既不能有意识地承担起文化责任，也不可能据此提出文化拨款标准。

(3)哪儿有“结余”，哪儿就有“糟粕”：剩余原则的后果是文化工作者、创作工作者社会地位的不确定性——文化工作者和创作工作者不是指表演者，而是图书馆馆员、文物修复专家、艺术理论家、地方青年剧场演员。国家立法层面并没有“创作工作者”或“文化工作者”的概念，并且所有人都知道，这些人的社会声望并不令人羡慕，他们的工资也是最低的——比国家平均工资水平低 60%。

改善文化工作者的工资是国家文化政策面临的最迫切的问题。低工资导致了这样的现象：愿意支持自己员工的文化组织，自行提高了工资金额，但却削减了基本活动的支出，这就导致文化产品质量的下降。2006 年，图书馆用于支付工资的资金份额占总支出数额的 53.5%，而同期用于配套馆藏的支出占比仅为 8.6%。博物馆的这两项指标分别为 47.9%和 5.7%。剧院工资支出如今已经远远超出新作品的支出。

(4)国家对文化业的类似态度严重歪曲了社会理想，同时也给艺术教育造成了极大困扰。今天的社会更重视和痴迷于有职权的、从事专业性强的高薪职业人的思想，其他人则被认为是一知半解的。这就使得学校分配给文学课的课时普遍缩减。在纵容国家错误地引导专业化方向的往复循环中，狭隘与不求甚解的态度逐渐蔓延，而事实上，精神世界的空虚已经真正地威胁到了社会。

上述列举的内容是世界舆论中伟大的俄罗斯文化形象与文化在当代俄罗斯国家政策中面临困境的

荒诞反差。俄罗斯文化依然是独一无二的创作力量，且得到全世界的赞誉。艺术家明白，艺术永远是与现实存在"相违背的"，因为创作永远是一种超越。但恰恰是在最好的创作时期，创作者在超越时代、引领社会的同时，越过了人类理解的界限。艺术创作不是为了战胜国家官员的守旧思想。在这一点上，艺术的力量是不够的，它已经放弃了自己的立场，这将很快为国家带来无法挽回的后果。

文化领域的国家意识形态需要深刻变革。那么，什么能够构成新意识形态的基础？

人类社会在其存在的数千年里锻造出了铁一般的原则：只有理解艺术并能亲身体会到艺术所具有的令人精神焕发的力量的人，才有资格评价艺术在生活中的作用。按照这一观点，我们需要重新审视文化领域的国家意识形态，坚持唯一的立场，既理解文化，也理解文化对社会的作用。绝对不允许不了解文化的人制定文化战略。这意味着国家官员必须冲破阻隔在他们与艺术文化团体之间的藩篱，倾听专业人士的想法，这些想法都是专业人士经过深思熟虑，顶着多年不被当局理解的压力而得到的。

(1)文化不是预算优先程度最低的部门。文化是促进社会精神统一的渗透性力量，是整个民族团结友爱和保持生命力的条件；哪里有创造、理解和发展，哪里的人就能感觉到自己是整个民族、国家以及世界历史的一部分，文化就在哪里存在。没有这种力量，社会就不会存在；相反，以文化为基础的社会，自身就是牢不可破的力量。

(2)文化是国家高效发展的主要保障，其在国际社会舆论中占有一定的分量。俄罗斯文学、戏剧、音乐、绘画是世界人类成就宝库的一部分，任何意识形态上的宣传都不可能将其从该宝库中剔除——意识形态在对抗托尔斯泰(Толстой)或斯坦尼斯拉夫斯基(Станиславский)时能做到什么呢？对于军事成就而言却不是这样。人民的历史记忆是变幻莫测且有选择性的，除了胜利者，所有人通常都努力地尽快忘记武力取得的胜利。但是，正如古语所言，文化的成就是"永恒的收获"，是全世界的收获。

(3)由此可见，俄罗斯文化是以社会和经济增长为目标的国家政策最为重要的战略方向，可以巩固国家的完整性并提高国家防御力。

只有以此为基础，国家意识形态才能将世代沿袭的伟大的俄罗斯文化视为对国家和社会无价的馈赠，因为文化内蕴着保障我国改革战略的巨大潜能。然而，这些潜能在近15年的时间里完全未被开发使用。

在国家官员队伍里早已形成了这样一种沙皇般的习气，即将文艺工作者的演出视为"要钱"的请求。这是国家不去倾听文化诉求的一种最便捷的方式。这里需要进一步明确：依旧亟须增加国家对文化的财政支持，但是从目前的情况来看，新的资金注入也没有带来预期的改善。

因此，本报告的目的不在于申请更多的经费，而是在于探索和建设新的国家文化战略基础。新的国家文化战略基础，首先将提高文化领域预算资金的使用效率；其次，为逐步增加国家文化投资战略替代"剩余拨款原则"提供有力依据；最后，复兴国家和社会对文化的传统解读，即将文化视为社会发展最坚实的基础。

二、文化领域国家战略的更替：经济学家的观点

按照国际惯例，世界上不存在拒绝对文化进行资助的国家。我们所谈及的总是关于预算资源的问题，以及预算与以赞助、资助或者其他慈善形式存在的私人捐助之间"力量"分配的不同方式的问题。

历史上也形成了这样的认识：用在文化领域的预算资金——不论是地主钱财、公爵财产，或是国家财产，长期以来都被视为是具有慈善性质的。即便在经济学领域已经取得了诸多成就，早已被公开地作为社会财政资金总和的预算资金，以及借助国家财产行善的国家形象，仍然在20世纪处于主导地位，并且直至今天为各级领导人——上自政府总理、下至地方官员的世界观的确立奠定了基础。

或许正是在过去的一百年内，**在预算资源的社会性质与其分配的封建方式之间产生了巨大矛盾**，其中包括缺乏解决文化预算拨款数额问题的定额基础。剩余法和根据预计达至水平制订计划的方法，已经成为决定国家文化资助数额的主要工具。那么这时官员的观点就成了决定性因素，他们会因为个人偏好增加或减少对文化组织的拨款。正因为如此，国家资助转变成了一种使用公费的个人资助现象，原本具有国家资助意义的实践行为转化成了官员的个人资助。

文化活动家未必不会利用这一点，跻身到国家领导人面前，向捐助者双手奉上请求书，“抛头露面”向机关工作人员施礼——所有这一切都是现实中的行为，为的是获得可给予资助的官员的好感。

在这样的环境下，文化不是赢家，而是输家。俄罗斯人民在文化福利保障方面高度不平等，文化工作者自身低水平的劳动报酬，都可以归结于文化和国家现存关系导致的结果。在这些后果的影响下，任何游说疏通能力的紧缩都会造成巨大的损失。

应当补充的是，与国家资助共存的文化政策，要么是完全失去了自身的方向(资助通常取决于具体的情况，因此很少与实现长期目标有关)，要么是在官员基于自身常理认识而采取的行为的影响下自发形成。常理对于每个人而言都是不同的，更主要的是，它不能完全与客观经济规律相符合，忽视客观经济规律将阻碍文化作用的发挥，同时还会阻碍国家社会经济的整体发展。

因此，学者们不知疲倦地重复着老生常谈的话：科学意义重大！国家行为应考虑其后果。

早在50年前，学者们就如同了解保罗·萨缪尔森(П. Самуэльсон)提出的“公共支出”理论一样，了解了理查德·马斯格雷夫(Р. Масгрейв)提出的“有益品”理论，不久前，还为威廉·鲍莫尔(В. Баумоль)的学术观点举办了40周年纪念活动，加里·贝克尔(Г. Беккер)提出的人类资本理论也已发展了半个世纪。这些被公认的学术成果写进了所有现代教材，这些成果不是将用于文化的支出视为国家慈善，而是对人类的必要投资，没有文化投资就不能产生高效经济增长，这完全是以另一种方式阐释用于文化事业的费用。

今年还为鲁·格林贝格(Р. Гринберг)和亚·鲁宾斯坦(А. Рубинштейн)提出的“经济社会动态”概念举办了10周年纪念活动。根据这一概念和以其为基础提出的文化活动经济理论中，国家被视为市场的主体，在满足社会对人力资本和国家智力潜能发展需求的同时，还扮演着文化投资者的角色。

从“国家资助”转向“国家投资”的模式更替已成为科学领域的既定事实。但在实践中，特别是在那些负责作出经济决策的高级官员的行为中，又发生了什么呢？绝不能说，他们改变了自己对文化的态度，并意识到俄罗斯经济发展取决于文化领域的投资。“国家资助”的形象依然占据着他们的思想观念，与以往一样，在国家普遍削减文化开支的背景下，官员会依旧出于自己的慷慨，在个别情况下“慷慨解囊”，随意将一些资金“丢向”某个亲近当局的天才。

在这一点上，文化活动家和学者——艺术学家、经济学家、社会学家和新闻记者都应当承担责任。热衷于哭泣与哀诉，他们更无法令人信服地展示出文化投资对经济增长的影响。

在计算旅游业收益时，用于修复文化遗址和资助博物馆的费用实际上也只停留在口头允诺层面。很少有人知道，俄罗斯表演学校的教育服务在海外被高度赞扬且可给我们国家带来巨大的收益。我们很少记起，世界顶尖乐队的音乐家们都是莫斯科音乐学院的毕业生，昔日的同胞扎哈尔·布龙(Захар Брон)、大卫·格林格斯(Давид Герингас)、季米特里·巴什基洛夫(Дмитрий Башкиров)都是当下欧洲最有成就的音乐教育家，而我们的电影工作者们很早就组建了好莱坞"第二线"。无须特意强调，我们还会发现，在俄罗斯社会实践中，有文化的人往往在生意上会更成功，会比那些没有文化的经理为国家作出更大的贡献。

为了改变国家领导人的立场，使他们对文化产生新的看法，承认文化在现代社会发展中的特殊地位，我们能做些什么呢？由此，想起了约翰·凯恩斯(Джон Кейнс)的话："政府官员认为他们在做决定的时候，听到了来自上天的声音，而实际上他们只是重复着在学校的那几年里教授灌输给他们的东西。"改变这样的现状是一个极其困难的任务，并且遗憾的是，单纯依靠劝说也不能解决这个问题。与此同时，新一代经济部门领导者轻率接纳的宗教激进派让这一任务变得更加复杂。问题在于，教授向领导们灌输的是货币主义，教育他们的是国家完全不应该扮演投资者的角色。因此，文化像其他预算范围内的行业一样，成了所有"国家资助"模式的依附者，而这种模式使国家财产管理者们不时地产生出缩减预算支出的意愿。

与此同时，需要用糟糕的管理来解释文化活动为何需要预算资源的时代已经过去了。**大部分文化组织客观上没有能力实现市场自负盈亏，这已经是不争的科学事实。**但也应明白，要想解决文化领域的不合理财政压力——提高文化收入的需要与不断减少的国家文化支出，原则上必须实行另外一种政策，即基于"国家投资"模式的文化政策。只有实施文化投资，才能确保文化收入的有效增长。

15年来的改革还引起了另外一个亟待专门解决的矛盾。这里指的是**俄罗斯在经济发展方面落后，以及在世界文化进程诸多方面丧失了领先地位。**虽然此处没有用更多的篇幅来讨论经济落后的性质，但必须提出一个与大多数经济学家一致的观点：原因不在于引起当前贫困的客观环境，而是在于具有丰富人力资源和自然资源的国家对经济的糟糕管理。不管怎样，还是能从与政府当局亲近的经济学家那儿听到米尔顿·弗里德曼(М. Фридман)货币主义的核心要义："只有富裕的国家才能拥有发达的文化。"正是这一论点诱发了政府出现当前的错误，也成为缩减国家文化拨款的一个理由。

这里有两个错误。第一，我们的国家是特殊的，不同于众多发展中国家，我国拥有优秀的文化传统和具有世界意义的文化遗产，所积累的大量创造潜力和独一无二的习俗传统使居民对艺术财富产生了浓厚的兴趣。我们既然继承了俄罗斯的战略资源，就不能不为后代考虑如何保护这些资源。

第二，其他国家的科学发展和经验证明：若忽视对文化的支持和对人力资本投资必要性的认识，是不可能建立以知识为基础的现代创新型经济的。考虑到这些，还须认识到"先搞好经济，后资助文化"这种声名狼藉的观点依然残存。这一观点会给俄罗斯带来威胁，使其继续停留在原料型经济上。

国家的努力不应集中在早已备受指摘的石油收入向各种稳定基金的转移，以及预算支出不当的削减，而应集中在制定合理的社会领域拨款政策。因而要清楚地认识到，预算拨款制度本身也需要实现现代化发展。

在考虑有必要削减官僚资助者自诩权力的同时，还有必要将注意力转向"社会命令"战略，该战略的基础是文化行业运转所必需的财务条件。换言之，为取代剩余法和官员的恩赐，应当**在联邦和地区层面制定国家预算义务，体现文化领域最低工资标准和国家预算最低份额。**

国家拨款制度的改革以及向预算义务转轨的过程中还暴露出另一个问题，该问题与一个"目光短浅"的观点相关，即认为目前俄罗斯的国内生产总值水平无法为高度发展的文化付费。无论如何不能同意这一极为“方便”的托词，但是当我们理解了经济的不足与困难时，就应知道存在两种可能。要么承认自己孤立无援，国家领导人自觉、公开地放弃成为世界文化强国的野心；要么承认转向“国家投资”模式的必要性，尝试制定预算改革的“前景战略”，并考虑引入一些“过渡制度”。

在考虑引入工资最低标准的远景战略时，需要关注现在的世界文明趋向。创造性劳动开始在各种生产要素中占据优势，并呈现出**创造性劳动的自身演进过程：一旦发生变化，创造性劳动就获得了独特的资本特征**。正因为如此，在全球化和国界线逐渐消逝的条件下，有竞争力的创造性劳动涌向提供优质条件和丰厚回报的地方。不难理解，这一事实可以在很多情况下解释著名的“人才流失”现象，俄罗斯文化也是因为这个原因而蒙受损失。在类似环境下，远景战略有两个可能的方向。

第一，国家在保证创造性劳动经济动机的同时，促进知识产权建设，从而同步为文化工作者提供补充收入来源。这一战略的有效性取决于知识产权领域立法的成熟度，取决于公民社会相关机构的存在情况。遗憾的是，在这一问题上存在明显的滞后。

第二，国家根据开展文化领域相关劳动的最佳条件，制定文化领域工资标准。可以参考文化高度发达的一些国家的创造性劳动的工资水平。

过渡制度的引入可以在一定程度上缓和标准的高要求。在相对缓和的方案中，可以用相对低一些的标准，代替具有创造性劳动工资最高水平的世界领先国家的标准。以俄罗斯经济部门为例，选择一个部门作为范例，比如员工工资水平超过其他公职人员的管理领域。在这样的情况下，过渡制度就可以按照以下方式确定——**文化领域最低工资水平按照管理领域员工平均工资水平确定**。

这一提议具有两个前提：一是国家的赶超战略；二是文化和管理部门运行在相同的预算环境中，在这种环境下，劳动活动将不具有市场价值。计算结果显示，在保持管理部门现有工资动态水平(8年内约增长70%)的情况下采用上文提到的标准，将确保文化领域工资水平可在2008—2011年提高0.9倍，在2012—2015年提高2.1倍(见表3)。

表3　文化：实际工资和最低标准

	文化领域平均工资		
	占最低生活费用的百分比	占经济部门平均工资水平的百分比	占管理部门平均工资水平的百分比
1995年	96	61	57
2000年	93	55	46
2001年	118	59	53
2002年	147	66	56
2003年	151	63	50
2004年	169	64	54
最低标准			
2008—2011年			85
2012—2015年			100

在制定符合政府相应规定的部门工资制度时，应当采用的正是这些标准。文化领域工资制度的制定工作已经开启，但是却还没对制度的原则基础进行过一次社会公开讨论。可是，这里是不允许有秘密的。这一观点是非常重要的，因为文化领域剧院演员、音乐演奏者，博物馆、图书馆、文化娱乐机

构专家的工作条件差异较大。遗憾的是，政府官员没有给予文化业任何切合实际的机会。2008—2010年的国家社会经济发展预测，以及这三年的联邦预算中都没有对文化领域工资制度进行规划。

保护与发展俄罗斯文化不仅需要人力资本的恢复，还需要彻底实现文化物质基础的现代化发展。这包括建筑、设备的修缮，更主要的是要加快引入能够根本改变资本结构的现代化技术。实现这些要求的前提是必须增加文化领域物质基础的投资。需要强调的是，尽管存在各种不同的资金来源，尽管存在“善意”的投资氛围，但是文化领域物质基础发展的主要资源，以及提高该领域劳动水平的主要来源，都仍将是国家的预算支出。

推行文化领域的最低预算支出标准，同时也是缩小官员们“独断专行范围”的有力手段。开展社会讨论和对预算支出的标准份额进行立法，是推行最低预算支出标准的关键。在制定上述标准时还需要考虑另一种情况，即必须在全球化条件下缩小俄罗斯在文化领域的国家拨款水平与其他发达国家相关拨款水平的差距。与国际水平接轨将为解决上述提到的“人才流失”症结创造前提。

选择海外范例作为制定国家最低支出标准的合理依据，还需要考虑我们国家的特点和苏联时期形成的文化发展水平。计算表明，引入相应的最低预算标准将使文化领域的国家支出在2008—2011年增加至原来的1.4倍，在2012—2015年增加至原来的4.4倍(见表4)。

表4　文化：国家支出和最低标准

	文化领域国家支出在国民生产总值中所占的份额(2004年)	
	%	俄罗斯=1
欧盟国家	2.66	4.4
捷克共和国	0.83	1.4
俄罗斯	0.61	1.0
最低标准：		
2008—2011年	0.83	1.4
2012—2015年	2.66	4.4

回到文化支持方式、预算与私人资助之间力量分配的问题上，必须指出，还存在许多可能性，虽然在我国还没有进行试验，但在其他国家已经具有了积极的实践经验。

例如，在美国，除了直接预算拨款外，税收激励机制也占有重要地位。因此，其预算收入数额哪怕是未足额获得，也超过了世界许多国家在文化领域的预算拨款。德国和法国资金来源的基础是直接预算拨款。英国向世界展现的是“伸手”原则。而如今在许多欧洲国家，社会领域的相关行业支持基金正发挥着重要的作用。

文化资本法已经在爱沙尼亚实行了近十年。该法律规定：除了通过文化部渠道获得行业拨款外，还存在支持文化活动的预算基金，并且赌博、烟草、酒精饮品生意中的一部分收入将提入该基金中。意大利执行的是一种前所未有的法律，即储蓄银行一半的收益将提成给地方文化支持基金。最后，许多欧洲国家对博彩业收入征收专项税，对空白录像带和日常视听设备的销售收入进行提成，以此用于支持文化发展。

在俄罗斯，在推行最低标准的预算义务外，还应确定一系列以扩大文化组织活动补充资金来源为目的的基本措施。考虑到国外的实际情况和我国的经济状况，下述文化拨款的补充来源是具有合理性的。

第一，**保护税收政策**——文化支持的可靠手段，尤其在不合理地取消了一系列税收优惠的现实情况下，更需要明确强调与实行这一政策。国家只需制定“游戏规则”，为各类文化活动参与者提供税收优惠，如个别消费者、创作者、文化遗产收集者和保护者、国家机关和非营利组织、赞助者和慈善机构。在放弃一部分税收的同时，国家也赋予了纳税人决定资助对象和资助金额的自主性。

第二，**商标税**——已经是补充“文化预算”的传统方式。拥有成熟市场经济或过境经济贸易的一些国家已经证明了类似措施的有效性。考虑到这一点以及俄罗斯经济生活的基本特征，我们还应思考引入专项税和/或专项抽成——抽取一定份额的税收、关税(如博彩业税收、关税等)——用于文化发展。可将大部分欧洲国家对国家博彩业收入抽成和对空白录像带征税视为商标税的典型范例。

第三，建立类似俄罗斯联邦财产基金会和俄罗斯人文科学基金会的**自主管理基金**——很早就在全世界着手试运行的“伸出手的距离”财政资源分配模式。这里指的是向个别劳动者和/或小型团体负责的文化领域创新方案、文化遗产创新方案提供专项支持。在这种情况下，具有竞争性质的流程以及社会参与使资金获得者可以“远离”国家权力代表。此类基金资源可由以下资金构成：一定份额的文化总预算拨款；一定份额的全俄罗斯博彩业收入；一定份额的商标税和其他种类税收的专项部分；部分租赁费用，以及使用文化不动产遗址产生的其他形式收入的一部分；企业、机构、组织、个人的捐赠；其他预算外资金来源。

第四，**逆向补贴原则**(请求补贴)应当成为国家文化支持制度的重要组成部分。使用这一可激励探寻新拨款来源的广为人知的高效方法，应以更高等级预算资金的务实参与为前提，并且要在从更低等级的预算中划拨补充拨款，以及吸引预算外资金的条件下进行，以此支持不属于现行制度传统框架的重要且全新的倡议和计划。

第五，**知识产权的划分**。将最终产品法作为受版权法和相关法律调节的现行法律的补充，能够将自然人和法人非法使用文化财富的收入归还文化领域。

三、一切从童年时期抓起：文化与国家栋梁的培养

民主国家不应该只关心如何为公民创建良好的生活条件，还要关心他们的个体发展，因为对于国家而言，拥有丰富的精神世界、创造性地对待生活、具有高度社会积极性的人，才是最为重要的。培养这样多才多艺的个体具有深刻的现实意义：进步的领头人正是这样一类建设者，他们肩负着国家的繁荣。没有他们，即使是最绚烂的工艺、最睿智的经济体系，也不会带来任何成效。因此，增加具有丰富精神世界、创造性和高度社会积极性的人才数量，是国家追求繁荣昌盛的最重要的任务。

艺术在个体发展过程中发挥着极为重要的、不可取代的作用，难道还有什么事物能在创作影响力上与它相提并论吗？因而，回答如何让我们的国民熟悉和了解艺术这一问题变得更加迫切。

今天，无论是在俄罗斯生活领域，还是社会生产领域，具有创造性、精神丰富且能成功扮演个体社会角色的人，着实为数不多。在大都市中(各区域的首都)这类人的比例大概达到13%，各地区管辖城市(相对较小规模的城市)以及村镇中这类人的比例为9%~10%。研究表明，人的个体成长与其童年时期形成的对待艺术的态度之间存在直接联系。那些在童年时期较多地观赏戏剧、音乐会，参观艺术博物馆或艺术展览的大都市成年人中，39%的可以达到较高的个体发展水平，小型城市的这一比例为

26%，村镇的这一比例为 20%。上述比例分别是现有大都市、小型城市和村镇多才多艺人才比例的 3 倍、2.6 倍和 2 倍。

因此，应当停止将艺术视为一种娱乐消遣的短浅认识，应将其视为国家向前迈进的重要条件之一。国家对民族文化发展的投资应当与其对大众教育和医疗保障的投入一样。

如果自由地表达民主制和市场化，那么，结果将会是可怕的：想成为有教养的人吗？——请交钱，不想给钱——那就当个十足的文盲吧。想成为健康的人吗？——请交钱，不想给钱——那就死吧，反正是你自己的事。为什么对人的文化发展的关注没有成为国家关心的问题呢？——要知道我们有很多政策，在为实现所谓的自由经济而努力的同时，居然认为人们应该自己为自身文化水平的提高买单。

尽管人们在文化领域取得了诸多成就，创造了优秀的艺术作品，经常举办艺术节，但是总体上看，居民参与艺术的体制依然处于极不乐观的状态。只有当国家至少完成三个决定性的步骤，这种情况才有可能发生根本性改变。

(1)需要制定区域文化机构的国家标准。必须分别确定大都市、小型城市、大型村镇和小村庄文化机构的最低种类和数量。

如今，国家文化机构网过于有限且分布不均。可以说，将近一半的地区没有开设儿童剧院(青年剧院)，而 1/5 的俄罗斯儿童剧院都集中在莫斯科和圣彼得堡地区。只有 6 个城市拥有所有种类的剧院：歌剧和芭蕾、音乐喜剧、话剧、青年戏剧、木偶剧。

近几年来，俱乐部机构也大幅缩减。如今，2/3 的村镇居民点没有任何文化机构。保存下来的俱乐部的免费服务项目也大量缩减，极大程度地限制了那些低保生活阶层居民开展和参与文化活动的可能。在 20 世纪最后十年的艰难岁月里，已为成年人的叔叔和阿姨在所谓“改造”的环境下剥夺了许多本该属于儿童的东西：大量儿童电影院，不少数量的开展小组活动的少先队之家和学生之家，以及其他一些坐落在已经被别人看中的建筑中的儿童机构。

文化机构发展的严重不平衡，导致不同居民点居民熟悉和参与艺术的外部条件极其不平等(见表 5)。

表 5　没有观赏过戏剧、音乐会，没有参观过艺术博物馆和艺术展览的未成年人、成年人比例(%)

1. 地区中心城市(大都市)

居民	戏剧	音乐会	博物馆和展览
10～17 岁的未成年人	27	49	52
18 岁以上的成年人	55	57	76

2. 地区管辖城市(小型城市)

居民	戏剧	音乐会	博物馆和展览
10～17 岁的未成年人	66	68	56
18 岁以上的成年人	87	83	86

3. 村镇

居民	戏剧	音乐会	博物馆和展览
10～17 岁的未成年人	91	68	87
18 岁以上的成年人	93	88	93

甚至在大都市中依然有一半以上的成年人没有去过剧院，没有聆听过音乐会，3/4 的成年人没有参观过博物馆和展览。小型城市和村镇的情况更是令人绝望：绝大多数居民与剧院、音乐会、博物馆和展览无缘，也就是说他们对艺术一无所知。如今我们只能说 26%的大城市学生、12%的小型城市学生和 6%的村镇学生是了解艺术的。

青年居民尽管凭借年轻在接触艺术方面超过了成年人，但大部分青年依然处于对艺术的渴求状态：在大都市，有一半的青年没去过音乐会，没参观过博物馆和展览，而在小型城市和村镇，分别有约2/3 或 90%的青年完全与艺术隔绝。

文化机构网需要从本质上通过周密的计划而不断扩大，但这样一个能够完全保障国家全部居民点需求的文化机构网络至今未能成功组建。因此，需要另一个决定性步骤。

(2)需要制定国家支持巡回演出和巡回展览活动的专项计划。

该计划需要独立拨款。只有在国家专项计划的帮助下，才能用生动的艺术，而不是大众艺术充当的替代品，保障所有居民点的文化需求。

最近几年由于财政问题，巡回演出变得十分稀少。1985 年，46%的剧院都进行过戏剧巡回演出，1995 年这一比例缩减到 20%，到 2006 年仅为 7%。而且，这些仅存的、为数不多的巡回演出路线的制定，更多的是根据巡回演出演员的喜好倾向，而不是居民的兴趣。巡回计划首先应该针对那些文化机构匮乏的地区和居民点，因为这些地区的居民被剥夺了走进艺术的机会。

必须清醒地认识到，这种情况已经将国家分成了两个俄罗斯：一个俄罗斯是首都莫斯科和圣彼得堡，而其他所有地区是另一个俄罗斯。“两个俄罗斯”在人口的富足程度、生活条件和思维方式上也有着惊人的差异。“两个俄罗斯”所体现的社会不平等有可能引起危险的社会动荡。

在人们参与艺术文化的程度上，“两个俄罗斯”之间也存在差异。这对年轻一代的打击更为巨大。圣彼得堡 10~17 岁的中小学生每人每年平均观看戏剧 3.42 次，欣赏音乐会 2.86 次，参观艺术博物馆和艺术展览 2.66 次。在各地区中心城市上述数据分别为 3.32 次、1.62 次、1.71 次；在各地区管辖的城市分别为 0.64 次、0.61 次、0.85 次；在村镇分别为 0.16 次、0.73 次、0.31 次。离首都越远，孩子们的艺术生活就越贫乏。村镇的中小学生每 5 年才能去参观一次博物馆和展览，而看戏剧的次数更加稀少——每 6 年才有一次。

这些灾难般的平均指标说明，绝大多数的村镇中小学生完全没有去看过戏剧或参观过博物馆展览，这些平均值主要来源于极少一部分能够偶尔获得参与生动艺术机会的学生。

让儿童较早地熟悉艺术，对人的个体发展以及成人稳定艺术兴趣的培养都具有重要的意义(见表 6)。

表 6　按照首次参加年龄统计的成人(18 岁以上)在剧院、音乐会、艺术博物馆和展览的年平均参加次数

首次参与年龄	剧院	音乐会	艺术博物馆和展览
不晚于 5 岁	4.45	3.88	3.42
6~17 岁	2.25	1.26	0.91
17 岁以上	1.24	0.87	0.52

在年幼时期就欣赏过戏剧、音乐会，参观过博物馆和展览的人，在成年后会更加频繁地进行这些活动。了解艺术的儿童在长大成人后，成了提高文化机构观众数量的生力军。由此可见，一切都要从

儿童时期抓起。因此，普通学校教育在艺术文化培养中扮演着重要的角色。

（3）应当合理地扩大和加强艺术在普通学校教育中的地位，恢复近十年来被大幅压缩的文学课在以往的权利，并在一年级乃至毕业班的教学大纲中设置“艺术”课。

事实上，只有当国家提高了对儿童艺术教育的重视程度，童年时期的重要作用才能被充分体现。这里，除了文化机构外，还有三个落实此项工作的重要渠道：大众传媒、学校和家庭。

尽管大众传媒的传播范围最广，但是它至今依然没有成为大众艺术教育的一大要素。大众传媒中最具影响力的是电视，几乎所有的中小学生都会关注电视节目，并且绝大部分中小学生首先是选择观看电视里播放的电影。流行音乐会、摇滚音乐等类似节目也非常流行。他们对其他种类的艺术节目兴趣不大，并且这些节目也很少在电视上转播。人们总是无休止地慨叹大量电视节目粗俗得令人震惊，然而一切都并没有因此而发生改变。针对未成年一代的艺术电视业在最近几年所发生的事，也只能用“崩溃”二字形容。在过去，中小学生要比成年人更加频繁地观看艺术类电视节目，而现在却正好相反，即使成年人也已经丧失了对这些节目的兴趣。

这在很大程度上取决于孩子的父母，因为他们可以强烈地促进孩子的艺术发展，或是相反地阻碍其发展。但今天不得不提到家庭的能力是有限的，关于这个问题首先要承认，大部分家长的个人发展水平较低。相关的统计数据显示，在大都市中只有约40%的家庭能够在一定程度上关注和参与儿童个体发展，在小型城市这个比例是30%，在村镇这个比例是25%。来自其余家庭的孩子，其实也是绝大部分的孩子，如果学校不关心他们，那么就只能顺其自然了。有组织地去剧院、音乐会和博物馆的孩子数量正是在中小学时期急速增加的，而这并非是偶然的。

尽管普通学校教育存在诸多缺点，但它原则上依旧是艺术教育的主要力量，因为普通学校教育是能够面向所有孩子实施艺术教育的唯一途径，并且能够赋予艺术教育普及性和系统性。

然而在当今，普通学校教育正持续上演着危险的进程，即与艺术相关的教育工作紧缩，其中艺术教育的份额变得越来越少，其教育作用也急剧减弱。如今，中小学的主要精力都投向了对自然科学基础的学习——化学、物理、生物、地理等，但自然科学基础的学习同时也是需要社会学科、外语、艺术、工艺和实用技能支持的。比起发达国家，俄罗斯中小学教学计划的艺术教育至少缩减了一半之多。

文学教育在中小学艺术文化培养中扮演着重要的角色，直至今天文学仍然是学校的主要艺术课程。音乐和造型艺术的课时非常少，并且这些课程在初中就会结课；“世界艺术文化”课在教学计划中的地位也同样不高。虽然教师、艺术活动家和学者极力反对，但是文学课的比重也被缩减了。仅以两个高年级班级为例，近三十年来文学课的课时几乎减少了一半。

电影是儿童和青年的主要艺术兴趣所在。看上去有些不可思议，中小学生通过电视、录像和电影院观看电影的数量，已经将其余种类艺术产品的消费量远远抛在身后。不论是城市，还是村镇，每个儿童平均每年观看电影的数量超过400部，也就是平均每天观看不止一部电影。

中小学生对本国文学越来越不熟悉，但却有非常多的中小学生痴迷于那些充斥着我们银屏的美国电影作品所塑造的低劣形象。据调查统计，78%的儿童更喜欢观看美国电影，29%的儿童只愿意看美国电影，完全不愿意看俄罗斯电影。我们观看的大部分美国电影都没有深刻的思想，充满了暴力、性、血腥、武力的场景，以这样特定的方式影响着观众，让人们形成了与传统俄罗斯伟大艺术创作所体现的精神气质完全不同的理想。狼一般的撕咬和对弱者的蔑视取代了信念，希望转变成了对权力和财富的幻想，爱情变成了情欲。缺失了本应在祖国文学优秀作品中体现和彰显的坚实精神基础，将造成人格的缺陷与轻浮。

中小学生对待电影的态度需要引起教育家的特别关注：一方面，电影是儿童最感兴趣的对象；另一方面，电影在现实境遇中对青年的个性养成着实造成了非常消极的影响。然而，学校和校外机构从来都没有从本质上研究过儿童对待电影的态度，而是任其在粗俗和原始的深渊中听天由命，将年轻一代引入这个深渊的正是电影。

因此，应大力提高艺术在中小学教育中的地位。这不仅仅与文学教育相关，还与在教学计划中显得过于简约的音乐教育和造型艺术教育，以及完全没有纳入教学计划的戏剧和电影相关。

制定艺术培养和教育的基本战略是体现艺术重要性的前提。尽管中小学在此方面发挥着主导作用，但无法仅仅依靠学校来完成这个任务。相关战略的制定应当是艺术界人士、教育家、哲学家、社会学家和心理学家共同努力的结果。

为实现通力协作就需要一个专门的国家社会机关，主要负责协调那些致力于儿童与青年艺术文化培养的工作者的一切活动。这个机关可以是跨部门委员会，其作用在于将艺术领域的代表、教育家，以及教育和文化部门团结在一起。

四、作为社会发展因素的艺术教育

早已为我们所熟知的西方哲学家提出的“市场个体”理论模式，如今已经在俄罗斯社会生活中成为现实。人既是因素，也是功能。那些能够以令人羡慕的速度实现个人目标的专业性强的职业，成了教育的标准。对于各级中等和高等职业教育而言，这是最具危害性的。

只有当知识和技能的建设是以全人类发展为基础时，职业教育才可以被称为教育。在我国艺术教育学中也同样实行不为职业“服务”的教育活动思想，培养的是个体、公民、欧洲人、现代地球人。但对于艺术教育而言，将人培养为集大师、教师和教育者于一身的有机体是其固有的属性追求。

早在“教育哲学”理论的结论出现之前，大艺术家们就凭借天才的直觉提出了艺术教育学的基本思想，分类建设了艺术教育学的价值范式。伟大音乐教育家海·涅高兹(Генрих Нейгау)曾提出过这样一个著名的说法：“培养钢琴家的任务次序如下：第一是成为人，第二是成为艺术家，第三是成为音乐家，第四才是成为钢琴家。”虽然没有复杂的理论建构，但涅高兹以格言文体准确定义了职业艺术教育的价值。

上述价值取向是我国艺术教育学始终遵循的，而在今天，或许只有俄罗斯艺术教育在凭借其自身的广泛性与人文主义情怀，与充斥社会的狭隘的职业思想坚持斗争。在这一点上，俄罗斯艺术教育最重要的社会功能体现在：艺术教育培养人们追求广泛的受教育性，提高人们对创造性发展的需求。倘若缺乏上述认识，人们将无法理解社会出现的新现象和复杂现象，那么，也就意味着自觉高效的社会发展不可能实现。

职业艺术教育也不得不经历最为艰难的时期。这里同时交织着最复杂的职业能力领域——艺术和教育学，个性化地培养独一无二的职业大师的原则在其中占主导地位，因为在艺术中尝试其他原则是行不通的。也正因此，面对外部干扰以及任何将其置于其他标准的尝试，都会使艺术教育产生强烈的不良反应。俄罗斯艺术教育目前成功保持着世界水准，我们的音乐、戏剧和舞蹈学校得到了国际社会的公认，但同时也正在承受着巨大的损失。

近十年来，杰出的教授音乐家都是在海外音乐学院任教，在最富声望的音乐厅演奏。侨居在美国、德国、奥地利、意大利、西班牙和日本的俄罗斯音乐家毫无疑问是世界精英。纽约大学组建了别具一格的莫斯科音乐学院分院。怎样看待艺术文化的迁居现象呢(绝不仅仅限于音乐)？我们不断地确信，要对这一事实感到自豪，因为文化的世界是统一的。

不久前，一位富豪直白地表达了自己对爱国主义的态度："哪里赚钱轻松，哪里就是我的祖国。"意外的是，离开俄罗斯的音乐家、导演、艺术家、演员，并未成为百万富翁，也没有因为离开而"挣大钱"。按照西方标准，他们的作品所受的待遇并不好，不过这些作品虽然不能保障他们摇身成为富人，但也完全可以帮助他们及他们的家庭获得稳定的生活。

戏剧、音乐、舞蹈、电影、造型艺术均具有一个共同的特点，即表演实践与教学实践关系密切。许多杰出的艺术大师同时也是杰出的教育家。即使是那些访问过相关高校的教授也很难对下述问题作出解释，例如为什么工作在波兰的同行的工资是他的 3~4 倍，而教学量却少了一半。

(1)这样一来，艺术教育的首要问题就是资金拨款。

这里指的不仅仅是教师的工资和学生奖学金的标准。高等院校的教室不足，现有的教室也需要维修和更新技术设备，而多年来都无法获得这方面所需的资金。未来的电影导演、摄影师、戏剧艺术家和相关技术人员，实际上在学校期间就应该使用最现代的技术设备，甚至是最新研发的技术设备。否则离开校园的青年专家只得立刻投身于专业技能的提高。

无论如何，国家艺术高等院校招生的激烈竞争，都不应成为艺术教育转向收费教育的信号。遗憾的是，这样的趋势如今已经可以很明显地被观察到。那些需要较大教育开销的高校几乎无一例外都是收费的，比如全俄国立电影学院摄像师专业。这意味着未来的每一个乌鲁谢夫斯基(Урусевский)和尤索夫(Юсов)都必定出自富裕的家庭——这是不应该发生的。

以高等学校准备进行的改革为依据，俄罗斯教育科学部和其他执行权力机关的官员们，将博洛尼亚进程及缩减高校学习期限，作为减轻预算负担必要性的托词。在这方面必须强调，艺术领域的高等专业学校目前在预算中所占比例非常小，因而已经无法再节约财政拨款，否则很有可能丧失我国艺术教育在世界上的地位。不同艺术类别的国立高等院校拥有工作人员的总数刚刚超过 3000 人。任何一个大型技术大学两个系的工作人员人数之和就可以与之相近。

应当寻找一种增加对这些高校的拨款的方式，将其工作人员的工资水平和用于高校物质基础支持和发展的资金数额提高到其所应达到的标准，而不应当再尝试节省资金。

(2)艺术教育的另一问题是标准化。

在最近 15~20 年内，俄罗斯职业教育体系的改革从未考虑艺术活动家职业培训的特征，而事实上这方面是存在许多特殊性的。如今，在博洛尼亚进程的口号下，俄罗斯艺术教育体系在强加的外部标准下正在发生变革，人们全然无视众所周知的事实，即传统俄罗斯学校的教师在世界范围内都享有一定声誉——首当其冲的就是那些加入了博洛尼亚进程的国家。

在最近的一百年间，职业艺术教学体系在俄罗斯经过了检验与完善，却仍然与现行的教育类型规定不相称。逻辑上应当是更改目前的类型规定，而不是将几个世纪以来的教育传统连根拔起。音乐和造型艺术领域的职业教育应从童年时期抓起。在"专业中小学—中等专业学校—高等学校"的教育链中必须保障教育的连续性。如果在类型规定中不存在符合专业音乐学校地位的机构类型，那么这就意味着，必须寻找其他相应的类型。

舞蹈教育的主要环节是处于舞蹈高等学校或中等学校框架下的中等职业教育。中等职业教育的舞蹈教学主要从10岁至11岁开始，同时参照普通中等学校的教育大纲。舞蹈中等学校同样也不符合任一法定教学机构的类型，那么，这也就意味着必须改变现有类型规定。

国家戏剧学校演员、导演的培养是以中等教育为基础的。这里的教学进程是根据“工作坊”原则建立的。“工作坊”要求演员和导演的专业学习过程体现集体性，教学进程的工艺学决定了学生在整个学习过程中开展合作的必要性。在具有创造性的工作坊里，职业培训同样也不适应于任何一个普通的高等教育标准，那么，这就意味着必须制定新的标准。

在普通高等院校中每一名大学生都可以了解到构成高校教学体系的各类科学知识。但在艺术类高校，学生的大部分教学时间并不与掌握某种科学知识相关，而是与所掌握艺术精髓带来的感官、身体及智力体验和领悟相关，与揭示“我”的身心能力相关，与自身身体和心理的锤炼相关，而这一切都是在教师的指导下进行的，这些教师通常都是相应艺术的杰出活动家。因此，艺术专业教学计划很难为适应高等教育标准而削足适履。由于加入了博洛尼亚公约，转向两级发展的国家高等教育就更不可取了。

艺术领域的大学后教育未被纳入普通教育体系。对于普通研究生而言，主要目标即按照规定撰写论文并完成答辩。但艺术领域还需要另一种大学后教育的特殊形式，而不是撰写论文。这种形式在我国是存在的，在不同的年代分别被命名为“艺术研究生部”“助理进修生”“艺术创作表演专业研究生部”。有必要恢复这些经过几十年时间检验的大学后艺术教学形式。

德·肖斯塔科维奇(Дмитрий Шостакович)是列宁音乐学院艺术研究生部的首批毕业生之一。肖斯塔科维奇没有进行论文答辩，而是在国家委员会面前演奏了他在研究生期间创作的音乐作品，这些音乐作品在后来举世闻名。如今这样的大学后教育形式已经被废除，结果给俄罗斯著名的音乐、戏剧和其他艺术高校造成了难以弥补的损失。

(3)还存在一个几乎完全忽略艺术教育机构特点的国家规定——高校的国家资质认定程序。

如果在进行国家资质认定时严格遵照现行的、由联邦教育科学监督服务机构制定的《用于各类高等院校活动指标鉴定的国家资质认定准则》，那么，我国大部分优秀的、世界闻名的顶尖艺术学府将无法被称为大学、研究院，甚至有一些还将被关闭。

国家机关努力将对高等院校活动的评定简化为可测量的指标，为的是按质量高低确定高校排名，这是完全可以理解的。但是对于艺术领域来说，这一途径不仅是不可接受的，而且还是危险的，因为它夺去了社会的主要成就和财富——世界上最优秀的职业艺术培训学校，这将会使整个社会陷入僵局。

五、文化遗产——俄罗斯的战略资源

创作是社会进步的主要推动力。但是人们无法在“空白地带”进行创作。历史上存在着关于“白板(tabula rasa)”的古老思想(“白板”特指纯洁质朴的思想状态)，创作者在“白板”的思想状态下记刻下新的名字，可我们这一代人却按照另一种形式错解了作者的本意。人类世界是不存在所谓“白板”般的思想状态的，创作的智慧也不可能在空白地带立身，创作的智慧依靠记忆栖息居住。记忆越广阔，智慧就越有生命力，它所具有的创作潜能也就越大。

对于人和对于社会一样，记忆是最为坚固的精神基础。广义地理解，历史和文化遗址体现了记忆的遗产。当今社会的主要悲剧在于人们无法思考遗产与现代性的内在关系，不能理解记忆正是创作生活的生动要素，是一切新事物创造的基础。还存在另外一个不幸：在社会进入市场化和全球信息一体化进程后，社会学习者将遗产称为不动产，但却无法再从中看出文化传统的生动表达以及过往精神经验的典型象征，而这些正是自古以来民族自我意识培养的最有力的武器。借助可见的遗址，并且只有借助它们，不论是具体的个人，还是整个社会，才可以找到自己在世界文明价值中的位置。难道只有电视广告和海报能够清楚地记得文化遗产巨大的象征力量吗？要知道，电视广告和海报早已将文化遗产当作了促进销量增长的一个因素。

遗产由于自身的特质不可能不成为经典和传统，其重要性还在于成为学校以及所有教育体系的奠基石。文化遗产地位的动摇将使原本具有生命力的民族再生产体系垮台，这里的再生产体系也就是当代经济学家所谓的“人力资本”。

我国社会在 20 世纪不止一次尝试通过拆毁遗产——其中，不可避免地也包括那些几世纪以来积累的文化传统，为自己开辟出一片新的建筑场地。所有这些尝试毫无例外都是悲剧式的，而最大的悲剧在最近的几十年里逐渐到来，并破坏了社会中最坚固的东西——精神的统一。这些具有危害性的破坏现象特别是在我国的 20 世纪 90 年代表现得极其尖锐。20 世纪的统计数据也是悲惨的：过去一个世纪里，俄罗斯有近一半的具有千年历史的文化财富遭受破坏。这种粗暴势头在今天依然没有减弱。

为了建造漂亮的新建筑而拆毁那些“摇摇欲坠的旧建筑”，这种思想正是各个社会阶层和权力机关对待遗产的根深蒂固的野蛮观念的根源。也有许多人倾向于将这看作古代伟大建筑家作品的重建，是敢于将过时的东西抛进历史的垃圾堆里，并生产新的杰作。

这种想法在现代来看完全就是谎言。第一，它忽略了近几个世纪以来在欧洲文化中根深蒂固的遗址保护传统；第二，没有注意到我国艺术创作的地位和声望正在极速下滑——其中也包括建筑师的创作——我国现代建筑作品的艺术水平也在世界范围内有所下降。20 世纪科学技术的空前发展，使工厂冲压制品的数量成倍增长，代用品和伪造品取代了高水平的建筑设计，直接导致社会艺术取向迷失，文化记忆丧失。任何人只要走到 19 世纪建筑与不久前竣工的新建筑并存的莫斯科中心，就能体会到这一点。而莫斯科也绝不是唯一的例子。

作为赞助商，国家决定着是否向遗址拨款，并自主决定哪处遗址应当被拆除，哪处遗址应当被修缮。这种自发形成的立场又一次在对待文化遗产，也包括纪念遗址方面发挥了负面的作用。

处于创作激情状态的艺术家可以允许并经常允许自己，充满艺术敏感性地对待民族文化传统。当以重塑作品为名需要破旧立新的时候，艺术家可以将经典的作品称为旧东西。然而，这是允许艺术家做的事情，对国家官员而言则是不允许的，因为国家权力机关的职能与艺术家和专家截然不同。

国家应面向所有遗址提供保障，这并不取决于遗址的保存状况、占有形式和使用性质。国家的职能以及由该职能产生的特殊社会责任是最主要的。由此也得出三个结果。

（1）联邦和地区的分权不意味着国家对有关遗址的责任的舍弃。将遗址拨款从联邦预算撤出而转入地方预算，却不给予任何相应的补偿，这一举措是非常危险的——这种转换可以视为联邦政府推卸保护遗址的责任。对于遗址保护范畴的缩小，国家高官曾给出的解释是：财政部的文化拨款不足。在这种无法令人满意的解释里暗含着一个恶性循环：某一地方的官员责备另一地方的官员，为的是能够基于遗址保护的统一战略联合在一起，共同为遗址保护设计财政制度；而在这里，遗址被当作了人质。

(2)必须承认，私有化本身不会引起任何人的指责，对于属于国家所有的遗址而言，私有化当然也不是最后的生路。处于国家财政平衡表中的文化遗址并不是“无主的”，它们有着一个强大的主人，但是不知为何却很少对它们给予关怀。如果国家不能好好关心其财政平衡表中的遗址，那么在将其从该表撤出并转交给私人后，又有谁能保证国家会更好地关心它们呢？建设和巩固从属于联邦中心，且独立于投资和建设组织的国家遗址保护机关的地区分部，必须通过漫长而又艰辛的道路，但这也是解决上述问题的唯一方法，此外还应推动上述机关工作人员培训与再培训的国家体系的发展。

(3)国家官员不应决定或游说专家作出各类关于改造或修复遗址的决定。由专家构成的相应国家机构在这一方面是必要力量，应当成为国家在该领域作出决定的主要操控手。

目前，文化遗产独立鉴定机构正遭遇破坏。毫无疑问，有权威、独立的高水平专家成了濒危人物。官员不采纳作为行动指导的专家们的集体决策，取而代之的是将鉴定委员会视为形式上的机构，并认为其理应顺从地批准符合投资者兴趣的行政决定。只有推动立法和制定一系列执行权力决议，才有可能避免类似情况的发生，俄罗斯联邦至今都缺少 2002 年 6 月 25 日 第 73 号联邦法《俄罗斯联邦民族文化遗产(历史和文化遗址)项目》规定的关于历史文化鉴定的章程，但在制定相关方案的时候，专家们也都因为不熟悉而不做考虑了。

在包括联邦遗址在内的遗址私有化进程中，亟须加强独立鉴定制度，实际上该制度早应在 2006 年 12 月 29 日颁布的第 258 号联邦法《基于授权认证变更俄罗斯联邦部分立法》生效后就立即着手落实。只有那些得到国家(特别是投资者)绝对信任和支持的专家，才能保证履行一系列符合要求的保护责任。在这种情况下，遗址的使用不会对其造成改变和损坏。但由于缺少关于保护责任和保护文件体系的明确国家概念，国家现在还不能开启遗址私有化进程。专家们必须努力在联邦层面准备和制定一系列遗址保护方面的方法文件和指南，其中包括保护对象、遗址拥有者和使用者的标准责任和义务，以及修复工作实施原则和许可证制度等。

根据第 73 号联邦法，俄罗斯联邦民族艺术文化遗址目录是阐明国家遗址保护活动的主要国家文件。除目录外，还应该出版一部连续学术出版物——作为科学研究成果和目录编制基础的俄罗斯艺术文化遗产汇编。为尽快实现这一要求，必须按照 73 号令制定和采纳上文提到的目录，然而，直至现在官方文件中也未见其踪影。

在国家目录中需要分出一个登记特殊文化财富的目录，这些财富的变化和丢失将对国家安全构成威胁，因为如果它们丢失了，就意味着民族历史和精神生活最重要的鉴证、历史记忆以及对文化独特性理解的丧失。显然，这些对象不仅需要由国家所有，还需要专门的保护措施，如博物馆的保护措施或其他类似措施。应当由文化遗产保护领域的专家制定对象清单，并由俄罗斯联邦政府批准。

当所有这些条件都得到完善后，俄罗斯的文化遗产将恢复其在社会精神基础、民族团结和生命力培养中的崇高地位。只有那时，我们的国家才符合国际社会方面对遗址所提出的标准，也只有那时，从全俄文化旅游获得预算收入才能从幻想变为现实。

六、电视——最重要的文化传播工具

在后工业媒体社会构建并向所有社会群体传播价值观、准则、综合情绪、恐惧和平静等基本观念体系方面，电视具有不可比拟的作用。借助电视，上述思想就像毛细血管一般渗透进我们的生活。在影响经济、社会关系、政治和道德的同时，电视不仅使社会感受到了自己的未来，确定了建设的方式，还通过文化走进了人的生活。电视在当今世界是文化形象、理想以及鉴别标准的传播者，并同样也是通过文化，电视成为当今最重要的国家管理结构。文化的保护与发展和国家经济或国家安全同等重要。

我们通常都低估了电视作为文化传播者的功能。事实上，电视早已不仅仅是大众传媒工具了，它是控制群众意识最有效的方式，是监督群众言论和行为反应的工具，是充实人心灵的世界，是获取满足的源泉，也是任何生活认知产生的主要因素。现在正是电视，而不是总统或议会，将公民提升到了国家精英的地位。无独有偶，在 2006 年年底“最受尊敬的同胞”的民意调查中，20 位当选者里有 3 位是热门的电视节目主持人。仅将电视定义为大众传媒工具是不够的，因为电视与电话、网络截然不同，电视出现在每一个人的家中，厨房或卧室里，它既不是信号，也不是网络，而是传递了一揽子独立个体和整体社会系统存在的必备思想。

如今，人们无法离开电视广播，就如同无法离开第一需求品一样。按照现代文化定律，这意味着人在本质上从生活中脱离了出去——也可以说，这相当于一种自杀行为！我们一从睡梦中醒来，或者一回到家中，第一件事就是打开电视。就像是打开电灯、暖气和自来水一般。但是这一举动并不意味着我们在那个时刻确实是要看电视。因而，电视是最伟大的社会福利，其意义就像土地、地下资源或语言一样重要，当然它怎么也不会超过石油、天然气、森林和未来的淡水和新鲜空气。

但是我们从不谈论电视、文化以及它们所传播的东西，尽管它们对人力资本的影响要比俄罗斯天然气总公司的影响大得多。电视应当归哪里管理？应遵循怎样的使用原则？如何监督？对于这些问题，至今都没有一个科学的，特别是社会性的认识。在国家体制结构中，除了国家本身外，不存在公认的社会利益代表者。如果一个人能够得到社会普遍认可，并能负责表达和实现公民诉求，或者某个人能告诉他人，电视广播既不属于电视公司的股东，也不属于职业团队、广大观众甚至整个国家，那么这个人就是包括任何少数群体(种族、教育程度、贫富程度、智力程度)在内的全体俄罗斯人民的财富。

甚至是国家最高委员会也不会对作为后工业世界最重要的社会福利和文化传播者的电视广播负责。因为其没有掌握电视给人们带来现实影响的基本情况。虽然显而易见的是，在媒体时代不合理地使用电视广播是不可能保护文化、土地、人口等财富的。然而即便是这个显而易见的问题，也没有成为被讨论或研究的主题。

将电视视为服务领域的观念，推动了下述基本观点向社会意识的融入：电视至少满足了大部分观众在当前时刻的需求，并且完全依赖于观众。但是电视没有任何能力影响观众品位的自我再生。正因为这样，电视广播成了大众需求的经济牺牲品。并且，随之而来的是重要的经济计谋：使电视关注少数精英人群的兴趣——这就意味着与私营企业的对抗。我们的电视并没有把精力放在人口发展与价值重构上，而是把自己的全部精力用于维护(保存)已经固定下来的事物和状态。这不是在讲什么理论，而确实是电视事业工作的松懈。在满足最简单甚至是最低级的消费冲动的产品销售方面，电视能够更加便利、轻松地盈利。

电视台工作者在很大程度上是凭空想象(更准确地说是虚构)，对生活在 10 万以上人口城市的 1500 户开通电视服务的家庭开展了媒体调查，重点测评了这些家庭的观众评价、兴趣、反应和品味。社会学研究的相关程序似乎也证实了这些结果，于是得出了这样的结论：“观众想要的，正是我们给予的。”将生意和业务服务放在第一位，要比关注人的发展、文化保护容易得多。

如果不播放恐惧、性、暴力、暧昧、死亡等心理学家很早发现的体现了社会现实的结构性标识节目，那么，俄罗斯电视频道将很难吸引观众。原因很明显——文化让人们生产出替代机制、情感升华机制，并规定了相应的道德约束、理想和准则，以使人应对各种类型的侵犯与恐惧。但问题在于，最近几年的俄罗斯电视节目打破了“向下”和“向上”的重要运动平衡。

“向上”，指的是关注才能、想象力、手艺、劳动和非盲目的自信。但遗憾的是，不论是各联邦频道，还是最受欢迎的俄罗斯频道的大部分黄金时段电视节目，除了文化频道外(几乎是国内电视频道里唯一能保留自身应有印象的节目)，都在“向下”运动，如独立电视台节目《坦白地承认》、晚间纪录片《第一》倾向于展示各种病态、异常的事物，讲述我们生活中的危险情况。“向下”运动包含的对象均是极其敏感的，如暴力、歪曲、丑闻、犯罪等主题。我们的电视节目已经习惯了在一周的时间内详细讲述大约1500起杀人事件。况且社会一开始就已习惯了这些，并安于这样的“世界图景”，不与其进行对抗，甚至不将其视为一种过分的事情。除此之外，观众们痴迷于深层次的心理依赖，常常这样表达——“并不喜欢，但是很乐意看电视”。因此，十年来不断再现的粗俗想法和行为，在成了特殊的“情感麻醉剂”之后，侵蚀着我们的价值体系，迫使我们能够容忍各种道德沦丧的行为。

将电视视为文化传播最重要工具的新观点，要求我们重新审视关于电视功能和作用的现有看法。如今，电视不仅仅是传播信息、反映社会现实、娱乐或进行全民教育的工具，也不仅仅是充满故事片与纪录片、古典与流行音乐会、动画片与戏剧、讲述历史或丰功伟绩节目的频道。必须意识到，不论是在广义上还是狭义上，电视都是文化传播的主要工具。

重视真正文化典范传播的俄罗斯社会团体，呼吁电视台停止或至少减少为了声望和广告收益的不良竞争，以及会给我们国家带来巨大“实质性损害”的空头行为。要知道，近些年来为了弱化文化以及将每一种媒体形式都转换为娱乐和消遣，市场营销部门、创作部门、新闻制作技术部门等许多部门做了大量工作。

这里必须强调：

(1)应为围绕电视节目对居民群体多元影响的多样化研究提供支持。

(2)国家和社会应努力将文化发展作为媒体节目客观讨论的对象，定期组织相关主题的公开职业辩论和公民社会代表参加的辩论活动。

(3)应在专家的参与下推动监察委员会的建设。尽管在国家电视频道中允许对每周节目表进行一定的调整，但重要的是应当允许社会，而不仅仅是媒体控股公司总经理，参与电视文化政策的制定工作。

七、文化的法律调节：立法倡议领域(代替结论)

20世纪90年代中期确立的文化领域立法，致力于保障创作自由，确保居民能够享用文化财富，保护文化遗产，以及为文化活动创造良好的经济条件。然而众所周知，近些年来文化领域的立法受到了当局的打压，包括为了符合税务、预算和劳动法典相应要求而进行的各种修正和阐释，导致了调节文化和国家之间经济关系的保护主义准则停用或失效，大部分行业法规的社会属性被虚化了。2004年通过的第122号联邦法案，在本质上完全终止了文化领域的立法活动程序。

该法案所规定的关于文化活动法律调整的改革，实际上撤销了国家在文化支持方面的全部义务。如从《俄罗斯联邦文化立法基础》(1992年10月9日，第3612-1号)中删除了“文化领域所有权”(第43条)、“文化和文化活动的拨款”(第45条)、“文化领域的投资政策”(第48条)、“文化领域的劳动关系与工资支付原则”(第54条)等基本条例；规定了国家在图书馆工作领域、电影业、博物馆活动、民族艺术手工艺作品保护等方面的责任和义务的一些立法文件中也进行了这些修订。

还需指出，文化领域的大部分立法提案没有得到政府的理解和支持。目前重要的是，我们不仅需要对这些具有一般意义的新法案进行必要的法律、经济和其他领域的鉴定，还需要组织专家广泛讨论。要知道，只有这样才能预见不合理的立法结果。近些年的实践证明了此类措施的合理性。

只有职业团队对艺术领域进行积极干预，才有可能推进《关于自治机构》法律的修正，这样也能避免官员对创作集体活动的干预，以及预算机构组织法律形式的强制改变，同时避免国家支持度的下降。

另一个例子是2008年1月1日生效的《俄罗斯联邦民法典》第四章。在维护著作权和知识产权的法律规范的制定过程中，图书馆专家被排除在外。在已经通过校阅的法律文件中，也有专门的条款严禁从图书馆储备资源中进行复制(包括电子版)。因此，需要尽快明确国家图书馆从2008年起运作范围的经济和法律界限。

艺术教育是文化不可分割的组成部分，同样需要法律调节。但是在联邦《教育法》和《高等教育和大学后教育》中却完全看不到“艺术教育”“文化”“艺术”等方面的概念，这不得不引起人们的担忧。“文化财富”“文化水平”等术语也只有在确定高等院校基本任务中有所提及(第8条，第2点)。

上文也已经提到，现行的著作权法律实际上夺去了教材编纂者和出版者在教学中使用现代艺术作品的权利。对于文学教育而言，这是极为有害的，因为学生将无法读到那些写给儿童的优秀作品。必须预留出一笔可用于立即返还的资金，这笔资金首先用于补贴教育图书出版，以及为指定作者作品的购买和使用提供少额优惠，其中，被指定的作者范围需要由独立鉴定委员会负责确定。

不可能一一列举艺术教育领域出现的法律歧视例子。法律歧视也不是由某一个人的恶意引起的，而是由于职业艺术教育客观上并没有写进教育法的一般性规章之中，也没有记录进政府颁布的各类章程，或是教育部及其附属联邦办事处的指令中。

在其他规范法律文件中也可继续找到类似的分析。根据报告中分析的问题可以看出，必须推进文化领域现有法律的现代化。现提出下述合理的首要措施：

(1)在促进文化立法方面，俄罗斯联邦总统2000年3月15日第511号总统令确定的重要举措是提出**制定统一法典——《文化法》**，其中包括可调节文化领域关系的全部法律。

(2)必须增强下述早年颁布的联邦法律的现实意义：

《图书馆事业法》(1994年12月29日，第73号联邦法)；

《俄罗斯联邦博物馆馆藏和俄罗斯联邦博物馆法》(1996年5月26日，第54号联邦法)；

《民族文化自治法》(1996年6月17日，第74号联邦法)；

《关于俄罗斯联邦电影业的国家支持》(1996年8月22日，第126号联邦法)；

《人民艺术手工艺法》(1999年1月6日，第7号联邦法)；

《俄罗斯联邦民族文化遗产(历史和文化遗址)项目》(2002年6月25日，第73号联邦法)。

(3)在编制《文化法》法典时必须考虑一些未被采纳的法律草案的相关条令：

《剧院和戏剧活动》

《创作工作者及其创作协会》

《资助者》

（4）必须对一般立法进行下述必要调整：

①修正《预算法》：

按照财务年度和计划周期，推行（文化）预算拨款的分配标准（预算支出的最低份额）（第 21 章，第 184 条）；

将国家财产或市政财产使用的收入，提供给预算机构有偿服务的收入，以及捐赠收入和其他活动所获得的收入，作为上级预算拨款用于这些组织（第 41 条，第 5 点）；

②修正《税务法》：

面向使用私有资金支持文化组织发展的资助者，提供税务优惠政策；

免除向艺术和文化遗产提供资助的彩票的部分收入税；

③修正联邦法律《非营利组织专项资本的构成及使用规范》（2006 年 12 月 30 日）：

文化机构组织和使用专项资本的可能性。

（5）必须修订教育领域的法规：

①面向**在音乐、舞蹈、马戏、造型艺术方面具有显著才能的儿童**，设立有独立类型且在补充教育机构占有一席之地的**专门教育机构**；

②音乐学校、艺术学校教师的权利必须与普通教育机构工作者的权利平等；

③面向艺术领域高校的职业化人才（学士以上学位），按照连续教育大纲实行培训；

④恢复艺术表演创作专业的大学后教育体系；

⑤在用于鉴定高校活动指标的国家认证标准制定中，考虑艺术类高校的特殊性。

（6）必须制定**下述文化遗产领域的法规**：

《俄罗斯联邦民族文化遗产（历史和文化遗址）项目的统一国家目录》；

《俄罗斯联邦民族文化遗产（历史和文化遗址）项目的历史文化鉴定》。

按照俄罗斯联邦公众院指令，在俄罗斯联邦公众院文化发展问题委员会主席卡利亚金（А. А. Калягин）的参与下，组建了由下述成员构成的委员会（成员按首字母顺序排列）：

韦杰宁（Ю. А. Веденин）——俄罗斯文化和自然遗产科学研究院院长，地理科学博士；

格林贝格（Р. С. Гринберг）——俄罗斯科学院经济学院院长，俄罗斯科学院通讯院士，经济学博士，契科夫莫斯科模范艺术剧院附属学校教授；

唐杜列伊（Д. Б. Дондурей）——《电影艺术》杂志主编，艺术学博士，俄罗斯联邦总统文化委员会委员；

卡梅涅茨（А. В. Каменец）——莫斯科市立心理师范大学教授，文化学博士；

梅利克-巴沙耶夫（А. А. Мелик-Пашаев）——《中小学艺术》杂志主编，心理学博士；

普拉兹德尼科夫（Г. А. Праздников）——圣彼得堡戏剧艺术学院哲学与历史教研室主任，哲学副博士，教授；

鲁宾斯坦（А. Я. Рубинштейн）——俄罗斯科学院经济学院副院长，哲学博士，契科夫莫斯科模范艺术剧院附属学校教授；

斯米尔诺夫(Г. А. Смирнов)——俄罗斯联邦戏剧活动家联盟副主席；

索罗奇金(Б. Ю. Сорочкин)——国家艺术学院文化政策部主任，艺术学副博士，教授；

桑德斯特里姆(Л. Г. Сундстрем)——圣彼得堡戏剧艺术学院院长，艺术学副博士，教授；

特鲁博奇金(Д. В. Трубочкин)——国家艺术学院院长，艺术学博士；

舒利金(П. М. Шульгин)——俄罗斯文化和自然遗产科学研究院副院长，经济学副博士；

福赫特-巴布什金(Ю. У. Фохт-Бабушкин)——国家艺术学院高级研究员，哲学博士，俄罗斯教育科学院院士。

《2006—2011年俄罗斯文化》联邦专项纲要

* 俄罗斯联邦政府 2009年1月14日 第23号决议

批准纲要
俄罗斯联邦政府
2009年1月14日
第23号决议

修订俄罗斯联邦政府2005年12月8日第740号决议批准通过的《2006—2010年俄罗斯文化》联邦专项纲要

1. 将纲要名称以及第一条款中的“2006—2010年”更改为“2006—2011年”。
2. 将第二条款中的“俄罗斯联邦经济发展与贸易部”更改为“俄罗斯联邦经济发展部”。
3. 将第三条款中“在2006—2010年度”更改为“至2012年1月1日”。
4. 对决议批准的《2006—2010年俄罗斯文化》联邦专项纲要校订如下：

批准纲要
俄罗斯联邦政府
2005 年 12 月 8 日
第 740 号决议
(俄罗斯联邦政府决议修订
2009 年 1 月 14 日
第 23 号)

《2006—2011 年俄罗斯文化》联邦专项纲要

《2006—2011 年俄罗斯文化》联邦专项纲要说明

纲要名称	—《2006—2011 年俄罗斯文化》联邦专项纲要
批准制定纲要的决议日期(名称及相应法规编号)	— 俄罗斯联邦政府于 2005 年 9 月 15 日颁布的第 1432-р 号文件
纲要国家定购协调单位	— 俄罗斯联邦文化部
纲要国家定购单位	— 俄罗斯联邦文化部; 俄罗斯联邦新闻出版与大众传媒署; 俄罗斯联邦档案署
纲要主要制定单位	— 俄罗斯联邦文化部; 俄罗斯联邦新闻出版与大众传媒署; 俄罗斯联邦档案署
纲要目标	— 保护俄罗斯联邦文化遗产; 形成统一文化空间，为保障不同群体的公民能够均等享用文化财富与信息资源创造条件; 为保护和发展民族文化潜力创造条件; 发展国际合作，加强世界文化联系；确保文化领域与市场环境相适应

纲要任务	— 保护历史文化遗产的完整性； 保护和发展艺术教育体系； 支持有才能的青年人； 定向支持职业艺术、文学和创作； 保障艺术创作和创新活动的条件； 保障文化交流； 制定和推广文化领域的信息产品与技术； 支持本国文化财富的生产者，支持在国际市场推广国产文化财富； 更新文化及大众传媒组织的专业设备； 促进俄罗斯联邦电视广播网络的现代化发展； 支持俄罗斯联邦民族文化； 提高文化机构的服务质量
最重要的纲要指标和指数	— 国产电影占电影放映总量的比重； 处于合格状态的文化遗产的数量占联邦所属文化遗产总数的比重； (以各种形式)展出的博物馆藏品数量占博物馆基本馆藏物件总数的比重； 可确保持续(永久)储存的档案文献数量占档案文献总数的比重； 图书保障率(图书馆出版物的数量/读者的数量)； 博物馆参观人数的逐年提高； 孤本和珍贵档案文献修复数量占应修复文献总量的比重； 戏剧、音乐会，包括巡演和联欢节等演出观众数量的提高； 职业艺术领域新作品数量占表演艺术组织上演剧目总数的比重； 致力于保护和发展俄罗斯民族非物质文化遗产的措施数量占由文化机构所实施措施总数的比重； 业余民间创作类俱乐部参与者数量的增长
纲要实施期限	— 2006—2011年
纲要拨款数额及来源	— 纲要拨款总额1287.8358亿卢布(按照相关年度货币价值计)，其中包括： 联邦预算资金1137.7318亿卢布； 其他来源资金150.104亿卢布。 资金用于： 基本建设投资——898.727517亿卢布； 研发工作——4.0205亿卢布； 其他用途——385.087785亿卢布

实施纲要的最终预期成果及其社会经济效益指标	— 保护俄罗斯联邦文化遗产的完整性，其中包括历史文化不动产遗址、博物馆馆藏珍品、图书馆馆藏及档案文献； 将处于合格状态的文化遗产（无须进行事故预防工作与翻修工作）占联邦所属文化遗产的比重增加至 35%； 将孤本文献和珍贵文献的修复数量占应修复文献总量的比重增加至 3%； 将可确保持续（永久）储存的档案文献数量占档案文献总数的比重提高至 22%； 巩固统一文化空间，加强区域间文化联系，确保不同群体的公民均等享用文化财富与信息资源； 将（以各种形式）展出的博物馆藏品数量占博物馆基本馆藏物件总数的比重提高至 20%； 博物馆参观人数的增加； 戏剧、音乐会，包括巡演和联欢节等演出观众数量的提高； 图书平均保障率指标的提高； 文化领域处女作和创新方案数量的提高（职业艺术领域新作品数量占表演艺术组织上演剧目总数的比重提高至 20%）； 国产电影在俄罗斯和世界电影市场的地位的巩固（国产电影占上映电影总量的比重提高至 23%）； 发展国际合作，加强与世界文化的联系，将国外经验运用于本国文化的发展（增加俄罗斯海外文化活动的数量，确保到 2011 年，每年可比上一年增加 1.15%）； 举办的民间文化节、民族创作展览的数量的增加，以及展现口头民间创作、音乐和舞蹈民间创作的文物数量的增加； 在现代化基础上保护图书馆馆藏，发展图书馆业

一、纲要致力于解决的问题

2001—2005 年国内政治、经济局势稳定。私有制制度得到巩固，完成了预算法和税法改革进程。出现了促进经济增长的先决条件。

由此，社会与国家又重新关注文化问题。《2006—2011 年俄罗斯文化》联邦专项纲要的通过，成了举足轻重的一步，纲要的实施基本上成功制止了文化衰退，扩大了文化支持领域的国家参与，财政拨款也有所增加。这使得一系列文物古迹的损毁得以及时预防，还加强了民族间与地区间的联系。

经济衰退时期积累的文化问题远不是国家有能力去解决的。传统上习惯于依赖国家财政支持的部门对进入市场经济准备不足。文化遗产中价值连城的不动产，其折损速度始终远远大于其修复速度，博物馆馆藏情况类似。实质上，祖辈积累的国家民族财富（包括物质财富和精神财富）现如今逐渐遗失且其过程仍在持续。直至今日，国内依旧缺乏对文化遗产中动产与不动产部分评估的市场标准。

随着文化在社会范围内的作用不断增强，文化不再只是一种满足需求的形式。为使文化能够成为社会经济进程的积极参与者，国家方面需要作出一定努力。国家对文化的投资就是对“人力资本”的投资。

文化领域改革是正在进行的经济和政治变革的直接结果。有必要探索一些解决方案，一方面能够保证文化财富的完整性；另一方面，还可以创建相关经济机制，促进文化在新的市场条件下有效发展。创建公私伙伴关系制度是文化领域发展的重要因素，对这种伙伴关系有以下规定：

发展文化领域的文化赞助和慈善事业；

促进文化财富市场的发展，国家和企业共同参与文化财富市场的发展及文化领域有效经济方案的制定。

促进文化财富市场发展的前提是，解决与其相关的估价与保险问题。要增强俄罗斯文化在国外的地位，形成俄罗斯形象——具有伟大传统文化的国家，传统文化是国际关系体系中国家一体化战略的组成部分。

文化领域的发展进程，与社会领域的发展进程有着紧密的相互联系，这使得通过专项纲要解决实际问题，成为了实现文化行业进一步发展的必要条件。

实施《2006—2011 年俄罗斯文化》联邦专项纲要(以下简称纲要)的大部分开支，主要用于联邦所属文化遗产的改造、修复和事故防御工作。专项纲要的方式能够使财政资源集中于具体项目工作的推进，有效预防资金分散。

采用专项纲要的方式是非常必要的；此外，在文化生活全部基本领域，如戏剧、音乐、现代艺术和传统艺术等，实施专项纲要也是十分必要的。实践的前提在于积极参加区域、农村以及公认文化团体和文化活动家举办的竞赛和艺术节。

不实施专项纲要的方式会导致一些负面的后果，比如导致国家对区域文化政策实施的影响受限。缩减拨款和无效管理可能导致最严重的风险，这将招致：

因折损速度超过复原与防腐速度而引起的文化遗产中不动产部分的损失；

由于无效使用文化遗产中的不动产而产生的财政损失；

由于博物馆馆藏、档案文献与巡回活动的减少而引起的财政损失；

民族电影在俄罗斯电影市场份额的缩减；

国家对形成“人力资本”的影响力下降，文化行业高技能人才流失；

统一的信息和文化空间遭受破坏；

不同群体的公民均等享用文化财富和信息资源的原则遭到破坏。

如国内社会与经济局势的变化，在完成全国任务时提出的新的优先发展方向，以及纲要实施的无效管理，都可能会使纲要提前终止。在这些情况下，纲要目标是不可能实现的。

二、纲要指定实施期限和阶段内的纲要基本目标和任务，以及专项指标和指数

纲要优先目标的选择是基于社会发展的战略目标，以及上一年文化领域趋势分析的结果，同时需

要考虑文化组织在经济和法律领域发挥的作用。

因此，纲要目标即保护俄罗斯联邦文化遗产，形成统一文化空间，为保障不同群体的公民能够均等享用文化财富与信息资源创造条件，为保护和发展民族文化潜力创造条件，发展国际合作，加强与世界文化的联系，确保文化领域与市场环境相适应。

附件 1 所列出的实施该纲要的专项指标和指数用于验证纲要效果。附件 2 所列为纲要实施的专项指标和指数的计算方法。2006—2007 年已圆满完成各项指标。

保护俄罗斯联邦文化遗产

俄罗斯文化有着悠久的历史。一方面，经典艺术传统是俄罗斯文化的基础；另一方面，植根于多民族国家的民间传统也是其根基。俄罗斯经历的不同历史阶段，在形成俄罗斯文化遗产的过程中留下了自身的印记。

完成纲要框架规定目标的前提是，面向文化遗产项目、博物馆财富、档案文献、图书馆馆藏开展保护和修复工作，维护并发展基础设施，确保公民可享用文化财富。

形成统一文化空间，为保障不同群体的公民能够均等享用文化财富与信息资源创造条件

市场经济改革时期加剧了社会分化，削弱了民族间和地区间的联系，导致了趋于稳定的文化交往的减少，削弱了传统，也改变了社会的基本取向与价值观。

完成纲要实施期间的既定目标，意味着为生活在国家任一地区，属于不同社会群体的公民创造条件，使他们有机会均等享用基本的国家文化服务和大众传媒服务。

完成该目标需要以下前提条件：

增加艺术节、戏剧巡演、展览的数量，支持有才能的青年，保护和发展艺术教育体系，定向支持职业艺术、文学和创作，为艺术创作和创新活动提供条件保障；

在文化和大众传媒领域研究、引进并普及新兴信息产品及技术；

大力发展文化行业的基础设施建设，巩固其物质技术基础。

为保护和发展民族文化潜力创造条件

人的因素是文化行业顺利发展的基础。创作在文化领域至关重要，这一因素具有重大意义。

完成该目标需要以下前提条件：

挖掘和支持文化、大众传媒领域的有才能的青年；

支持有发展前景的文化行业的创作项目；

阻止俄罗斯文化和艺术人才流失的趋势；

支持举办竞赛、艺术节和其他文化活动。

发展国际合作，加强与世界文化的联系

通过在国外推广和发展我国的文化成果，拉近俄罗斯文化与世界文化的目标与任务，在解决国家文化问题时借鉴外国文化组织的相关经验，积极扩大我国在世界文化进程的参与范围。

完成既定目标要以文化项目的交流为前提，举办国际研讨会、学术会议、艺术节，在世界范围内推广俄罗斯表演艺术，在国外推广俄罗斯影片，加强电影业的国际合作，举办国际展会。

确保文化领域与市场环境相适应

实现该目标，一方面要确保文化领域与新市场条件相适应；另一方面要保护文化领域免受残酷的市场影响，防止文化行业在竞争环境下遭受破坏。

实施纲要的过程中需要形成新的经济机制，该机制着重指向文化行业在市场关系中作用的完善。所提出的解决方案应保证文化机构活动可在市场环境中成功开展，并且国家和私人资本应对文化给予一定程度的支持。

将研究和制定可增强不同文化机构的作用的方法。

完成该目标需要以下前提条件：

建设和调节文化财富市场；

加强国家在俄罗斯联邦民族文化财富保护中的作用；

确保俄罗斯作家创作的戏剧和音乐作品的演出权益；

增加戏剧院和音乐剧院的新剧目，为其提供新作品、新节目和马戏类节目等；

加强国家对俄罗斯电影业的支持。

纲要的基本任务是支持有才能的青年，大力支持职业艺术、文学和创作，为艺术创作和创新活动提供保障条件，保障文化交流，在文化领域开发和推广信息产品及信息技术，支持国家文化创造者的优秀文化财富并推动它们进入世界市场，更新文化领域和大众传媒领域组织的专业设备，推进俄罗斯电视广播网络的现代化发展，提高文化机构的服务质量。

保护历史文化遗产的完整性

为完成这一任务，需要集中资源，加大针对极富价值的文化遗产的动产部分与不动产部分的专项保护措施，其前提条件在于：

保持文化遗产的应有风貌；

保护俄罗斯联邦博物馆馆藏、图书孤本、档案文献、电影储备的联邦所属部分，对文献、图书馆和影片储备珍品进行保险备份；

确保联邦所属文化财富的安全保存。

实施纲要过程中来源于联邦预算的基本资金，将主要用于改造和修复具有联邦意义的国家文化遗产。

纲要实施框架规定了改善文化遗产(修复)技术条件的内容，允许这些遗产再次进入生产和文化周期。

将完成博物馆藏品以及俄罗斯联邦档案馆馆藏中孤本和珍贵文献资料的修复工作。

完成上述任务的预期结果，取决于文化遗产不动产部分的修复数量以及极富价值的珍品的修复数量。在完成这一任务时应参考纲要附件 1 中的指标 2~5 和指标 7。

保护和发展艺术教育体系，支持有才能的青年

保障创作潜力永不枯竭，保护和发展世界知名的国家艺术教育体系，以及挖掘和支持有才能的青年人才等任务有极为重要的价值。

纲要规定，要采取措施支持举办面向儿童和创作青年的艺术节、竞赛、展览和大师班。

完成上述任务的预期结果，取决于面向儿童和创作青年举办艺术节、竞赛、展览和大师班的数量指标。在完成这一任务时应参考纲要附件 1 中的指标 11 和指标 12。

定向支持职业艺术、文学和创作

定向支持艺术和文学，需要为积极开展文化交流以及提高居民的艺术和文学水平创造更多机会。

国家通过对致力于打造统一文化空间的全俄、各民族，以及国际艺术节、竞赛和展览提供财政支持，为扩大竞争和增加消费者对文化领域文化活动的需求创造条件。纲要规定，国家应为文化领域的创作型活动家提供支持。

完成上述任务的预期结果，取决于创作的艺术作品数量指标。在完成这一任务时应参考纲要附件 1 中的指标 12。

保障艺术创作和创新活动的条件

在通过建设有效的实验和创新环境、推广新技术，从而促进文化和艺术发展的问题上，要时刻保持紧迫性。

纲要规定，要支持文化领域具有新创意、新创作手法和创作处女作品的作者，扩大可寻找和实现艺术发展创新理念的机会。

完成上述任务的预期结果，取决于处女作品、创意方案及在文化领域采用新技术的数量指标。在完成这一任务时应参考纲要附件 1 中的指标 12。

保障文化交流

在扩大俄罗斯联邦主体权力的条件下，国家在文化领域的核心政策任务依旧是保护统一的文化信息空间，提高居民均等享用文化财富的程度，减少居民享用文化活动产品的地域差异。

实现这一任务需要巡回活动及展览活动的大力支持。

完成上述任务的预期结果，取决于巡回戏剧、音乐会、艺术节及展览的数量指标。在完成这一任务时应参考纲要附件 1 中的指标 13、指标 14 和指标 16。

开发和推广文化领域的信息产品与技术

能否在社会信息化进程中保护文化的竞争力，很大程度上取决于文化领域信息网络加速建设的现实情况。

实现这一任务，必须基于广泛推广信息通信技术和更新致力于保障文化活动的现代设备和产品，通过采取相关措施而改变文化行业基本储备的结构。

在信息通信技术快速普及的形势下，出现了一些新的附加任务，即面向最广泛的居民阶层，建立虚拟博物馆、电子图书馆和档案馆，以及文化遗产的电子目录和清单等。

纲要规定，应对博物馆、图书馆、档案馆和数字影片储备等的信息资源进行转化，借助全球计算机网络发展信息交流系统，还应为历史和文化遗产不动产部分(4 万处)的相关信息建设电子数据库，为俄罗斯图书馆和国家电子图书馆建设综合目录。

完成上述任务的预期结果，取决于俄罗斯图书馆综合目录和俄罗斯联邦民族文化遗产(历史和文化遗址)项目的国家统一清单数据库中的条目数量及其他指标。在完成这一任务时应参考纲要附件 1 中的指标 9 和指标 10。

支持本国文化财富生产者，支持在国际市场推广国产文化财富

为支持本国文化财富的生产者及其文化财富在世界市场上的推广，必须实行以下措施：

国家支持俄罗斯电影生产；

在向全球市场推广俄罗斯文化、艺术和文学产品时注意国家关税保护政策。

完成上述任务的预期结果，取决于发行电影的数量及举办的国际文化活动的数量指标。在完成这一任务时应参考纲要附件 1 中的指标 1 和指标 15。

更新文化及大众传媒组织的专业设备

纲要的重要任务是更新已落后于现代社会需求的文化组织专业设备。

完成上述任务的预期结果，取决于独特专用设备和计算机技术对文化行业的保障指标。在完成这一任务时应参考纲要附件 1 中的指标 2~4 和指标 7。

俄罗斯联邦电视广播网络的现代化发展

在纲要现行框架内，俄罗斯电视广播网络的现代化发展需借助资金投资，其前提是更换收发设备，并向数字电视广播转轨。

纲要的科学保障建立在对国家社会文化进行客观评价与分析的科学研究的基础上。拟计划全方

位研究国内文化服务市场的总需求，开发和批准用于文化活动产品创作、保护、普及和消费的新技术。

纲要的组织保障建立在一系列措施的实施基础之上，这些措施由国家定购协调单位和国家定购单位统一管理。纲要的国家定购协调单位在国家定购单位的参与下，按照纲要措施清单中“纲要的科学、组织和信息保障”部分的规定，组织开展各项活动。

纲要预计将于 2010 年年底达成战略目标。由于纲要的各项措施在实施过程中是按照自然年推进的，因而按照日历年划分实施纲要的各阶段是合理的。

支持俄罗斯联邦民族文化

纲要的重要任务是保护俄罗斯联邦民族非物质文化遗产。为完成这一任务，制定了俄罗斯联邦民族非物质文化遗产名录，并在此基础上采取了系列措施，旨在支持致力于保护和发展俄罗斯联邦民族非物质文化遗产的方案，以及地区内、跨地区、全俄和国际民间创作艺术节、竞赛和展览。

完成上述任务的预期结果，取决于民俗演出和民间创作展的数量指标，以及体现口头民间创作、音乐和舞蹈民间创作的古迹数量，在完成这一任务时应参考纲要附件 1 中的指标 17 和指标 18。

提高文化机构的服务质量

提高文化机构的服务质量，是实施纲要的重要任务。为完成这一任务，要实施一系列发展文化组织的措施，其中包括巩固文化机构的物质技术基础，更新图书馆馆藏，组织剧院新戏剧的上演和博物馆的陈列展览工作，扩充乐队和音乐会团体的剧目。

完成该任务的预期结果是加快图书馆馆藏的更新节奏，提高博物馆陈列工作的质量，提高观众对剧院和音乐会的兴趣，以及提高农村地区居民文化服务的稳定水平。

三、纲要措施

附件 3 的纲要措施，以及为满足联邦国家需求由联邦国家文化机构负责拨款的国家基本建设投资，均在 2006—2011 年联邦专项投资项目纲要(详见附件 4)框架下实施。

在巩固地区文化机构物质技术基础方面，由联邦预算资金共同出资，对俄罗斯联邦主体预算(补贴)进行资金分配，其中文化机构包括图书馆、档案馆，详见纲要附件 5。

2006—2011 年共有 300 处联邦级别的文化遗产项目必须进行综合性修复修理工作，其中包括下诺夫哥罗德克里姆林宫、阿斯特拉罕克里姆林宫、莫斯科的列福尔托沃宫、托博尔斯克的总督宫、车里雅宾斯克的军火库、阿斯塔菲耶夫庄园、文学博物馆、“加特契纳”国家保护区博物馆和“巴甫洛夫斯克”国家保护区博物馆、阿尔汉格尔斯克的商城、苏兹达尔克里姆林宫、特维尔的行宫等。

在 2006—2011 年实施纲要期间，将为促进积极的文化交流、提升艺术的大众普及度、保护具有社会价值的不同地区的民间文学，为发展俄罗斯民族文化创造更多的机会。

纲要措施计划发展本国电影业。预计拍摄 95 部剧情片、1300 部纪录片和 36 部动画片。

纲要资源应当运用于摆脱俄罗斯博物馆、图书馆和档案馆的落后现状，重视运用先进的信息技术，制作电子文学作品，确保资源的安全保存。

现如今对俄罗斯的图书馆和档案馆而言，至关重要的是将资源信息从纸张形式转化为电子形式，并且通过全球计算机网络发展信息交流系统。

未来将进一步发展地区内与跨地区文献保存中心的网络，建设俄罗斯联邦国家档案馆馆藏文献登记自动化系统。

实施纲要可进一步推动俄罗斯联邦博物馆馆藏的国家目录数据库建设，并保证每年补充超过 150 条数据记录。可访问互联网的博物馆数量也会增加。将完成俄罗斯联邦档案馆馆藏的展出品、孤本和珍贵文献的修复工作。

四、纲要资源保障的依据

纲要各年拨款总额 1287.835802 亿卢布，其中联邦预算资金 1137.731802 亿卢布，其他渠道资金 150.104 亿卢布。基建投资为 898.727517 亿卢布，其中联邦预算投资 841.577517 亿卢布，其他渠道投资 57.15 亿卢布。

俄罗斯联邦预算负责的国有基本建设投资金额为 778.220517 亿卢布。2009—2011 年，俄罗斯联邦主体的国有基本建设投资金额和(或)各市基本建设投资金额为 63.357 亿卢布。

纲要拨款金额详见附件 6 的拨款来源及资金支出方向。

纲要拨款主要来自联邦预算(占财政总额的 88.34%)。其中，文化机构将 73.97%的联邦预算记为预算投资，用于俄罗斯联邦国有基本建设项目，25.74%的联邦预算用于其他需求拨款，还有不到 1%用于研发工作。

来自其他渠道的资金占总拨款金额的 11.66%。超过 55%的其他来源资金用于电影业发展。在该领域，国有资本和私人资本已经形成了共同参与俄罗斯电影制作与发行的稳定形势。发展俄罗斯联邦区域内电视广播系统(促进其现代化)是公私伙伴关系原则下的另一个重要方向。在该方向的框架下，包括境外资金在内的预算外资金将用于基本建设投资，以及数字广播转换领域的科技工作。

五、纲要实施机制

纲要负责人是俄罗斯联邦文化部部长。纲要负责人负责实施纲要并为其最终结果的达成负责，还负责合理使用实施纲要的各类资金，必要时可根据需要组建纲要科学协调委员会。

纲要的国家定购单位负责管理现行纲要。

纲要规定，用于俄罗斯联邦主体国有基本建设项目的联邦预算补贴，和(或)用于市级基本建设项目的来自俄罗斯联邦主体预算的地方预算补贴，需按照规定程序提供给俄罗斯联邦主体。

基于俄罗斯联邦政府 2008 年 3 月 7 日颁布的第 155 号政府令《关于 2008 年俄罗斯联邦预算向俄罗斯联邦主体国有基本建设项目提供的补贴和(或)俄罗斯联邦预算向各市基本建设项目地方预算提供的补贴》，2008 年俄罗斯有三家文化机构获得了补贴，这三家机构分别位于布里亚特共和国、加里宁格勒州和卡巴尔达-巴尔卡尔共和国。

2009—2011 年用于发展文化机构和档案馆的联邦补贴，将依据联邦预算提供和分配给俄罗斯联邦主体预算的资金情况确定，详见附件 7(制定依据为俄罗斯联邦 2008 年 5 月 26 日颁布的第 392 号政府令《关于联邦预算向俄罗斯联邦主体预算补贴的筹备、发放和分配》)。

联邦预算向俄罗斯联邦主体预算进行资金分配，用于俄罗斯联邦主体国有基本建设项目(市级基本建设项目)，在此方面需优先考虑文化机构和档案馆，确保法律法规以及俄罗斯联邦总统和俄罗斯联邦政府各项指令的贯彻实施。

依据俄罗斯联邦政府 2006 年 6 月 13 日颁布的第 374 号政府令《关于资产从联邦所有制向俄罗斯联邦主体所有制或市级所有制转化、从俄罗斯联邦主体所有制向联邦所有制或市级所有制转化、从市级所有制向联邦所有制或俄罗斯联邦主体所有制转化的决议文件目录》，国家定购单位应将由国家财政预算拨款购置的物质技术资源转交给俄罗斯联邦主体和地方教育部门下辖的文化机构和档案馆。

从俄罗斯联邦政府通过纲要之日起的两个月内，纲要的国家定购协调单位和国家定购单位共同制定纲要实施管理章程，具体包括：

纲要财政组织计划制定程序；

纲要措施年度计划制定程序；

纲要措施校正机制以及纲要实施过程中的资金保障机制；

确保纲要实施监控指标、指数以及结果的相关信息，纲要措施及执行单位参与条件的相关信息，以及组织竞赛和冠军评判标准等相关信息公开性(开放性)的程序。

纲要实施前，由纲要国家定购协调单位确认并向俄罗斯联邦经济发展部提交上述章程。

纲要国家定购协调单位每年根据与纲要国家定购单位达成的协议，确定纲要措施年度计划。每年对纲要措施完成的有效性、财政资金的分配情况进行分析总结，并基于指标和指数确定纲要实施的中间结果。

为了保证对纲要实施进程的监督与分析，纲要国家定购协调单位每年与俄罗斯联邦经济发展部和俄罗斯联邦财政部，协商确定本年度实施纲要措施的结果指标，从纲要国家定购单位处获取季度报表，而后每个季度按照确定指标向俄罗斯联邦经济发展部汇报纲要完成进展。

根据国家定购单位提供的报告，纲要国家定购协调单位向下列机构提供相关材料：

向俄罗斯联邦经济发展部和俄罗斯联邦教育科学部(科学研究与试验设计的工作部分)提供筹备和实施纲要的统计、参考及分析信息。这些信息对于各委托部门所承担的责任而言是必不可少的。

每年 2 月 1 日前，基于俄罗斯联邦经济发展部制定的指标，向俄罗斯联邦经济发展部、俄罗斯联邦财政部和俄罗斯联邦教育科学部(科学研究与试验设计的工作部分)提供纲要及财政资金使用有效性的工作进展报告。

上述报告应包含下列信息：

关于纲要年度实施结果的信息；

关于联邦预算资金、俄罗斯联邦主体预算资金、预算外资金的金额和整体使用情况的信息；

关于纲要实施结果及实际开销的相关信息；

关于纲要实施的实际指标与俄罗斯联邦政府审批纲要时制定指标的契合情况的信息；

关于纲要措施完成过程及执行完整性的信息；

关于未完工建筑项目的数量、规模和状态的信息；

关于科学研究和试验设计工作成果的信息；

关于创新方案推广和收效的信息；

关于纲要实施结果有效性的评价；

关于纲要实施结果对国内经济各领域的影响评价(纲要实施结果显示其效果是倍增的)。

纲要国家定购协调单位负责将下列信息发布于互联网：

纲要文本；

纲要实施管理和纲要措施进展监督的规范法律条例；

关于纲要实施进展的信息；

近 2~3 年的纲要措施；

纲要的实际财政拨款信息。

纲要国家定购单位负责将下列信息发布于互联网：

国家条约；

财政资金金额和执行单位的相关信息；

纲要措施完成的专家鉴定结果；

参与纲要实施的资格竞争情况；

纲要实施的监督结果；

包括独立专家参与的纲要结果评价(指标和指数)。

参与纲要实施资格竞争的相关信息应包括：

纲要实施参与者竞争选拔的组织条件；

参与竞争的程序；

为满足国家需求开展商品定购竞争(完成工作，提供服务)，纲要国家定购单位(纲要国家定购协调单位)组建的评选委员会的成员；

评选委员会的会议记录；

纲要国家定购单位已经通过的决议上诉程序。

根据纲要实施管理章程，由纲要国家定购单位选择联邦预算出资支持的方案。在竞争基础上确定纲要执行单位，方案的实施需基于国家监督。

对可纳入纲要的方案进行选择，其条件在于方案对于实现纲要目标的针对性。

对可纳入纲要措施年度规划的文化遗产项目的选择，其条件在于文化遗产的独特社会文化意义，方案预算证明资料，纲要执行期间可完成一定步骤的修复修理工作，以及文化遗产在未来文化活动中的使用前景。

六、纲要的社会经济与生态效果评价

通过实施纲要，预计在社会经济领域达到以下结果：

保护和发展俄罗斯联邦文化空间；

保护文化遗产；

扩大俄罗斯联邦居民的文化领域服务规模；

提高文化领域私人投资份额，这也意味着文化行业不再只依赖于预算拨款。

文化领域的投资，通常没有直接经济效益。投资结果旨在形成“人力资本”。从传统意义上理解，文化是最保守的行业，也是最不能适应市场关系的领域。当前，关于文化对经济和社会进程的影响的科学研究和社会调查是匮乏的。

纲要实施有效性的评价方法详见附件8。

文化领域的任务与保护环境的任务紧密相连。因而，联邦法律《关于俄罗斯联邦民族文化遗产（历史和文化遗址）项目》将考古、城市建筑群、园林建筑和艺术园林作品、文化与自然景观也纳入了这一文化遗产项目。

同样的，《环境保护法》第四条规定，对列入世界文化遗产名录的项目，以及有特殊历史文化和美学意义的项目，应加以特殊保护。

联邦立法确定的作为名胜古迹的历史文化保护区，是需要特殊制度保护的历史文化与自然的完美结合，其在解决生态和文化领域的共同问题中占有特殊地位。

纲要对生态环境的总体影响可以简化为以下几个基本方面：

实现文化遗产项目的修复和事故预防工作，确保其完整性。通过一系列对具有联邦意义的文化遗址的修复处理、事故预防及防腐保存工作，以及对历史和文化遗址保护及使用状况的监控（其中包括生态因素对遗址状态的影响），确保该任务的完成。

建立文化遗产保护区、建筑与经营活动调控区、自然景观保护区。上述保护区的建立将确立具有特殊土地使用制度的地区，并规定要采取致力于保护文化遗产项目的自然环境的专项措施。

制定发展历史文化保护区的综合项目方案，需考虑其重要的生态功能属性。

因此，纲要既解决了文化遗产的保护问题，也解决了环境保护问题。

《2006—2011 年俄罗斯文化》联邦专项纲要
附件 1

附件 1 《2006—2011 年俄罗斯文化》联邦专项纲要实施的专项指标和指数

	测量单位	实施纲要的最近一年指标	其中							
			2004 年	2005 年	2006 年	2007 年	2008 年	2009 年	2010 年	2011 年
1. 国产电影占俄罗斯联邦地区电影放映总量的比重	百分比	23	16	15	16	18	19	21	22	23
2. 处于合格状态的文化遗产(无须进行事故预防和维修工作)的数量占联邦所属文化遗产总数的比重	百分比	35	24. 5	25	27	28	30	31	33. 5	35
3. (以各种形式)展出的博物馆藏品数量占博物馆基本馆藏物件总数的比重	百分比	20	8	9	10	10	10	13	15	20
4. 可确保持续(永久)储存的档案文献数量占档案文献总数的比重	百分比	22	15. 5	17	18. 5	19	19. 5	20	21	22
5. 图书平均保障率(图书馆中出版物的数量/读者的数量)	册数	20	17	17. 1	17. 3	17. 4	17. 5	17. 5	17. 6	20
6. 与去年相比参观博物馆人数的增长	百分比	2	1. 45	1. 47	1. 5	1. 6	1. 7	1. 8	2	2
7. 孤本和珍贵档案文献修复数量占应修复文献总数的比重	百分比	3	0. 4	0. 7	1	1. 5	2	2. 5	3	3
8. 与去年相比图书馆到访人数的增长	百分比	0. 5	—	0. 2	0. 4	0. 4	0. 4	0. 5	0. 5	0. 5
9. 与去年相比在互联网中访问图书馆网站人数的增长	百分比	20	—	50. 8	257	60	50	31. 6	31. 7	20
10. 与去年相比国家电子图书馆中电子文献数量的增长	百分比	4. 5	1. 15	1. 17	1. 4	1. 3	1. 2	4. 5	4. 5	4. 5
11. 与去年相比观看戏剧、音乐会，包括巡演和联欢节等演出观众人数的增长(以 1000 人为计数单位)	百分比	8	3. 5	4	5	6	6	8	8	8
12. 职业艺术领域新作品数量占表演、剧院和音乐会等方面的艺术组织上演剧目总数的比重	百分比	20	16	16. 5	17	17. 5	17. 5	17. 5	18	20
13. 与去年相比由俄罗斯国内地区交流出资支持的音乐会、剧院活动数量的增长	百分比	3	2. 3	2. 5	2. 5	2. 8	3	3. 2	3. 5	3
14. 与去年相比参与文化服务活动人数的增长	百分比	6. 4	1. 5	1. 8	2	2. 5	2. 8	6	6. 4	6. 4
15. 与去年相比举办海外俄罗斯文化活动数量的增长	百分比	1. 15	1	1. 1	1. 1	1. 13	1. 15	1. 15	1. 15	1. 15
16. 具有教育、科学、文化价值的书籍与小册子的出版数量(平均每 1000 人对应的数量)	册数	4000	4730	4770	4818	4886	4200	4000	4000	4000
17. 致力于保护和发展俄罗斯民族非物质文化遗产的措施数量占文化机构俱乐部所实施措施总数的比重	百分比	30	—	—	—	—	—	20	25	30
18. 与去年相比业余民间创作类俱乐部参与者数量的增长	百分比	1	—	—	—	—	—	1	1	1
19. 为视障群体发行的图书刊物	种类	61	—	—	—	—	—	57	59	61

《2006—2011 年俄罗斯文化》联邦专项纲要
附件 2

附件 2 《2006—2011 年俄罗斯文化》联邦专项纲要实施的专项指标和指数的计算方法

1. 国产电影占俄罗斯联邦地区电影放映总量的比重按照以下公式计算：

$$I_1 = N_{оф}/N_{фп} \times 100\%,$$

其中：

$N_{оф}$—国产电影上映数量；

$N_{фп}$—影片上映总量。

数据来源——公映许可证数据和国产电影许可证数据。

2. 处于合格状态的文化遗产（无须进行事故预防和维修工作）的数量占联邦所属文化遗产总数的比重按照以下公式计算：

$$I_2 = N_{ус}/N_{об} \times 100\%,$$

其中：

$N_{ус}$—处于合格状态的文化遗产的数量；

$N_{об}$—文化遗产总数。

处于合格状态的文化遗产——无须进行事故预防和维修工作的文化遗产。

数据来源——部门统计。

3. （以各种形式）展出的博物馆藏品数量占博物馆基本馆藏物件总数的比重：

$$I_3 = N_{м.пр.}/N_{об} \times 100\%,$$

其中：

$N_{м.пр.}$—向观众展出的博物馆藏品数量；

$N_{об}$—俄罗斯联邦博物馆基本馆藏物体中的藏品总数。

数据来源——俄罗斯文化机构活动监督的联邦统计表 8。

4. 可确保持续（永久）储存的档案文献数量占档案文献总数的比重按照以下公式计算：

$$I_4 = N_{ух}/N_{об} \times 100\%,$$

其中：

$N_{ух}$—可确保持续（永久）储存的档案文献数量；

$N_{об}$—档案文献总数。

数据来源——档案数据。

5. 图书平均保障率（图书馆中出版物的数量/读者的数量）按照以下公式计算：

$$I_5 = N_{изд}/N_{чит},$$

其中：

$N_{изд}$—图书馆中出版物的数量；

$N_{чит}$—读者的数量。

数据来源——俄罗斯文化机构活动监督的联邦统计表 6(汇总)。

6. 与去年相比参观博物馆人数的增长按照以下公式计算:

$$I_6 = N_{т.г.} / N_{пр.г.} \times 100\% - 100\%,$$

其中:

$N_{т.г.}$—今年参观博物馆的人数;

$N_{пр.г.}$—去年参观博物馆的人数。

数据来源——俄罗斯文化机构活动监督的联邦统计表 8。

7. 孤本和珍贵档案文献修复数量占应修复文献总数的比重按照以下公式计算:

$$I_7 = N_p / N_{об} \times 100\%,$$

其中:

N_p—修复完成的孤本和珍贵档案文献数量;

$N_{об}$—应修复文献总量。

数据来源——部门统计。

8. 与去年相比图书馆到访人数的增长按照以下公式计算:

$$I_8 = N_{т.г.} / N_{пр.г.} \times 100\% - 100\%,$$

其中:

$N_{т.г}$—今年到访图书馆的人数;

$N_{пр.г.}$—去年到访图书馆的人数。

数据来源——俄罗斯文化机构活动监督的联邦统计表 6(汇总)。

9. 与去年相比在互联网中访问图书馆网站人数的增长按照以下公式计算:

$$I_9 = N_{т.г.} / N_{пр.г.} \times 100\% - 100\%,$$

其中:

$N_{т.г.}$—今年在互联网中访问图书馆网站的人数;

$N_{пр.г.}$—去年在互联网中访问图书馆网站的人数。

数据来源——俄罗斯文化机构活动监督的联邦统计表 6(汇总)。

10. 与去年相比国家电子图书馆中电子文献数量的增长按照以下公式计算:

$$I_{10} = N_{т.г.} / N_{пр.г.} \times 100\% - 100\%,$$

其中:

$N_{т.г.}$—今年国家电子图书馆中电子文献的数量;

$N_{пр.г.}$—去年国家电子图书馆中电子文献的数量。

数据来源——国家图书馆(俄罗斯国家图书馆及国家储备银行)报告数据。

11. 与去年相比观看戏剧、音乐会,包括巡演和联欢节等演出观众人数的增长(以 1000 人为计数单位),按照以下公式计算:

$$I_{11} = N_{т.г.} / N_{пр.г.} \times 100\% - 100\%,$$

其中:

$N_{т.г.}$—今年观看戏剧、音乐会,包括巡演和联欢节等演出观众人数的增长(以 1000 人为计数单位)；

$N_{пр.г.}$—去年观看戏剧、音乐会，包括巡演和联欢节等演出观众人数的增长(以 1000 人为计数单位)。

数据来源——俄罗斯文化机构活动监督的联邦统计表 9 和表 10。

12. 职业艺术领域新作品数量占表演、剧院和音乐会等方面的艺术组织上演剧目总数的比重按照以下公式计算：

$$I_{12}=N_{нов}/N_{об}\times 100\%,$$

其中：

$N_{нов}$—职业艺术领域表演艺术组织剧目中新作品的数量；

$N_{об}$—职业艺术领域表演艺术组织剧目作品的总数。

数据来源——俄罗斯文化机构活动监督的联邦统计表 9。

13. 与去年相比由俄罗斯国内地区交流出资支持的音乐会、剧院活动数量的增长按照以下公式计算：

$$I_{13}=N_{т.г.}/N_{пр.г.}\times 100\%-100\%,$$

其中：

$N_{т.г.}$—今年俄罗斯国内地区交流出资支持的音乐会、剧院活动数量；

$N_{пр.г.}$—去年俄罗斯国内地区交流出资支持的音乐会、剧院活动数量。

数据来源——俄罗斯文化机构活动监督的联邦统计表 9 和表 12。

14. 与去年相比参与文化服务活动人数的增长按照以下公式计算：

$$I_{14}=N_{т.г.}/N_{пр.г.}\times 100\%-100\%,$$

其中：

$N_{т.г.}$—今年参与文化服务活动的人数；

$N_{пр.г.}$—去年参与文化服务活动的人数。

数据来源——俄罗斯文化机构活动监督的联邦统计表 7。

15. 与去年相比举办海外俄罗斯文化活动数量的增长按照以下公式计算：

$$I_{15}=N_{т.г.}/N_{пр.г.}\times 100\%-100\%,$$

其中：

$N_{т.г.}$—今年举办海外俄罗斯文化活动的数量；

$N_{пр.г.}$—去年举办海外俄罗斯文化活动的数量。

数据来源——俄罗斯文化机构活动监督的联邦统计表 9 和表 12。

16. 具有教育、科学、文化价值的书籍与小册子的出版数量(平均每 1000 人对应的数量)：

I_{16}—具有教育、科学、文化价值的书籍与小册子(平均每 1000 人对应的数量)的册数。

数据来源——出版社信息和俄罗斯书局需求的信息。

17. 致力于保护和发展俄罗斯民族非物质文化遗产的措施数量占文化机构俱乐部所实施措施总数的比重按照以下公式计算：

$$I_{17}=N_{мер.н.н.}/N_{об}\times 100\%,$$

其中：

$N_{мер.н.н.}$—致力于保护和发展俄罗斯民族非物质文化遗产的措施数量；

$N_{об}$—文化机构俱乐部所实施措施总数。

数据来源——俄罗斯文化机构活动监督的联邦统计表 7。

18. 与去年相比业余民间创作类俱乐部参与者数量的增长按照以下公式计算：

$$I_{18} = N_{т.г.} / N_{пр.г.} \times 100\% - 100\%,$$

其中：

$N_{т.г.}$—今年业余民间创作类俱乐部参与者的数量；

$N_{пр.г.}$—去年业余民间创作类俱乐部参与者的数量。

数据来源——俄罗斯文化机构活动监督的联邦统计表 7。

19. 为视障群体发行的图书刊物

I_{19}—提供给视障群体的图书刊物(书籍种类)的数量。

数据来源——专项出版工作报告。

《2006—2011年俄罗斯文化》联邦专项纲要
附件3

附件3 《2006—2011年俄罗斯文化》联邦专项纲要措施清单

	支出方向与拨款来源	拨款金额(单位：百万卢布，按当年卢布汇率计算)							国家定购单位	预期结果
		2006—2011年拨款总计	其中							
			2006年	2007年	2008年	2009年	2010年	2011年		
一、保护历史文化遗产的完整性										
1. 对联邦所属历史和文化遗址进行修理、修复、事故预防和保存工作	其他需求	4772.2	539.9	549.5	573	1073	1073	963.8		对不少于300处文化和历史遗址进行综合修理、修复、事故预防和保护
	联邦预算	4651.6	529.8	528	550	1050	1050	943.8	俄罗斯文化部	
		120.6	10.1	21.5	23	23	23	20	俄罗斯档案署	
2. 修复联邦所属且具有宗教性质的历史和文化遗址	其他需求	6553	—	—	—	2235	2159	2159		综合修复不少于250处具有宗教性质的历史和文化遗址
	联邦预算	6553	—	—	—	2235	2159	2159	俄罗斯文化部	
3. 修复“历史记忆”项目中的历史和文化遗址	其他需求	2500	—	—	—	1000	1000	500		综合修复不少于80处“历史记忆”项目中的历史和文化遗址
	联邦预算	2500	—	—	—	1000	1000	500	俄罗斯文化部	
4. 监督历史和文化遗址的现状及使用情况	其他需求	167	16	22	24	40	40	25		优化遗址修复的经费支出与有效利用。考察不少于2000处遗址
	联邦预算	167	16	22	24	40	40	25	俄罗斯文化部	
5. 修复和保存俄罗斯联邦博物馆馆藏的国家部分藏品	其他需求	189.4	21.4	32	34	34	34	34		对7000件博物馆藏品进行修复和保存工作，使处于合格状态的博物馆藏品总数占比提高至80%
	联邦预算	189.4	21.4	32	34	34	34	34	俄罗斯文化部	

续表

	支出方向与拨款来源	拨款金额(单位：百万卢布，按当年卢布汇率计算)							国家定购单位	预期结果
		2006—2011年拨款总计	其中							
			2006 年	2007 年	2008 年	2009 年	2010 年	2011 年		
6. 保证图书馆馆藏的完整性	其他需求	217	16	17	18	53	56	57		优化修复经费支出，促进经费的有效利用：建设 11 个新的地区图书馆馆藏保存中心，发展 30 个地区图书馆馆藏保存中心。开发和推广文献保存新技术：每年中和 10 吨纸张酸度(大概 2.5 万份文件)，进行文件修复和阶段性保存，每年至少考察 10 处藏书室的保存状况；发展图书馆登记系统，建设和发展俄罗斯联邦图书文献的国家登记系统，发展俄罗斯联邦图书文献总目录(每年大约登记 2 万条)，建设和发展 15 个图书文献工作的地区中心；巩固和发展保护图书馆馆藏的物质技术基础
	联邦预算	217	16	17	18	53	56	57	俄罗斯文化部	
7. 图书馆馆藏和电影资料的保险副本	其他需求	92	4	9	10	21	24	24		建设和保存作为统一俄罗斯文件储备的俄罗斯图书馆文件保险储备(每年 40 万件)；每年实现大约 50 万页稀有文献的数字化；巩固、发展和保护图书馆馆藏的物质技术基础
	联邦预算	92	4	9	10	21	24	24	俄罗斯文化部	
8. 补充俄罗斯联邦博物馆馆藏的国家部分	其他需求	176.2	28.2	28	30	30	30	30		为俄罗斯联邦博物馆馆藏的国家部分购置 300 件藏品
	联邦预算	176.2	28.2	28	30	30	30	30	俄罗斯文化部	
9. 为保证博物馆、图书馆馆藏，以及电影资料的大众化与安全创造条件	其他需求	351.5	57.5	54	60	60	60	60		到 2012 年联邦所属博物馆藏品数量占藏品总数量的 1.5%
	联邦预算	351.5	57.5	54	60	60	60	60	俄罗斯文化部	

续表

	支出方向与拨款来源	拨款金额(单位：百万卢布，按当年卢布汇率计算)							国家定购单位	预期结果
		2006—2011年拨款总计	其中							
			2006年	2007年	2008年	2009年	2010年	2011年		
10. 建设俄罗斯联邦博物馆馆藏国家目录	其他需求	223	25	38	40	40	40	40		实现俄罗斯联邦博物馆馆藏国家目录记载1000条记录
	联邦预算	223	25	38	40	40	40	40	俄罗斯文化部	
11. 出版完整科学的博物馆汇编目录、历史和文化古迹汇编	其他需求	21	2	3	4	4	4	4		筹备出版14卷历史和文化古迹汇编
	联邦预算	21	2	3	4	4	4	4	俄罗斯文化部	
12. 购置造型艺术作品	其他需求	40	6	6	7	7	7	7		补充国家博物馆馆藏。购置不少于810件现代造型艺术作品
	联邦预算	40	6	6	7	7	7	7	俄罗斯文化部	
13. “俄罗斯北方文化”综合方案	其他需求	430	40	70	80	80	80	80		保护俄罗斯最珍贵的木结构古建筑遗址和传统手工艺作品(霍尔莫戈雷、波莫瑞地区)
	联邦预算	430	40	70	80	80	80	80	俄罗斯文化部	
14. “作为地区经济发展因素的俄罗斯南方文化”综合方案	其他需求	1055.4	130	165.4	190	190	190	190		修复俄罗斯南方文化项目，为发展地区旅游业，在文化项目周围建设旅游基础设施
	联邦预算	455.4	30	65.4	90	90	90	90	俄罗斯文化部	
	其他来源	600	100	100	100	100	100	100		
15. 修复极为珍贵的档案馆馆藏	其他需求	23.2	4.3	4.5	4.8	4.8	4.8	—		修复1万份有特殊价值的储备
	联邦预算	22.4	4.2	4.4	4.6	4.6	4.6	—	俄罗斯档案署	
	其他来源	0.8	0.1	0.1	0.2	0.2	0.2	—		
16. 为极为珍贵的档案馆馆藏制作保险副本	其他需求	47.9	9.0	9.5	9.8	9.8	9.8	—		创建5.5万个孤本和极为珍贵文件的保险副本
	联邦预算	47.9	9.0	9.5	9.8	9.8	9.8	—	俄罗斯档案署	
17. 购置、修复极为珍贵的档案文件，并为其制作保险副本	其他需求	20	—	—	—	—	—	20		将保存联邦所属的极珍贵文件和孤本文件的微缩胶片的数量占比提高至25%。为防止有价值的档案文件运送至国外，提前购置杰出文化和艺术活动家的收藏
	联邦预算	20	—	—	—	—	—	20	俄罗斯档案署	
18. 整理俄罗斯联邦档案馆馆藏的国家部分文件	其他需求	20.05	1.7	2.65	3.6	4	4.05	4.05		整理不少于7.7万份存档文件
	联邦预算	20.05	1.7	2.65	3.6	4	4.05	4.05	俄罗斯档案署	
19. 解密档案文件	其他需求	3.9	0.5	0.6	0.6	0.6	0.6	1		解密不少于2.1万份最高权力机关文件
	联邦预算	3.9	0.5	0.6	0.6	0.6	0.6	1	俄罗斯档案署	

续表

	支出方向与拨款来源	拨款金额(单位：百万卢布，按当年卢布汇率计算)							国家定购单位	预期结果
		2006—2011 年拨款总计	其中							
			2006 年	2007 年	2008 年	2009 年	2010 年	2011 年		
20. 复印转移到原籍国的外国档案文件	其他需求	8.9	0.5	0.8	1	1.6	3	2		将 6000 份存档文件转移制成缩微胶片
	联邦预算	8.9	0.5	0.8	1	1.6	3	2	俄罗斯档案署	
21. 购置法人和自然人所有的极珍贵的文献收藏、私人藏品	其他需求	13.1	1.2	1.45	3	3.7	3.75	—		购置肖斯塔科维奇、赖金、科兹洛夫斯基等优秀文艺工作者的文献收藏
	联邦预算	13.1	1.2	1.45	3	3.7	3.75	—	俄罗斯档案署	
22. 为档案馆安装自动消防系统	其他需求	18.4	5.4	6.6	6.4	—	—	—		实现联邦档案馆消防系统的现代化
	联邦预算	17.4	5.1	6.3	6	—	—	—	俄罗斯档案署	
	其他来源	1.0	0.3	0.3	0.4	—	—	—		
23. 提高档案保存设备的防御性能	其他需求	15.69	4.6	5.79	5.3	—	—	—		在联邦档案馆内安装视频监控系统
	联邦预算	14.89	4.4	5.49	5	—	—	—	俄罗斯档案署	
	其他来源	0.8	0.2	0.3	0.3	—	—	—		
24. 在档案馆进行紧急事故防御工作	其他需求	12.3	4.6	2.4	5.3	—	—	—		更换联邦档案馆生命保障系统
	联邦预算	10.6	4.1	1.9	4.6	—	—	—	俄罗斯档案署	
	其他来源	1.7	0.5	0.5	0.7	—	—	—		
25. 开展相关工作，提高档案馆安全水平，防止档案文献失窃	其他需求	94.06	—	—	—	25.9	25.91	42.25		完善并促进联邦档案馆安全系统的现代化，提高文献保管水平
	联邦预算	88.06	—	—	—	24.5	24.31	39.25	俄罗斯档案署	
	其他来源	6	—	—	—	1.4	1.6	3		
26. 使用先进的维护方法使档案馆设备免受技术灾难	其他需求	13.2	—	—	—	—	6.55	6.65		完善联邦档案馆生命保障系统
	联邦预算	11.7	—	—	—	—	5.85	5.85	俄罗斯档案署	
	其他来源	1.5	—	—	—	0.7	0.8	—		
27. 增强俄罗斯与国外档案专家的联系	其他需求	6.9	0.9	1	1	1	1	2		举办不少于 20 场境外研讨会
	联邦预算	6.9	0.9	1	1	1	1	2	俄罗斯档案署	
28. 根据《2006—2011 年俄罗斯文化》联邦专项纲要附件 4 清单中的规定，建设和改造文化机构项目	基本建设投资	73034.3517	8872	9302.7	10245.7284	25309.7714	9775.1719	9528.98		确保文化项目的完整性，发展文化机构的基础设施
	联邦预算	73034.3517	8872	9302.7	10245.7284	25309.7714	9775.1719	9528.98		
		67863.3717	8522	8852.7	9245.7284	23659.7714	8995.1719	8588	俄罗斯文化部	
		4570.98	250	321.4	857.1	1521.5	680	940.98	国家埃尔米塔什博物馆	
		750	100	128.6	142.9	128.5	100	150	俄罗斯国家电影基金	

续表

	支出方向与拨款来源	拨款金额(单位：百万卢布，按当年卢布汇率计算)							国家定购单位	预期结果
		2006—2011年拨款总计	其中							
			2006 年	2007 年	2008 年	2009 年	2010 年	2011 年		
29. 莫斯科联邦国家机构“建设改造修复局”、圣彼得堡联邦国家机构“西北部建设改造修复局”的工作内容	其他需求	302. 7785	—	—	—	236. 1234	66. 6551	—		确保实现莫斯科联邦国家机构“建设改造修复局”、圣彼得堡联邦国家机构“西北部建设改造修复局”的工作职能
	联邦预算	302. 7785	—	—	—	236. 1234	66. 6551	—	俄罗斯文化部	
30. 巩固地区文化机构的物质技术基础	基本建设投资	4713	—	—	—	2760	1613	340		建设和改造地区文化设施
	联邦预算	3313	—	—	—	1960	1162. 6	190	俄罗斯文化部	
	其他来源	1400	—	—	—	800	450	150		
31. 巩固地区图书馆的物质技术基础	基本建设投资	4515. 5	—	—	—	1484. 5	1281	1750		改善地区图书馆藏书的保管水平及服务读者的水平
	联邦预算	2765. 5	—	—	—	884. 5	881	1000	俄罗斯文化部	
	其他来源	1750	—	—	—	600	400	750		
32. 根据《2006—2011 年俄罗斯文化》联邦专项纲要附件 4 清单中的规定项目，建设和改造俄罗斯档案馆机构的项目	基本建设投资	2652. 9	200	257. 2	285. 7	287	663	960		确保档案文件的完整性，发展联邦档案馆基础设施
	联邦预算	2652. 9	200	257. 2	285. 7	287	663	960	俄罗斯档案署	
33. 巩固地区档案馆的物质技术基础	基本建设投资	442. 6	—	—	—	60	198	184. 6		确保档案文件的完整性，发展联邦档案馆基础设施
	联邦预算	257. 6	—	—	—	30	118	109. 6	俄罗斯档案署	
	其他来源	185	—	—	—	30	80	75		
二、保护和发展艺术教育体系，支持有才能的青年										
34. 举办面向青年人才的大师班、艺术节、展览	其他需求	101. 6	31	33	37. 6	—	—	—		每年举办 30 场活动，为发展青年的才能创造条件
	联邦预算	101. 6	31	33	37. 6	—	—	—	俄罗斯文化部	
35. 举办面向青年人才的大师班、艺术节、展览，实施“新巡回展览”方案	其他需求	322. 8	—	—	—	107. 6	107. 6	107. 6		每年举办 130 场活动，为发展青年的才能创造条件
	联邦预算	322. 8	—	—	—	107. 6	107. 6	107. 6	俄罗斯文化部	

续表

	支出方向与拨款来源	拨款金额(单位：百万卢布，按当年卢布汇率计算)							国家定购单位	预期结果
		2006—2011年拨款总计	其中							
			2006年	2007年	2008年	2009年	2010年	2011年		
三、定向支持职业艺术、文学和创作										
36. 购置俄罗斯作家戏剧、音乐作品的上映和演出权	其他需求	138	21	21	24	24	24	24	俄罗斯文化部	购置不少于550部作品的上映和演出权
	联邦预算	74	11	11	13	13	13	13		
	其他来源	64	10	10	11	11	11	11		
37. 资助青年作家和表演工作者的处女作品	其他需求	108	—	—	—	36	36	36	俄罗斯文化部	每年资助不少于10个造型艺术项目、12个音乐艺术项目、6个舞蹈艺术项目、40个戏剧项目
	联邦预算	72	—	—	—	24	24	24		
	其他来源	36	—	—	—	12	12	12		
38. 举办“红色风帆”竞赛	其他需求	39	13	13	13	—	—	—	俄罗斯新闻出版与大众传媒署	吸引有天赋的青年作家创作儿童书籍。每年为儿童图书馆出版3.5万册儿童图书
	联邦预算	9	3	3	3	—	—	—		
	其他来源	30	10	10	10	—	—	—		
39. 全俄青少年优秀文学作品竞赛	其他需求	43	—	—	—	13	13	17	俄罗斯新闻出版与大众传媒署	吸引有天赋的青年作家创作儿童书籍。每年为儿童图书馆出版3.5万册儿童图书
	联邦预算	13	—	—	—	3	3	7		
	其他来源	30	—	—	—	10	10	10		
四、保障艺术创作和创新活动的条件										
40. 在剧院和音乐剧院定购并上映新的作品、节目以及杂技和杂技类节目	其他需求	446.4	71	71	75.1	75.1	77.1	77.1	俄罗斯文化部	定向资助不同体裁的艺术作品。定购不少于65部戏剧和音乐作品，以及120部杂技节目
	联邦预算	372.4	60	60	63.1	63.1	63.1	63.1		
	其他来源	74	11	11	12	12	14	14		
五、保障文化交流										
41. 举行全俄和国际的艺术节和展览会	其他需求	1097.1	191	174.3	178.7	181.7	185.7	185.7	俄罗斯文化部	每年举办不少于15场全俄和国际的艺术节和展览会
	联邦预算	775.1	141	123.3	127.7	127.7	127.7	127.7		
	其他来源	322	50	51	51	54	58	58		
42. 为俄罗斯武装力量和执法机关举办有创造性的职业艺术活动并制定相关项目方案	其他需求	24	4	4	4	4	4	4	俄罗斯文化部	为军人和执法机关工作人员举办25场活动
	联邦预算	18	3	3	3	3	3	3		
	其他来源	6	1	1	1	1	1	1		

续表

	支出方向与拨款来源	拨款金额(单位：百万卢布，按当年卢布汇率计算)							国家定购单位	预期结果
		2006—2011年拨款总计	其中							
			2006 年	2007 年	2008 年	2009 年	2010 年	2011 年		
43. 资助联邦剧团和地方音乐团体的巡回演出	其他需求	272	43	43	46	46	47	47		保障不同地区公民都能享受到表演艺术福利
	联邦预算	230	37	37	39	39	39	39	俄罗斯文化部	
	其他来源	42	6	6	7	7	8	8		
44. 普及国家标志的活动	其他需求	80	12	12	14	14	14	14		举办 48 场活动
	联邦预算	70	11	11	12	12	12	12	俄罗斯文化部	
	其他来源	10	1	1	2	2	2	2		
45. 世界马戏艺术节	其他需求	101	7	24	18	18	17	17		举办 3 场世界级马戏艺术节活动
	联邦预算	92	6	22	16	16	16	16	俄罗斯文化部	
	其他来源	9	1	2	2	2	1	1		
46. 实行“乡村模范图书馆”大型项目	其他需求	207	18	19	20	50	50	50		保障 420 座乡村图书馆的信息访问
	联邦预算	165	14	15	16	40	40	40	俄罗斯文化部	
	其他来源	42	4	4	4	10	10	10		
47. 出版有社会意义的文学作品	其他需求	659.7	75	125	112	112	112	123.7		每年定向发行 550 本有重要命名的书籍
	联邦预算	659.7	75	125	112	112	112	123.7	俄罗斯新闻出版与大众传媒署	
48. 举办历史文献展览会，建立电子档案文献展	其他需求	19.3	3.6	3.8	3.9	4	4	—		保障公民能够查阅档案文献，举办不少于 30 场历史文献展
	联邦预算	15.7	3	3.1	3.2	3.2	3.2	—	俄罗斯档案署	
	其他来源	3.6	0.6	0.7	0.7	0.8	0.8	—		
49. 筹备出版文件集	其他需求	26.3	2.5	3.41	6	7.15	7.24	—		筹备出版 38 本书和 25 本历史图册
	联邦预算	26.3	2.5	3.41	6	7.15	7.24	—	俄罗斯档案署	
50. 为国家历史纪念日相关活动提供信息保证	其他需求	11	—	—	—	—	—	11		为国家历史纪念日相关活动提供信息保证
	联邦预算	11	—	—	—	—	—	11	俄罗斯档案署	
六、开发和推广文化领域的信息产品与技术										
51. 建设国家电子图书馆	其他需求	117.5	12	7.5	8	30	30	30		保障公民可访信息资源，在国家电子图书馆中补充 100 万条全文本信息
	联邦预算	81.5	10	5.5	6	20	20	20	俄罗斯文化部	
	其他来源	36	2	2	2	10	10	10		
52. 建设和推广俄罗斯图书馆总目录	其他需求	127	24	13	14	26	30	20		保障公民可访信息资源，在目录中补充不少于 220 万条全文本信息
	联邦预算	127	24	13	14	26	30	20	俄罗斯文化部	

续表

<table>
<tr><td rowspan="3"></td><td rowspan="3">支出方向与拨款来源</td><td colspan="7">拨款金额(单位：百万卢布，按当年卢布汇率计算)</td><td rowspan="3">国家定购单位</td><td rowspan="3">预期结果</td></tr>
<tr><td rowspan="2">2006—2011年拨款总计</td><td colspan="6">其中</td></tr>
<tr><td>2006 年</td><td>2007 年</td><td>2008 年</td><td>2009 年</td><td>2010 年</td><td>2011 年</td></tr>
<tr><td rowspan="2">53. 建设俄罗斯联邦民族文化遗产(历史和文化遗址)国家统一目录数据库</td><td>其他需求</td><td>24</td><td>4</td><td>4</td><td>4</td><td>4</td><td>4</td><td>4</td><td></td><td rowspan="2">将全部保护文物列入俄罗斯联邦民族文化遗产(历史和文化遗址)国家统一目录数据库</td></tr>
<tr><td>联邦预算</td><td>24</td><td>4</td><td>4</td><td>4</td><td>4</td><td>4</td><td>4</td><td>俄罗斯文化部</td></tr>
<tr><td rowspan="3">54. 举办科学实践会议和档案学科学工作竞赛</td><td>其他需求</td><td>4.4</td><td>0.7</td><td>0.7</td><td>0.7</td><td>0.8</td><td>0.7</td><td>0.8</td><td></td><td rowspan="3">举办 6 场科学实践会议</td></tr>
<tr><td>联邦预算</td><td>4.1</td><td>0.6</td><td>0.7</td><td>0.7</td><td>0.7</td><td>0.7</td><td>0.7</td><td>俄罗斯档案署</td></tr>
<tr><td>其他来源</td><td>0.3</td><td>0.1</td><td>—</td><td>—</td><td>0.1</td><td>—</td><td>0.1</td><td></td></tr>
<tr><td rowspan="2">55. 支持全俄互联网网站“俄罗斯档案馆”发展</td><td>其他需求</td><td>7.4</td><td>1.4</td><td>1.5</td><td>1.5</td><td>1.5</td><td>1.5</td><td>—</td><td></td><td rowspan="2">提高档案馆机构信息资源的大众化程度</td></tr>
<tr><td>联邦预算</td><td>7.4</td><td>1.4</td><td>1.5</td><td>1.5</td><td>1.5</td><td>1.5</td><td>—</td><td>俄罗斯档案署</td></tr>
<tr><td rowspan="2">56. 将档案文件转换成电子格式并发布到可被查询的互联网上</td><td>其他需求</td><td>11</td><td>—</td><td>—</td><td>—</td><td>—</td><td>—</td><td>11</td><td></td><td rowspan="2">提高档案馆机构信息资源的大众化程度</td></tr>
<tr><td>联邦预算</td><td>11</td><td>—</td><td>—</td><td>—</td><td>—</td><td>—</td><td>11</td><td>俄罗斯档案署</td></tr>
<tr><td rowspan="3">57. 建设档案记录的电子目录和数据库</td><td>其他需求</td><td>36.2</td><td>3.2</td><td>6.6</td><td>7.3</td><td>9.3</td><td>9.8</td><td>—</td><td></td><td rowspan="3">建立俄罗斯国家军事历史档案记录数据库、俄罗斯国家经济档案记录数据库、俄罗斯联邦国家档案记录数据库、俄罗斯国家社会政治历史档案记录数据库各 5 个</td></tr>
<tr><td>联邦预算</td><td>27.4</td><td>1.9</td><td>5</td><td>5.5</td><td>7.5</td><td>7.5</td><td>—</td><td>俄罗斯档案署</td></tr>
<tr><td>其他来源</td><td>8.8</td><td>1.3</td><td>1.6</td><td>1.8</td><td>1.8</td><td>2.3</td><td>—</td><td></td></tr>
<tr><td rowspan="3">58. 在俄罗斯联邦档案馆馆藏统一文献分类的基础上，建立公共档案信息空间</td><td>研发</td><td>7.8</td><td>1.5</td><td>1.5</td><td>1.6</td><td>1.6</td><td>1.6</td><td>—</td><td></td><td rowspan="3">出版俄罗斯联邦档案储备的统一文献分类</td></tr>
<tr><td>联邦预算</td><td>7</td><td>1.4</td><td>1.4</td><td>1.4</td><td>1.4</td><td>1.4</td><td>—</td><td>俄罗斯档案署</td></tr>
<tr><td>其他来源</td><td>0.8</td><td>0.1</td><td>0.1</td><td>0.2</td><td>0.2</td><td>0.2</td><td>—</td><td></td></tr>
<tr><td rowspan="2">59. 图书出版信息技术的现代化</td><td>基本建设投资</td><td>48</td><td>—</td><td>—</td><td>—</td><td>24</td><td>24</td><td>—</td><td></td><td rowspan="2">建设电子保管库，推广电子数据库多层保护系统</td></tr>
<tr><td>联邦预算</td><td>48</td><td>—</td><td>—</td><td>—</td><td>24</td><td>24</td><td>—</td><td>俄罗斯新闻出版与大众传媒署</td></tr>
<tr><td colspan="11">七、支持本国文化财富生产者，支持在国际市场推广国产文化财富</td></tr>
<tr><td rowspan="3">60. 支持俄罗斯优秀戏剧和音乐剧团体的国际巡回演出</td><td>其他需求</td><td>262</td><td>42</td><td>42</td><td>44</td><td>44</td><td>45</td><td>45</td><td></td><td rowspan="3">在全世界普及俄罗斯表演艺术。资助不少于 80 场巡回演出</td></tr>
<tr><td>联邦预算</td><td>214</td><td>35</td><td>35</td><td>36</td><td>36</td><td>36</td><td>36</td><td>俄罗斯文化部</td></tr>
<tr><td>其他来源</td><td>48</td><td>7</td><td>7</td><td>8</td><td>8</td><td>9</td><td>9</td><td></td></tr>
</table>

续表

	支出方向与拨款来源	拨款金额(单位：百万卢布，按当年卢布汇率计算)							国家定购单位	预期结果
		2006—2011年拨款总计	其中							
			2006年	2007年	2008年	2009年	2010年	2011年		
61. 确保俄罗斯电影产品稳定发展(个人投资的国家电影)	其他需求	9044.4	1293.6	1372.4	1594.6	1594.6	1594.6	1594.6		国家支持俄罗斯电影业。制作95部剧情片、1300部纪录片和36部动画片
	联邦预算	3860.5	670.5	630	640	640	640	640	俄罗斯文化部	
	其他来源	5183.9	623.1	742.4	954.6	954.6	954.6	954.6		
62. 实施支持俄罗斯电影发行的措施(组织国产电影的宣传活动，部分影片的拷贝)	其他需求	3554	547.1	569.4	609.5	609.5	609.5	609		为俄罗斯电影播放创建优先条件。向70%的俄罗斯电影提供国家支持，在70%以上的地区平均每年举办3场相关活动
	联邦预算	1425.5	235.5	230	240	240	240	240	俄罗斯文化部	
	其他来源	2128.5	311.6	339.4	369.5	369.5	369.5	369		
63. 建立在海外推广俄罗斯电影的措施体系(参加国际电影节和组织非营利性电影活动)，实现电影业的国际合作	其他需求	948.5	142.6	157.5	162.1	162.1	162.1	162.1		通过参加权威国际电影节推广俄罗斯电影
	联邦预算	732.5	110	122.5	125	125	125	125	俄罗斯文化部	
	其他来源	216	32.6	35	37.1	37.1	37.1	37.1		
64. 购置进口胶片	其他需求	409.2	65	64.6	69.9	69.9	69.9	69.9		国家支持电影制作与发行
	联邦预算	409.2	65	64.6	69.9	69.9	69.9	69.9	俄罗斯文化部	
65. 举办国际图书展览会	其他需求	284	20	56	52	52	52	52		在世界图书市场推广俄罗斯文学作品。每年参加10场展览
	联邦预算	214	10	44	40	40	40	40	俄罗斯新闻出版与大众传媒署	
	其他来源	70	10	12	12	12	12	12		
八、更新文化及大众传媒组织的专业设备										
66. 购置稀有设备(音乐器材、灯光和声音技术设备、储备和曝光设备)	其他需求	1394.1	164.7	164.7	164.7	300	300	300		每年更新不少于51个文化组织的专业设备，其中45个属于俱乐部机构
	联邦预算	1394.1	164.7	164.7	164.7	300	300	300	俄罗斯文化部	
67. 为档案馆配备现代技术工具和设备	其他需求	56.2	16.3	22.4	17.5	—	—	—		提高整理和保护文献的水平
	联邦预算	54.9	16	21.9	17	—	—	—	俄罗斯档案署	
	其他来源	1.3	0.3	0.5	0.5	—	—	—		

续表

	支出方向与拨款来源	拨款金额(单位：百万卢布，按当年卢布汇率计算)							国家定购单位	预期结果
		2006—2011年拨款总计	其中							
			2006 年	2007 年	2008 年	2009 年	2010 年	2011 年		
68. 为档案馆装备计算机设备，发展局部信息网络系统	其他需求	10.8	2.6	3.9	4.3	—	—	—		提高文献整理的速度和质量，保障档案文献的附加服务，创建新型局域信息网并促进其现代化发展
	联邦预算	9.9	2.4	3.6	3.9	—	—	—	俄罗斯档案署	
	其他来源	1	0.2	0.3	0.4	—	—	—		
69. 发展包括使用互联网在内的档案文献现代信息服务系统	其他需求	8.9	—	—	—	4.4	4.5	—		提高文献查找的速度和质量，保障档案文献的附加服务，创建接入互联网的新型局域信息网并促进其现代化发展
	联邦预算	7.8	—	—	—	3.9	3.9	—	俄罗斯档案署	
	其他来源	1.1	—	—	—	0.5	0.6	—		
70. 在没有图书馆的居民点建立移动服务体系	其他需求	150	—	—	—	50	50	50		每年购置 100 辆图书流动车
	联邦预算	150	—	—	—	50	50	50	俄罗斯文化部	
71. 更新出版视障人士图书企业的专业设备	基本建设投资	31.8	—	—	—	10.4	10.4	11		每年为视障人士出版 60 种图书
	联邦预算	31.8	—	—	—	10.4	10.4	11	俄罗斯新闻出版与大众传媒署	
九、俄罗斯联邦电视广播网络的现代化发展										
72. 发展俄罗斯联邦电视广播网络	基本建设投资	4285	231.2	838.7	872.7	1086.9	1255.5	—		俄罗斯联邦电视广播网络的现代化发展
	联邦预算	1905	200	257.1	285.8	500	662.1	—	俄罗斯新闻出版与大众传媒署	
	其他来源	2380	31.2	581.6	586.9	586.9	593.4	—		
73. 在转向数字广播领域，开展科学技术相关工作	研发	89.7	26.6	48.3	14.8	—	—	—		转向数字广播 DVB-T(数字视频广播)和无线电广播 DRM(内容数字版权加密保护技术)
	联邦预算	33	—	22	11	—	—	—	俄罗斯新闻出版与大众传媒署	
	其他来源	56.7	26.6	26.3	3.8	—	—	—		
74. 在转向数字广播领域，开展科学技术相关工作(实验操作结果的研究与开发)	研发	37.5	—	—	—	12	12	13.5		转向数字广播 DVB-T(数字视频广播)和无线电广播 DRM(内容数字版权加密保护技术)
	联邦预算	24.5	—	—	—	8	8	8.5	俄罗斯新闻出版与大众传媒署	
	其他来源	13	—	—	—	4	4	5		

续表

	支出方向与拨款来源	拨款金额(单位：百万卢布，按当年卢布汇率计算)							国家定购单位	预期结果
		2006—2011年拨款总计	其中							
			2006 年	2007 年	2008 年	2009 年	2010 年	2011 年		
十、《2006—2011 年俄罗斯文化》联邦专项纲要的科学、组织和信息保障										
75.《2006—2011 年俄罗斯文化》联邦专项纲要的信息保障	其他需求	50	10	8	8	8	8	8		为《2006—2011 年俄罗斯文化》联邦专项纲要实施进程中的参与者和其他感兴趣的人提供信息保障
	联邦预算	50	10	8	8	8	8	8		
		32	7	5	5	5	5	5	俄罗斯文化部	
		12	2	2	2	2	2	2	俄罗斯新闻出版与大众传媒署	
		6	1	1	1	1	1	1	俄罗斯档案署	
76. 围绕行业内市场关系发展开展系统科学的统计研究	研发	12	2	2	2	2	2	2		研究行业领域对社会发展的影响，建设行业发展的经济模型
	联邦预算	12	2	2	2	2	2	2		
		7	2	1	1	1	1	1	俄罗斯文化部	
		2. 5	—	0. 5	0. 5	0. 5	0. 5	0. 5	俄罗斯新闻出版与大众传媒署	
		2. 5	—	0. 5	0. 5	0. 5	0. 5	0. 5	俄罗斯档案署	
77. 研究俄罗斯联邦档案文献修复与复制的监督体系和现代方法	研发	14. 3	2. 6	2. 7	2. 7	3. 1	3. 2	—		提高运用新方法、使用电子信息载体保存文献的水平
	联邦预算	13. 8	2. 6	2. 6	2. 6	3	3	—	俄罗斯档案署	
	其他来源	0. 5	—	0. 1	0. 1	0. 1	0. 2	—		
78. 从组织、管理、技术和经济等方面研究档案业，旨在建设促进档案业发展的稳定模式	研发	6. 3	1. 1	1. 1	1. 1	1. 5	1. 5	—		建设管理和发展档案业的新技术、组织和经济模式
	联邦预算	5. 8	1	1	1	1. 4	1. 4	—	俄罗斯档案署	
	其他来源	0. 5	0. 1	0. 1	0. 1	0. 1	0. 1	—		
79. 开发文献工作系统	研发	10	1. 8	1. 8	1. 8	2. 3	2. 3	—		开发保存、修复和迁移文件的新技术体系，降低文件迁移引发损坏的风险
	联邦预算	8. 8	1. 6	1. 6	1. 6	2	2	—	俄罗斯档案署	
	其他来源	1. 2	0. 2	0. 2	0. 2	0. 3	0. 3	—		
80. 开发俄罗斯联邦档案文献的国家自动登记系统	研发	13. 2	2. 4	2. 4	2. 4	3	3	—		建设俄罗斯联邦档案文献的国家自动登记系统
	联邦预算	13. 2	2. 4	2. 4	2. 4	3	3	—	俄罗斯档案署	

续表

	支出方向与拨款来源	拨款金额(单位：百万卢布，按当年卢布汇率计算)							国家定购单位	预期结果
		2006—2011年拨款总计	其中							
			2006年	2007年	2008年	2009年	2010年	2011年		
81. 研究现代文献保存管理流程以及电子文件传递	研发	8	—	—	—	—	—	8		建设俄罗斯联邦档案文献的国家自动登记系统
	联邦预算	8	—	—	—	—	—	8	俄罗斯档案署	
82. 在档案文献的整合、存储、登记和使用方面开展科学研究	研发	5.25	—	—	—	—	—	5.25		建设俄罗斯联邦档案文献的国家自动登记系统
	联邦预算	5.25	—	—	—	—	—	5.25	俄罗斯档案署	
83. 开发俄罗斯联邦档案文件的永久储存系统，发展其价值鉴定系统	研发	6	1.1	1.1	1.1	1.3	1.4	—		为确立联邦权力机关文件保存的结构、日期和顺序开发新技术
	联邦预算	5.4	1	1	1	1.2	1.2	—	俄罗斯档案署	
	其他来源	0.6	0.1	0.1	0.1	0.1	0.2	—		
84. 研究电影业领域开展科学考察活动的新技术	研发	169	34	17	29	29	29	31		研究现代电影技术设备
	联邦预算	169	34	17	29	29	29	31	俄罗斯文化部	
85. 科学研究俄罗斯文化和艺术的发展历程	研发	10.5	2	1	1.5	2	2	2		文化遗产的普及(出版7卷《艺术史全集》)
	联邦预算	10.5	2	1	1.5	2	2	2	俄罗斯文化部	
86. 研究文化服务市场，艺术、文化领域专家和相关职业的劳动力市场	研发	10.5	2	1	1.5	2	2	2		形成关于确立文化服务领域需求的分析材料，形成关于影响市场形成和专家培训的劳动力需求的分析材料、研究方法建议
	联邦预算	10.5	2	1	1.5	2	2	2	俄罗斯文化部	
十一、支持俄罗斯联邦民族文化										
87. 支持与俄罗斯民族传统、礼节和习俗有关的地区民俗艺术节	其他需求	36.4	10.4	11	15	—	—	—		为保护传统民族艺术文化，复兴民族节日和礼节创造条件
	联邦预算	29.4	8.4	9	12	—	—	—	俄罗斯文化部	
	其他来源	7	2	2	3	—	—	—		
88. 保护和发展俄罗斯民族非物质文化遗产的科学方法保障	研发	2	—	—	—	—	—	2		形成关于确立文化服务领域需求的分析材料，形成关于影响市场形成和专家培训的劳动力需求的分析材料、研究方法建议
	联邦预算	2	—	—	—	—	—	2	俄罗斯文化部	

续表

	支出方向与拨款来源	拨款金额(单位：百万卢布，按当年卢布汇率计算)							国家定购单位	预期结果
		2006—2011年拨款总计	其中							
			2006年	2007年	2008年	2009年	2010年	2011年		
89. 支持全俄和跨地区民族创作艺术节和竞赛	其他需求	58	18	18	22	—	—	—		支持致力于保护、资助和发展民族创作、民间创作团体以及民族文化传统的代表和传播者的文化组织
	联邦预算	50	16	16	18	—	—	—	俄罗斯文化部	
	其他来源	8	2	2	4	—	—	—		
90. 支持地区、跨地区、全俄、世界民族创作艺术节、展览和竞赛	其他需求	540	—	—	—	180	180	180		每年举行不少于8场国际民族创作活动、不少于20场全俄民族创作活动、不少于50场跨地区民族创作活动、不少于50场地区民族创作活动
	联邦预算	330	—	—	—	110	110	110	俄罗斯文化部	
	其他来源	210	—	—	—	70	70	70		
91. 开发、建设和管理非物质文化财富(非物质文化遗产)目录	其他需求	50.5	—	—	—	16.5	16.5	17.5		建设不少于30万非物质文化财富(非物质文化遗产)条目的电子目录
	联邦预算	37.5	—	—	—	12.5	12.5	12.5	俄罗斯文化部	
	其他来源	13	—	—	—	4	4	5		
92. 支持保护和发展非物质文化财富(非物质文化遗产)的方案	其他需求	240	—	—	—	80	80	80		每年资助不少于100个有关民族创作、民族音乐和民族舞蹈的方案
	联邦预算	240	—	—	—	80	80	80	俄罗斯文化部	

《2006—2011 年俄罗斯文化》联邦专项纲要
附件 4

附件 4　在 2006—2011 年联邦专项投资项目框架下，为满足实施《2006—2011 年俄罗斯文化》联邦专项纲要的国家需求，向其提供国家基本建设投资拨款的联邦国家文化机构清单

（单位：百万卢布，按当年卢布汇率计算）

	拨款金额						
	2006—2011 年(总计)	其中					
		2006 年	2007 年	2008 年	2009 年	2010 年	2011 年
俄罗斯文化部							
1. 俄罗斯国家模范大剧院，莫斯科	27509. 1249	3500	4280	3503. 24	12078. 7	4147. 1849	—
2. 俄罗斯国家模范小剧院，莫斯科	1887	264. 599	58	175	460. 4	400	530
3. 莫斯科契诃夫艺术剧院，莫斯科	1178	520	500	60. 5384	97. 4616	—	—
4. “萨蒂利孔”俄罗斯国立阿尔卡季·拉金剧院，莫斯科	640	—	—	—	—	640	—
5. 国立模范马林斯基剧院，圣彼得堡	13082. 298	1759. 741	2300	3600	5422. 557	—	—
6. 俄罗斯国立模范普希金剧院(前身是亚历山大剧院)，圣彼得堡	1140	750	145	120	125	—	—
7. 俄罗斯国家图书馆，莫斯科	2300	250	125	250	375	600	700
8. 莫斯科克里姆林宫博物馆，莫斯科	2700	268	5	18. 5	658. 5	100	1650
9. 俄罗斯国家博物馆，圣彼得堡	2729. 83	80	50	86. 3	976. 52	550	987. 01
10. “皇村”国立宫廷庄园艺术建筑保护区博物馆，圣彼得堡	1159. 634	120	274	150	285. 8	87. 534	242. 3
11. 全俄罗斯普希金博物馆，圣彼得堡	270	110	50	70	40	—	—
12. 彼得宫国家保护区博物馆，圣彼得堡	1710. 2258	120	120	259	272. 4828	220. 053	718. 69
13. “奥拉宁鲍姆”国家保护区博物馆，列宁格勒州罗蒙诺索夫市	2949	250	250	250	1232. 5	246. 5	720
14. 国立特列季亚科夫画廊，莫斯科	3628. 3	90	50	26. 65	604. 65	1357	1500
15. “基日”国家历史建筑和人类学民族学保护区博物馆，卡累利阿共和国	96. 86	39. 66	10	47. 2	—	—	—
16. 索洛韦茨基国立历史建筑、自然风景保护区博物馆，阿尔汉格尔斯克州	732. 1	50	30. 7	49. 3	305. 2	296. 9	—
17. 莫斯科国立文化艺术大学，莫斯科州希姆基	640	35	25	25	165	—	390
18. 莫斯科国立柴可夫斯基音乐学院，莫斯科	2250	—	150	250	350	350	1150
19. 克拉斯诺亚尔斯克国立音乐和戏剧学院，克拉斯诺亚尔斯克	265	15	20	20	210	—	—

续表

	拨款金额						
	2006—2011 年(总计)	其中					
		2006 年	2007 年	2008 年	2009 年	2010 年	2011 年
20. “剧院宫”国家戏剧中心，纳尔奇克	345	150	160	35	—	—	—
21. 布里亚特国立模范歌剧舞剧院，乌兰乌德	460	100	180	180	—	—	—
22. 加里宁格勒市音乐剧院，加里宁格勒	190	50	70	70	—	—	—
合计	67863. 3717	8522	8852. 7	9245. 7284	23659. 7714	8995. 1719	8588
23. 国立艾尔米塔什博物馆	4570. 98	250	321. 4	857. 1	1521. 5	680	940. 98
24. 俄罗斯联邦国家电影基金会	750	100	128. 6	142. 9	128. 5	100	150
俄罗斯档案署							
25. 俄罗斯国家海军档案馆，圣彼得堡	60	60	—	—	—	—	—
26. 俄罗斯国家科学技术文献档案馆，莫斯科	173. 3	60	95	18. 3	—	—	—
27. 俄罗斯国家经济档案馆(分馆建设)，莫斯科州沃罗诺夫	539. 8	60	134	243	79. 77	23	—
28. 俄罗斯国家档案馆(档案储藏室建设)，莫斯科	974. 43	20	28. 2	10	123. 23	343	450
29. 俄罗斯远东国家历史博物馆(改造)，符拉迪沃斯托克	100	—	—	—	10	40	50
30. 俄罗斯国家军事档案馆(楼群建设、个人文件档案室建设)，莫斯科	741. 4	—	—	14. 4	60	227	440
31. 保险基金保存中心(改造)，秋明州亚卢托罗夫斯克	64	—	—	—	14	30	20
合计	2652. 9	200	257. 2	285. 7	287	663	960
俄罗斯新闻出版与大众传媒署							
32. 俄罗斯电视广播网络	1905	200	257. 1	285. 8	500	662. 1	—
33. 更新出版视障人士图书企业的专业设备	31. 8	—	—	—	10. 4	10. 4	11
34. 图书出版技术的信息化(现代化)	48	—	—	—	24	24	—
合计	1984. 8	200	257. 1	285. 8	534. 4	696. 5	11
总计	77822. 0517	9272	9817	10817. 2284	26131. 1714	11134. 6719	10649. 98

《2006—2011 年俄罗斯文化》联邦专项纲要
附件 5

附件 5　为实现《2006—2011 年俄罗斯文化》联邦专项纲要规定的巩固图书馆、档案馆等地区文化机构的物质技术基础，由联邦预算出资向俄罗斯联邦主体提供预算(补贴)支持相应措施实施的资金分配情况

(单位：百万卢布，按当年卢布汇率计算)

	拨款金额						
	2006—2011 年(总计)	2006 年	2007 年	2008 年	2009 年	2010 年	2011 年
俄罗斯文化部 巩固地区文化机构物质技术基础的措施							
1. “剧院宫”国家戏剧中心，纳尔奇克	205	—	—	—	65	140	—
2. 布里亚特国立模范歌剧舞剧院，乌兰乌德	430	—	—	—	200	230	—
3. 加里宁格勒市音乐剧院，加里宁格勒	110	—	—	—	70	40	—
4. 亚乌舍夫国家歌舞剧院附属萨兰斯克城市文化中心改造，莫尔多瓦共和国	864	—	—	—	500	364	—
5. 古契古罗夫市自治区波得列斯那亚塔夫拉村的民族志博物馆综合体的附属儿童艺术学校大楼改造，莫尔多瓦共和国	55.6	—	—	—	—	55.6	—
6. 北奥塞梯国家历史、建筑、文学联合博物馆，弗拉季高加索	93	—	—	—	—	93	—
7. 雅罗斯拉夫市文化表演中心建设，雅罗斯拉夫	1000	—	—	—	800	200	—
8. 奔萨州卢那察尔斯基剧院修复，奔萨	325	—	—	—	325	—	—
9. 萨兰斯克市共和国文化宫改造，莫尔多瓦共和国	190	—	—	—	—	—	190
10. 新库兹涅茨克市话剧院改造，克麦罗沃州	40	—	—	—	—	40	—
总计	3312.6	—	—	—	1960	1162.6	190
巩固地区图书馆物质技术基础的措施							
11. 基洛夫州赫尔岑综合科学图书馆(扩建施工)，基洛夫，赫尔岑路 50 号	130.2	—	—	—	36	94.2	—
12. 坦波夫州普希金综合科学图书馆大楼改造，坦波夫，国际路 17 号	66	—	—	—	33	33	—
13. 多莫扎科娃国家图书馆，哈卡斯州阿巴坎	36.5	—	—	—	36.5	—	—
14. 楚瓦什共和国国家图书馆改造，扩建走廊，切博克萨雷，列宁大街 15 号	170	—	—	—	100	70	—

续表

	拨款金额						
	2006—2011年(总计)	2006 年	2007 年	2008 年	2009 年	2010 年	2011 年
15. 奥伦堡市克鲁普斯卡娅综合科学图书馆建筑群改造，奥伦堡	200	—	—	—	80	20	100
16. 梁赞州高尔基综合科学图书馆附属建筑建设，梁赞	62	—	—	—	34	28	—
17. 伊尔库茨克州莫尔恰诺夫-西比尔斯基大众图书馆建设，伊尔库茨克	275	—	—	—	75	100	100
18. 契诃夫中央城市大众图书馆改造，罗斯托夫州塔甘罗格市	22.5	—	—	—	22.5	—	—
19. 卡累利阿共和国国家图书馆改造，彼得罗扎沃茨克	202	—	—	—	125	77	—
20. 托木斯克州普希金国立综合科学图书馆藏书室建设，托木斯克	145	—	—	—	145	—	—
21. 奔萨州莱蒙托夫综合科学图书馆建设，奔萨	501.5	—	—	—	100	171.5	230
22. 北奥塞梯-阿兰共和国国家图书馆改造，弗拉季高加索	50	—	—	—	40	10	—
23. 斯塔夫罗波尔市莱蒙托夫国家地方综合科学图书馆，斯塔夫罗波尔	260	—	—	—	30	130	100
24. 布里亚特共和国国家图书馆改造，乌兰乌德	147.3	—	—	—	—	47.3	100
25. 别尔哥罗德市国立综合科学图书馆，别尔哥罗德	180	—	—	—	—	—	180
26. 车里雅宾斯克州综合科学图书馆，车里雅宾斯克	317.5	—	—	—	27.5	100	190
总计	2765.5	—	—	—	884.5	881	1000
俄罗斯档案署 巩固地区档案馆物质技术基础的措施							
27. 斯摩棱斯克州国家档案馆	101.5	—	—	—	—	51.9	49.6
28. 卡卢加州国家档案馆	78.5	—	—	—	—	38.5	40
29. 诺夫哥罗德州国家历史档案馆	77.6	—	—	—	30	27.6	20
总计	257.6	—	—	—	30	118	109.6

《2006—2011 年俄罗斯文化》联邦专项纲要
附件 6

附件 6 《2006—2011 年俄罗斯文化》联邦专项纲要拨款来源和资金支出方向金额

（单位：百万卢布，按当年卢布汇率计算）

支出方向，拨款来源	2006—2011 年	具体包括					
		2006 年	2007 年	2008 年	2009 年	2010 年	2011 年
总计	128783. 5802	13168. 7	14577. 4	15925. 8284	40178. 5948	23749. 627	21183. 43
其中包括：							
联邦预算	113773. 1802	11922	12626	13738. 2284	36463. 5948	20518. 727	18504. 63
其他来源	15010. 4	1246. 7	1951. 4	2187. 6	3715	3230. 9	2678. 8
基本建设投资—总计	89872. 7517	9303. 2	10398. 6	11404. 1284	31022. 5714	14819. 6719	12924. 58
其中包括：							
联邦预算	84157. 7517	9272	9817	10817. 2284	29005. 6714	13296. 2719	11949. 58
投资预算	77822. 0517	9272	9817	10817. 2284	26131. 1714	11134. 6719	10649. 98
补贴	6335. 7	—	—	—	2874. 5	2161. 6	1299. 6
其他来源	5715	31. 2	581. 6	586. 9	2016. 9	1523. 4	975
研发—总计	402. 05	77. 1	79. 9	59. 5	59. 8	60	65. 75
其中包括：							
联邦预算	328. 75	50	53	55	55	55	60. 75
其他来源	73. 3	27. 1	26. 9	4. 5	4. 8	5	5
其他需求—总计	38508. 7785	3788. 4	4098. 9	4462. 2	9096. 2234	8869. 9551	8193. 1
其中包括：							
联邦预算	29286. 6785	2600	2756	2866	7402. 9234	7167. 4551	6494. 3
其他来源	9222. 1	1188. 4	1342. 9	1596. 2	1693. 3	1702. 5	1698. 8

《2006—2011 年俄罗斯文化》联邦专项纲要
附件 7

附件 7　联邦预算向俄罗斯联邦主体预算提供用于文化机构和档案馆发展的补贴分配条例

1. 本条例确立了联邦预算向俄罗斯联邦主体预算提供的，用于发展文化机构和档案馆基本建设项目的补贴分配程序，文化机构和档案馆是俄罗斯联邦主体的国家财产（基本建设项目属于市属财产）（以下简称补贴）。

2. 补贴用于资助俄罗斯联邦主体实施地区（市级）专项纲要措施的必要支出，其中包括文化机构和档案馆基本建设项目拨款。

3. 联邦预算向俄罗斯联邦主体预算提供用于发展文化机构基本建设项目的联邦预算资金，其总支配者是俄罗斯文化部。

联邦预算向俄罗斯联邦主体预算提供用于发展档案馆基本建设项目的联邦预算资金，其总支配者是俄罗斯档案署。

由联邦预算资金总支配者确定补贴分配（或再分配）要求。

4. 按下述要求向俄罗斯联邦主体提供补贴：

补贴保障水平偏离俄罗斯联邦平均水平 30%的俄罗斯联邦主体文化机构和档案馆。

考虑到补贴分配需平衡俄罗斯联邦主体在相应财政年度的预算保障，因此，预算保障的预计水平不可超过俄罗斯联邦平均水平（预算保障的预计水平的确定，需符合俄罗斯联邦主体预算保障的补贴分配方法，详见俄罗斯联邦政府 2004 年 11 月 22 日颁布的第 670 号令《关于平衡俄罗斯联邦主体预算保障的补贴分配》）。

俄罗斯联邦主体对文化机构和档案馆保障水平偏离俄罗斯联邦平均水平的具体核算详见附录。

5. 按照下述公式，对符合条例第四项要求的俄罗斯联邦主体的补贴进行分配：

$$C_{ik} = C_k \times [Д_i \times (ИБР_i / РБО_i)] / \sum [Д_i \times (ИБР_i / РБО_i)]$$

其中：

C_{ik}—某年（k）为某俄罗斯联邦主体（i）提供补贴的最高金额；

C_k—某年（k）分配补贴的总金额；

$Д_i$—俄罗斯联邦主体对文化机构和档案馆保障水平偏离俄罗斯联邦平均水平的总体程度；

$ИБР_i$—某俄罗斯联邦主体（i）的预算支出指数，用来计算平衡俄罗斯联邦主体在相应财政年度预算保障的补贴分配；

$РБО_i$—在相应财政年度某俄罗斯联邦主体（i）预算保障的预计水平。

6. 按照下述公式确定俄罗斯联邦主体共同出资用于补贴的资金规模：

$$У_i = 0.4 / РБО_i$$

其中：

$У_i$—俄罗斯联邦主体共同出资的资金水平；

0. 4—俄罗斯联邦境内联邦主体共同出资用于补贴的平均水平；

$РБО_i$—在相应财政年度俄罗斯联邦主体预算保障的预计水平。

7. 计划期内，由俄罗斯联邦主体最高国家权力执行机关在每年 2 月 1 日前，向联邦预算资金总支配者提交补贴申请(以下简称申请)，申请金额不可超过该联邦主体在当前财政年度规定的可提供补贴的最大额度。

补贴申请应该包括俄罗斯联邦主体可满足的申请条件，具体参见本条例的第十项。

申请格式、提交程序，以及可证明俄罗斯联邦主体满足申请条件的必要文件清单，均由联邦预算总支配者确定。

8. 按照条例第四项，有权领取补贴的俄罗斯联邦主体未在本财政年度提交补贴申请，以及(或者)不满足可在本财政年度获得补贴的俄罗斯联邦主体条件，那么，需要按照比例对递交申请且满足补贴发放条件的各俄罗斯联邦主体进行补贴的重新分配。

9. 按照本条例第八项规定，未在本财政年度获得补贴的俄罗斯联邦主体，继续享有在下一财政年度获得补贴的权利，但要满足本条例第十项的相关要求。

10. 俄罗斯联邦主体获得补贴的条件：

一些地区(市级)的专项纲要中规定了俄罗斯联邦主体实施条例第二项提及措施的必要支出。那么，在制定地区(市级)专项纲要时应该优先考虑发展与俄罗斯联邦保障水平偏差最大的文化机构和档案馆项目。

俄罗斯联邦主体法律中包含俄罗斯联邦主体预算的条例，且(或)市级法律中包含地方必要预算支出和预算拨款的条例，这些资金应符合条例第二项提及的相应财政年度的措施需求，并结合共同出资的规定水平。

文化机构和档案馆项目方案已获批准，条例第二项提及的关于其建设(改造)的措施也已确定，且方案通过国家鉴定。

11. 俄罗斯联邦主体根据联邦预算总支配者、俄罗斯联邦主体最高国家权力执行机关，通过俄罗斯联邦立法程序确定的协议获得补贴，具体内容如下：

(1)俄罗斯联邦主体法律规定了俄罗斯联邦主体可使用补贴的必要支出。

(2)通报俄罗斯联邦主体获得补贴的金额。

(3)补贴须专款专用。要结合文化机构和档案馆具体项目定向分配补贴。

(4)通报俄罗斯联邦主体预算资金金额，通报用于属于俄罗斯联邦主体国家财产的文化机构和档案馆项目的拨款金额，以及(或)俄罗斯联邦主体预算向地方预算提供用于发展属于市级财产的文化机构和博物馆项目的拨款金额。

(5)补贴明细、修改补贴的相关情况和流程及其执行监督程序。

(6)俄罗斯联邦主体预算资金支出报告提交的期限和程序。补贴是俄罗斯联邦主体预算资金的拨款保障。

(7)本条例第三项提及的系列指标，可确定为补贴使用效果的专项指标(以下简称专项指标)。

(8)对协议执行的监督期限和程序。

(9)包括未按专项用途使用的补贴退回程序。

(10)违反协议条件的各方责任。

12. 俄罗斯文化部规定协议形式。

13. 补贴是俄罗斯联邦主体预算支出的资金保障，其效果可根据以下指标进行评价：

(1)文化机构参观人数；

(2)演播厅容量；

(3)藏品数量；

(4)向参观者展出的博物馆藏品数量；

(5)以 1000 人为单位，所对应的公共图书馆图书保障率；

(6)公共图书馆的电子图书份额；

(7)公共图书馆馆藏更新水平。

14. 协议中将确定专项指标。

15. 根据财政报告年度结果，若未达成协议所规定的专项指标，这将成为下一财政年度削减向俄罗斯联邦主体提供补贴额度的理由。下一财政年度规定的补贴将比照所完成的专项指标缩减 10%到 50%。俄罗斯联邦文化部向俄罗斯联邦财政部提出补贴金额缩减的建议。剩余的资金按比例重新分配给其他俄罗斯联邦主体，该主体必须是有权领取补贴且达到报告年度专项指标的俄罗斯联邦主体。

若用来实施本条例第二项提及措施的俄罗斯联邦主体预算资金，不能保障俄罗斯联邦主体确定的共同资助水平，那么，给予俄罗斯联邦主体的预算补贴金额相应缩减，以确保符合共同资助水平，超出的资金按照比例重新分配至具有补贴领取权的其他俄罗斯联邦主体。

16. 联邦预算资金总支配者按照程序确定补贴时，应不超过最大预算限额且符合联邦预算的总预算清单。

列出按照规定程序向俄罗斯联邦主体预算提供的联邦预算补贴，补贴金额向联邦国库地区机关开放，以便核算收入、向俄罗斯联邦预算系统分配资金，以及进一步按照规定程序列出俄罗斯联邦主体预算。

17. 在本财政年度未使用的补贴须保留，按照既定程序在下一财政年度用于同一目的。

联邦预算资金总支配者确定补贴的剩余，满足俄罗斯联邦主体需求之外的结余须返还联邦预算。

若补贴余额未列入联邦预算收入，将按照俄罗斯联邦财政部的规定进行追缴。

18. 如果不遵守俄罗斯联邦主体国家权力机构的补贴提供条件，俄罗斯联邦财政部将按照规定程序中止提供补贴。

19. 俄罗斯联邦主体执行权力机关有责任协助联邦预算总支配者核实他人提供信息的准确性，以及专项补贴是否专款专用。

俄罗斯文化部、档案署和财政预算督查部，共同负责监督俄罗斯联邦主体是否遵循相关条件提供补贴。

20. 若补贴未能专款专用，将按照俄罗斯联邦预算法依法追回并纳入联邦预算收入。

联邦预算向俄罗斯联邦主体预算提供
用于文化机构和档案馆发展的补贴分配条例
附录

俄罗斯联邦主体对文化机构和档案馆保障水平总体偏离俄罗斯联邦平均水平的计算法

俄罗斯联邦主体对文化机构和档案馆的保障水平，基于俄罗斯联邦主体对文化机构和档案馆的保障水平总体偏离俄罗斯联邦平均水平的指标而确定。

指标根据联邦国家统计局近期报告数据，并基于俄罗斯联邦主体对文化机构和档案馆在下述领域保障水平偏离俄罗斯联邦平均水平的指标而确定。

按照下述公式可计算俄罗斯联邦主体对文化机构和档案馆的保障水平比照俄罗斯联邦平均水平的总体偏离情况：

$$Д_i = \triangle T_i + \triangle M_i + \triangle Ч_i + \triangle A_i$$

其中：

$Д_i$—俄罗斯联邦主体对剧院、博物馆、图书馆和档案馆的保障水平比照俄罗斯联邦平均水平的总体偏离情况；

$\triangle T_i$—俄罗斯联邦主体对剧院机构的保障水平比照俄罗斯联邦平均水平的总体偏离情况；

$\triangle M_i$—俄罗斯联邦主体对博物馆机构的保障水平比照俄罗斯联邦平均水平的总体偏离情况；

$\triangle Ч_i$—俄罗斯联邦主体对公共图书馆的保障水平比照俄罗斯联邦平均水平的总体偏离情况；

$\triangle A_i$—俄罗斯联邦主体对档案馆的保障水平比照俄罗斯联邦平均水平的总体偏离情况。

按照下述公式可计算俄罗斯联邦主体对剧院机构的保障水平比照俄罗斯联邦平均水平的总体偏离情况：

$$\triangle T_i = (T_{РФ} - T_i) / T_{РФ}$$

其中：

$T_{РФ}$—俄罗斯联邦平均每1万人对应的剧院座位数，该数据可由以下公式计算得出：

$$T_{РФ} = Кпт_{РФ} \times 10000 / H_{РФ}$$

其中：

$Кпт_{РФ}$—俄罗斯联邦境内剧院座位数；

$H_{РФ}$—俄罗斯联邦经常去剧院的人数；

T_i—俄罗斯联邦平均每1万人对应的剧院座位数，该数据可由以下公式计算得出：

$$T_i = Кпт_i \times 10000 / H_i$$

其中：

$Кпт_i$—某一俄罗斯联邦主体的剧院座位数；

H_i—某一俄罗斯联邦主体经常去剧院的人数。

按照下述公式可计算俄罗斯联邦主体对博物馆机构的保障水平比照俄罗斯联邦平均水平的总体偏

离情况：

$$\triangle M_i=(M_{РФ}—M_i)/M_{РФ}$$

其中：

$M_{РФ}$—俄罗斯联邦内平均每 1 万人对应的博物馆陈设展览厅数量，该数据可由以下公式计算得出：

$$M_{РФ}=Кпм_{РФ}\times 10000/H_{РФ}$$

其中：

$Кпм_{РФ}$—俄罗斯联邦境内博物馆陈设展览厅数量；

$H_{РФ}$—俄罗斯联邦经常参观博物馆的人数；

M_i—俄罗斯联邦内平均每 1 万人对应的博物馆陈设展览厅数量，该数据可由以下公式计算得出：

$$M_i=Кпм_i\times 10000/H_i$$

其中：

$Кпм_i$—某一俄罗斯联邦主体的博物馆陈设展览厅数量；

H_i—某一俄罗斯联邦主体经常参观博物馆的人数。

按照下述公式可计算俄罗斯联邦主体对公共图书馆的保障水平比照俄罗斯联邦平均水平的总体偏离情况：

$$\triangle Ч_i=(Ч_{РФ}-Ч_i)/Ч_{РФ}$$

其中：

$Ч_{РФ}$—俄罗斯联邦内平均每 1 万人对应的公共图书馆数量，该数据可由以下公式计算得出：

$$Ч_{РФ}=A\times 10000/H_{РФ}$$

其中：

A—俄罗斯联邦公共图书馆的数量；

$H_{РФ}$—俄罗斯联邦经常前往公共图书馆的人数；

$Ч_i$—俄罗斯联邦内平均每 1 万人对应的公共图书馆数量，该数据可由以下公式计算得出：

$$Ч_i=A\times 10000/H_i$$

其中：

A—某一俄罗斯联邦主体的公共图书馆数量；

H_i—某一俄罗斯联邦主体经常前往公共图书馆的人数。

按照下述公式可计算俄罗斯联邦主体对档案馆的保障水平比照俄罗斯联邦平均水平的总体偏离情况：

$$\triangle A_i=(A_{РФ}-A_i)/A_{РФ}$$

其中：

$A_{РФ}$—俄罗斯联邦平均每 1000 个保存档案对应的档案馆数量，该数据可由以下公式计算得出：

$$A_{РФ}=A\times 1000/E_{РФ}$$

其中：

A—俄罗斯联邦档案馆数量；

$E_{РФ}$—俄罗斯联邦保存档案数量；

A_i—俄罗斯联邦平均每 1000 个保存档案对应的档案馆数量，该数据可由以下公式计算得出：

$$A_i = A \times 1000 / E_i$$

其中：

A—某一俄罗斯联邦主体的档案馆数量；

E_i—某一俄罗斯联邦主体保存档案的数量。

《2006—2011 年俄罗斯文化》联邦专项纲要
附件 8

附件 8 《2006—2011 年俄罗斯文化》联邦专项纲要实施结果有效性的评价方法

基于专项指标体系，每年对《2006—2011 年俄罗斯文化》联邦专项纲要(以下简称纲要)实施结果的有效性进行评价。在评价期间，以确定纲要任务的落实程度和措施完成情况为目标，确保纲要实施结果的动态监督。

为评价纲要实施的有效性，采用反映纲要措施落实进度的分类专项指标。

纲要实施结果有效性的评价，可通过实际达到标准与年度预计实现专项指标的情况比照来确定。

纲要需要使用反映及时实施结果和最终结果的指标体系。

按照下述公式评价纲要实施的有效性，即计算实际达到的标准：

$$E=\frac{\frac{\text{IФ}_1}{\text{IП}_1}+\frac{\text{IФ}_2}{\text{IП}_2}+\cdots+\frac{\text{IФ}_n}{\text{IП}_n}}{n}\times 100\%$$

其中：

E—纲要实施效果(百分比)；

IФ_1—实施纲要过程中的实际达到标准；

IП_1—纲要确定的预定指标；

n—纲要指标数量。

实施纲要的社会经济效应体现在：

确保俄罗斯联邦文化遗产的完整性；

巩固统一文化空间，加强区域间文化联系，确保不同群体的公民均等享用文化财富与信息资源；

稳固国产电影在俄罗斯市场及世界电影市场的地位；

发展新时期图书馆业；

提高文化行业处女作数量和创新方案数量；

巩固俄罗斯文化对世界文化进程的影响，加强国际文化交流，运用国外经验促进本国文化发展。

《2011—2015 年俄罗斯联邦公民爱国主义教育》国家纲要

* 俄罗斯联邦政府 2010 年 10 月 5 日 第 795 号决议

俄罗斯联邦政府第 795 号决议

2010 年 10 月 5 日　莫斯科

关于《2011—2015 年俄罗斯联邦公民爱国主义教育》国家纲要的几点说明

（俄罗斯联邦政府 2011 年 10 月 6 日决议修订，第 823 号；俄罗斯联邦政府 2013 年 1 月 17 日决议修订，第 13 号；俄罗斯联邦政府 2013 年 10 月 7 日决议修订，第 889 号）

俄罗斯联邦政府决议如下：

1. 确认通过《2011—2015 年俄罗斯联邦公民爱国主义教育》国家纲要（以下简称纲要）。

2. 联邦执行权力机关是实施纲要活动的执行单位，全权委任其按既定程序，自 2011 年起负责制定实施纲要的联邦预算草案（联邦预算草案和中期财政计划）。

3. 建议俄罗斯联邦主体执行权力机关结合国家纲要内容，制定各地区公民爱国主义教育大纲。

俄罗斯联邦政府总理　　　　弗·普京

批准纲要
俄罗斯联邦政府
2010 年 10 月 5 日
第 795 号决议

《2011—2015 年俄罗斯联邦公民爱国主义教育》国家纲要

（俄罗斯联邦政府 2011 年 10 月 6 日决议修订，第 823 号；俄罗斯联邦政府
2013 年 1 月 17 日决议修订，第 13 号；俄罗斯联邦政府
2013 年 10 月 7 日决议修订，第 889 号）

一、前言

《2011—2015 年俄罗斯联邦公民爱国主义教育》国家纲要（以下简称纲要）是在《2001—2005 年俄罗斯联邦公民爱国主义教育》国家纲要、《2006—2010 年俄罗斯联邦公民爱国主义教育》国家纲要的基础上制定的，旨在继续推进有助于民族统一的重要因素——俄罗斯公民爱国意识建设。

纲要含有一系列面向全俄和地区间的法律、组织、方法、研究和信息领域活动，旨在进一步发展和完善公民爱国主义教育体系，确立爱国主义的角色定位，将其视为促进公民形成积极生活立场的道德基础。

推行俄罗斯联邦公民爱国主义教育领域的国家统一政策，通过国家权力机关、地方自治机关和社会团体开展有计划、可持续、协调性强的爱国主义教育活动，保障爱国主义教育目标的实现。

目前我国已经基本上建立了公民爱国主义教育体系。

绝大多数的俄罗斯联邦主体已经在本地区成立了爱国主义教育协调委员会和爱国主义教育中心，并且这些机构已经开始工作。各部门和各地区陆续通过并启动实施了公民爱国主义教育长期大纲，出台了爱国主义教育领域法律规范，为爱国主义教育的组织、信息、科学和方法保障创造了条件。

爱国主义教育组织进一步完善。艺术创作汇演、竞赛、展览和比赛的举办层次和教育效果得到了提升。为推动爱国题材教育活动开展，传统民族文化中心、剧院、图书馆和博物馆发挥了重要作用。

恢复举办军事体育运动会等活动，旨在面向青年开展军事爱国主义教育。以往德育工作的优秀传统形式得以重拾。国家权力机关大力推动德育工作的创新发展。劳动集体的社会地位在公民爱国主义

教育体系中得以提高。青年大学生的教育工作得到了改善。青年人积极投身社会联合会工作，开展各类公民爱国主义教育活动。

爱国主义教育领域的组织者和专家的培训和再培训工作已经开展。

已开展的工作表明，俄罗斯联邦公民爱国意识得到了有效加强。

为进一步推动爱国主义教育体系发展，必须在以下领域完善俄罗斯联邦立法：促进爱国主义教育物质技术基础的现代化，提高爱国主义教育组织方法水平，提高爱国主义教育组织者和专家职业培训的水平，在劳动集体中推动爱国主义教育体系发展，大众传媒和文化在爱国主义教育领域得到广泛运用，利用网络解决爱国主义教育问题。

必须在纲要的框架内解决上述问题及其他问题。

二、纲要的目的和任务

纲要的主要目的是进一步完善和发展公民爱国主义教育体系。

为实现纲要目的须完成下述任务：

增强国家机构和社会机构的教育作用，促进俄罗斯联邦公民形成崇高的爱国意识；

完善爱国主义教育体系的法律规范、方法和信息领域建设，促进公民爱国主义教育体系功能的实现；

促进社会形成积极的服兵役态度，培养青年形成按照应征入伍号召参加兵役的正向动机；

爱国主义教育组织者和专家在所开展活动中广泛使用德育工作的现代形式、方式和方法；

增强爱国主义教育组织者和专家的职业精神；

建设教育、劳动、创作和军事集体及社会联合会爱国主义教育的物质技术基础。

以实施纲要活动的方式完成上述任务，详见纲要附件 1。

三、纲要的实施机制

纲要实施机制的基础在于，进一步完善国家权力机关、地方自治机关以及致力于在公民爱国主义教育领域落实国家政策的社会团体的工作形式和方法，借助大众传媒广泛宣传爱国主义，全部社会机构和组织能够协调开展爱国主义教育活动。

纲要的组织支持工作由俄罗斯联邦政府下设的俄罗斯国家军事历史文化中心负责。

纲要的总执行单位是俄罗斯联邦教育科学部、俄罗斯联邦文化部、俄罗斯联邦体育部、俄罗斯联邦国防部，以及俄罗斯联邦政府下设的俄罗斯国家军事历史文化中心，上述机构具有下述职能（俄罗斯联邦政府 2013 年 10 月 7 日修改通过，第 889 号）：

研究和制定各部门爱国主义教育大纲（含有具体工作以及每一项活动的必要支出和财政来源）；

按照俄罗斯联邦法律，组织开展竞争选拔工作，遴选实施各部门大纲具体工作的执行单位；

保证各部门大纲的实施。

联邦执行权力机关、俄罗斯联邦主体执行权力机关是纲要实施的联合执行单位，负责所在部门(地区)爱国主义教育大纲(计划)的制定、组织和实施工作。

联邦执行权力机关、俄罗斯联邦主体执行权力机关、地方自治机关是爱国主义教育的组织者和责任者，在各自权力范围内，合力确保爱国主义教育体系功能的实现。

四、纲要的资金保障

2011—2015 年国家纲要的总财政资金为 7.772 亿卢布，其中，5.9675 亿卢布来自联邦预算资金，1.8045 亿卢布为预算外资金，由创作协会基金会、文化组织、体育组织、科学组织等参与爱国主义教育工作的相关组织提供，还包括提供无偿帮助、支援和资助的法人和自然人的资金。

联邦执行权力机关，以及纲要附件 1“执行单位”一栏中的第一位，负责落实纲要活动，确保按照附件要求，严格控制活动经费在预算款项范围内。

联邦执行权力机关和实施纲要活动的各执行单位，必须按照纲要附件 2 所示财政年度进行活动经费分配，确保实施纲要的活动经费不超过预算款项。

五、纲要实施的成效评价

按照纲要附件 3 提供的整体评价指标，定期分析爱国主义教育现状，是提高爱国主义教育成效的重要条件。

这些指标不仅可以判断和评价爱国主义教育的整体状况，同时也可以对爱国主义教育工作的个别维度进行评价。

实施纲要的最终成果，体现在国内整体爱国主义精神的正向增长上。公民的社会积极性和劳动积极性得到提升，特别要培育和提升青年个体的奉献精神，使其能够投身于基本生活领域以及社会和国家活动领域的发展；抵制和消除个别公民团体的极端行为和其他负面现象；重塑社会精神、经济和政治领域的稳定性，巩固国家安全。

《2011—2015 年俄罗斯联邦公民爱国主义教育》国家纲要实施措施
2013 年 10 月 7 日修订
附件 1

附件 1 《2011—2015 年俄罗斯联邦公民爱国主义教育》国家纲要实施措施

	执行单位	执行期限	总财政资金(百万卢布，根据 2005 年第一季度卢布汇率制定)			预期效果
			总计	联邦预算拨款	预算外资金	
一、完善俄罗斯联邦公民爱国主义教育体系						
完善公民爱国主义教育体系的组织活动与方法措施						
1. 提交俄罗斯国家杜马修订法案:						
2013 年 10 月 7 日俄罗斯联邦政府补充修订(第 889 号)						
修订 2003 年 10 月 6 日颁布的 131-Ф3 俄罗斯联邦法令《俄罗斯联邦地方自治法》中涉及的地方自治机构爱国主义教育功能的部分	俄罗斯地区发展部、俄罗斯体育部、俄罗斯教育科学部、俄罗斯文化部、俄罗斯司法部、俄罗斯国家原子能公司、俄罗斯联邦主体执行权力机关	2013 年	—	—	—	确立公民爱国主义教育的法律基础
2011 年 10 月 6 日、2013 年 10 月 7 日俄罗斯联邦政府补充修订(第 823 号、第 889 号)						
2. 组织全俄创新竞赛:						
青年学者科学研究与创新工作	俄罗斯教育科学部、俄罗斯文化部、俄罗斯劳动和社会保障部、俄罗斯青年事务署、俄罗斯农业部、俄罗斯能源部、俄罗斯通信与大众传媒部、俄罗斯新闻出版与大众传媒署、俄罗斯交通运输部、俄罗斯联邦主体执行权力机关	2011 年 2013 年 2015 年	3.5 3.5 3.5	3 3 3	0.5 0.5 0.5	促进培育具有创新意识的现代俄罗斯青年爱国者
2013 年 10 月 7 日俄罗斯联邦政府补充修订(第 889 号)						
学生爱国主义教育的科学研究工作	俄罗斯教育科学部，俄罗斯文化部，俄罗斯体育、旅游和青年政策部，俄罗斯国家军事历史文化中心，俄罗斯联邦主体执行权力机关	2012 年	2	2	—	积极引导青年学生关注精神道德教育和爱国主义教育问题
	俄罗斯教育科学部、俄罗斯文化部、俄罗斯体育部、俄罗斯国家军事历史文化中心、俄罗斯联邦主体执行权力机关	2014 年	2	2	—	

续表

	执行单位	执行期限	总财政资金(百万卢布，根据2005年第一季度卢布汇率制定)			预期效果
			总计	联邦预算拨款	预算外资金	
2013年10月7日俄罗斯联邦政府补充修订(第889号)						
与俄罗斯英勇历史和人民生活重要事件相关的年级作业和毕业作业	俄罗斯教育科学部，俄罗斯文化部，俄罗斯体育、旅游和青年政策部，俄罗斯国防部，俄罗斯紧急情况部，俄罗斯农业部，俄罗斯能源部，俄罗斯卫生和社会发展部，俄罗斯工业与贸易部，俄罗斯渔业署，俄罗斯海关，俄罗斯联邦警卫局，俄罗斯国家军事历史文化中心	2011年 2012年	2 2	2 2	— —	依托国家英勇历史事件教育广大青年学生
	俄罗斯教育科学部、俄罗斯文化部、俄罗斯体育部、俄罗斯国防部、俄罗斯紧急情况部、俄罗斯农业部、俄罗斯能源部、俄罗斯劳动和社会保障部、俄罗斯工业与贸易部、俄罗斯渔业署、俄罗斯海关、俄罗斯联邦警卫局、俄罗斯国家军事历史文化中心	2013年 2014年 2015年	2 2 2	2 2 2	— — —	
2013年10月7日俄罗斯联邦政府补充修订(第889号)						
3. 策划出版《文化机构爱国主义教育有效性评价方法》汇编	俄罗斯文化部	2012年	1	1	—	在实践活动中推广和运用文化机构爱国主义教育工作现状、有效性和成果的分析评价方法
4. 面向教育工作者组织全俄《我们培养俄罗斯爱国者》教学法参考书竞赛	俄罗斯教育科学部、俄罗斯国家军事历史文化中心	2012年 2014年	0.5 0.5	0.5 0.5	— —	推广教育体系的先进爱国主义教育形式和方法
5. 围绕“完善教育体系现代化进程中爱国主义教育路径”的主题，举办全俄教育机构爱国主义教育组织者大会	俄罗斯教育科学部、俄罗斯国家军事历史文化中心、俄罗斯联邦主体执行权力机关	2011年 2013年 2015年	1 1 1	1 1 1	— — —	为培养青年学生爱国意识探索新的方式方法
6. 举办研讨会：						
全俄儿童和青年社会联合会负责人实习研讨会“未成年人爱国主义教育：特征、经验、问题”	俄罗斯教育科学部、俄罗斯国防部、俄罗斯内务部、俄罗斯国家军事历史文化中心、俄罗斯联邦主体执行权力机关、俄罗斯陆海空军志愿后援协会	2013年 2015年	1.8 1.8	1.3 1.3	0.5 0.5	交流儿童和青年爱国主义教育工作经验

续表

	执行单位	执行期限	总财政资金(百万卢布，根据 2005 年第一季度卢布汇率制定)			预期效果
			总计	联邦预算拨款	预算外资金	
2013 年 10 月 7 日俄罗斯联邦政府补充修订(第 889 号)						
全俄教育机构负责人研讨会“教育体系爱国主义教育的组织工作：创新方式与技术创新”	俄罗斯教育科学部、俄罗斯文化部、俄罗斯国防部、俄罗斯国家军事历史文化中心、俄罗斯内务部、俄罗斯紧急情况部、俄罗斯通信与大众传媒部、俄罗斯新闻出版与大众传媒署、俄罗斯通信署、俄罗斯科学院、俄罗斯渔业署、俄罗斯联邦主体执行权力机关	2011 年 2013 年 2015 年	1.5 1.5 1.5	1.5 1.5 1.5	— — —	交流和推广青年学生爱国主义教育工作的先进经验
全俄中等军事学校(中等军事网络学校)负责人研讨会，交流爱国主义教育工作经验	俄罗斯教育科学部、俄罗斯国防部、俄罗斯内务部、俄罗斯安全总局、俄罗斯紧急情况部、俄罗斯联邦主体执行权力机关	2012 年 2014 年	1 1	0.8 0.8	0.2 0.2	促进中等军事学校(中等军事网络学校)负责人在帮助学生形成志愿服务祖国的动机的过程中形成开展爱国主义教育工作的一致观点
全俄搜寻工作组织者跨地区研讨会“组织教育机构的搜寻工作”	俄罗斯教育科学部、俄罗斯青年事务署、俄罗斯国防部、俄罗斯交通运输部、俄罗斯国家军事历史文化中心、俄罗斯渔业署、俄罗斯联邦主体执行权力机关	2011 年 2013 年 2015 年	1.2 1.2 1.2	0.8 0.8 0.8	0.4 0.4 0.4	教育机构搜寻工作组织者经验交流
全俄教育机构博物馆负责人跨地区研讨会“教育机构博物馆的组织工作”	俄罗斯教育科学部、俄罗斯交通运输部、俄罗斯国家军事历史文化中心、俄罗斯渔业署、俄罗斯联邦主体执行权力机关	2011 年 2013 年 2015 年	1.1 1.1 1.1	0.8 0.8 0.8	0.3 0.3 0.3	教育机构博物馆负责人经验交流
全俄青少年社会运动“安全学校”地区分部负责人研讨会，交流爱国主义教育工作经验	俄罗斯紧急情况部、俄罗斯国防部、俄罗斯教育科学部、俄罗斯联邦主体执行权力机关	2011 年	0.9	0.7	0.2	研究未成年人爱国主义教育工作的新形式和新方法，探索确保未成年人安全以及为俄罗斯联邦武装力量、救生和消防组织储备后备力量的新形式和新方法

续表

	执行单位	执行期限	总财政资金（百万卢布，根据 2005 年第一季度卢布汇率制定）			预期效果
			总计	联邦预算拨款	预算外资金	
7. 筹备组织下述主题的全俄大会：						
“21 世纪的爱国主义：基于俄罗斯传统与现代经验的构建”	俄罗斯国家军事历史文化中心、俄罗斯国防部、俄罗斯教育科学部、俄罗斯文化部、俄罗斯体育部、俄罗斯劳动和社会保障部、俄罗斯农业部、俄罗斯内务部、俄罗斯通信与大众传媒部、俄罗斯新闻出版与大众传媒署、俄罗斯能源部、俄罗斯毒品控制局、俄罗斯海关、俄罗斯联邦主体执行权力机关	2013 年	1. 2	0. 9	0. 3	依托网络，总结和推广国家机关和社会联合会开展爱国主义教育活动的优秀传统和先进经验
2013 年 10 月 7 日俄罗斯联邦政府补充修订（第 889 号）						
“民族文化：爱国主义教育和形成和谐民族关系的有效方式”	俄罗斯文化部、俄罗斯国家军事历史文化中心、俄罗斯联邦主体执行权力机关	2012 年	2. 5	1. 3	1. 2	总结工作经验并确定有效运用传统文化开展爱国主义教育的实践措施
“战役伤残军人和退伍军人组织的青年爱国主义教育作用”	俄罗斯体育、旅游和青年政策部，俄罗斯卫生和社会发展部，乌德穆尔特共和国政府，全国阿富汗伤残战士社会组织，俄罗斯阿富汗退伍军人联盟	2012 年	1. 3	1. 3	—	提高退伍军人组织开展公民爱国主义教育活动的积极性，总结相关工作经验，完善爱国主义教育的形式和方法
8. 组织相关活动，进一步完善青年组织和退伍军人组织的交流协作：						
全俄铁木尔志愿运动组织者研讨会，为参加过伟大的卫国战争、局部战争和冲突的退伍军人和殉难者遗孀提供援助	俄罗斯青年事务署、俄罗斯教育科学部、俄罗斯联邦主体执行权力机关、俄罗斯青年联盟	2011 年 2014 年	1 1	1 1	— —	激发人们对老一辈俄罗斯人的关爱与尊重
围绕劳动活动进程中的爱国主义教育问题，组织国家核心经济领域退伍军人与青年专家人才的见面会	俄罗斯体育、旅游和青年政策部，俄罗斯工业与贸易部，俄罗斯农业部，俄罗斯能源部，俄罗斯特种建设局，俄罗斯国家原子能公司，俄罗斯渔业署，俄罗斯联邦主体执行权力机关，全俄战争、劳动、武装和执法部门退伍（退休）军人社会组织，俄罗斯青年联盟	2011 年	1. 2	1	0. 2	帮助社会核心经济领域的劳动集体形成积极的公民立场和对职业传统的继承性
	俄罗斯教育科学部，俄罗斯工业与贸易部，俄罗斯农业部，俄罗斯能源部，俄罗斯特种建设局，俄罗斯国家原子能公司，俄罗斯渔业署，俄罗斯联邦主体执行权力机关，全俄战争、劳动、武装和执法部门退伍（退休）军人社会组织，俄罗斯青年联盟	2013 年 2015 年	1. 2 1. 2	1 1	0. 2 0. 2	

续表

<table>
<tr><th rowspan="2"></th><th rowspan="2">执行单位</th><th rowspan="2">执行期限</th><th colspan="3">总财政资金（百万卢布，根据 2005 年第一季度卢布汇率制定）</th><th rowspan="2">预期效果</th></tr>
<tr><th>总计</th><th>联邦预算拨款</th><th>预算外资金</th></tr>
<tr><td colspan="7">2013 年 10 月 7 日俄罗斯联邦政府补充修订（第 889 号）</td></tr>
<tr><td rowspan="2">筹备出版介绍退伍军人组织和青年组织开展俄罗斯联邦公民爱国主义教育工作经验的宣传资料</td><td>俄罗斯体育、旅游和青年政策部，俄罗斯文化部，俄罗斯联邦主体执行权力机关，全俄战争、劳动、武装和执法部门退伍（退休）军人社会组织，俄罗斯青年联盟</td><td>2012 年</td><td>0. 2</td><td>0. 2</td><td>—</td><td rowspan="2">传播公民爱国主义教育工作先进经验</td></tr>
<tr><td>俄罗斯教育科学部，俄罗斯文化部，俄罗斯联邦主体执行权力机关，全俄战争、劳动、武装和执法部门退伍（退休）军人社会组织，俄罗斯青年联盟</td><td>2015 年</td><td>0. 2</td><td>0. 2</td><td>—</td></tr>
<tr><td colspan="7">2013 年 10 月 7 日俄罗斯联邦政府补充修订（第 889 号）</td></tr>
<tr><td>由青年退伍军人、青年和儿童联合会负责人参与的全俄青年爱国主义教育现实问题网络会议</td><td>俄罗斯青年事务署、俄罗斯国防部、俄罗斯国家军事历史文化中心、俄罗斯紧急情况部、俄罗斯内务部、俄罗斯联邦主体执行权力机关、俄罗斯青年联盟</td><td>2011 年
2012 年
2013 年
2014 年
2015 年</td><td>1
1
1
1
1</td><td>1
1
1
1
1</td><td>—
—
—
—
—</td><td>探索青年爱国主义教育工作的创新方式和方法</td></tr>
<tr><td>9. 为完善青年组织工作举办相应活动：</td><td></td><td></td><td></td><td></td><td></td><td></td></tr>
<tr><td rowspan="2">围绕“爱国主义教育是促进个性形成的要素”主题，组织全俄青年和儿童爱国主义联合会负责人会议</td><td>俄罗斯体育、旅游和青年政策部，俄罗斯国防部，俄罗斯国家军事历史文化中心，俄罗斯联邦主体执行权力机关，俄罗斯青年联盟</td><td>2012 年</td><td>1</td><td>1</td><td>—</td><td rowspan="2">青年联合会负责人交流爱国主义教育相关问题的工作经验</td></tr>
<tr><td>俄罗斯教育科学部、俄罗斯国防部、俄罗斯国家军事历史文化中心、俄罗斯联邦主体执行权力机关、俄罗斯青年联盟</td><td>2015 年</td><td>0. 54</td><td>0. 54</td><td>—</td></tr>
<tr><td colspan="7">2013 年 10 月 7 日俄罗斯联邦政府补充修订（第 889 号）</td></tr>
<tr><td>全俄爱国俱乐部和联合会负责人大会</td><td>俄罗斯体育、旅游和青年政策部，俄罗斯国防部，俄罗斯国家军事历史文化中心，俄罗斯联邦主体执行权力机关</td><td>2011 年</td><td>1. 5</td><td>1. 5</td><td>—</td><td>推广爱国主义教育先进经验，并将之付诸实践</td></tr>
</table>

续表

	执行单位	执行期限	总财政资金(百万卢布，根据 2005 年第一季度卢布汇率制定)			预期效果
			总计	联邦预算拨款	预算外资金	
全俄纪念碑和军人墓地青年仪仗队和“1 号岗”负责人会议	俄罗斯教育科学部、俄罗斯青年事务署、俄罗斯国防部、俄罗斯国家军事历史文化中心、俄罗斯联邦主体执行权力机关	2011 年 2012 年 2013 年 2014 年 2015 年	1 1 0.8 0.8 0.8	0.7 0.7 0.5 0.5 0.5	0.3 0.3 0.3 0.3 0.3	完善纪念碑和军人墓地青年仪仗队和“1 号岗”工作
2013 年 10 月 7 日俄罗斯联邦政府补充修订(第 889 号)						
支持俄罗斯青年企业家开展的全俄“俄罗斯制造”展览会和论坛	俄罗斯青年事务署、俄罗斯工业与贸易部、俄罗斯地区发展部、俄罗斯联邦主体执行权力机关、俄罗斯工业家和企业家联盟、全俄中小型企业组织“俄罗斯的支柱”	2013 年	2.1	1.6	0.5	推广本国产品，帮助未成年人形成国家自豪感
2013 年 10 月 7 日俄罗斯联邦政府补充修订(第 889 号)						
组织跨地区青年工作者职业技能竞赛，为获奖青年授予“职业能手”称号	俄罗斯体育、旅游和青年政策部，俄罗斯青年事务署，俄罗斯工业与贸易部，俄罗斯地区发展部，俄罗斯劳动与就业局，俄罗斯渔业署，俄罗斯联邦主体执行权力机关，俄罗斯工业家和企业家联盟，全俄中小型企业组织“俄罗斯的支柱”	2011 年 2012 年	2 2	1.5 1.5	0.5 0.5	提高各种所有制形式企业的青年职业技能和工作声誉
	俄罗斯教育科学部、俄罗斯青年事务署、俄罗斯工业与贸易部、俄罗斯地区发展部、俄罗斯劳动与就业局、俄罗斯渔业署、俄罗斯联邦主体执行权力机关、俄罗斯工业家和企业家联盟、全俄中小型企业组织“俄罗斯的支柱”	2013 年 2014 年 2015 年	2 2 2	1.5 1.5 1.5	0.5 0.5 0.5	
2013 年 10 月 7 日俄罗斯联邦政府补充修订(第 889 号)						
全俄青年组织“全俄大学生搜寻队”地区分部竞赛	俄罗斯紧急情况部、俄罗斯青年事务署、俄罗斯教育科学部、俄罗斯联邦主体执行权力机关、俄罗斯陆海空军志愿后援协会	2011 年 2012 年 2013 年 2014 年 2015 年	2 2 2 2 2	1 1 1 1 1	1 1 1 1 1	帮助青年获得在极端环境下生存的实践技巧和能力，对个体安全和社会安全提高警惕意识和责任意识，完善青年的道德心理和身体素质

续表

	执行单位	执行期限	总财政资金(百万卢布，根据 2005 年第一季度卢布汇率制定)			预期效果
			总计	联邦预算拨款	预算外资金	
组织由武备学校、普通中学、班级和小组(分部)参加的“青年救援者”野外夏令营	俄罗斯紧急情况部、俄罗斯教育科学部、俄罗斯联邦主体执行权力机关	2011 年 2012 年 2013 年 2014 年 2015 年	5 5 5 5 5	2.5 2.5 2.5 2.5 2.5	2.5 2.5 2.5 2.5 2.5	在极端环境下开展青年学生的实践教学，帮助他们掌握施救技能，普及救援和消防活动并为其储备后备力量，宣传健康的生活方式
10. 表彰下述公民爱国主义教育成绩：						
继续颁发“俄罗斯爱国者”纪念章，奖励在爱国主义教育工作中作出巨大贡献的人，奖励在公务活动、军事活动、劳动和社会活动中彰显爱国主义精神风貌的人	俄罗斯国家军事历史文化中心	2011 年	2	1.7	0.3	在俄罗斯公民的公务活动、军事活动、劳动和社会活动中促进彰显爱国主义精神风貌
继续授予“俄罗斯联邦公民爱国主义教育积极工作”荣誉奖章，奖励为俄罗斯公民爱国主义教育体系发展作出巨大贡献的人	俄罗斯国家军事历史文化中心	2012 年	0.9	0.7	0.2	振兴发展公民爱国主义教育组织，并促进组织者积极开展工作
设立“爱国主义教育成就奖”，开展年度评比	俄罗斯文化部，俄罗斯教育科学部，俄罗斯体育、旅游和青年政策部，俄罗斯国防部，俄罗斯内务部，俄罗斯安全总局，俄罗斯国家军事历史文化中心，俄罗斯陆海空军志愿后援协会	2011 年 2012 年 2013 年 2014 年 2015 年	0.3 0.3 0.3 0.3 0.3	0.3 0.3 0.3 0.3 0.3	— — — — —	激发不同活动领域专家的创造潜力，不断完善公民爱国主义教育工作
设立“国际体育竞技舞台爱国主义精神风貌奖”，开展年度评比	俄罗斯体育部	2012 年 2013 年 2014 年 2015 年	1.5 1.45 1.45 1.45	1 0.95 0.95 0.95	0.5 0.5 0.5 0.5	提高国际赛事运动员的爱国主义教育水平
2013 年 10 月 7 日俄罗斯联邦政府补充修订(第 889 号)						
授予在爱国主义教育领域开展纪念苏联英雄和俄罗斯英雄活动，且取得佳绩的教育机构、俱乐部荣誉称号	俄罗斯体育、旅游和青年政策部，俄罗斯教育科学部，俄罗斯联邦主体执行权力机关	2011 年 2012 年	0.3 0.3	— —	0.3 0.3	铭记祖国英雄，为积极开展地区爱国主义教育工作创造条件
	俄罗斯教育科学部、俄罗斯联邦主体执行权力机关	2013 年 2014 年 2015 年	0.3 0.3 0.3	— — —	0.3 0.3 0.3	

续表

	执行单位	执行期限	总财政资金（百万卢布，根据2005年第一季度卢布汇率制定）			预期效果
			总计	联邦预算拨款	预算外资金	
2013年10月7日俄罗斯联邦政府补充修订（第889号）						
完善公民爱国主义教育信息保障						
11. 筹备出品下述电视广播节目：						
与学者，文学、艺术和创作联盟的代表，教育家，劳动领域、战争和军队退伍军人讨论爱国主义教育问题	俄罗斯新闻出版与大众传媒署，俄罗斯国家电视广播公司，俄罗斯国防部，俄罗斯文化部，俄罗斯体育、旅游和青年政策部，俄罗斯内务部，俄罗斯安全总局，俄罗斯联邦主体执行权力机关，“战斗兄弟”全俄社会组织，“俄罗斯英雄协会”全俄社会组织	2011年 2012年 2013年 2014年 2015年	2.4 2.4 2.4 2.4 2.4	2 2 2 2 2	0.4 0.4 0.4 0.4 0.4	加强大众传媒在公民爱国主义教育方面的作用
2013年10月7日俄罗斯联邦政府补充修订（第889号）						
通过大众传媒播放禁毒广告	俄罗斯毒品控制局、俄罗斯新闻出版与大众传媒署、俄罗斯联邦主体执行权力机关	2012年 2013年 2014年 2015年	1 1 1 1	1 1 1 1	— — — —	增强大众传媒和公益广告的禁毒宣传作用
宣传俄罗斯军事荣誉城	俄罗斯新闻出版与大众传媒署、俄罗斯国家电视广播公司、俄罗斯国防部、俄罗斯档案署、俄罗斯文化部、被授予“军事荣誉城”称号市的市政府	2011年 2012年 2013年 2014年 2015年	2.6 2.6 2.6 2.6 2.6	1.8 1.8 1.8 1.8 1.8	0.8 0.8 0.8 0.8 0.8	帮助俄罗斯联邦公民形成国家自豪感、民族自豪感和历史自豪感
12. 为公民爱国主义教育提供信息资料库：						
确立国家相关需求，提出编排剧目、举办博物馆展览、组织俄罗斯青年公民军事爱国主义教育题材的出版工作的国家需求	俄罗斯文化部、俄罗斯国防部、俄罗斯内务部、俄罗斯安全总局、俄罗斯陆海空军志愿后援协会	2011年 2012年 2013年 2014年 2015年	9.54 11.24 11.24 11.24 11.24	8 9.7 9.7 9.7 9.7	1.54 1.54 1.54 1.54 1.54	以艺术和文学作品为载体培养公民的爱国意识
组建反映国家历史和文化的电子格式的爱国题材艺术文学作品、音乐作品和教育项目基金会	俄罗斯教育科学部、俄罗斯文化部、俄罗斯国防部、俄罗斯国家军事历史文化中心、俄罗斯内务部、俄罗斯联邦主体执行权力机关	2011年 2012年 2013年 2014年 2015年	1.2 1.2 1 1 1.2	1 1 0.8 0.8 1	0.2 0.2 0.2 0.2 0.2	扩大信息宣传工作的物质基础

续表

	执行单位	执行期限	总财政资金(百万卢布，根据2005年第一季度卢布汇率制定)			预期效果
			总计	联邦预算拨款	预算外资金	
2013年10月7日俄罗斯联邦政府补充修订(第889号)						
基于国家电视广播基金会档案资料，开发"国家电视广播基金会方案中的俄罗斯英雄史"专题网站	俄罗斯新闻出版与大众传媒署、俄罗斯档案署、国家电视和广播节目基金会、俄罗斯国家军事历史文化中心	2011年 2012年 2013年 2014年 2015年	2 1.25 1.25 1.25 1.25	2 1.25 1.25 1.25 1.25	— — — — —	广泛了解历史档案
为"俄罗斯档案"官网的"胜利"专栏提供补充信息和软硬件支持	俄罗斯档案署、俄罗斯国防部	2011年 2012年 2013年 2014年 2015年	1 1 1 1 1	1 1 1 1 1	— — — — —	铭记1941—1945年伟大的卫国战争中苏联军人的功勋
2013年10月7日俄罗斯联邦政府补充修订(第889号)						
13. 组织全俄新闻工作者竞赛：						
组织全俄"俄罗斯爱国者"竞赛，奖励爱国主义教育活动的最佳传媒报道工作(电子产品和印刷品)	俄罗斯新闻出版与大众传媒署、俄罗斯国防部、俄罗斯国家军事历史文化中心、俄罗斯联邦主体执行权力机关	2011年 2012年 2013年 2014年 2015年	7.2 7.2 7.2 7.2 7.2	7.2 7.2 7.2 7.2 7.2	— — — — —	提高电子和印刷形式大众传媒手段的爱国主义教育作用
组织全俄"捍卫秩序"刑事执行制度的最佳新闻报道观摩比赛	俄罗斯处罚执行局、俄罗斯内务部、俄罗斯联邦主体执行权力机关	2011年 2012年 2013年 2014年 2015年	0.5 0.5 0.5 0.5 0.5	0.5 0.5 0.5 0.5 0.5	— — — — —	号召广大大众传媒代表客观报道刑事执行制度相关活动和相关部门的优秀工作者
14. 举办爱国题材的跨地区新闻工作者竞赛和艺术节：						激发新闻组织开展爱国主义教育的创造力
"西伯利亚——希望的原野"跨地区新闻基本功比赛	俄罗斯新闻出版与大众传媒署、俄罗斯国家电视广播公司、俄罗斯地区发展部、俄罗斯联邦主体执行权力机关	2011年 2012年 2013年 2014年 2015年	1.5 1.5 1.5 1.5 1.5	1.5 1.5 1.5 1.5 1.5	— — — — —	
"俄罗斯盾牌"跨地区军事爱国主义电视节目和广播节目艺术节	俄罗斯新闻出版与大众传媒署、俄罗斯国家电视广播公司、俄罗斯地区发展部、俄罗斯联邦主体执行权力机关	2011年 2012年 2013年 2014年 2015年	2 2 2 2 2	2 2 2 2 2	— — — — —	

续表

	执行单位	执行期限	总财政资金(百万卢布，根据 2005 年第一季度卢布汇率制定)			预期效果
			总计	联邦预算拨款	预算外资金	
“我的小祖国”地方志题材的跨地区竞赛	俄罗斯新闻出版与大众传媒署、俄罗斯国家电视广播公司、俄罗斯地区发展部、俄罗斯渔业署、俄罗斯联邦主体执行权力机关	2011 年 2012 年 2013 年 2014 年 2015 年	1.8 1.8 1.8 1.8 1.8	1.8 1.8 1.8 1.8 1.8	— — — — —	
“俄罗斯荣誉”跨地区新闻基本功比赛，献礼国家军事荣誉日	俄罗斯新闻出版与大众传媒署、俄罗斯国家电视广播公司、俄罗斯地区发展部、俄罗斯联邦主体执行权力机关	2011 年 2012 年 2013 年 2014 年 2015 年	2 2 2 2 2	2 2 2 2 2	— — — — —	
15. 举办年度艺术节和竞赛，评比最佳爱国题材的艺术电影和纪录片	俄罗斯文化部	2011 年 2012 年 2013 年 2014 年 2015 年	2 2 2 2 2	2 2 2 2 2	— — — — —	激发具有创新意识的代表人物参与爱国主义教育的积极性
16. 创办主题网站，同步报道国家、部门和地区公民爱国主义教育项目的实施情况	俄罗斯国家军事历史文化中心，俄罗斯体育、旅游和青年政策部，俄罗斯教育科学部，俄罗斯文化部，俄罗斯国防部，俄罗斯新闻出版与大众传媒署，俄罗斯联邦主体执行权力机关	2011 年 2012 年	0.2 0.35	— 0.15	0.2 0.2	建设信息方法数据库，保证综合报道联邦执行权力机关、俄罗斯联邦主体执行权力机关、爱国主义联合会和社会组织的爱国主义教育活动
	俄罗斯国家军事历史文化中心、俄罗斯体育部、俄罗斯教育科学部、俄罗斯文化部、俄罗斯国防部、俄罗斯新闻出版与大众传媒署、俄罗斯联邦主体执行权力机关	2013 年 2014 年 2015 年	0.2 1.7 1.7	— 1.5 1.5	0.2 0.2 0.2	
2013 年 10 月 7 日俄罗斯联邦政府补充修订(第 889 号)						
17. 出版《祖国爱国者》杂志及其副刊	俄罗斯国家军事历史文化中心，俄罗斯新闻出版与大众传媒署，俄罗斯体育、旅游和青年政策部	2011 年 2012 年	0.4 0.4	0.4 0.4	— —	报道爱国主义教育相关问题，交流爱国主义教育工作经验，提高爱国主义教育成效
	俄罗斯国家军事历史文化中心、俄罗斯新闻出版与大众传媒署、俄罗斯体育部、俄罗斯教育科学部	2013 年 2014 年 2015 年	0.4 1 1	0.4 1 1	— — —	

续表

	执行单位	执行期限	总财政资金(百万卢布，根据 2005 年第一季度卢布汇率制定)			预期效果
			总计	联邦预算拨款	预算外资金	
2013 年 10 月 7 日俄罗斯联邦政府补充修订(第 889 号)						
18. 出版系列图书：5 卷本军事生平词典《1941—1945 年伟大的卫国战争中苏联武装力量的司令部、师长》	俄罗斯国防部	2011 年 2012 年 2013 年 2014 年 2015 年	0. 35 0. 5 0. 5 0. 5 0. 5	0. 35 0. 5 0. 5 0. 5 0. 5	— — — — —	丰富爱国主义教育素材库
历史类图书《伟大的卫国战争(1941—1945 年)：神话与现实》	俄罗斯国防部	2012 年	1	1	—	抵制肆意篡改 1941—1945 年伟大的卫国战争历史
1941—1945 年伟大的卫国战争期间儿童书信和绘画作品集《儿童眼中的战争》	俄罗斯档案署	2015 年	0. 5	0. 5	—	丰富爱国主义教育素材库，加强公民对俄罗斯历史的尊重
《俄罗斯和苏联国防军事综合体建设与发展史(1900—1963 年)》(6 卷本档案汇编)	俄罗斯档案署、俄罗斯国防部、俄罗斯国家原子能公司	2011 年 2012 年 2013 年 2014 年 2015 年	1 0. 3 0. 3 0. 3 1	1 0. 3 0. 3 0. 3 1	— — — — —	
定期出版《俄罗斯杰出人才工作和创造性活动中彰显的爱国主义》	俄罗斯教育科学部	2012 年	0. 7	0. 7	—	宣传和推广俄罗斯杰出人才的爱国主义精神
军事历史类图书《18—21 世纪的俄罗斯黑海舰队》	俄罗斯国防部	2012 年	1	1	—	丰富爱国主义教育素材库，加强公民对俄罗斯军事历史的尊重
《俄罗斯历史的金色篇章》图册	俄罗斯注册、登记和测绘局	2011 年 2012 年 2013 年 2014 年 2015 年	2 2 2 2 2	1. 5 1. 5 1. 5 1. 5 1. 5	0. 5 0. 5 0. 5 0. 5 0. 5	宣传和歌颂俄罗斯历史里程碑
《捍卫祖国疆域》画册	俄罗斯安全总局	2012 年	1. 2	1. 2	—	宣传边防英雄
19. 成立刑事执行制度中央博物馆，创办刑事执行制度博物馆网站	俄罗斯处罚执行局	2011 年 2012 年	1 1	1 1	— —	开发博物馆网
20. 为俄罗斯国防部博物馆和博物馆教育更新博物馆陈列品、购置博物馆设备	俄罗斯国防部、俄罗斯档案署	2014 年 2015 年	2 2	2 2	— —	巩固俄罗斯国防部博物馆教学资料基础

续表

	执行单位	执行期限	总财政资金(百万卢布，根据2005年第一季度卢布汇率制定)			预期效果
			总计	联邦预算拨款	预算外资金	
21. 为军官之家和部队俱乐部配套提供爱国题材的视频影片	俄罗斯国防部、俄罗斯内务部、俄罗斯戏剧家联盟	2012年 2013年 2014年 2015年	1.5 1.5 1.5 1.5	1.5 1.5 1.5 1.5	— — — —	巩固军官之家和部队俱乐部爱国主义教育的物质基础
二、在组织开展俄罗斯周年纪念活动和其他历史纪念日活动中实施公民爱国主义教育						
筹备纪念1941—1945年伟大的卫国战争胜利70周年爱国主义教育工作						
22. 举办下述主题会议：						
“爱国主义——伟大胜利的精神力量”	俄罗斯国防部、俄罗斯教育科学部、俄罗斯文化部、俄罗斯内务部、俄罗斯安全总局、俄罗斯国家军事历史文化中心、俄罗斯体育部、俄罗斯司法部、俄罗斯毒品控制局、俄罗斯科学院、俄罗斯联邦主体执行权力机关、俄罗斯退伍军人和现役军人委员会	2014年	2	1.8	0.2	增强公民对国家军事历史的兴趣，抵制肆意篡改1941—1945年伟大的卫国战争历史
2013年10月7日俄罗斯联邦政府补充修订(第889号)						
“伟大的卫国战争胜利70周年”	俄罗斯外交部、俄罗斯国防部、俄罗斯教育科学部、俄罗斯内务部、俄罗斯国家军事历史文化中心、俄罗斯安全总局、俄罗斯司法部、俄罗斯档案署、俄罗斯国家机要通信局、俄罗斯国家电视广播公司、俄罗斯联邦主体执行权力机关、俄罗斯退伍军人和现役军人委员会	2015年	2.5	2	0.5	客观呈现伟大的卫国战争和苏联人民的英雄主义，增强公民对祖国军事历史的兴趣，抵制肆意篡改1941—1945年伟大的卫国战争历史
23. 举办下述艺术节、竞赛和展览：						
“地球——我们共同的家园”友好城市国际艺术节	俄罗斯地区发展部、俄罗斯外交部、俄罗斯体育部、俄罗斯国家军事历史文化中心、伏尔加格勒州政府、俄罗斯联邦主体执行权力机关	2015年	0.8	0.7	0.1	巩固民族友谊，培育国际主义精神、宽容意识，尊重不同文化和传统
2013年10月7日俄罗斯联邦政府补充修订(第889号)						
国际民间创作艺术节“太平洋上的和平日”	俄罗斯文化部、俄罗斯外交部、俄罗斯国防部、俄罗斯国家军事历史文化中心、俄罗斯内务部、俄罗斯安全总局、俄罗斯交通运输部、俄罗斯农业部、俄罗斯渔业署、堪察加边疆区政府、滨海边疆区政府、哈巴罗夫斯克边疆区政府、萨哈林州政府、阿穆尔州政府	2015年	2.5	1	1.5	铭记苏联人民打败日本军国主义并取得胜利的历史

续表

	执行单位	执行期限	总财政资金(百万卢布，根据2005年第一季度卢布汇率制定)			预期效果
			总计	联邦预算拨款	预算外资金	
来自英雄城、“军事荣誉城”、独联体成员国、反希特勒联盟的爱国歌曲演奏者举办的国际艺术节“记住被拯救的世界”	俄罗斯文化部、俄罗斯国防部、俄罗斯内务部、俄罗斯作曲家联盟、英雄城和被授予“军事荣誉城”称号市的政府	2014年 2015年	3 3	1.5 1.5	1.5 1.5	以艺术为载体复兴反法西斯、反侵略和团结一致夺取和平的民族光荣传统
“斯大林格勒”杯国际管乐队艺术节	俄罗斯文化部、俄罗斯国防部、俄罗斯内务部、俄罗斯安全总局、俄罗斯紧急情况部、伏尔加格勒州政府	2013年	2	1	1	恢复节日管乐活动传统，铭记作为第二次世界大战转折点的斯大林格勒战役的世界意义和历史价值
2013年10月7日俄罗斯联邦政府补充修订(第889号)						
尤·奥泽罗夫国际军事电影节	俄罗斯文化部、俄罗斯档案署、俄罗斯国防部、俄罗斯电影家联盟	2011年 2012年 2013年 2014年 2015年	0.8 0.8 0.8 0.8 0.8	0.8 0.8 0.8 0.8 0.8	— — — — —	铭记1941—1945年伟大的卫国战争苏联人民的功勋
“沃洛科拉姆斯克边界”谢·邦达尔丘克国际军事爱国主义电影节	俄罗斯文化部、俄罗斯国防部、莫斯科州政府	2015年	2	1.5	0.5	支持和宣传俄罗斯联邦、独联体国家和波罗的海国家的军事爱国主义电影
全俄民间创作艺术节“胜利的礼炮”	俄罗斯文化部、俄罗斯国防部、俄罗斯内务部、俄罗斯安全总局、俄罗斯国家军事历史文化中心、俄罗斯联邦主体执行权力机关	2013年 2014年 2015年	2.5 2.5 2.5	1 1 1	1.5 1.5 1.5	激发独立艺术集体普及和推广爱国主义教育题材作品的创造性
在1941—1945年伟大的卫国战争中央博物馆举办“造型艺术中的俄罗斯军事史”全俄造型艺术展览	俄罗斯文化部、俄罗斯国防部、俄罗斯内务部、俄罗斯联邦主体执行权力机关、俄罗斯艺术家联盟	2015年	2	1	1	通过造型艺术，宣传苏联人民争取国家独立的不朽功勋，以及他们所体现的英雄主义和英勇事迹
全俄“记忆的火炬”1941—1945年伟大的卫国战争爱国题材新歌剧创作大赛	俄罗斯文化部、俄罗斯国防部、莫斯科州政府、俄罗斯联邦主体执行权力机关、地区剧作家发展和促进基金会	2013年 2014年 2015年	1 1 1	0.5 0.5 0.5	0.5 0.5 0.5	在专业剧院和人民剧院排练反映英雄爱国主义题材的新剧目
全俄“家庭史中的伟大卫国战争”大学生作品观摩比赛	俄罗斯教育科学部、俄罗斯体育部、俄罗斯联邦主体执行权力机关	2014年	1	1	—	号召青年大学生加入1941—1945年伟大的卫国战争历史教育工作

续表

	执行单位	执行期限	总财政资金（百万卢布，根据 2005 年第一季度卢布汇率制定）			预期效果
			总计	联邦预算拨款	预算外资金	
2013 年 10 月 7 日俄罗斯联邦政府补充修订（第 889 号）						
24. 在俄罗斯英雄城和军事荣誉城举办全俄艺术大师接力赛“为城市功勋歌唱”	俄罗斯文化部、英雄城和被授予“军事荣誉城”称号市的政府	2013 年 2014 年 2015 年	3.5 3.5 3.5	1 1 1	2.5 2.5 2.5	铭记祖国保卫者的功勋
25. “我们记得，我们骄傲”口号下的全俄“乔治丝带”青年爱国行动	俄罗斯青年事务署、俄罗斯教育科学部、莫尔多维亚共和国政府、俄罗斯联邦主体执行权力机关、俄罗斯青年联盟	2011 年 2012 年 2013 年 2014 年 2015 年	0.2 0.2 0.2 0.2 0.2	0.2 0.2 0.2 0.2 0.2	— — — — —	加强青年对老一辈战争传统的尊重之情，提升其对祖国战争史的自豪感
26. 举办青年见面会活动：						
全俄大学生论坛“伟大城市的伟大胜利”	俄罗斯教育科学部、俄罗斯文化部、俄罗斯联邦主体执行权力机关、俄罗斯青年联盟	2014 年	2	1.5	0.5	激发青年大学生对俄罗斯民族战争传统和劳动传统的尊敬和忠诚，使其时刻准备保卫祖国
2013 年 10 月 7 日俄罗斯联邦政府补充修订（第 889 号）						
南部联邦管区跨地区青年论坛，纪念高加索战役 70 周年	俄罗斯青年事务署、俄罗斯国防部、俄罗斯教育科学部、卡拉恰伊-切尔克斯共和国政府、俄罗斯联邦主体执行权力机关、俄罗斯陆海空军志愿后援协会	2013 年	1	0.5	0.5	确保祖国保卫者光荣传统的继承性
27. 为纪念 1941—1945 年伟大的卫国战争参与者，拍摄电影，制作视频档案：						
记录 1941—1945 年伟大的卫国战争期间鲜为人知的英雄事迹	俄罗斯文化部、俄罗斯国防部、俄罗斯国家电视广播公司	2012 年 2013 年 2014 年 2015 年	2 2 2 2	2 2 2 2	— — — —	支持和发展爱国题材影视作品
反映俄罗斯军事荣誉日和历史纪念日	俄罗斯文化部、俄罗斯国防部、俄罗斯国家军事历史文化中心、俄罗斯国家电视广播公司	2011 年 2012 年 2013 年 2014 年 2015 年	3 3 3 3 3	2.1 2.1 2.1 2.1 2.1	0.9 0.9 0.9 0.9 0.9	增加以培育俄罗斯公民爱国之情为主题的电影数量
纪念英雄城和被授予“军事荣誉城”称号的城市	俄罗斯文化部	2012 年	2	2	—	铭记祖国保卫者

续表

	执行单位	执行期限	总财政资金(百万卢布，根据2005年第一季度卢布汇率制定)			预期效果
			总计	联邦预算拨款	预算外资金	
短片《苏联军人在阿富汗的悲剧与英勇精神》	俄罗斯文化部，俄罗斯国防部，俄罗斯档案署，俄罗斯国家电视广播公司，俄罗斯内务部，俄罗斯安全总局，俄罗斯对外侦察局，俄罗斯司法部，全俄战争、劳动、武装和执法部门退伍(退休)军人社会组织，“战斗兄弟”全俄社会组织	2012年 2013年	2 2	2 2	— —	铭记苏联国际主义战士功勋，抵制歪曲1941—1945年伟大的卫国战争历史事件的行为
28. 全俄英雄城市和被授予“军事荣誉城”称号城市的汽车拉力赛“俄罗斯的命运——我的命运!”	俄罗斯体育部、俄罗斯交通运输部、俄罗斯国防部、英雄城和被授予“军事荣誉城”称号市的政府、俄罗斯陆海空军志愿后援协会	2011年 2012年 2013年 2014年 2015年	0.5 0.5 0.5 0.5 0.5	0.4 0.4 0.4 0.4 0.4	0.1 0.1 0.1 0.1 0.1	复兴和发展军事运动传统，铭记1941—1945年伟大的卫国战争胜利
2013年10月7日俄罗斯联邦政府补充修订(第889号)						
29. “胜利”军事体育运动会决赛	俄罗斯教育科学部、俄罗斯青年事务署、俄罗斯国防部、俄罗斯国家军事历史文化中心、俄罗斯联邦主体执行权力机关、俄罗斯陆海空军志愿后援协会	2012年 2014年	3.8 3.4	3.6 3.4	0.2 —	增强青年参加军事应用类运动、发展自身身体素质和意志品质的兴趣，使其时刻准备保卫国家
2013年10月7日俄罗斯联邦政府补充修订(第889号)						
30. 全俄中小学军事应用类和技术类体育比赛	俄罗斯体育、旅游和青年政策部，俄罗斯国防部，俄罗斯教育科学部，俄罗斯国家军事历史文化中心，俄罗斯陆海空军志愿后援协会	2011年	3.6	3.6	—	增强青年参加军事应用类运动、发展自身身体素质和意志品质的兴趣，使其时刻准备保卫国家
	俄罗斯体育部、俄罗斯国防部、俄罗斯教育科学部、俄罗斯国家军事历史文化中心、俄罗斯陆海空军志愿后援协会	2013年 2015年	3.4 3.4	3.4 3.4	— —	
2013年10月7日俄罗斯联邦政府补充修订(第889号)						
31. 以“总统赛”冠名的全俄学生健身赛	俄罗斯青年事务署、俄罗斯教育科学部、俄罗斯联邦主体执行权力机关	2011年 2012年 2013年 2014年 2015年	2 2 2 2 2	1.5 1.5 1.5 1.5 1.5	0.5 0.5 0.5 0.5 0.5	增强青年参加军事应用类运动、发展自身身体素质和意志品质的兴趣，使其时刻准备保卫国家
32. 为纪念苏联军人1941年莫斯科保卫战拉开反对德国法西斯战争序幕，举办“祖国忠诚之子”军队青年爱国行动	俄罗斯国防部、俄罗斯教育科学部、俄罗斯交通运输部、俄罗斯安全总局、俄罗斯内务部、俄罗斯档案署、俄罗斯国家机要通信局、俄罗斯国家军事历史文化中心、俄罗斯科学院、莫斯科市政府、特维尔州和图拉州政府、莫斯科州政府、俄罗斯联邦主体执行权力机关	2011年	1	1	—	铭记1941—1945年伟大的卫国战争中人民的功勋，增强人们的国家自豪感

续表

	执行单位	执行期限	总财政资金(百万卢布，根据 2005 年第一季度卢布汇率制定)			预期效果
			总计	联邦预算拨款	预算外资金	
33. 组织全俄“卫国战争烈士纪念劳动日”开幕式和闭幕式活动	俄罗斯青年事务署、俄罗斯教育科学部、俄罗斯国防部、俄罗斯内务部、俄罗斯文化部、俄罗斯交通运输部、俄罗斯国家军事历史文化中心、俄罗斯联邦主体执行权力机关	2011 年 2012 年 2013 年 2014 年 2015 年	2 2 2 2 2	2 2 2 2 2	— — — — —	加强社会搜寻联合会实施公民爱国主义教育的作用和威信
34. 在伟大的卫国战争战役地区，组织专业队负责军人墓地修缮工作并开展搜寻工作	俄罗斯教育科学部、俄罗斯青年事务署、俄罗斯国防部、俄罗斯经济发展与贸易部、俄罗斯劳动和社会保障部、俄罗斯劳动与就业局、俄罗斯文化部、俄罗斯交通运输部、俄罗斯渔业署、俄罗斯联邦主体执行权力机关	2011 年 2012 年 2013 年 2014 年 2015 年	2. 2 2. 2 2. 2 2. 2 2. 2	2 2 2 2 2	0. 2 0. 2 0. 2 0. 2 0. 2	铭记为国捐躯的俄罗斯烈士
2013 年 10 月 7 日俄罗斯联邦政府补充修订(第 889 号)						
在组织开展纪念俄罗斯历史荣誉日活动中实施公民爱国主义教育						
35. 以下述纪念内容为主题举办活动：						
纪念由米·库图佐夫将军指挥的抗击法国军队的博罗季诺战役 200 周年	俄罗斯国防部、俄罗斯教育科学部、俄罗斯内务部、俄罗斯档案署、俄罗斯国家机要通信局、俄罗斯国家军事历史文化中心、莫斯科州政府、俄罗斯联邦主体执行权力机关	2012 年	0. 8	0. 8	—	培养人们对祖国保卫者的自豪感，铭刻祖国保卫者的功勋
纪念由彼得一世指挥的俄国海军在汉科角战胜瑞典海军的汉科角海战暨俄国海军历史上第一次胜利 300 周年	俄罗斯国防部、俄罗斯教育科学部、俄罗斯安全总局、俄罗斯档案署、俄罗斯国家军事历史文化中心、列宁格勒州政府、莫斯科市政府、圣彼得堡市政府	2014 年	0. 8	0. 8	—	加强人们对俄罗斯海军历史的关注与尊重之情
纪念空军成立 100 周年	俄罗斯国防部、俄罗斯内务部、俄罗斯紧急情况部、俄罗斯安全总局、俄罗斯教育科学部、俄罗斯档案署、俄罗斯联邦主体执行权力机关	2012 年	0. 8	0. 8	—	加强人们对俄罗斯空军历史的关注与尊重之情
纪念刑事执行制度确立 135 周年	俄罗斯处罚执行局、俄罗斯联邦主体执行权力机关	2014 年	1. 5	1	0. 5	面向联邦执行机构工作人员制定高道德评价标准体系，促进其履行职责，提高其职务声望

续表

	执行单位	执行期限	总财政资金(百万卢布，根据 2005 年第一季度卢布汇率制定)			预期效果
			总计	联邦预算拨款	预算外资金	
纪念苏联军队撤离阿富汗 25 周年	俄罗斯国防部、俄罗斯内务部、俄罗斯安全总局、俄罗斯交通运输部、俄罗斯档案署、俄罗斯国家军事历史文化中心、俄罗斯联邦主体执行权力机关、俄罗斯阿富汗退伍军人联盟	2014 年	0. 8	0. 8	—	铭记苏联军队在阿富汗立下的功勋
纪念三次苏联英雄称号获得者亚·伊·波克雷什金 90 岁诞辰	俄罗斯国防部、俄罗斯青年事务署、新西伯利亚州政府、俄罗斯联邦主体执行权力机关、俄罗斯陆海空军志愿后援协会	2013 年	0. 9	0. 9	—	培育人们对 1941—1945 年伟大的卫国战争英雄的自豪感和尊重之情
36. 组织下述历史文件展览活动:						
纪念 1812 年卫国战争胜利 200 周年	俄罗斯档案署、俄罗斯国防部	2011 年 2012 年	0. 35 0. 9	0. 35 0. 9	— —	激发人们研究国家历史的兴趣，帮助人们形成对国家英勇历史的尊重之情
纪念 1612 年俄罗斯民兵解放莫斯科 400 周年	俄罗斯档案署、俄罗斯国防部、莫斯科市政府	2012 年	0. 5	0. 5	—	巩固人们对俄罗斯国家节日——民族统一日相关历史事件的了解，培育其国家自豪感
纪念米·瓦·罗蒙诺索夫诞辰 300 周年	俄罗斯档案署、俄罗斯教育科学部	2011 年	0. 4	0. 4	—	保护人们对国家科学事业发展的历史记忆，激发人们了解国家科学和杰出活动家的兴趣
纪念太空第一人(尤·阿·加加林)进入太空 50 周年	俄罗斯档案署、俄罗斯航天局、俄罗斯国防部	2011 年	0. 5	0. 5	—	通过国家航空成就，培育人们的国家自豪感
37. 举办英雄城和被授予“军事荣誉城”称号城市的青年旅行者大会	俄罗斯体育、旅游和青年政策部，俄罗斯教育科学部，俄罗斯国防部，英雄城和被授予“军事荣誉城”称号市的政府，俄罗斯联邦主体执行权力机关	2011 年 2012 年	1. 3 0. 7	1 0. 4	0. 3 0. 3	提高地方志领域的工作质量，增强人们对社会大众功勋的自豪感
	俄罗斯教育科学部、俄罗斯国防部、英雄城和被授予“军事荣誉城”称号市的政府、俄罗斯联邦主体执行权力机关	2013 年 2014 年 2015 年	0. 7 0. 7 0. 7	0. 4 0. 4 0. 4	0. 3 0. 3 0. 3	

续表

<table>
<tr><td rowspan="2"></td><td rowspan="2">执行单位</td><td rowspan="2">执行期限</td><td colspan="3">总财政资金(百万卢布，根据 2005 年第一季度卢布汇率制定)</td><td rowspan="2">预期效果</td></tr>
<tr><td>总计</td><td>联邦预算拨款</td><td>预算外资金</td></tr>
<tr><td colspan="7">2013 年 10 月 7 日俄罗斯联邦政府补充修订(第 889 号)</td></tr>
<tr><td colspan="7">在组织开展历史爱国活动中实施公民爱国主义教育</td></tr>
<tr><td rowspan="2">38. 在库利科夫原野、博罗季诺原野、马马耶夫岗、普罗霍洛夫卡原野等俄罗斯战场和军事荣誉地区组织大众剧本改编活动</td><td>俄罗斯文化部，俄罗斯国防部，俄罗斯体育、旅游和青年政策部，伏尔加格勒州政府，图拉州政府，别尔哥罗德州政府，莫斯科州政府</td><td>2012 年</td><td>3</td><td>1.5</td><td>1.5</td><td rowspan="2">铭记国家保卫者的历史功勋</td></tr>
<tr><td>俄罗斯文化部、俄罗斯国防部、伏尔加格勒州政府、图拉州政府、别尔哥罗德州政府、莫斯科州政府</td><td>2013 年
2014 年
2015 年</td><td>3
3
3</td><td>1.5
1.5
1.5</td><td>1.5
1.5
1.5</td></tr>
<tr><td colspan="7">2013 年 10 月 7 日俄罗斯联邦政府补充修订(第 889 号)</td></tr>
<tr><td>39. 举办全俄艺术节和跨地区艺术节：</td><td></td><td></td><td></td><td></td><td></td><td></td></tr>
<tr><td>全俄“天才和爱好者”儿童和青少年创作艺术节</td><td>俄罗斯紧急情况部、俄罗斯教育科学部、俄罗斯联邦主体执行权力机关</td><td>2011 年
2013 年
2015 年</td><td>2.3
2.3
2.3</td><td>1.5
1.5
1.5</td><td>0.8
0.8
0.8</td><td>按照职业需求培养天才儿童、少年和青年，培育青年一代俄罗斯人的爱国情感</td></tr>
<tr><td>全俄“献给你，我的俄罗斯”残疾儿童爱国歌曲艺术节</td><td>俄罗斯教育科学部、俄罗斯青年事务署、俄罗斯卫生和社会发展部、俄罗斯地区发展部、俄罗斯联邦主体执行权力机关</td><td>2011 年
2013 年
2015 年</td><td>2
1.61
1.61</td><td>2
1.61
1.61</td><td>—
—
—</td><td>提高残疾儿童爱国主义教育的保障水平</td></tr>
<tr><td colspan="7">2013 年 10 月 7 日俄罗斯联邦政府补充修订(第 889 号)</td></tr>
<tr><td>“我爱你，俄罗斯”全俄爱国歌曲会演</td><td>俄罗斯青年事务署、俄罗斯教育科学部、俄罗斯文化部、俄罗斯国防部、俄罗斯国家军事历史文化中心、俄罗斯内务部、俄罗斯地区发展部、俄罗斯交通运输部、俄罗斯渔业署、俄罗斯联邦主体执行权力机关</td><td>2011 年
2012 年
2013 年
2014 年
2015 年</td><td>2.6
2.6
2.34
1.55
1.59</td><td>2.1
2.1
1.84
1.55
1.59</td><td>0.5
0.5
0.5
—
—</td><td>激发独立集体实施未成年人爱国主义教育的创造力</td></tr>
<tr><td colspan="7">2013 年 10 月 7 日俄罗斯联邦政府补充修订(第 889 号)</td></tr>
<tr><td>全俄武装力量和其他强力部门士兵、退伍军人和现役军人以及“喀秋莎”家庭成员民间创作艺术节</td><td>俄罗斯国防部，俄罗斯内务部，俄罗斯安全总局，俄罗斯文化部，俄罗斯国家军事历史文化中心，俄罗斯海关，全俄战争、劳动、武装和执法部门退伍(退休)军人社会组织</td><td>2011 年
2013 年
2015 年</td><td>2
2
2</td><td>1.75
1.75
1.75</td><td>0.25
0.25
0.25</td><td>激发军人及其家庭成员实施未成年人爱国主义教育的创造力</td></tr>
</table>

续表

	执行单位	执行期限	总财政资金(百万卢布，根据 2005 年第一季度卢布汇率制定)			预期效果
			总计	联邦预算拨款	预算外资金	
全俄哥萨克骑兵体育节	俄罗斯地区发展部、俄罗斯国家军事历史文化中心、伏尔加格勒州政府、俄罗斯联邦主体执行权力机关、俄罗斯陆海空军志愿后援协会	2013 年	1.3	1	0.3	恢复哥萨克传统，提高身体素质，增强意志力，时刻准备保卫祖国
边防歌曲国际艺术节	俄罗斯安全总局、俄罗斯外交部、俄罗斯教育科学部	2011 年 2013 年 2015 年	1 1.2 1.4	1 1.2 1.4	— — —	号召文化、艺术领域和艺术集体的活动家，原创爱国歌曲主唱积极参与公民爱国主义教育
全俄法季扬诺夫诗歌和歌曲艺术节(全俄爱国歌曲演奏公开赛)	俄罗斯文化部、俄罗斯作家联盟、俄罗斯作曲家联盟、弗拉基米尔州政府、俄罗斯联邦主体执行权力机关	2011 年 2013 年 2015 年	3 3 3	0.7 0.7 0.7	2.3 2.3 2.3	号召艺术活动家和作家积极参与公民爱国主义教育工作
全俄“致高加索以和平”艺术大师活动	俄罗斯文化部、俄罗斯地区发展部、俄罗斯联邦主体执行权力机关	2011 年 2013 年 2015 年	1.7 1.7 1.7	1 1 1	0.7 0.7 0.7	巩固国际关系，共同丰富民族文化
全俄“俄罗斯青年”摄影展，全俄“我们是俄罗斯的孩子”摄影展	俄罗斯文化部、俄罗斯摄影家联盟、俄罗斯联邦主体执行权力机关、俄罗斯青年联盟	2012 年 2014 年	3 3	1.5 1.5	1.5 1.5	在青年摄影师作品中体现继承老一辈爱国传统的新一代俄罗斯人的精神面貌
全俄“哥萨克客栈”民间创作艺术节	俄罗斯文化部、俄罗斯国防部、克拉斯诺达尔边疆区政府、俄罗斯联邦主体执行权力机关	2011 年	1	1	—	在公民爱国主义教育中促进哥萨克传统文化发展
“遗产”哥萨克文化跨地区艺术节	俄罗斯地区发展部、鄂木斯克州政府、俄罗斯联邦主体执行权力机关、西伯利亚军队的哥萨克社会(根据协议)	2012 年	2.5	1.5	1	开展未成年人爱国主义教育，复兴哥萨克精神文化传统，巩固地区间关系
全俄“俄罗斯家庭”民间创作艺术节	俄罗斯文化部、俄罗斯联邦主体执行权力机关	2011 年 2013 年 2015 年	2.5 2.5 2.5	1 1 1	1.5 1.5 1.5	增强家庭在青年公民性、爱国主义和青年社会积极性教育领域的潜力
全俄“稳定的家庭——稳固的俄罗斯”家庭创作艺术节	俄罗斯文化部、俄罗斯教育科学部、俄罗斯青年事务署、俄罗斯联邦主体执行权力机关	2013 年	0.7	0.6	0.1	增强家庭在儿童和青年爱国主义教育领域的潜力

续表

	执行单位	执行期限	总财政资金(百万卢布，根据2005年第一季度卢布汇率制定)			预期效果
			总计	联邦预算拨款	预算外资金	
面向武备学校、班级和小组，组织"金肩章"全俄军事爱国艺术节	俄罗斯青年事务署、俄罗斯教育科学部、俄罗斯国家军事历史文化中心、俄罗斯国防部、俄罗斯内务部、俄罗斯紧急情况部、俄罗斯联邦主体执行权力机关、俄罗斯陆海空军志愿后援协会	2011年 2013年 2015年	1 1 1	1 1 1	— — —	提高教育机构学生职业发展指导工作的质量，服务于国家建设，促进学生爱国主义教育
全俄"俄罗斯青年天才"军事学校学员创作艺术节	俄罗斯青年事务署、俄罗斯教育科学部、俄罗斯国防部、俄罗斯文化部、俄罗斯联邦主体执行权力机关	2012年 2014年	1.5 1.5	1.5 1.5	— —	激发军事学校创造力
2013年10月7日俄罗斯联邦政府补充修订(第889号)						
40. 举办全俄竞赛和跨地区竞赛：						
全俄戏剧作品创作大赛"义务、荣誉、尊严"	俄罗斯文化部、俄罗斯国防部、莫斯科市政府、俄罗斯联邦主体执行权力机关、俄罗斯作家联盟	2011年 2012年 2013年 2014年 2015年	0.3 0.7 0.8 0.9 1	0.3 0.7 0.8 0.9 1	— — — — —	鼓励和支持艺术、文学活动家创作爱国作品
全俄最佳爱国题材博物馆展竞赛	俄罗斯文化部、俄罗斯教育科学部、俄罗斯国防部、俄罗斯国家军事历史文化中心、俄罗斯内务部、俄罗斯安全总局、俄罗斯交通运输部、俄罗斯航天局、俄罗斯国家原子能公司、俄罗斯联邦主体执行权力机关、俄罗斯工业家和企业家联盟	2014年	1.5	1	0.5	增强博物馆实施公民爱国主义教育的作用
第三届全俄"军官，万岁!"竞赛	俄罗斯处罚执行局、俄罗斯联邦主体执行权力机关	2012年	1	1	—	进一步提高刑事执行制度工作者的社会积极性，实施道德教育和审美教育
全俄"热爱祖国，从家庭做起"青年家庭大赛	俄罗斯青年事务署，俄罗斯体育、旅游和青年政策部，俄罗斯地区发展部，俄罗斯卫生和社会发展部，俄罗斯工业与贸易部，俄罗斯联邦主体执行权力机关	2011年	1.8	1.8	—	增强家庭的爱国主义教育潜力
"记住被拯救的世界"儿童画家作品国际展	俄罗斯文化部、俄罗斯教育科学部、俄罗斯国家军事历史文化中心、俄罗斯联邦主体执行权力机关	2013年	1.5	0.8	0.7	号召儿童关注国家历史和祖国保卫者的功勋

续表

	执行单位	执行期限	总财政资金（百万卢布，根据2005年第一季度卢布汇率制定）			预期效果
			总计	联邦预算拨款	预算外资金	
面向处于艰难生活境遇的未成年人开展英雄爱国主义教育方案和项目的跨地区设计大赛	俄罗斯青年事务署、俄罗斯教育科学部、俄罗斯国防部、俄罗斯地区发展部、俄罗斯劳动和社会保障部、俄罗斯毒品控制局、俄罗斯联邦主体执行权力机关	2011年 2013年 2015年	1.5 1.5 1.5	0.8 0.8 0.8	0.7 0.7 0.7	制定相关教育项目，号召处于艰难生活境遇的未成年人参与爱国主义教育体系的活动
2013年10月7日俄罗斯联邦政府补充修订（第889号）						
41. 举办全俄青年论坛和跨地区青年论坛：						
在俄罗斯联邦、拉脱维亚共和国和白俄罗斯共和国三国边界的友谊岗举办国际青年夏令营	俄罗斯青年事务署、俄罗斯教育科学部、布良斯克州政府、俄罗斯联邦主体执行权力机关、俄罗斯青年联盟	2011年 2012年 2013年 2014年 2015年	0.5 0.5 0.5 0.5 0.5	0.4 0.4 0.4 0.4 0.4	0.1 0.1 0.1 0.1 0.1	促进巩固国家间友好关系，促进青年形成爱国主义精神和公民立场
“祖国忠诚之子”军事学校学员舞会	俄罗斯国防部、俄罗斯教育科学部、俄罗斯文化部、俄罗斯国家军事历史文化中心、俄罗斯联邦主体执行权力机关	2011年 2012年 2013年 2014年 2015年	1.5 1.5 1.5 1.5 1.5	1.5 1.5 1.5 1.5 1.5	— — — — —	恢复俄罗斯武备学校的历史爱国主义传统，促进发展青年审美文化
“我的小祖国”全俄农村青年大会	俄罗斯体育、旅游和青年政策部，俄罗斯青年事务署，俄罗斯农业部，俄罗斯教育科学部，俄罗斯地区发展部，俄罗斯联邦主体执行权力机关	2012年	2	2	—	提高农村青年的工作积极性和社会积极性，培育农村青年对祖国的热爱之情
	俄罗斯教育科学部、俄罗斯青年事务署、俄罗斯农业部、俄罗斯地区发展部、俄罗斯联邦主体执行权力机关	2015年	2	2	—	
2013年10月7日俄罗斯联邦政府补充修订（第889号）						
全俄大学生和高年级学生大会“爱国主义从我做起”	俄罗斯体育、旅游和青年政策部，俄罗斯教育科学部，俄罗斯国家军事历史文化中心，俄罗斯联邦主体执行权力机关	2011年	1.2	1	0.2	培育人们对自己国家的热爱和尊重，使之有志通过自己的劳动成果和发明创造使国家更加繁荣昌盛
全俄青年地质学家野外奥林匹克开幕式（青年地质学家大会）	俄罗斯矿产开发署、俄罗斯联邦主体执行权力机关	2011年 2013年 2015年	10 10 10	3 3 3	7 7 7	提高儿童和青年爱国主义教育的有效性

续表

<table>
<tr><th rowspan="2"></th><th rowspan="2">执行单位</th><th rowspan="2">执行期限</th><th colspan="3">总财政资金(百万卢布，根据2005年第一季度卢布汇率制定)</th><th rowspan="2">预期效果</th></tr>
<tr><th>总计</th><th>联邦预算拨款</th><th>预算外资金</th></tr>
<tr><td rowspan="2">在教学帆船上开展少年水兵俱乐部成员的游泳教学实践活动</td><td>俄罗斯渔业署、俄罗斯联邦主体执行权力机关、“俄罗斯海军支持基金会”非营利联合会</td><td>2011年
2012年
2013年
2014年
2015年</td><td>3
3.3
3.6
3.9
4.2</td><td>—
—
—
—
—</td><td>3
3.3
3.6
3.9
4.2</td><td rowspan="2">帮助青年形成志愿参加海军的意识</td></tr>
<tr><td>俄罗斯海运河运署、俄罗斯联邦主体执行权力机关、“俄罗斯海军支持基金会”非营利联合会</td><td>2011年
2012年
2013年
2014年
2015年</td><td>2
2.2
2.4
2.6
2.8</td><td>—
—
—
—
—</td><td>2
2.2
2.4
2.6
2.8</td></tr>
<tr><td>普通教育机构学生“安全学校”跨地区比赛</td><td>俄罗斯紧急情况部、俄罗斯教育科学部、俄罗斯联邦主体执行权力机关</td><td>2011年
2012年
2013年
2014年
2015年</td><td>1.5
1.5
1.5
1.5
1.5</td><td>1
1
1
1
1</td><td>0.5
0.5
0.5
0.5
0.5</td><td>帮助青年获得在极端环境下生存的实践技巧和能力，对个体安全和社会安全提高警惕意识和责任意识，完善青年的道德心理和身体素质</td></tr>
<tr><td colspan="7">2013年10月7日俄罗斯联邦政府补充修订(第889号)</td></tr>
<tr><td>42. 全俄“我是俄罗斯公民”青年爱国行动</td><td>俄罗斯青年事务署、俄罗斯教育科学部、俄罗斯文化部、俄罗斯国防部、俄罗斯交通运输部、俄罗斯内务部、俄罗斯联邦主体执行权力机关、俄罗斯青年联盟</td><td>2011年
2012年
2013年
2014年
2015年</td><td>0.5
0.5
0.5
0.5
0.5</td><td>0.5
0.5
0.5
0.5
0.5</td><td>—
—
—
—
—</td><td>帮助取得人生第一个护照的14岁未成年人意识到自己的俄罗斯联邦公民身份</td></tr>
<tr><td>43. “我的命运在俄罗斯”联邦地区摄影作品巡回展</td><td>俄罗斯新闻出版与大众传媒署、俄罗斯国家军事历史文化中心、俄罗斯渔业署、俄罗斯联邦主体执行权力机关</td><td>2011年
2012年
2013年
2014年
2015年</td><td>8.0
8.0
8.0
8.0
8.0</td><td>8.0
8.0
8.0
8.0
8.0</td><td>—
—
—
—
—</td><td>确保不同地区活动的创新性和多样性，及时更新展览品</td></tr>
<tr><td>44. “俄罗斯联邦本土民族的文化和传统生活方式”虚拟历史文件展</td><td>俄罗斯档案署、俄罗斯地区发展部、俄罗斯联邦主体执行权力机关</td><td>2014年</td><td>1</td><td>1</td><td>—</td><td>增强人们对本土民族历史的尊重，展示这些民族在俄罗斯历史历程中的重要作用，巩固俄罗斯民族统一</td></tr>
<tr><td>45. 拍摄《命运和人的边界》《边疆的金星》《边防部队英雄大事记》系列纪实片</td><td>俄罗斯安全总局、俄罗斯档案署</td><td>2013年
2015年</td><td>3
3</td><td>2
2</td><td>1
1</td><td>保护边防军战争传统</td></tr>
</table>

续表

	执行单位	执行期限	总财政资金(百万卢布，根据2005年第一季度卢布汇率制定)			预期效果
			总计	联邦预算拨款	预算外资金	
促进社会形成积极的参军态度，以及青年按照合同和号召参加兵役生活的积极动机						
46. 退伍军人联合会和青年组织协作开展爱国主义教育和促进青年形成积极参军意识的全俄大会和跨地区大会(研讨会)	俄罗斯教育科学部、俄罗斯国防部、俄罗斯国家军事历史文化中心、俄罗斯安全总局、俄罗斯内务部、俄罗斯对外侦察局、俄罗斯联邦主体执行权力机关、俄罗斯退伍军人和现役军人委员会、俄罗斯青年联盟	2013年 2015年	1.6 1	1.6 1	— —	基于老一辈战争和劳动传统，提高青年教育工作的有效性
2013年10月7日俄罗斯联邦政府补充修订(第889号)						
47. 邀请强力部门退伍军人组织的负责人围绕“强力部门退伍军人组织在青年军事爱国主义教育和激发青年按照合同和号召积极参军工作中的作用”主题组织圆桌会议	俄罗斯国防部、俄罗斯青年事务署、俄罗斯内务部、俄罗斯紧急情况部、俄罗斯安全总局、俄罗斯国家军事历史文化中心、俄罗斯联邦主体执行权力机关、俄罗斯退伍军人和现役军人委员会、俄罗斯武装力量退伍军人组织	2014年	0.3	0.3	—	强力部门退伍军人组织交流青年军事爱国主义教育的工作经验
48. 全俄退伍军人和青年见面会，向1941—1945年伟大的卫国战争胜利献礼	俄罗斯体育、旅游和青年政策部，俄罗斯国防部，俄罗斯卫生和社会发展部，俄罗斯国家军事历史文化中心，俄罗斯渔业署，俄罗斯联邦主体执行权力机关	2011年 2012年	0.7 0.7	0.5 0.5	0.2 0.2	帮助青年形成对老一辈光荣传统的尊重之情，培养他们按照合同和号召积极参军的意识
	俄罗斯教育科学部、俄罗斯国防部、俄罗斯劳动和社会保障部、俄罗斯国家军事历史文化中心、俄罗斯渔业署、俄罗斯联邦主体执行权力机关	2013年 2014年 2015年	0.7 0.7 0.7	0.5 0.5 0.5	0.2 0.2 0.2	
2013年10月7日俄罗斯联邦政府补充修订(第889号)						
49. 哥萨克武备学校和普通中学教师跨地区爱国主义教育工作和激励青年自愿参军经验交流大会	俄罗斯地区发展部、俄罗斯体育部、俄罗斯国防部、俄罗斯国家军事历史文化中心、莫斯科市政府、莫斯科州政府、中央军人哥萨克协会	2015年	2	1	1	广泛交流完善哥萨克青年爱国主义教育工作的经验，交流促进哥萨克青年形成按照合同和号召积极参军立场的工作经验
2013年1月17日、2013年10月7日俄罗斯联邦政府补充修订(第13号、第889号)						
50. 全俄青年爱国行动：						
“全俄应征入伍的日子”	俄罗斯国防部、俄罗斯国家军事历史文化中心、俄罗斯联邦主体执行权力机关、俄罗斯陆海空军志愿后援协会	2011年 2012年 2013年 2014年 2015年	1 1 1 1 1	0.5 0.5 0.5 0.5 0.5	0.5 0.5 0.5 0.5 0.5	增强即满应征入伍年龄的青年的爱国主义精神和公民责任感，在社会范围内广泛形成积极参军的态度和立场

续表

<table>
<tr><th rowspan="2"></th><th rowspan="2">执行单位</th><th rowspan="2">执行期限</th><th colspan="3">总财政资金(百万卢布，根据 2005 年第一季度卢布汇率制定)</th><th rowspan="2">预期效果</th></tr>
<tr><th>总计</th><th>联邦预算拨款</th><th>预算外资金</th></tr>
<tr><td>“我们相信你，战士!”</td><td>俄罗斯国防部、俄罗斯青年事务署、俄罗斯国家军事历史文化中心、俄罗斯内务部、俄罗斯安全总局、俄罗斯紧急情况部、俄罗斯联邦主体执行权力机关</td><td>2011 年
2012 年
2013 年
2014 年
2015 年</td><td>0.4
0.4
0.4
0.4
0.4</td><td>0.4
0.4
0.4
0.4
0.4</td><td>—
—
—
—
—</td><td>促进青年形成保卫祖国和加入俄罗斯联邦武装力量的积极立场</td></tr>
<tr><td rowspan="2">51. 为纪念祖国保卫者日，开展全俄大众国防工作月</td><td>俄罗斯体育、旅游和青年政策部，俄罗斯教育科学部，俄罗斯国防部，俄罗斯内务部，俄罗斯紧急情况部，俄罗斯安全总局，俄罗斯联邦主体执行权力机关，俄罗斯陆海空军志愿后援协会</td><td>2011 年
2012 年</td><td>0.7
0.7</td><td>0.5
0.5</td><td>0.2
0.2</td><td rowspan="2">进一步培育青年军事爱国主义意识和积极参军立场</td></tr>
<tr><td>俄罗斯教育科学部、俄罗斯国防部、俄罗斯内务部、俄罗斯紧急情况部、俄罗斯安全总局、俄罗斯联邦主体执行权力机关、俄罗斯陆海空军志愿后援协会</td><td>2013 年
2014 年
2015 年</td><td>0.7
0.7
0.7</td><td>0.5
0.5
0.5</td><td>0.2
0.2
0.2</td></tr>
<tr><td colspan="7">2013 年 10 月 7 日俄罗斯联邦政府补充修订(第 889 号)</td></tr>
<tr><td>52. 举办全俄“教育机构、军事委员会、俄罗斯东正教教会、俄罗斯陆海空军志愿后援协会促进青年参加俄罗斯联邦武装力量和保卫祖国的协同工作经验”交流研讨会</td><td>俄罗斯教育科学部、俄罗斯国防部、俄罗斯青年事务署、俄罗斯国家军事历史文化中心、俄罗斯东正教教会、俄罗斯联邦主体执行权力机关、俄罗斯陆海空军志愿后援协会</td><td>2011 年
2013 年
2014 年</td><td>1.5
1.3
1.3</td><td>1.2
1
1</td><td>0.3
0.3
0.3</td><td>在培养青年加入俄罗斯联邦武装力量和保卫祖国的事业中，形成统一的立场和观点</td></tr>
<tr><td colspan="7">2013 年 10 月 7 日俄罗斯联邦政府补充修订(第 889 号)</td></tr>
<tr><td>53. “向胜利看齐”全俄青年爱国者大会</td><td>俄罗斯教育科学部、俄罗斯青年事务署、俄罗斯国防部、俄罗斯国家军事历史文化中心、俄罗斯联邦主体执行权力机关、俄罗斯陆海空军志愿后援协会、俄罗斯青年联盟</td><td>2012 年
2014 年
2015 年</td><td>1
0.8
0.8</td><td>1
0.8
0.8</td><td>—
—
—</td><td>进一步发展和完善俄罗斯青年爱国者组织的工作形式，促进青年形成积极参军的立场</td></tr>
<tr><td colspan="7">2013 年 10 月 7 日俄罗斯联邦政府补充修订(第 889 号)</td></tr>
<tr><td>54. 俄罗斯武备学校、苏沃洛夫陆军学校、爱国俱乐部的青年爱国者跨地区大会</td><td>俄罗斯青年事务署、俄罗斯教育科学部、俄罗斯内务部、俄罗斯国防部、俄罗斯紧急情况部、俄罗斯安全总局、彼尔姆州政府、俄罗斯联邦主体执行权力机关</td><td>2011 年
2012 年
2013 年
2014 年
2015 年</td><td>1.5
1.5
1.5
1.5
1.5</td><td>1.3
1.3
1.3
1.3
1.3</td><td>0.2
0.2
0.2
0.2
0.2</td><td>推广青年学生爱国主义教育工作的先进经验，促进青年形成积极参军的立场</td></tr>
</table>

续表

	执行单位	执行期限	总财政资金(百万卢布，根据2005年第一季度卢布汇率制定)			预期效果
			总计	联邦预算拨款	预算外资金	
55. 举办下述纪念活动：						
列宁格勒解除封锁70周年(1944年)	俄罗斯国防部、俄罗斯交通运输部、俄罗斯国家军事历史文化中心、俄罗斯教育科学部、俄罗斯安全总局、俄罗斯内务部、俄罗斯档案署、列宁格勒州政府、圣彼得堡市政府、俄罗斯联邦主体执行权力机关	2014年	1	1	—	铭记1941—1945年伟大的卫国战争中人民的功勋，增强人们的国家自豪感，促进青年形成积极参军的立场
苏联军队在斯大林格勒战役中击溃德国法西斯军队70周年(1943年)	俄罗斯国防部、俄罗斯教育科学部、俄罗斯安全总局、俄罗斯内务部、俄罗斯档案署、俄罗斯国家军事历史文化中心、伏尔加格勒州政府、俄罗斯联邦主体执行权力机关	2013年	1	1	—	铭记1941—1945年伟大的卫国战争中人民的功勋，增强人们的国家自豪感，促进青年形成积极参军的立场
苏联军队在库尔斯克战役中击溃德国法西斯军队70周年(1943年)	俄罗斯国防部、俄罗斯教育科学部、俄罗斯安全总局、俄罗斯内务部、俄罗斯档案署、俄罗斯国家军事历史文化中心、别尔哥罗德州政府、库尔斯克州政府、奥廖尔州政府、俄罗斯联邦主体执行权力机关	2013年	1	1	—	铭记1941—1945年伟大的卫国战争中人民的功勋，增强人们的国家自豪感，促进青年形成积极参军的立场
56. 出版《苏联英雄》人物生平简明词典(2卷本)	俄罗斯国防部	2015年	1.5	1.5	—	丰富爱国主义教育组织的资料库，帮助人们形成对俄罗斯军事史和军队的尊重之情
在公民爱国主义教育中使用国家象征的活动						
57. 筹备举办下述竞赛：						
面向教育机构学生开展跨地区竞赛，评比掌握俄罗斯国家象征知识能手	俄罗斯教育科学部、俄罗斯联邦主体执行权力机关	2011年 2012年 2013年 2014年 2015年	0.5 0.5 0.5 0.5 0.5	0.5 0.5 0.5 0.5 0.5	— — — — —	激发人们对俄罗斯国家象征的兴趣
开展全俄竞赛，为俄罗斯联邦未成年人设计象征饰物——俄罗斯领带	俄罗斯体育、旅游和青年政策部，俄罗斯文化部，俄罗斯联邦主体执行权力机关，俄罗斯青年联盟	2011年	0.4	0.3	0.1	在青年活动中广泛使用作为青年活动标志的领带

续表

<table>
<tr><th rowspan="2"></th><th rowspan="2">执行单位</th><th rowspan="2">执行期限</th><th colspan="3">总财政资金(百万卢布，根据 2005 年第一季度卢布汇率制定)</th><th rowspan="2">预期效果</th></tr>
<tr><th>总计</th><th>联邦预算拨款</th><th>预算外资金</th></tr>
<tr><td rowspan="2">58. 组织青年行动，纪念俄罗斯日和俄罗斯联邦国旗日</td><td>俄罗斯体育、旅游和青年政策部，俄罗斯青年事务署，俄罗斯教育科学部，俄罗斯文化部，俄罗斯国防部，俄罗斯内务部，俄罗斯联邦主体执行权力机关，俄罗斯青年联盟</td><td>2011 年
2012 年</td><td>0. 3
0. 3</td><td>0. 3
0. 3</td><td>—
—</td><td rowspan="2">在青年爱国主义教育中广泛使用国家象征</td></tr>
<tr><td>俄罗斯教育科学部、俄罗斯青年事务署、俄罗斯文化部、俄罗斯国防部、俄罗斯内务部、俄罗斯联邦主体执行权力机关、俄罗斯青年联盟</td><td>2013 年
2014 年
2015 年</td><td>0. 3
0. 3
0. 3</td><td>0. 3
0. 3
0. 3</td><td>—
—
—</td></tr>
<tr><td colspan="7">2013 年 10 月 7 日俄罗斯联邦政府补充修订(第 889 号)</td></tr>
<tr><td>59. 组织全俄作品展，展览印有“祖国象征”标识的俄罗斯联邦和地区象征</td><td>俄罗斯国家军事历史文化中心、俄罗斯文化部、俄罗斯国防部、俄罗斯联邦主体执行权力机关、全俄展览中心、1941—1945 年伟大的卫国战争中央博物馆</td><td>2012 年
2014 年</td><td>0. 55
1</td><td>0. 35
0. 8</td><td>0. 2
0. 2</td><td>号召徽章组织和手工艺术大师借助反映历史题材、英雄事迹的标识宣传俄罗斯国家象征</td></tr>
</table>

《2011—2015 年俄罗斯联邦公民爱国主义教育》国家纲要
2013 年 10 月 7 日修订
附件 2

附件 2 《2011—2015 年俄罗斯联邦公民爱国主义教育》国家纲要中分配至联邦执行权力机关的联邦预算资金

（单位：百万卢布）

联邦执行权力机关和组织	2011 年	2012 年	2013 年	2014 年	2015 年	总计
俄罗斯教育科学部	16.5	14.8	22.61	20	24.95	98.86
2013 年 10 月 7 日俄罗斯联邦政府补充修订(第 889 号)						
俄罗斯文化部	17.2	26.9	28.8	25.8	29.6	128.3
俄罗斯档案署	3.25	2.7	1.3	2.3	2.5	12.05
俄罗斯国防部	5.5	8	9.05	11.1	9.65	43.3
俄罗斯体育部	11.6	9.1	4.75	1.35	4.75	23.85
2013 年 10 月 7 日俄罗斯联邦政府补充修订(第 889 号)						
俄罗斯青年事务署	13.6	10.5	12.63	10.95	10.29	65.67
2013 年 10 月 7 日俄罗斯联邦政府补充修订(第 889 号)						
俄罗斯国家军事历史文化中心	2.1	1.6	1.3	3.3	2.5	10.8
俄罗斯新闻出版与大众传媒署	28.3	27.55	27.55	27.55	27.55	138.5
俄罗斯紧急情况部	6.7	4.5	6	4.5	6	27.7
俄罗斯安全总局	1	1.2	3.2	—	3.4	8.8
俄罗斯地区发展部	—	2.5	1	—	0.7	4.2
俄罗斯外交部	—	—	—	—	2	2
俄罗斯毒品控制局	—	1	1	1	1	4
俄罗斯处罚执行局	1.5	2.5	0.5	1.5	0.5	6.5
俄罗斯注册、登记和测绘局	1.5	1.5	1.5	1.5	1.5	7.5
俄罗斯矿产开发署	3	—	3	—	3	9
总计	111.75	114.35	124.2	110.85	129.89	591.04
2013 年 10 月 7 日俄罗斯联邦政府补充修订(第 889 号)						

《2011—2015 年俄罗斯联邦公民爱国主义教育》国家纲要
附件 3

附件 3 《2011—2015 年俄罗斯联邦公民爱国主义教育》国家纲要实施的整体评价指标(标准)

指标		2010 年实际值	计划期				
			2011 年	2012 年	2013 年	2014 年	2015 年
1.	参与爱国主义教育活动的公民数量占全体公民数量的情况(百分比)	35	40	42	45	48	50
2.	正面评价爱国主义教育活动结果的公民数量(百分比)	40	50	60	70	80	90
3.	参加培训的爱国主义教育组织者和专家的数量(单位:千人)	20	25	30	35	40	45
4.	联邦权力机关实施爱国主义教育活动的数量占计划实施活动数量的情况(百分比)	98	100	100	100	100	100
5.	富有成效的爱国主义联合会(包括儿童和青年的)、俱乐部和中心的数量(单位:千个)	319	330	350	370	390	400
6.	爱国主义历史博物馆、英雄爱国主义博物馆和军事爱国主义博物馆的数量(在教育机构、企业、联合会等其他机构中)(单位:千个)	14.5	16	17.5	19	20	21
7.	国防体育夏令营数量(单位:个)	890	950	1040	1150	1275	1400
8.	爱国主义教育问题研究工作的数量，执行权力机关和组织将研究成果推广至爱国主义教育实践的程度(件/百分比)	7/80	12/90	16/90	21/95	30/95	35/100

《2012—2018 年俄罗斯文化》联邦专项纲要

* 俄罗斯联邦政府 2012 年 3 月 3 日 第 186 号决议

批准纲要
俄罗斯联邦政府
2012 年 3 月 3 日
第 186 号决议

《2012—2018 年俄罗斯文化》联邦专项纲要

《2012—2018 年俄罗斯文化》联邦专项纲要说明

纲要名称	—《2012—2018 年俄罗斯文化》联邦专项纲要
批准制定纲要的决议日期	— 俄罗斯联邦政府于 2012 年 2 月 22 日颁布的第 209-p 号决议
纲要国家定购单位	— 俄罗斯文化部、俄罗斯档案署、俄罗斯新闻出版与大众传媒署、联邦国家文化预算机构“国立艾尔米塔什博物馆”、联邦国家文化机构“俄罗斯联邦国家电影基金会”
纲要国家定购协调单位	— 俄罗斯联邦文化部
纲要主要制定单位	— 俄罗斯联邦文化部、俄罗斯联邦档案署、俄罗斯联邦新闻出版与大众传媒署
纲要目标和任务	— 保护俄罗斯文化独特性，为保障文化财富的均等享用创造条件，发展和实现每一位个体的文化和精神潜力； 为提高文化和艺术领域的服务质量以及增强服务的多样性创造条件，促进文化机构工作的现代化发展； 确保实现每一位个体的文化和精神潜力； 行业信息化； 促进文化和艺术领域艺术教育和人才培养的现代化发展，以此保护俄罗斯名校传统并满足现代化需求； 展示、保护俄罗斯联邦民族文化遗产并促进其大众化发展； 在国际社会塑造积极的俄罗斯文化形象
最重要的纲要指标和指数	— 处于合格状态的联邦所属文化遗产的数量占联邦所属文化遗产总数的比重；

处于合格状态的联邦所属文化和艺术机构的数量占联邦所属文化和艺术机构总数的比重；
戏剧和音乐会观众数量的提高（与基准年份相比）
国产电影占俄罗斯联邦境内上映电影总量的比重；
具有信息门户的文化机构占文化机构总数的比重；
俄罗斯图书馆综合电子目录中图书索引记录数量的增加（与上一年相比）；
其信息被列入俄罗斯联邦民族文化遗产（历史和文化遗址）项目统一国家目录电子数据库的文化遗产项目占文化遗产项目总数的比重；
配备现代物质技术设备的文化领域教育机构（包括儿童艺术学校）占文化领域教育机构总数的比重；
儿童艺术学校的在读儿童数量占在读儿童总人数比重的增加；
对俄罗斯联邦民族文化遗产（历史和文化遗址）项目的状况和使用情况实施监督的联邦主体数量占俄罗斯联邦主体总数的比重；
（以各种形式）展出的博物馆藏品数量占博物馆基本馆藏物件总数的比重；
博物馆机构的参观率（年人次）；
符合长期（永久）保存标准的国家档案馆文献占国家档案馆文献总量的比重；
与规定标准相比（每1000人占有率），图书馆书籍馆藏配套水平的提高；
访问图书馆的次数（年人次）；
海外文化活动数量的增加（与上一年相比）；
文化休闲活动参与人数的增加（与上一年相比）；
视障人士书籍的出版

纲要实施期限及阶段 — 2012—2018年
第一阶段：2012—2014年
第二阶段：2015—2018年

纲要拨款数额及来源 — 纲要拨款总额1928.6303亿卢布（按照相关年度卢布汇率计），其中包括：联邦预算资金1865.1357亿卢布；其他来源资金63.4946亿卢布，其中联邦主体预算资金38.5898亿卢布，预算外资金24.9048亿卢布
基本建设投资1154.9158亿卢布，研发工作9.1565亿卢布，其他需求764.558亿卢布

实施纲要的最终预期成果及其社会经济效益指标	— 提高处于合格状态的联邦所属文化遗产的数量占联邦所属文化遗产总数的比重(2018 年提高至 45. 3%); 提高处于合格状态的联邦所属文化和艺术机构的数量占联邦所属文化和艺术机构总数的比重(2018 年提高至 72. 8%); 提高(与上一年相比)戏剧和音乐会观众的数量(2018 年提高 4. 2%); 提高国产电影占俄罗斯联邦境内上映电影总量的比重(2018 年提高至 28%); 提高具有信息门户的文化机构占文化机构总数的比重(2018 年提高至 94%); 提高(与上一年相比)俄罗斯图书馆综合电子目录中图书索引记录的数量(2018 年提高 2. 3%); 提高信息被列入俄罗斯联邦民族文化遗产(历史和文化遗址)项目统一国家目录电子数据库的文化遗产项目占文化遗产项目总数的比重(2018 年提高至 52%); 提高配备现代物质技术设备的文化领域教育机构(包括儿童艺术学校)占文化领域教育机构总数的比重(2018 年提高至 20. 5%); 提高在儿童艺术学校学习儿童的数量占在读儿童总人数的比重(占 2011 年在读儿童总人数的 12%); 提高对俄罗斯联邦民族文化遗产(历史和文化遗址)项目的状况和使用情况实施监督的联邦主体数量占俄罗斯联邦主体总数的比重(2018 年提高至 100%); 提高(以各种形式)展出的博物馆藏品数量占博物馆基本馆藏物件总数的比重(2018 年提高至 34%); 提高博物馆机构的参观率(2018 年每人每年达到 0. 9 次); 提高符合长期(永久)保存标准的国家档案馆文献占国家档案馆文献总量的比重(2018 年提高至 24%); 提高图书馆书籍馆藏配套水平(2018 年达到规定标准的 92%); 提高访问图书馆的人数(2018 年每人每年达到 4. 6 次); 提高(与上一年相比)海外文化活动数量(2018 年提高 1. 22%); 提高(与上一年相比)文化休闲活动参与人数(2018 年提高 7. 2%); 出版视障人士书籍(每年出版 61 种)

一、纲要致力于解决的问题

俄罗斯联邦现阶段发展的特征是社会对文化的关注度日益提高。在俄罗斯联邦政府 2008 年 11 月 17 日第 1662-p 号决议批准的《2020 年前俄罗斯联邦社会经济长期发展构想》中，文化在人类资本的形成中被赋予了主导作用。

文化环境如今逐渐成为现代社会的关键概念，它不是国家调节的单个领域，而是复杂的多层系统。系统内部的问题，需要权衡大量相关因素，联合不同部门、社会机构和商业组织的力量予以综合解决。

完成下列任务是文化领域国家政策的优先方向：

培养未成年一代的法治民主精神、公民性和爱国主义精神，培养他们参与文化创新和自由创作的意识；

发展民族的创作潜力，保障全部社会阶层广泛享用国家和世界文化财富的权利；

保护俄罗斯联邦文化财富和民族传统，保护俄罗斯物质文化遗产和非物质文化遗产，将其作为精神和经济发展的资源加以利用；

保持俄罗斯文化较高的海外威望，扩大国际文化合作。

俄罗斯联邦具有极大的文化潜力，但是这一潜力至今未得到充分利用。尽管近十年内观察到的个别指标呈现出积极的动态化发展趋势，但是正在实施的一整套国家措施仍未对 20 世纪 90 年代遭遇严重破坏的文化形势产生决定性影响。根据 2009 年 5 月 12 日俄罗斯联邦总统第 537 号决议批准的《2020 年前俄罗斯联邦国家安全战略》，文化领域国家安全的主要威胁，就是面向社会边缘阶层精神需求的大众文化产品占主导地位，以及对文化项目的非法侵害。

文化领域实施联邦专项纲要已积累了将近十五年的积极经验。尽管国内和世界经济局势动荡，但由于联邦专项纲要《发展和保护俄罗斯联邦文化和艺术(1997—1999 年)》《2001—2005 年俄罗斯文化》《2006—2011 年俄罗斯文化》的实施，成功克服了文化发展的衰退现象，扩大了国家和社会参与和支持文化的形式与规模。

如果拒绝采用专项纲要的方式，可能会出现以下消极后果：

联邦执行权力机关、俄罗斯联邦主体执行权力机关和地方自治机关的行动不协同，在承担国家面临的文化领域任务时，表现为责任意识减弱，出现无条理现象；

预算资金无效使用，对预算外资金吸收不多；

文化机构的物质技术基础恶化和老化，俄罗斯人业余生活的质量降低；

文化领域人才培养水平下降；

俄罗斯联邦多民族的独特文化发展及其公民精神价值观发展停滞；

俄罗斯联邦多民族的精神文化统一性削弱；

国家对整个俄罗斯文化状况的影响受限；

为公民创造性自我实现创造相应条件的过程放缓。

实施文化发展的专项纲要几乎是当下的唯一选择。当然，文化领域个别措施可能是基于俄罗斯联邦政府的个别决定，而其中一些措施甚至只是独立存在于个别部门的项目中。类似措施的独立性及其系统性的缺乏，迟早会影响文化领域国家政策的统一性，导致预算资金无效支出，俄罗斯联邦地区间交往弱化，以及在文化现代化和促进文化潜力适应市场条件的新机制推广中，出现难以预料的复杂情况，从而导致俄罗斯多民族精神统一性的削弱，以及国家对俄罗斯联邦文化领域状况的积极影响受限制。

为选择可有效解决文化领域面临问题的方案，特研究和分析了两套实施《2012—2018 年俄罗斯文化》联邦专项纲要(以下简称纲要)的方案。

第一套方案(现实版)以联邦专项纲要《2006—2011 年俄罗斯文化》的制定方法为依据，体现的是联邦专项纲要的逻辑延续。方案的财政拨款依据在于将一系列当前的任务和措施付诸实践，其中也增加了为满足文化领域发展现代需求而制定的新措施。

第二套方案(乐观版)从达到战略目标和完成国家文化发展任务的必要性出发，为此突出了现代艺术、艺术教育、行业信息化的优先发展方向并指出其依据，提出了纲要措施清单，同时在此基础上确定了财政资金的必要金额。特别关注了任务的解决、科学研究和推广信息通信技术的创新方式和方法。

第一套方案最大概率出现的风险，在于在现有资源基础上的文化财政保障规模的缩减。

为防止出现消极后果，在制定纲要时考虑了下述原则：

在文化进程全部主要主体和参与者(国家权力机关和地方自治机关，社会和其他非国家组织)的广泛合作下，综合完成在文化领域实施国家政策的任务；

与保护和发展国家文化和文化遗产相关的纲要措施要有社会指向性；

支持纲要的优先创新和投资方案，在文化机构活动中使用现代管理技术、信息技术和其他技术；

使纲要的方案和措施适应俄罗斯文化领域不断发展变化的内外部条件；

在外部条件变化的过程中，实施个别纲要方案和措施的方法要有稳定性。

在第二套方案的框架下，要想改善所取得成果和耗费成本的比例，即实现措施效益的最大化，必须依靠加快实施跨地区文化方案和项目，以及提高文化领域服务质量来给予保障。

二、纲要指定实施期限和阶段内的纲要基本目标和任务，以及反映纲要完成进展的专项指标和指数清单

纲要的主要战略目标是保护俄罗斯文化独特性，为保障文化财富的均等享用创造条件，发展和实现每一位个体的文化和精神潜力。

为实现这一目标应该完成以下任务：

为提高文化和艺术领域服务质量以及增强服务的多样性创造条件，促进文化机构工作的现代化发展；

保障全体俄罗斯公民均等享用文化财富，确保其文化和艺术领域创造潜力的实现；

行业信息化；

促进文化和艺术领域艺术教育和人才培养的现代化发展，以此保护俄罗斯名校传统并满足现代化需求；

展示、保护俄罗斯联邦民族文化遗产并促进其大众化发展；

在国际社会塑造积极的俄罗斯文化形象。

将在纲要的六个方向框架下，实现纲要目标和完成相关任务。

在文化和艺术领域的教育发展、文化领域投资以及物质技术基础发展的框架下，完成“为提高文化和艺术领域服务质量以及增强服务的多样性创造条件，促进文化机构工作的现代化发展”相关任务。

为完成上述任务，确定了下列基本的指标和指数：

处于合格状态的联邦所属文化和艺术机构的数量占联邦所属文化和艺术机构总数的比重（2018 年计划提高至 72.8%）；

与标准年份相比参加戏剧和音乐会活动的观众的数量（与上一年相比，2018 年计划提高 4.2%）；

国产电影占俄罗斯联邦境内上映电影总数的比重（2018 年计划提高至 28%）；

与上一年相比文化休闲活动参与人数的增加（2018 年计划提高 7.2%）；

出版视障人士书籍（计划每年出版 61 种）。

在文化领域和行业信息化的信息通信技术推广过程中，以及文化遗产的保护措施框架下，完成行业信息化任务。

目前，俄罗斯联邦总统和俄罗斯联邦政府提出了建设信息社会和在此基础上提高公民素质的任务，因而在文化领域和行业信息化过程中推广信息通信技术就更为迫切。在保障俄罗斯联邦公民最大程度享用文化财富方面，在公民不受收入水平、社会地位和居住地制约而参与社会文化生活方面，以及在保障能力受限公民享用文化财富方面，信息技术应该发挥最重要的作用。

上述所列任务的完成程度由下列指标评定：

具有信息门户的文化机构占文化机构总数的比重（2018 年该指标计划提高至 94%）；

与上一年相比，俄罗斯图书馆综合电子目录中图书索引记录数量的增加（2018 年计划提高 2.3%）；

其信息被列入俄罗斯联邦民族文化遗产（历史和文化遗址）项目统一国家目录电子数据库的文化遗产项目占文化遗产项目总数的比重（2018 年计划提高至 52%）。

计划采取系列措施，用于保护和发展俄罗斯本土形成的独一无二的创作型人才的三级培养体系，创作型人才主要包括音乐家、演员、导演、舞蹈家、画家、雕塑家、工艺美术设计师和电影艺术活动家。为发展现代创新艺术，特别关注了人才培养、儿童艺术学校硬件装备和现代化发展，以及文化教育机构现代化和物质基础发展。

为完成上述任务，确定了下列重要指标：

配备现代物质技术设备的文化领域教育机构（包括儿童艺术学校）占文化领域教育机构总数的比重（2018 年计划提高至 20.5%）；

在儿童艺术学校学习的儿童比重的增加（计划增加至占 2011 年在读儿童总人数的 12%）。

在保护文化遗产框架下，完成“展示、保护俄罗斯联邦民族文化遗产并促进其大众化发展”的相关任务。任务完成的前提在于制定和实施系列措施，如展示、保存、保护文化遗产项目——俄罗斯历史和文化动产部分和不动产部分——并促进其大众化发展，保护考古遗址项目，保护博物馆馆藏完整性，促进博物馆、档案事业和图书馆的发展。

完成这一任务的指标和指数如下：

处于合格状态的联邦所属文化遗产的数量占联邦所属文化遗产总数的比重（2018 年计划提高至 45.3%）；

对俄罗斯联邦民族文化遗产（历史和文化遗址）项目的状况和使用情况实施监督的联邦主体数量占

俄罗斯联邦主体总数的比重(2018 年计划提高至 100%);

(以各种形式)展出的博物馆藏品数量占博物馆基本馆藏物件总数的比重(2018 年计划提高至 34%);

博物馆机构的参观率(2018 年计划将平均每人每年参观博物馆的次数提高到 0.9 次);

符合长期(永久)保存标准的国家档案馆文献占国家档案馆文献总量的比重(2018 年计划提高至 24%);

图书馆书籍馆藏配套水平的提高(2018 年计划达到规定标准的 92%);

图书馆访问量(2018 年计划将平均每人每年访问图书馆的次数增加至 4.6 次)。

在俄罗斯参与国际文化进程中完成"在国际社会塑造积极的俄罗斯文化形象"的相关任务。这就规定了,应支持本国团体在海外的巡演和展览活动,在重要的国际书籍博览会上展示现代俄罗斯文学和书籍出版物,支持将俄罗斯作家的文学作品译成外文,积极推动其他旨在宣传俄罗斯职业创作、俄罗斯文化和多民族国家民族文化成就的活动。

为了完成这一任务,需要与上一年相比提高海外文化活动的数量(2018 年计划提高 1.22%)。

可确认纲要有效性的纲要实施专项指标和指数清单见附件 1。纲要实施专项指标和指数的计算方法见附件 2。纲要实施有效性的评价方法见附件 3。

按照规定,2018 年年底达成纲要的战略目标。在纲要框架下划分了两个阶段。

第一阶段(2012—2014 年)为预备阶段。国内总经济形势决定了在这一阶段必须为文化领域相关措施提供稳定的经费供给。同时规定,应支持职业艺术,促进创作新的现代作品和发展最有效的文化发展路线,改进落后的文化方向,完成必要的修复工作,举办文化活动,发展文化机构的物质基础,从而保障文化财富和为居民提供的文化服务的质量。在文化遗产保护方面,首先应突出考古项目的保护与研究,此外,还应为俄罗斯参与国际文化进程提供特别支持。

第二阶段(2015—2018 年)为发展阶段。该阶段规定应增加用于支持文化和艺术领域新倡议的财政拨款。同时规定,应在不同文化领域开展重要方案的实施工作,对俄罗斯联邦主体文化进程的发展施加积极影响,在文化领域开展大规模的信息通信技术推广工作,对文化遗产项目进行必要的修复工作,以及在俄罗斯联邦主体建设新的文化和艺术项目。

纲要规定了旨在为联邦、地区和自治区文化、艺术、教育和电影艺术机构供应专门设备、运输工具、乐器、教学法资料和书籍文献的措施。纲要计划扩充用于专项支持创作集体、作者、表演者和其他艺术进程参与者的工具和设备,其中也包括捐赠品。

由联邦预算向俄罗斯联邦主体预算提供的,且用于共同支持俄罗斯联邦主体发展文化机构的必要开支的补贴分配条例(不包括基本建设项目的共同拨款补贴)见附件 4。

由联邦预算向俄罗斯联邦主体预算提供的,且用于共同支持地区文化项目物质技术基础巩固措施的补贴分配(其中包括地区档案馆)见附件 5。

纲要遵循俄罗斯联邦主体措施实施的一贯性原则。特别涉及巡演活动、支持有天赋的青年、综合修复工作、巩固物质技术基础和行业信息化。纲要同时规定要结合科学研究结果,逐步增大行业内部的总工作量。

三、纲要措施

纲要规定了用于制作和销售戏剧、音乐、造型艺术、杂技、现代艺术和电影领域艺术产品的最重要和最有效的方案和措施，以及完善了具备现代艺术领域新技术人才的培养体系。此外，扩大了俄罗斯联邦各主体文化遗产项目的修复工作的规模。能否达到相应的目标，是选择纲要具体方案的前提条件。符合纲要方向的方案和措施、方案执行者以及文化遗产项目的选择，需要按照要求在公开竞争流程的基础上开展。

纲要措施和拨款金额清单见附件 6。

为促进纲要在 2012—2018 年联邦专项投资项目框架下的有效实施，由国家基本建设投资负责拨款的项目清单见附件 7。

在选择由大型投资项目组成的基础建设项目时，考虑了文物保护机关针对每一个项目的技术状况作出的相应结论。

纲要规定国家应支持地区基础建设和文化遗产修复的投资项目。此类投资项目的投资回收期较长，且通常采取由联邦预算为俄罗斯联邦主体预算提供补贴的机制。

由联邦预算向俄罗斯联邦主体预算提供的，且用于共同支持俄罗斯联邦主体和行政主体国有基础建设项目的补贴分配条例见附件 8。

为了促进文化领域主要目标和任务的具体化发展，同时也为了明确可以量化的纲要指标，纲要采用标准化方法。体现文化领域发展前景的各类标准，既反映了俄罗斯专家在文化进程管理方面作出的深入研究，也反映了国际组织的建议，其中包括联合国教科文组织关于文化遗产项目状况的评价和关于图书馆书籍馆藏配套标准的建议。同时，纲要广泛使用文化进程监测数据，其中包括实地获取的关于文化遗产项目状况的详细信息。

四、纲要资源保障的依据

纲要实施主要依靠联邦预算资金、俄罗斯联邦主体预算资金和预算外资金。

纲要拨款总额 1928. 6303 亿卢布(按照相关年度卢布汇率计)，其中：

联邦预算资金 1865. 1357 亿卢布；

俄罗斯联邦主体预算资金 38. 5898 亿卢布；

预算外资金 24. 9048 亿卢布。

资金用于：

基础建设投资 1154. 9158 亿卢布；

研发工作 9. 1565 亿卢布；

其他需求 764. 558 亿卢布。

纲要拨款来源和资金支出方向见附件 9。

文化发展进程不可能不吸引预算外资金来源，不可能不利用现行的市场机制，也不可能缺少具有公私合营伙伴关系的参与者的现实支持和积极协助。全体权力机关、商业机构、科学和社会组织应当开展有效的相互协作，以此实施旨在发展个别文化分领域、保护和使用文化遗产、增强地区文化吸引力以及提升文化领域服务质量的大规模文化方案和项目。

近年来，上文论及的参与情况在联邦、地区和地方层面得到了保障，这也正是由于实施了文化领域的相关专项项目。

在此过程中，大部分俄罗斯联邦主体制定了构想、战略和地区文化发展项目，规定了实施联邦文化发展战略总框架下系列措施的共同出资和共同参与事宜。地区文化领域发展构想的制定仍处于中期前景期。目前，已经积累了在公私合营伙伴关系机制下采取文化领域管理专项方法的积极经验，这将有助于基于各级执行权力机关、商业机构和其他对文化感兴趣的机构的跨部门协作，完成在文化领域发展有竞争力的服务市场的一系列任务。

在创造和传播戏剧、音乐和杂技艺术领域艺术产品，以及支持电影产品生产的过程中，所吸引的预算外资金发挥了积极作用。预算外资金旨在支持现代艺术领域青年作者的创作方案，组织和举办全俄表演竞赛，支持年轻作者和表演者的首创方案，以及保障民族创作和艺术领域项目。预算外资金在举办和参与国际文化进程中的相关活动，支持国家表演者的海外巡回演出活动，以及支持海外领先创作团体参与俄罗斯艺术节的活动中发挥了重要作用。

在公私合营伙伴关系框架下，应继续加强不同参与者之间的相互协作。为实现上述目标而吸引的预算外资金将有助于制定最适合文化领域发展前景的方案。

五、纲要实施机制

纲要负责人是俄罗斯联邦文化部部长。负责人负责实施纲要并对其最终结果以及纲要财政资金的专款专用和有效使用负责，同时决定纲要实施管理的形式和方法。

作为纲要国家定购协调单位，俄罗斯文化部在执行纲要过程中：

在准备和实施纲要措施方面，以及在分析和合理使用联邦预算和预算外资金方面，确保国家定购单位活动的协调一致；

按规定程序，筹备俄罗斯联邦政府关于修改纲要和提前终止纲要的决议方案；

在职权范围内制定执行纲要必备的规范法律法案；

每季度准备纲要实施进程报告；

制作纲要实施情况的季度报表。

纲要国家定购协调单位负责批准纲要国家定购单位制定的纲要实施年度计划和工作报告，以及纲要国家定购单位制定的监督纲要措施实施的专项指标和指数清单。

纲要国家定购单位：

参与筹备纲要实施进程、达成结果以及有效使用财政资金情况的报告；

准备纲要实施季度报告；

按规定程序，在每个财政年准备年度纲要措施清单说明，明确纲要措施开销以及纲要实施机制；

制定监督纲要措施实施的指标清单；

在竞争的基础上选择工作和服务的执行者，以及每项纲要措施产品的供货商；

与纲要主要参与者协商确定措施完成期限、纲要拨款金额和来源；

向纲要国家定购协调单位提供纲要措施实施的统计、参考和分析信息；

为管理纲要实施和监督纲要措施进程，组织推广信息技术；

组织分享包括电子形式在内的纲要实施的相关信息，如纲要实施进展与结果、纲要措施拨款信息、预算外资金引进情况、竞争参与纲要实施的相关情况以及投资者的投资次序等。

俄罗斯文化部在实施纲要前需要：

批准纲要实施管理章程，制定纲要实施的组织财政计划；

确定纲要实施校正机制和实施进程的资源保障机制；

确保反映纲要实施专项指标和指数、纲要执行监测结果、执行者参与纲要的条件，以及组织竞赛和评判获奖者的标准等相关信息的程序公开性。

六、纲要的社会经济与生态效果评价

文化的根本特点在于，文化活动最重要的结果是时间上被延迟的社会效益，以及个体智力潜力的提高、价值取向与行为规范的变化，而上述这些最终将会引起社会职能基础的改变。

纲要计划使用反映当前文化活动现实结果的指标和数据指数体系。列入纲要的具体方案可包含与之配套的成果指标。纲要和个别方案各部分实施有效性的评价由纲要国家定购单位和定购协调单位负责实施。

实施纲要的主要社会经济效果在于，提高文化在俄罗斯公民社会生活中的地位，提高俄罗斯联邦的生活质量，巩固俄罗斯作为伟大的文化强国的地位，为实施国家现代化营造良好的社会氛围。这会是在时间上被延迟的收效，但却将包括下述结果：

基于国家文化空间的地方多样性，巩固国家文化空间统一性，通过地方多样性，保护具有民族和民族人口特性的俄罗斯国家的完整性；

为创作活动提供良好条件，为居民享用多样化的文化财富和文化艺术信息创造良好条件；

为俄罗斯文化在世界文化进程中的一体化发展创造良好条件，掌握文化交流的新形式和新方向；

积极强化文化的经济发展进程，增加文化领域的非国家资源；

确保从事创作职业的青年专家在自由劳动市场条件下(包括在国际范围内)的竞争力，以及发展青年审美教育。

文化发展的任务与环境保护的任务密切相关。通常，二者的联系表现在文化景观和名胜古迹的保护，以及自然保护区博物馆的活动方面。名胜古迹和历史文化保护区的形成，与生态问题的解决以及自然遗产的保护直接相关。因此，纲要在解决文化发展问题的同时，也密切考虑了环境保护任务。

确定纲要的社会经济效益且反映纲要实施当前情况和最终结果的专项指标和指数见纲要附件 1。纲要实施效果根据纲要批准通过的专项指标和指数的实际达到程度来评价。

纲要措施的实施，可提高联邦所属文化项目财政资金使用的有效性。

纲要的经济效益首先与基于公私合营伙伴关系和为商业活动创造经济条件而吸引的文化补充投资密切相关，同时还与增强历史地区的文化作用和文化、旅游基础设施建设密切相关，这将提供额外的工作岗位、增加相应预算，并确保国内生产总值获得增长。

（附件略）

圣彼得堡《2015—2020 年圣彼得堡体育运动发展》政府规划

* 圣彼得堡政府 2014 年 6 月 23 日 第 498 号决议

圣彼得堡政府
决议

2014 年 6 月 23 日　　第 498 号

关于圣彼得堡《2015—2020 年圣彼得堡体育运动发展》政府规划的几点说明

根据俄罗斯联邦预算法第 179 条款，2007 年 7 月 4 日通过的第 371-77 号圣彼得堡法律《圣彼得堡预算程序》第 10 条和 2013 年 12 月 25 日通过的圣彼得堡政府第 1039 号决议《关于制定圣彼得堡政府规划，以及规划形成、实施和有效性评估的决议通过程序》，圣彼得堡政府**决议如下**：

1. 批准下附圣彼得堡《2015—2020 年圣彼得堡体育运动发展》政府规划(以下简称政府规划)。

2. 2015—2018 年期间，通过向圣彼得堡国有所属项目提供预算投资的方式，实施附件表 23 的第 1.1~1.4 项，表 25 的第 1.1~1.4 项、第 1.7~1.11 项、第 1.14 项规定的与发展体育运动支出相关的措施。

3. 委令体育运动委员会：

3.1 对执行政府规划措施的圣彼得堡国家权力执行机关的活动进行组织与协调。

3.2 在下一决算年度的 3 月 1 日之前，向圣彼得堡经济政策与战略规划委员会，递交关于政府规划实施进展和有效性评估的年度报告，以及财政年度政府规划措施实施的进度计划表。

4. 圣彼得堡国家权力执行机关是政府规划措施的执行者：

4.1 保证政府规划的措施实施。

4.2 在下一决算年度的 2 月 10 日之前，每年向体育运动委员会提交关于政府规划措施完成情况的总结，以及可纳入财政年政府规划措施实施进度计划表的建议。

4.3 在圣彼得堡预算方案颁布的过程和期限内，向圣彼得堡财政委员会、圣彼得堡产业政策与创新委员会提交建议，确定圣彼得堡预算向实施政府规划措施分配的必备预算拨款。

5. 圣彼得堡市副市长瓦·尼·基切吉负责监督决议的执行情况。

圣彼得堡市代市长　　　　格·谢·波尔塔夫琴卡

2014 年 6 月 23 日 第 498 号
圣彼得堡政府决议附件

圣彼得堡《2015—2020 年圣彼得堡体育运动发展》政府规划

圣彼得堡《2015—2020 年圣彼得堡体育运动发展》政府规划说明
（以下简称政府规划）

1	政府规划的责任执行单位	体育运动委员会
2	政府规划的联合执行单位	建设委员会； 圣彼得堡地区行政机构
3	政府规划的参与单位	圣彼得堡地区行政机构的体育运动与健康中心，以及实施居民体育保健与大众体育工作的圣彼得堡国家预算机关； 圣彼得堡国家预算普通教育机构； 隶属于圣彼得堡地区行政机构以及体育运动委员会的圣彼得堡儿童体育运动补充教育的国家预算教育机构； 圣彼得堡国家自治机构“体育设施管理处”； 圣彼得堡国家自治机构“圣彼得堡体育队训练中心”； 圣彼得堡国家机构“基础设施建设与改造基金”； 圣彼得堡体育运动活动的主体
4	政府规划目标	为居住在圣彼得堡地区的公民，其中包括健康水平受限的人和残疾人，能够系统参加体育活动和运动、获得健康的生活方式创造条件； 完善圣彼得堡体育队的后备力量训练体系，完善俄罗斯联邦各类体育队的后备力量训练体系； 为高水平组织 2017 年国际足联联合会杯以及 2018 年世界杯足球赛创造条件
5	政府规划任务	完善各类居民的体育教育体系，其中包括在教育机构面向各类居民开展地区体育活动与运动项目； 强化各地区体育、运动和健康中心(处)的工作，吸引当地居民参与常规体育锻炼和体育运动； 建设圣彼得堡普通教育机构的学校体育俱乐部网络并保证其工作； 实施地方性体育方案《圣彼得堡中小学的桑勃式摔跤》； 推广全俄体育运动《劳动卫国体育制度》； 提高国家服务质量，在规定活动范围内履行国家职能； 为提高优秀运动员的数量创造条件，为助力其加入俄罗斯联邦体育队并作为运动员代表，或代表圣彼得堡

		体育队参加国际比赛、全俄比赛以及俄罗斯联邦运动会创造条件； 完善参加奥运会、残运会以及听障运动会的俄罗斯联邦体育队的后备力量的选拔和训练体系； 提高体育运动领域的人才保障水平，其中包括制定健康水平受限人士和残疾人体育运动工作的人才保障措施； 完善组织体育运动领域活动的社会团体和组织的合作模式； 按照国际足球联盟的要求，为2017年国际足联联合会杯以及2018年世界杯足球赛的举办，进行圣彼得堡市体育基础设施和其他基础设施建设； 通过合理使用2018年世界杯足球赛的基础设施，进一步发展圣彼得堡足球和其他类别体育项目； 实施圣彼得堡官方体育活动和运动项目的日程表； 发展针对体育锻炼和运动的圣彼得堡体育基础设施； 高效、高质量地管理国家财政并合理运用国家资源
6	政府规划的专项指标	系统参加体育活动和运动的居民比例(%)； 健康水平受限人士参加体育活动和运动的居民比例(%)； 平均每10万居民所享有的体育设施数量(个)； 居民体育设施的保障水平，参照的是体育项目同时接纳参与者的能力(%)； 符合国际足球联盟要求的足球场数量(个)
7	制定政府规划的基础	2013年12月25日通过的圣彼得堡政府第1039号决议《关于制定圣彼得堡政府规划，以及规划形成、实施和有效性评估的决议通过程序》； 2014年4月15日通过的俄罗斯联邦政府第2031号决议批准的《发展体育运动》俄罗斯联邦国家纲要； 2009年8月7日通过的第1101-р号俄罗斯联邦政府令批准的2020年前俄罗斯联邦体育运动发展战略； 2012年7月17日俄罗斯议会通过的第ПР-1985ГС号俄罗斯联邦总统委托书
8	政府规划的子规划清单以及单独措施清单	子规划1《发展体育运动与大众体育》(以下简称子规划1) 子规划2《发展高成就体育运动以及运动员后备力量培养体系》(以下简称子规划2) 子规划3《发展体育运动基础设施》(以下简称子规划3) 子规划4《圣彼得堡筹备2018年世界杯足球赛的工作》(以下简称子规划4) 政府规划的单独措施： 措施1《圣彼得堡官方体育活动和运动项目的日程表》(以下简称措施1) 措施2《专业技能提高与职业再培训》(以下简称措施2)
9	政府规划实施的阶段与期限	政府规划预计期限为6年时间，即2015年至2020年； 政府规划的实施预计在2015年至2020年内同步完成
10	按照子规划和单独措施确定的年度政府规划拨款总额	政府规划拨款数额为79608234.1千卢布，包括： 2015年—16254583.6千卢布； 2016年—17244351.5千卢布； 2017年—11350075.0千卢布； 2018年—11435906.2千卢布； 2019年—11276255.0千卢布； 2020年—12047062.8千卢布 子规划1—6221757.7千卢布，包括： 2015年—908087.2千卢布； 2016年—972022.7千卢布； 2017年—1013777.8千卢布；

10	按照子规划和单独措施确定的年度政府规划拨款总额	2018 年—1061169.6 千卢布； 2019 年—1107824.3 千卢布； 2020 年—1158876.1 千卢布 子规划 2—49145504.8 千卢布，包括： 2015 年—6570025.9 千卢布； 2016 年—7226096.2 千卢布； 2017 年—7801995.7 千卢布； 2018 年—8551242.4 千卢布； 2019 年—9163761.9 千卢布； 2020 年—9832382.7 千卢布 子规划 3—1601389.2 千卢布，包括： 2015 年—700219.3 千卢布； 2016 年—164533.6 千卢布； 2017 年—170688.6 千卢布； 2018 年—179394.8 千卢布； 2019 年—188520.6 千卢布； 2020 年—198032.3 千卢布 子规划 4—18130194.4 千卢布，包括： 2015 年—7447631.1 千卢布； 2016 年—8184583.3 千卢布； 2017 年—1628950.0 千卢布； 2018 年—869030.0 千卢布； 措施 1—4494343.0 千卢布，包括： 2015 年—625960.1 千卢布； 2016 年—694815.7 千卢布； 2017 年—732335.7 千卢布； 2018 年—772614.2 千卢布； 2019 年—813562.8 千卢布； 2020 年—855054.5 千卢布 措施 2—15045.0 千卢布，包括： 2015 年—2660.0 千卢布； 2016 年—2300.0 千卢布； 2017 年—2327.2 千卢布； 2018 年—2455.2 千卢布； 2019 年—2585.4 千卢布； 2020 年—2717.2 千卢布

10	按照拨款来源确定的年度政府规划拨款总额	圣彼得堡预算资金、联邦预算资金和预算外资金共同负责政府规划的拨款。 政府规划的拨款数额为 79608234. 1 千卢布，包括： 2015 年—16254583. 6 千卢布； 2016 年—17244351. 5 千卢布； 2017 年—11350075. 0 千卢布； 2018 年—11435906. 2 千卢布； 2019 年—11276255. 0 千卢布； 2020 年—12047062. 8 千卢布 2015—2020 年期间由圣彼得堡预算资金向政府规划提供的拨款总额为 74539892. 1 千卢布，包括： 2015 年—15413787. 6 千卢布； 2016 年—16255285. 5 千卢布； 2017 年—10248985. 5 千卢布； 2018 年—10686316. 2 千卢布； 2019 年—10584955. 0 千卢布； 2020 年—11350562. 8 千卢布 2015—2020 年期间由联邦预算资金向政府规划提供的拨款数额（按当年卢布价值计算）预计为 623040. 0 千卢布，包括： 2015 年—107300. 0 千卢布； 2016 年—162540. 0 千卢布； 2017 年—293660. 0 千卢布； 2018 年—44940. 0 千卢布； 2019 年—7300. 0 千卢布； 2020 年—7300. 0 千卢布 2015—2020 年期间由预算外资金向政府规划提供的拨款数额预计为 4445302. 0 千卢布，包括： 2015 年—733496. 0 千卢布； 2016 年—826526. 0 千卢布； 2017 年—807430. 0 千卢布； 2018 年—704650. 0 千卢布； 2019 年—684000. 0 千卢布； 2020 年—689200. 0 千卢布
	按照责任执行单位和参与单位确定的年度政府规划拨款总额	2015—2020 年期间在由圣彼得堡预算资金向政府规划提供支持的框架下，体育运动委员会提供的拨款数额（按当年卢布价值计算）—29175624. 5 千卢布，包括： 2015 年—3887408. 7 千卢布； 2016 年—4353747. 7 千卢布； 2017 年—4634561. 6 千卢布； 2018 年—5084915. 5 千卢布； 2019 年—5392871. 9 千卢布； 2020 年—5822119. 1 千卢布

<table>
<tr>
<td>10</td>
<td>按照责任执行单位和参与单位确定的年度政府规划拨款总额</td>
<td>2015—2020 年期间在由圣彼得堡预算资金向政府规划提供支持的框架下，建设委员会提供的拨款数额(按当年卢布价值计算)—18453039.8 千卢布，包括：
2015 年—7942880.4 千卢布；
2016 年—7985044.4 千卢布；
2017 年—1326559.3 千卢布；
2018 年—929923.7 千卢布；
2019 年—130976.1 千卢布；
2020 年—137655.9 千卢布

2015—2020 年期间在由圣彼得堡预算资金向政府规划提供支持的框架下，圣彼得堡海军部区行政机构提供的拨款数额(按当年卢布价值计算)—1781329.7 千卢布，包括：
2015 年—231547.7 千卢布；
2016 年—255167.4 千卢布；
2017 年—282422.7 千卢布；
2018 年—310415.6 千卢布；
2019 年—338952.6 千卢布；
2020 年—362823.7 千卢布

2015—2020 年期间在由圣彼得堡预算资金向政府规划提供支持的框架下，圣彼得堡瓦西里岛区行政机构提供的拨款数额(按当年卢布价值计算)—1354043.1 千卢布，包括：
2015 年— 180086.9 千卢布；
2016 年— 197769.5 千卢布；
2017 年— 216047.4 千卢布；
2018 年— 234981.6 千卢布；
2019 年— 254265.3 千卢布；
2020 年— 270892.4 千卢布

2015—2020 年期间在由圣彼得堡预算资金向政府规划提供支持的框架下，圣彼得堡维堡区行政机构提供的拨款数额(按当年卢布价值计算)— 2379837.0 千卢布，包括：
2015 年— 309148.7 千卢布；
2016 年— 341595.8 千卢布；
2017 年— 377223.3 千卢布；
2018 年— 414615.7 千卢布；
2019 年— 452710.5 千卢布；
2020 年— 484543.0 千卢布

2015—2020 年期间在由圣彼得堡预算资金向政府规划提供支持的框架下，圣彼得堡加里宁区行政机构提供的拨款数额(按当年卢布价值计算)—2907078.5 千卢布，包括：
2015 年— 376651.4 千卢布；
2016 年— 415954.6 千卢布；
2017 年— 461022.1 千卢布；
2018 年— 507192.6 千卢布；</td>
</tr>
</table>

10	按照责任执行单位和参与单位确定的年度政府规划拨款总额	2019年— 553490.6千卢布； 2020年— 592767.2千卢布 2015—2020年期间在由圣彼得堡预算资金向政府规划提供支持的框架下，圣彼得堡基洛夫区行政机构提供的拨款数额(按当年卢布价值计算)— 1484862.2千卢布，包括： 2015年— 198427.1千卢布； 2016年— 218637.0千卢布； 2017年— 237653.0千卢布； 2018年— 257430.0千卢布； 2019年— 277569.5千卢布； 2020年— 295145.6千卢布 2015—2020年期间在由圣彼得堡预算资金向政府规划提供支持的框架下，圣彼得堡科尔宾区行政机构提供的拨款数额(按当年卢布价值计算)— 2065475.5千卢布，包括： 2015年— 278530.1千卢布； 2016年— 306273.2千卢布； 2017年— 331838.1千卢布； 2018年— 357935.3千卢布； 2019年— 383124.7千卢布； 2020年— 407774.1千卢布 2015—2020年期间在由圣彼得堡预算资金向政府规划提供支持的框架下，圣彼得堡红色近卫军区行政机构提供的拨款数额(按当年卢布价值计算)— 1475122.4千卢布，包括： 2015年— 190505.1千卢布； 2016年— 213536.8千卢布； 2017年— 235446.8千卢布； 2018年— 258054.9千卢布； 2019年— 280085.8千卢布； 2020年— 297493.0千卢布 2015—2020年期间在由圣彼得堡预算资金向政府规划提供支持的框架下，圣彼得堡红村区行政机构提供的拨款数额(按当年卢布价值计算)— 1063217.1千卢布，包括： 2015年— 138276.1千卢布； 2016年— 151542.1千卢布； 2017年— 175305.8千卢布； 2018年— 188421.8千卢布； 2019年— 198850.3千卢布； 2020年— 210821.0千卢布 2015—2020年期间在由圣彼得堡预算资金向政府规划提供支持的框架下，圣彼得堡克朗什塔得区行政机构提供的拨款数额(按当年卢布价值计算)— 518880.2千卢布，包括：

<table>
<tr><td rowspan="1">10</td><td>按照责任执行单位和参与单位确定的年度政府规划拨款总额</td><td>2015 年— 68004. 3 千卢布；
2016 年— 75018. 9 千卢布；
2017 年— 83154. 6 千卢布；
2018 年— 91081. 1 千卢布；
2019 年— 97660. 1 千卢布；
2020 年— 103961. 2 千卢布

2015—2020 年期间在由圣彼得堡预算资金向政府规划提供支持的框架下，圣彼得堡库罗尔特区行政机构提供的拨款数额(按当年卢布价值计算)— 1450324. 4 千卢布，包括：
2015 年— 188649. 8 千卢布；
2016 年— 206960. 9 千卢布；
2017 年— 230010. 9 千卢布；
2018 年— 252869. 5 千卢布；
2019 年— 276198. 3 千卢布；
2020 年— 295635. 0 千卢布

2015—2020 年期间在由圣彼得堡预算资金向政府规划提供支持的框架下，圣彼得堡莫斯科区行政机构提供的拨款数额(按当年卢布价值计算)—1826778. 0 千卢布，包括：
2015 年— 237430. 7 千卢布；
2016 年— 261482. 5 千卢布；
2017 年— 289089. 8 千卢布；
2018 年— 318227. 8 千卢布；
2019 年— 347913. 9 千卢布；
2020 年— 372633. 3 千卢布

2015—2020 年期间在由圣彼得堡预算资金向政府规划提供支持的框架下，圣彼得堡涅瓦区行政机构提供的拨款数额(按当年卢布价值计算)— 1450328. 3 千卢布，包括：
2015 年— 190761. 9 千卢布；
2016 年— 207288. 3 千卢布；
2017 年— 229492. 1 千卢布；
2018 年— 252345. 0 千卢布；
2019 年— 275630. 6 千卢布；
2020 年— 294810. 4 千卢布

2015—2020 年期间在由圣彼得堡预算资金向政府规划提供支持的框架下，圣彼得堡彼得格勒区行政机构提供的拨款数额(按当年卢布价值计算)— 848892. 4 千卢布，包括：
2015 年— 104922. 5 千卢布；
2016 年— 122395. 4 千卢布；
2017 年— 135364. 2 千卢布；
2018 年— 148658. 2 千卢布；
2019 年— 163204. 0 千卢布；
2020 年— 174348. 1 千卢布</td></tr>
</table>

10	按照责任执行单位和参与单位确定的年度政府规划拨款总额	2015—2020 年期间在由圣彼得堡预算资金向政府规划提供支持的框架下，圣彼得堡彼得宫区行政机构提供的拨款数额（按当年卢布价值计算）— 841827.5 千卢布，包括： 2015 年— 111329.8 千卢布； 2016 年— 122726.0 千卢布； 2017 年— 132678.3 千卢布； 2018 年— 145754.4 千卢布； 2019 年— 159078.7 千卢布； 2020 年— 170260.3 千卢布 2015—2020 年期间在由圣彼得堡预算资金向政府规划提供支持的框架下，圣彼得堡滨海区行政机构提供的拨款数额（按当年卢布价值计算）— 946700.1 千卢布，包括： 2015 年— 125568.5 千卢布； 2016 年— 139299.7 千卢布； 2017 年— 151206.5 千卢布； 2018 年— 163734.1 千卢布； 2019 年— 177210.3 千卢布； 2020 年— 189681.0 千卢布 2015—2020 年期间在由圣彼得堡预算资金向政府规划提供支持的框架下，圣彼得堡普希金区行政机构提供的拨款数额（按当年卢布价值计算）— 819541.1 千卢布，包括： 2015 年— 109786.5 千卢布； 2016 年— 121370.0 千卢布； 2017 年— 131487.7 千卢布； 2018 年— 142016.0 千卢布； 2019 年— 152736.7 千卢布； 2020 年— 162144.2 千卢布 2015—2020 年期间在由圣彼得堡预算资金向政府规划提供支持的框架下，圣彼得堡伏龙芝区行政机构提供的拨款数额（按当年卢布价值计算）— 1717577.1 千卢布，包括： 2015 年— 224755.3 千卢布； 2016 年— 246471.0 千卢布； 2017 年— 274331.5 千卢布； 2018 年— 299486.7 千卢布； 2019 年— 325388.0 千卢布； 2020 年— 347144.6 千卢布 2015—2020 年期间在由圣彼得堡预算资金向政府规划提供支持的框架下，圣彼得堡中央区行政机构提供的拨款数额（按当年卢布价值计算）— 796326.6 千卢布，包括： 2015 年— 104498.7 千卢布； 2016 年— 113046.2 千卢布；

		2017 年— 125241.1 千卢布； 2018 年— 137798.3 千卢布； 2019 年— 152041.4 千卢布； 2020 年— 163700.9 千卢布 未分配拨款总额— 1183086.6 千卢布，包括： 2015 年— 214617.4 千卢布； 2016 年— 199958.1 千卢布； 2017 年— 188848.2 千卢布； 2018 年— 190458.4 千卢布； 2019 年— 194995.7 千卢布； 2020 年— 194208.8 千卢布
11	政府规划实施的预期结果	实施政府规划将： 为提高圣彼得堡居民健康水平创造条件； 持续发展体育运动的基础设施； 吸引居民在居住、学习以及工作地点参与常规的体育锻炼和运动； 为促进高成就体育运动和培养运动员后备力量，发展巩固物质基础和创造条件； 为健康水平受限人士、残疾运动员以及需要较高社会保障水平的其他居民参与体育活动和运动创造条件； 为完善圣彼得堡体育队的运动员后备力量培养体系，以及俄罗斯联邦各体育队的运动员后备力量培养体系创造必要条件 按照预测评价，与 2015 年相比，至 2020 年规划措施的实施将引起以下变化： 提高系统参与体育活动和运动的居民人口比重，使其达到圣彼得堡人口总数的 40%； 提高健康水平受限人士系统参与体育锻炼和运动的人口比重，使其达到圣彼得堡健康水平受限人口数量的 20%； 提高城市居民从事大众体育活动和体育运动的比例至 24.2%； 提高在体育运动补充教育机构进行学习的儿童和青少年的比例至 30%； 增加加入俄罗斯联邦体育队的运动员人数，使其能够达到拥有完善运动技巧和高水平的运动员人数的 40%； 每 1 万居民可享有的体育馆面积扩大到 1180 平方米； 每 1 万居民可享有的平面体育设施面积扩大到 7300 平方米； 每 1 万居民可享有的游泳池水面面积扩大到 135.5 平方米； 百分之百地按规划筹备和推进 2017 年国际足联联合会杯以及 2018 年世界杯足球赛

一、圣彼得堡体育运动发展现状的特征

圣彼得堡曾经以及现在不仅仅是一个文化城市，而且是俄罗斯最大的体育中心之一。

自 2004 年起，圣彼得堡体育行业的发展主要依靠专项规划的方式。10 年来实现了两个行业规划。2010—2014 年体育运动发展长期专项规划正处于完成阶段。

行业规划的战略方向旨在发展：

圣彼得堡居民的体育保健以及大众体育工作(中小学生、大学生、健康受损人士以及运动老将)；

高成就体育运动以及运动员后备力量培养体系；

体育运动领域的物质技术基础。

以支持运动老将以及年轻运动员为宗旨的城市社会政策是促进运动行业发展的重要因素。

行业规划发展期间，圣彼得堡重新建立和改造了 1500 个体育项目，其中有 23 个多功能运动保健综合体的投资方案。

在圣彼得堡分布有 6435 个不同功能以及所有制形式的体育设施，体育设施可同时接纳 16. 16 万人。

由于大力发展体育基础设施，圣彼得堡成为大型国际赛事以及全俄比赛的理想举办地。每年在圣彼得堡都会举办超过 80 场大型比赛，包括世界锦标赛和欧洲锦标赛，以及世界杯和全俄冠军赛的不同阶段赛。

对可表征圣彼得堡体育运动现状的基本指标的分析，需要建立在体育运动发展的政府统计观测数据的基础之上，这些数据应按照圣彼得堡地区行政机构提供的第 1-ФК 号、第 3-АФК 号、第 5-ФК 号联邦统计标准进行统计，同时参照 2013 年圣彼得堡地区的社会经济发展检测指标。

最近 6 年的圣彼得堡体育运动发展统计观测数据表明，系统从事体育活动和运动的居民数量正呈现出不断提高的积极态势，在体育学校学习的儿童和青少年以及体育行业的工作人员数量也得到提高，此外，统计数据还表明了体育设施数量的增长。

表 1　2007—2013 年圣彼得堡体育运动发展指标的比较分析

指标	2007 年	2008 年	2009 年	2010 年	2011 年	2012 年	2013 年
系统从事体育活动和运动的人数(人)	709301	758448	760673	854300 (17. 4%)	1034105 (21. 3%)	1138687 (23%)	1270393 (25. 2%)
在专业体育机构进行运动的人数(人)	67056	70158	73654	73716	78265	80941	82081
体育运动行业的工作人员数量(人)	9790	9858	11799	13654	13989	14283	14841
教练员	3004	3127	3187	4145	4147	4117	4817
体育设施的数量——总计	4591	4725	5671	5694	5969	6147	6435
其中包括：平面体育设施	2112	2114	2279	2270	2302	2368	2417
游泳池(池)	93	96	122	140	171	190	239

2013 年，圣彼得堡能够定期参加体育运动的居民数量达到 120 万，占到城市人口总量的 25. 2%。

根据 2020 年前俄罗斯联邦体育运动发展战略，确定了下述专项战略指标：

系统从事体育活动和运动的居民占居民人口总数的 40%；

系统从事体育活动和运动的健康水平受限人士占该群体居民数量的 20%。

为了吸引居民定期进行体育活动和运动，由圣彼得堡地区行政机构面向包括健康水平受限人士和残疾人在内的圣彼得堡居民，每年组织不少于 1. 1 万次普及和宣传健康生活方式的体育活动。

据 2013 年的统计结果，参加大众体育及体育活动的圣彼得堡居民人数超过了 100 万。

每年面向圣彼得堡地区不同阶层居民组织的体育活动数量不断提高。

地区体育活动进程表须针对学龄前儿童、中小学生、青年学生、工作人员，以及健康水平受限人士和体育老将的特征，组织相关体育赛事。

在举办单独体育项目比赛的同时，还组织开展了综合性体育活动、运动会、冠军赛和体育节。

全俄大众比赛“俄罗斯滑雪”，具有体育运动取向的比赛“俄罗斯方位”“全民越野”，以及大众比赛“面向中小学的迷你足球”、休息日徒步活动“滑雪的箭”等比赛和活动是最为流行的。

每年举办的大众体育赛事吸引了大量的参与者：健身操运动节“圣彼得堡的优雅”、传统田径项目“星星接力”、沙滩排球节、全俄“皮球”比赛以及“白车”象棋比赛。

每年面向家庭代表队（“家庭运动会”）、国家执行权力机关工作人员、即将应征入伍的青年、苏沃洛夫陆军学校学生、纳西莫夫海军学校学生与中等军事学校学生、针对儿童和青少年的保健夏令营、儿童之家和寄宿学校，以及圣彼得堡民族侨胞、劳动集体，组织开展了圣彼得堡运动会。

尽管圣彼得堡体育运动的发展处于良好态势，但仍存在一个主要问题，即可供居民享用的体育基础设施项目不足，其中也包括健康水平受限人士进行体育运动的条件保障。

二、圣彼得堡体育运动领域国家政策的优先方向与目标，体育运动领域发展预测以及宏观经济计划指标

2015—2020 年圣彼得堡体育运动领域国家政策的优先方向与目标，需符合俄罗斯联邦政府 2008 年 11 月 17 日通过的第 1662-р 号令批准的 2020 年前俄罗斯联邦社会经济发展长期构想，致力于为推广公民健康生活方式、发展大众体育和提高俄罗斯体育在世界体育舞台的竞争力创造条件；还应符合俄罗斯联邦政府 2009 年 8 月 7 日通过的第 1101-р 号令批准的 2020 年前俄罗斯联邦体育运动发展战略，以及与 2030 年前圣彼得堡社会经济发展战略的宏观指标保持一致。

实施政府规划的优先方向包括：

发展体育运动与大众体育；

发展高成就体育运动以及运动员后备力量培养体系；

通过建设新的体育设施、对体育运动行业的物质技术基础进行大规模修理和改造，为体育运动发展创造条件；

2018 年世界杯足球赛的筹备工作。

在**《发展体育运动与大众体育》**的优先方向框架下，有必要保证：

完善各类居民的体育教育体系，其中包括在教育机构面向各类居民开展地区体育活动与运动项目；

针对不同群体居民组织开展地区性体育运动活动；

强化各地区体育、运动和健康中心（处）的工作，吸引当地居民参与常规体育锻炼和体育运动；

进一步建设圣彼得堡普通教育机构的学生体育俱乐部网络并保证其工作；

实施地方性体育方案《圣彼得堡中小学的桑勃式摔跤》；

推广全俄体育运动《劳动卫国体育制度》；

为院内运动场进行维修和配备户外健身设备；

宣传体育运动，包括通过传媒手段普及运动蕴含的道德价值观以及奥林匹克精神。

在**《发展高成就体育运动以及运动员后备力量培养体系》**的优先方向框架下，有必要保证：

完善高水平运动员培养体系；

为提高优秀运动员的数量创造条件，为助力其加入俄罗斯联邦体育队并作为运动员代表，或代表圣彼得堡体育队参加国际比赛、全俄比赛以及俄罗斯联邦运动会创造条件；

完善参加奥运会、残运会以及听障运动会的俄罗斯联邦体育队的后备力量的选拔和训练体系；

提高国家服务质量，在规定活动范围内履行国家职能；

高效、高质地管理国家财政并合理运用国家资源；

提升体育运动领域内的人员保证，其中包括为面向健康水平受限人士和残疾人开展体育运动的工作人员制定保障措施；

完善组织体育运动领域活动的社会团体和组织的合作模式。

在**《发展体育运动基础设施》**的优先方向框架下，有必要保证：

通过体育项目的建设和改造发展体育运动基础设施，其中包括健康水平受限人士和残疾人的体育运动基础设施。

在**《圣彼得堡筹备2018年世界杯足球赛的工作》**的优先方向框架下，有必要保证：

高水平举办2018年世界杯足球赛以及2017年国际足联联合会杯；

按照国际足球联盟的要求，为2018年世界杯足球赛以及2017年国际足联联合会杯的举办，进行圣彼得堡市体育基础设施和其他基础设施的建设；

实施致力于筹备和组织2018年世界杯足球赛以及2017年国际足联联合会杯的系列措施；

合理使用2018年世界杯足球赛以及2017年国际足联联合会杯的基础设施。

在单独措施1**《圣彼得堡官方体育活动和运动项目的日程表》**框架下，有必要保证：

参照年度官方体育活动和运动项目计划，在圣彼得堡组织高水平的国际赛事、全俄比赛以及市级体育赛事；

圣彼得堡运动员以及体育队积极参加官方组织的国际性、全俄体育比赛；

加强国际体育交流，包括促进由健康水平受限人士和残疾人组成的国际体育组织之间的合作与交流。

在单独措施2**《专业技能提高与职业再培训》**框架下，有必要保证下述人员的技能提高与职业再培训：圣彼得堡体育运动委员会与圣彼得堡地区行政机构附属单位的负责人、教员和指导员，以及国家自治机构的相关工作人员。

政府规划的子规划以及单独措施的实施，需要参照圣彼得堡政府2010年9月23日通过的第1256号令《2011—2015年圣彼得堡跨文化、跨种族和宗教间和谐共处以及宽容文化教育的计划》(以下简称《宽容》计划)，2013年5月22日通过的第353号令《2013—2016年"安全城市·圣彼得堡预防犯罪的系列措施"》，以及2007年5月16日通过的第230-42号令《预防圣彼得堡犯罪现象》等圣彼得堡法律法规。

三、政府规划的目标与任务

政府规划的目标：

确保居住在圣彼得堡地区的公民，其中包括健康水平受限人士和残疾人，能够系统参加体育活动和运动；

提高高级别运动员的培养水平；

顺利在圣彼得堡举办大型的国际、全俄、城市以及地区的体育盛会。

政府规划的任务：

提高圣彼得堡公民定期参加体育活动和运动并选择健康生活方式的热情；

保证圣彼得堡运动员能够顺利参加国际性和全俄体育赛事；

扩大能够进入迎战奥林匹克和非奥林匹克赛事的俄罗斯联邦体育队的圣彼得堡运动员的数量，其中包括健康水平受限人士和残疾人；

在圣彼得堡举办高水平的重大奥林匹克和非奥林匹克的国际性、全俄、城市体育比赛，以及地区性体育盛会。

通过政府规划的子规划和单独措施的系统活动确保完成上述任务。

至 2020 年，通过政府规划措施的实施，将实现下述“提高”：

系统参加体育活动和运动的居民人数占圣彼得堡居民总人口的比重从 2013 年的 25. 2%提高至 2020 年的 40%；

系统参加体育活动和运动的健康水平受限人士数量占圣彼得堡健康水平受限人士总数的比重从 2013 年的 5. 1%提高至 2020 年的 20%；

在体育教育补充机构学习的儿童和青少年比例从 2013 年的 17. 4%提高至 2020 年的 30%。

提高居民保障水平：

每 1 万居民享有的体育馆面积达 1180 平方米；

每 1 万居民享有的平面体育设施面积达 7300 平方米；

每 1 万居民享有的游泳池水面面积达 135. 5 平方米。

四、政府规划的实施期限、检查阶段及其实施日期

政府规划预计期限为 6 年(2015—2020 年)。按照一个阶段执行政府规划。

每一年都要对政府规划的完成结果以及达成目标情况进行分析。

对政府规划子规划和单独措施所完成专项指标的情况进行年度分析，根据分析结果进一步开展校正工作。

五、政府规划专项指标、子规划和单独措施的指标

政府规划的专项指标应符合俄罗斯联邦政府 2009 年 8 月 7 日通过的第 1101-p 号令批准的 2020 年前俄罗斯联邦体育运动发展战略、2030 年前圣彼得堡社会经济发展战略的宏观指标，以及圣彼得堡政府 2012 年 11 月 12 日通过的第 1200 号令《2013 年度，以及 2014 年和 2015 年计划期间的圣彼得堡政府工作主要方向》。

政府规划专项指标的确定，应符合俄罗斯联邦政府 2012 年 11 月 3 日通过的第 1142 号令《实施

2012 年 8 月 21 日通过的第 1199 号俄罗斯联邦政府总统令〈俄罗斯联邦主体执行权力机关工作有效性评估〉》的规定，还应符合 2012 年 5 月 7 日通过的第 597 号俄罗斯联邦总统令《实施国家社会政策的措施》、2012 年 5 月 7 日通过的第 598 号俄罗斯联邦总统令《完善卫生保健领域的国家政策》、2012 年 5 月 7 日通过的第 602 号俄罗斯联邦总统令《保证民族和谐》以及 2012 年 5 月 7 日通过的第 606 号俄罗斯联邦总统令《实施俄罗斯联邦民主政治的措施》等国家政策要求。

政府规划的最终和直接(按照实施年度)专项指标，详见政府规划的表 2。

政府规划的最终和直接(按照实施年度)专项指标的信息收集程序和计算方法，以及子规划指标详见政府规划的表 3。

政府规划的专项指标、子规划以及单独措施的指标，应在第 1-ФК 号和第 3-АФК 号类国家(联邦)统计观测数据的基础上确定，这是俄罗斯联邦统计局 2012 年 10 月 23 日颁布的第 562 号、第 5-ФК 号指令，以及 2013 年 12 月 26 日通过的第 500 号指令规定的。此外，还应考虑相关的计算方法。

表 2 《2015—2020 年圣彼得堡体育运动发展》政府规划的专项指标

序号	专项指标的名称	测量单位	年度专项指标的直接数值					专项指标的最终数值
			2015 年	2016 年	2017 年	2018 年	2019 年	2020 年
《2015—2020 年圣彼得堡体育运动发展》政府规划								
1	系统参加体育活动和运动的居民占居民总数的比例	百分比	29.81	32.00	34.00	36.00	38.00	40.00
2	系统参加体育活动和运动的健康水平受限人士的比重	百分比	5.25	8.00	13.00	15.00	17.00	20.00
3	每 10 万居民所享有的体育设施数量	个	124.24	122.30	120.05	117.67	115.49	114.35
4	居民体育设施的保障水平，参照的是体育项目同时接纳参与者的能力	百分比	17.5	21.0	23.2	26.3	28.8	32.0
5	居民对体育锻炼和体育运动条件的满意度	占调查总人数的比例	符合 2030 年前圣彼得堡社会经济发展战略					

表 3 《2015—2020 年圣彼得堡体育运动发展》政府规划的子规划和单独措施的指标

序号	专项指标的名称	测量单位	年度专项指标的直接数值					专项指标的最终数值
			2015 年	2016 年	2017 年	2018 年	2019 年	2020 年
1	2	3	4	5	6	7	8	9
子规划 1 《发展体育运动与大众体育》								
1.1	系统参加体育活动和运动的中小学生、大学生人数占中小学生和大学生总数的比例	百分比	65.0	68.8	72.6	76.4	80.2	84.0
1.2	大众体育和体育活动的城市居民覆盖率	百分比	21.15	21.82	22.64	23.36	23.85	24.2
1.3	便于居民在夏季和冬季组织体育活动以及进行独立体育锻炼而提供的体育广场的比例	百分比	100.00	100.00	100.00	100.00	100.00	100.00
1.4	普通教育机构中小学体育俱乐部的建设数量	个	30	30	26	23	14	18

续表

序号	专项指标的名称	测量单位	年度专项指标的直接数值					专项指标的最终数值
			2015 年	2016 年	2017 年	2018 年	2019 年	2020 年
子规划 2 《发展高成就体育运动以及运动员后备力量培养体系》								
2.1	可进入俄罗斯联邦体育队的运动员数量，占处于运动健将技能完善阶段和高技能运动健将阶段的运动员总人数的比例	百分比	36.70	37.50	38.00	38.20	38.40	38.60
2.2	按照所适合的体育项目，可进入俄罗斯联邦体育队的健康水平受限运动员的数量，占处于相关运动项目的运动健将技能完善阶段和高技能运动健将阶段的运动员总人数的比例	百分比	70.10	70.50	70.70	70.90	80.00	80.10
2.3	国家体育机构在编工作人员的配备程度	百分比	90.00	92.00	94.00	96.00	98.00	99.00
子规划 3 《发展体育运动基础设施》								
3.1	体育设施数量	个	6442	6446	6455	6460	6465	6461
3.1.1	包括：健康水平受限人士的体育设施数量	个	570	572	577	587	588	589
3.2	体育馆保障水平	千平方米/1 万人	1.13	1.14	1.15	1.16	1.17	1.18
3.3	游泳池保障水平	平方米水面/1 万人	128.85	129.50	132.00	133.50	134.50	135.50
3.4	平面体育设施保障水平	千平方米/1 万人	7.25	7.26	7.27	7.28	7.29	7.30
子规划 4 《圣彼得堡筹备 2018 年世界杯足球赛的工作》								
4.1	符合国际足球联盟要求的足球场训练数量	个	—	1	7	7	—	—
4.2	符合国际足球联盟要求的训练基地数量	个	—	—	3	4	—	—
4.3	圣彼得堡为组织 2017 年国际足联联合会杯以及 2018 年世界杯足球赛所建设的体育基础设施，与国际足球联盟要求的符合度	百分比	—	—	—	100	—	—
4.4	组织 2017 年国际足联联合会杯以及 2018 年世界杯足球赛结束后，圣彼得堡可继续利用的体育项目比例	百分比	—	—	—	100	100	100
措施 1 《圣彼得堡官方体育活动和运动项目的日程表》								
1	圣彼得堡官方体育活动和运动项目日程表措施的执行程度	百分比	100.0	100.0	100.0	100.0	100.0	100.0
措施 2 《专业技能提高与职业再培训》								
1	体育运动委员会附属单位的负责人、教员和指导员，以及国家自治机构的工作人员的技能提高和职业再培训	人	260	230	230	240	260	270

六、子规划清单及简要说明

政府规划具有专项综合性特征且最大限度地关注了体育运动领域的社会效益，以及如何通过实施预计措施完成相关任务。完成包括子规划框架在内的全部措施，将有助于圣彼得堡体育运动领域现状的积极改善。每一个子规划和单独措施均致力于完成政府规划的任务。完成政府规划的任务即可保证达到政府规划的既定目标。

列入政府规划的子规划旨在完成发展大众体育运动、发展高成就体育运动以及运动员后备力量培训领域的具体任务。

子规划措施的具体说明详见相应的子规划。

政府规划的任务主要在 4 个子规划和 2 个单独措施中完成：

1. 子规划 1《发展体育运动与大众体育》；

2. 子规划 2《发展高成就体育运动以及运动员后备力量培养体系》；

3. 子规划 3《发展体育运动基础设施》；

4. 子规划 4《圣彼得堡筹备 2018 年世界杯足球赛的工作》。

5. 政府规划包括 2 个单独措施：

5. 1 措施 1《圣彼得堡官方体育活动和运动项目的日程表》能够单独列入政府规划，主要是因为《圣彼得堡官方体育活动和运动项目的日程表》依照年度组织各项措施，且包含体育运动委员会组织开展的各项措施，如大众体育运动、高成就体育运动以及运动员后备力量培训的相关活动，具有跨规划的特征属性。

5. 2 措施 2《专业技能提高与职业再培训》也具有跨规划的特征，致力于体育运动委员会以及圣彼得堡地区行政机构下的体育运动领域专家(体育学校、体育运动和健康中心、国家自治机构的工作人员)的技能提高与职业再培训。

七、政府规划拨款来源的相关信息

表 4 《2015—2020 年圣彼得堡体育运动发展》政府规划拨款数额

按照拨款来源计算

序号	子规划、单独措施的名称	拨款来源的类型	年度拨款数额(单位：千卢布)						总计
			2015 年	2016 年	2017 年	2018 年	2019 年	2020 年	
	《2015—2020 年圣彼得堡体育运动发展》政府规划	圣彼得堡预算	15413787. 6	16255285. 5	10248985. 0	10686316. 2	10584955. 0	11350562. 8	74539892. 1
		联邦预算 **	107300. 0	162540. 0	293660. 0	44940. 0	7300. 0	7300. 0	623040. 0
		预算外资金	733496. 0	826526. 0	807430. 0	704650. 0	684000. 0	689200. 0	4445302. 0
	总计		16254583. 6	17244351. 5	11350075. 0	11435906. 2	11276255. 0	12047062. 8	79608234. 1
1	子规划 1《发展体育运动与大众体育》	圣彼得堡预算	855311. 2	918786. 7	960277. 8	1007369. 6	1053824. 3	1104676. 1	5900245. 7
		联邦预算 **	—	—	—	—	—	—	—
		预算外资金	52776. 0	53236. 0	53500. 0	53800. 0	54000. 0	54200. 0	321512. 0
	总计		908087. 2	972022. 7	1013777. 8	1061169. 6	1107824. 3	1158876. 1	6221757. 7

续表

序号	子规划、单独措施的名称	拨款来源的类型	年度拨款数额(单位：千卢布)						总计
			2015 年	2016 年	2017 年	2018 年	2019 年	2020 年	
2	子规划 2《发展高成就体育运动以及运动员后备力量培养体系》	圣彼得堡预算	5962725.9	6603796.2	7174695.7	7918942.4	8526461.9	9190082.7	45376704.8
		联邦预算 **	7300.0	7300.0	7300.0	7300.0	7300.0	7300.0	43800.0
		预算外资金	600000.0	615000.0	620000.0	625000.0	630000.0	635000.0	3725000.0
	总计		6570025.9	7226096.2	7801995.7	8551242.4	9163761.9	9832382.7	49145504.8
3	子规划 3《发展体育运动基础设施》	圣彼得堡预算	700219.3	164533.6	170688.6	179394.8	188520.6	198032.3	1601389.2
		联邦预算 **	—	—	—	—	—	—	—
		预算外资金	—	—	—	—	—	—	—
	总计		700219.3	164533.6	170688.6	179394.8	188520.6	198032.3	1601389.2
4	子规划 4《圣彼得堡筹备 2018 年世界杯足球赛的工作》	圣彼得堡预算	7266911.1	7871053.3	1208660.0	805540.0	—	—	17152164.4
		联邦预算 **	100000.0	155240.0	286360.0	37640.0	—	—	579240.0
		预算外资金	80720.0	158290.0	133930.0	25850.0	—	—	398790.0
	总计		7447631.1	8184583.3	1628950.0	869030.0	—	—	18130194.4
5	单独措施 1《圣彼得堡官方体育活动和运动项目的日程表》	圣彼得堡预算	625960.1	694815.7	732335.7	772614.2	813562.8	855054.5	4494343.0
		联邦预算 **	—	—	—	—	—	—	—
		预算外资金	—	—	—	—	—	—	—
	总计		625960.1	694815.7	732335.7	772614.2	813562.8	855054.5	4494343.0
6	单独措施 2《专业技能提高与职业再培训》	圣彼得堡预算	2660.0	2300.0	2327.2	2455.2	2585.4	2717.2	15045.0
		联邦预算 **	—	—	—	—	—	—	—
		预算外资金	—	—	—	—	—	—	—
	总计		2660.0	2300.0	2327.2	2455.2	2585.4	2717.2	15045.0

** 在相应财政年，按照俄罗斯联邦政府的规定以及所通过的《联邦预算》的相应要求，联邦预算拨款数额将进行确认。

表 5 《2015—2020 年圣彼得堡体育运动发展》政府规划拨款数额

按照日常支出和发展费用

序号	子规划、单独措施的名称	措施类型	年度拨款数额(单位：千卢布)						总计
			2015 年	2016 年	2017 年	2018 年	2019 年	2020 年	
	《2015—2020 年圣彼得堡体育运动发展》政府规划	日常支出	7960558.6	8857677.9	9532276.8	10376417.8	11081259.3	11852854.0	59661044.4
		发展费用	8079407.6	8186715.5	1628950.0	869030.0	—	—	18764103.1
		未分配费用	214617.4	199958.1	188848.2	190458.4	194995.7	194208.8	1183086.6
	总计		16254583.6	17244351.5	11350075.0	11435906.2	11276255.0	12047062.8	79608234.1
1	子规划 1《发展体育运动与大众体育》	日常支出	908087.2	972022.7	1013777.8	1061169.6	1107824.3	1158876.1	6221757.7
		发展费用	—	—	—	—	—	—	—
		未分配费用	—	—	—	—	—	—	—

续表

序号	子规划、单独措施的名称	措施类型	年度拨款数额(单位：千卢布)						总计
			2015 年	2016 年	2017 年	2018 年	2019 年	2020 年	
	总计		908087. 2	972022. 7	1013777. 8	1061169. 6	1107824. 3	1158876. 1	6221757. 7
2	子规划 2《发展高成就体育运动以及运动员后备力量培养体系》	日常支出	6355408. 5	7026138. 1	7613147. 5	8360784. 0	8968766. 2	9638173. 9	47962418. 2
		发展费用	—	—	—	—	—	—	—
		未分配费用	214617. 4	199958. 1	188848. 2	190458. 4	194955. 7	194208. 8	1183086. 6
	总计		6570025. 9	7226096. 2	7801995. 7	8551242. 4	9163761. 9	9832382. 7	49145504. 8
3	子规划 3《发展体育运动基础设施》	日常支出	68442. 8	162401. 4	170688. 6	179394. 8	188520. 6	198032. 3	967480. 5
		发展费用	631776. 5	2132. 2	—	—	—	—	633908. 7
		未分配费用	—	—	—	—	—	—	—
	总计		700219. 3	164533. 6	170688. 6	179394. 8	188520. 6	198032. 3	1601389. 2
4	子规划 4《圣彼得堡筹备 2018 年世界杯足球赛的工作》	日常支出	7447631. 1	8184583. 3	1628950. 0	869030. 0	—	—	18130194. 4
		发展费用	7447631. 1	8184583. 3	1628950. 0	869030. 0	—	—	18130194. 4
		未分配费用	—	—	—	—	—	—	—
	总计		7447631. 1	8184583. 3	1628950. 0	869030. 0	—	—	18130194. 4
5	单独措施 1《圣彼得堡官方体育活动和运动项目的日程表》	日常支出	625960. 1	694815. 7	732335. 7	772614. 2	813562. 8	855054. 5	4494343. 0
		发展费用	—	—	—	—	—	—	—
		未分配费用	—	—	—	—	—	—	—
	总计		625960. 1	694815. 7	732335. 7	772614. 2	813562. 8	855054. 5	4494343. 0
6	单独措施 2《专业技能提高与职业再培训》	日常支出	2660. 0	2300. 0	2327. 2	2455. 2	2585. 4	2717. 2	15045. 0
		发展费用	—	—	—	—	—	—	—
		未分配费用	—	—	—	—	—	—	—
	总计		2660. 0	2300. 0	2327. 2	2455. 2	2585. 4	2717. 2	15045. 0

八、政府规划的实施机制

政府规划的实施机制是确保政府措施有效实施以及监管最终结果的组织工具。

体育委员会负责政府规划的实施及对其实施进度的监管。

政府规划实施的组织管理形式和方法是由政府规划的负责执行单位结合俄罗斯联邦立法确定的。

政府规划的实施管理由负责实施政府规划措施的圣彼得堡国家执行权力机关负责。

体育运动委员会是政府规划的责任执行单位：

直接管理政府规划的实施，协调政府规划联合执行单位和参与单位的活动；

结合每一个子规划和单独措施的特征，确定其措施实施的专项指标和标准；

按照政府规划方向，协调可列入政府规划的拨款项目清单；

按照既定程序监管和获取政府规划执行单位的报告；

根据政府规划的年度实施情况组织分析和总结工作；

在权限内制定、协调和确定执行政府规划必备的规范性法律文件(包括单独实施的)。

政府规划的联合执行单位和参与单位，主要负责：

与政府规划的责任执行单位共同制定、协调和批准用于实施政府规划的财政组织计划和方案；

结合“日常支出”与“发展费用”拨款，为完善规划措施的实施清单提供建议，且与政府规划的责任执行单位协商相关事宜；

按规定程序，与政府规划责任执行单位共同筹备、协商并提交财政年度和计划期内用于履行支出义务(联邦预算和圣彼得堡预算负责拨款的规划措施)的预算拨款建议；

分析并评估规划措施实施工作的完成情况，筹备并向政府规划的责任执行单位及时递交总结材料。

在政府规划的预算以及预算外拨款数额发生变更的情况下，应按规定程序修订政府规划的专项指标和指数。

政府规划的责任执行单位在下一报告年度 3 月 31 日前，按规定程序，应基于规划措施的联合执行单位和参与单位的总结材料，向圣彼得堡经济政策与战略规划委员会提交有关政府规划的实施进程和结果，以及拨款资金有效使用的报告。

相应期间内的政府规划实施报告应包括：

报告期完成的规划措施清单；

报告期未完成的规划措施清单以及未完成措施的百分比；

分析未能全部完成规划措施的原因。

根据政府规划措施的完成结果，酌情修改措施清单及责任执行单位成员。

子规划 1 《发展体育运动与大众体育》说明

1	子规划的联合执行单位	体育运动委员会； 圣彼得堡地区行政机构
2	子规划的参与单位	隶属于圣彼得堡地区行政机构的体育运动与健康中心和国家预算支持的体育运动单位； 圣彼得堡国家预算普通教育机构； 隶属于圣彼得堡地区行政机构的未成年人和青年中心； 隶属于圣彼得堡地区行政机构，致力于居民区儿童与青年工作的圣彼得堡国家预算机关
3	子规划的目标	为居住在圣彼得堡地区的公民，其中包括健康水平受限人士和残疾人，能够系统参加体育活动和运动、获得健康的生活方式创造条件
4	子规划的任务	完善各类居民的体育教育体系，其中包括在教育机构面向各类居民开展地区体育活动与运动项目； 强化各地区体育、运动和健康中心(处)的工作，吸引当地居民参与常规体育锻炼和体育运动； 建设圣彼得堡普通教育机构的学生体育俱乐部网络并保证其工作； 实施地方性体育方案《圣彼得堡中小学的桑勃式摔跤》； 推广全俄体育运动《劳动卫国体育制度》

续表

5	子规划的指标	系统参加体育活动和运动的居民比例； 系统参加体育活动和运动的健康水平受限人士的比例； 大众体育和体育活动的城市居民覆盖率； 便于居民在夏季和冬季组织体育活动及进行独立体育锻炼而提供的体育广场的比例； 普通教育机构中小学体育俱乐部的建设数量
6	子规划的实施期限	子规划计期限为 6 年(2015—2020 年)。按照一个阶段执行子规划：自 2015 年至 2020 年
7	子规划年度拨款总额	2015—2020 年期间子规划拨款总额为 6221757. 7 千卢布，包括： 2015 年— 908087. 2 千卢布； 2016 年— 972022. 7 千卢布； 2017 年— 1013777. 8 千卢布； 2018 年— 1061169. 6 千卢布； 2019 年— 1107824. 3 千卢布； 2020 年— 1158876. 1 千卢布
	按照拨款来源确定的年度子规划拨款总额	2015—2020 年期间由圣彼得堡预算资金向子规划提供的拨款总额为 5900245. 7 千卢布，各年分别为： 2015 年— 855311. 2 千卢布； 2016 年— 918786. 7 千卢布； 2017 年— 960277. 8 千卢布； 2018 年— 1007369. 6 千卢布； 2019 年— 1053824. 3 千卢布； 2020 年— 1104676. 1 千卢布 2015—2020 年期间由联邦预算资金向子规划提供的拨款数额预计为 0. 0 千卢布 2015—2020 年期间由预算外资金向子规划提供的拨款数额预计为 321512. 0 千卢布，包括： 2015 年— 52776. 0 千卢布； 2016 年— 53236. 0 千卢布； 2017 年— 53500. 0 千卢布； 2018 年— 53800. 0 千卢布； 2019 年— 54000. 0 千卢布； 2020 年— 54200. 0 千卢布
	按照责任执行单位和参与单位确定的年度政府规划拨款总额	2015—2020 年期间在由圣彼得堡预算资金向子规划提供支持的框架下，体育运动委员会提供的拨款数额(按当年卢布价值计算)— 6248. 0 千卢布，包括： 2015 年— 930. 4 千卢布； 2016 年— 930. 4 千卢布； 2017 年— 985. 5 千卢布； 2018 年— 1059. 4 千卢布； 2019 年— 1133. 8 千卢布； 2020 年— 1208. 5 千卢布 2015—2020 年期间在由圣彼得堡预算资金向子规划提供支持的框架下，圣彼得堡海军部区行政机构提供的拨款数额(按当年卢布价值计算)— 183219. 1 千卢布，包括：

续表

<table>
<tr><td>7</td><td>按照责任执行单位和参与单位确定的年度政府规划拨款总额</td><td>2015年— 26745.3千卢布；
2016年— 28446.4千卢布；
2017年— 29754.6千卢布；
2018年— 31240.4千卢布；
2019年— 32750.9千卢布；
2020年— 34281.5千卢布

2015—2020年期间在由圣彼得堡预算资金向子规划提供支持的框架下，圣彼得堡瓦西里岛区行政机构提供的拨款数额(按当年卢布价值计算)— 470186.7千卢布，包括：
2015年— 67398.5千卢布；
2016年— 72762.43千卢布；
2017年— 76424.9千卢布；
2018年— 80436.9千卢布；
2019年— 84515.6千卢布；
2020年— 88648.4千卢布

2015—2020年期间在由圣彼得堡预算资金向子规划提供支持的框架下，圣彼得堡维堡区行政机构提供的拨款数额(按当年卢布价值计算)— 335739.7千卢布，包括：
2015年— 48904.8千卢布；
2016年— 52739.6千卢布；
2017年— 54404.9千卢布；
2018年— 57122.1千卢布；
2019年— 59884.6千卢布；
2020年— 62683.7千卢布

2015—2020年期间在由圣彼得堡预算资金向子规划提供支持的框架下，圣彼得堡加里宁区行政机构提供的拨款数额(按当年卢布价值计算)— 374353.5千卢布，包括：
2015年— 54212.1千卢布；
2016年— 58047.0千卢布；
2017年— 61033.6千卢布；
2018年— 64239.7千卢布；
2019年— 66759.2千卢布；
2020年— 70061.9千卢布

2015—2020年期间在由圣彼得堡预算资金向子规划提供支持的框架下，圣彼得堡基洛夫区行政机构提供的拨款数额(按当年卢布价值计算)— 629945.3千卢布，包括：
2015年— 89588.3千卢布；
2016年— 97825.9千卢布；
2017年— 102637.6千卢布；
2018年— 107912.0千卢布；
2019年— 113274.2千卢布；
2020年— 118707.3千卢布</td></tr>
</table>

续表

7	按照责任执行单位和参与单位确定的年度政府规划拨款总额	2015—2020 年期间在由圣彼得堡预算资金向子规划提供支持的框架下，圣彼得堡科尔宾区行政机构提供的拨款数额（按当年卢布价值计算）— 1054537.2 千卢布，包括： 2015 年— 149168.1 千卢布； 2016 年— 163085.6 千卢布； 2017 年— 171597.9 千卢布； 2018 年— 180815.8 千卢布； 2019 年— 190187.1 千卢布； 2020 年— 199682.7 千卢布 2015—2020 年期间在由圣彼得堡预算资金向子规划提供支持的框架下，圣彼得堡红色近卫军区行政机构提供的拨款数额（按当年卢布价值计算）— 288356.2 千卢布，包括： 2015 年— 39418.8 千卢布； 2016 年— 45831.0 千卢布； 2017 年— 48023.0 千卢布； 2018 年— 50499.2 千卢布； 2019 年— 52016.7 千卢布； 2020 年— 52567.5 千卢布 2015—2020 年期间在由圣彼得堡预算资金向子规划提供支持的框架下，圣彼得堡红村区行政机构提供的拨款数额（按当年卢布价值计算）— 499639.5 千卢布，包括： 2015 年— 72443.4 千卢布； 2016 年— 78285.3 千卢布； 2017 年— 82801.5 千卢布； 2018 年— 86697.8 千卢布； 2019 年— 87698.9 千卢布； 2020 年— 91712.6 千卢布 2015—2020 年期间在由圣彼得堡预算资金向子规划提供支持的框架下，圣彼得堡克朗什塔得区行政机构提供的拨款数额（按当年卢布价值计算）— 177283.2 千卢布，包括： 2015 年— 25121.2 千卢布； 2016 年— 27418.7 千卢布； 2017 年— 28769.0 千卢布； 2018 年— 30981.4 千卢布； 2019 年— 31738.1 千卢布； 2020 年— 33254.8 千卢布 2015—2020 年期间在由圣彼得堡预算资金向子规划提供支持的框架下，圣彼得堡库罗尔特区行政机构提供的拨款数额（按当年卢布价值计算）— 167505.5 千卢布，包括： 2015 年— 25398.7 千卢布； 2016 年— 25671.3 千卢布； 2017 年— 27406.2 千卢布； 2018 年— 28502.2 千卢布；

续表

<table>
<tr>
<td>7</td>
<td>按照责任执行单位和参与单位确定的年度政府规划拨款总额</td>
<td>2019 年— 29656. 1 千卢布；
2020 年— 30871. 0 千卢布

2015—2020 年期间在由圣彼得堡预算资金向子规划提供支持的框架下，圣彼得堡莫斯科区行政机构提供的拨款数额(按当年卢布价值计算)— 207583. 8 千卢布，包括：
2015 年— 31277. 4 千卢布；
2016 年— 32671. 3 千卢布；
2017 年— 33376. 2 千卢布；
2018 年— 35047. 0 千卢布；
2019 年— 36745. 4 千卢布；
2020 年— 38466. 5 千卢布

2015—2020 年期间在由圣彼得堡预算资金向子规划提供支持的框架下，圣彼得堡涅瓦区行政机构提供的拨款数额(按当年卢布价值计算)— 58744. 4 千卢布，包括：
2015 年— 11306. 7 千卢布；
2016 年— 9164. 0 千卢布；
2017 年— 9213. 8 千卢布；
2018 年— 9447. 7 千卢布；
2019 年— 9685. 6 千卢布；
2020 年— 9926. 6 千卢布

2015—2020 年期间在由圣彼得堡预算资金向子规划提供支持的框架下，圣彼得堡彼得格勒区行政机构提供的拨款数额(按当年卢布价值计算)—12698. 3 千卢布，包括：
2015 年— 2155. 8 千卢布；
2016 年— 1215. 0 千卢布；
2017 年— 2229. 4 千卢布；
2018 年— 2297. 0 千卢布；
2019 年— 2365. 7 千卢布；
2020 年— 2435. 4 千卢布

2015—2020 年期间在由圣彼得堡预算资金向子规划提供支持的框架下，圣彼得堡彼得宫区行政机构提供的拨款数额(按当年卢布价值计算)— 135231. 6 千卢布，包括：
2015 年— 21311. 1 千卢布；
2016 年— 22833. 2 千卢布；
2017 年— 21076. 3 千卢布；
2018 年— 22194. 8 千卢布；
2019 年— 23332. 0 千卢布；
2020 年— 24484. 2 千卢布

2015—2020 年期间在由圣彼得堡预算资金向子规划提供支持的框架下，圣彼得堡滨海区行政机构提供的拨款数额(按当年卢布价值计算)— 517434. 4 千卢布，包括：
2015 年— 70916. 3 千卢布；</td>
</tr>
</table>

续表

<table>
<tr><td>7</td><td>按照责任执行单位和参与单位确定的年度政府规划拨款总额</td><td>2016 年— 78639. 2 千卢布；
2017 年— 83413. 9 千卢布；
2018 年— 88659. 6 千卢布；
2019 年— 94715. 9 千卢布；
2020 年— 101089. 5 千卢布

2015—2020 年期间在由圣彼得堡预算资金向子规划提供支持的框架下，圣彼得堡普希金区行政机构提供的拨款数额(按当年卢布价值计算)— 379975. 9 千卢布，包括：
2015 年— 53825. 8 千卢布；
2016 年— 59253. 6 千卢布；
2017 年— 62068. 0 千卢布；
2018 年— 65139. 6 千卢布；
2019 年— 68262. 4 千卢布；
2020 年— 71426. 5 千卢布

2015—2020 年期间在由圣彼得堡预算资金向子规划提供支持的框架下，圣彼得堡伏龙芝区行政机构提供的拨款数额(按当年卢布价值计算)— 316164. 8 千卢布，包括：
2015 年— 50428. 6 千卢布；
2016 年— 51449. 2 千卢布；
2017 年— 52110. 8 千卢布；
2018 年— 51579. 1 千卢布；
2019 年— 54047. 8 千卢布；
2020 年— 56549. 3 千卢布

2015—2020 年期间在由圣彼得堡预算资金向子规划提供支持的框架下，圣彼得堡中央区行政机构提供的拨款数额(按当年卢布价值计算)— 85398. 6 千卢布，包括：
2015 年— 14759. 9 千卢布；
2016 年— 12517. 9 千卢布；
2017 年— 12950. 7 千卢布；
2018 年— 13497. 9 千卢布；
2019 年— 15054. 3 千卢布；
2020 年— 16618. 2 千卢布</td></tr>
<tr><td>8</td><td>子规划实施的预期结果</td><td>子规划的实施将：
为提高圣彼得堡居民健康水平创造条件；
吸引居民在居住、学习以及工作地点参与常规的体育锻炼和运动
按照预测评价，与 2013 年相比，至 2020 年规划措施的实施将引起以下变化：
提高系统参与体育活动和运动的居民人口比重，使其达到圣彼得堡人口总数的 40%；
提高健康水平受限人士系统参与体育锻炼和运动的人口比重，使其占到圣彼得堡健康水平受限人士人口数量的 20%；
提高城市居民从事大众体育活动和体育运动的比例至 24. 2%；
将圣彼得堡普通教育机构的学生体育俱乐部数量提高至 141 个；
改善 381 个体育广场的运行质量</td></tr>
</table>

1.1 圣彼得堡体育运动与大众体育发展现状的特征

在圣彼得堡，发展体育运动与大众体育具有优先性，旨在巩固市民健康和提高市民生活质量，与此同时，这也是确保圣彼得堡社会经济稳定发展的关键要素。

按照 2020 年前俄罗斯联邦体育运动发展战略确立的指标，系统从事体育活动和运动的公民数量在第一阶段，即 2015 年前应占居民总数的 30%，在第二阶段，即 2020 年前应增长至 40%。

截至 2013 年 12 月 31 日，系统从事体育活动和运动的圣彼得堡居民人数为 120 万(或占城市人口总数的 25. 2%)。

表 6　按照 2013 年统计结果，圣彼得堡地区系统从事体育活动和运动的居民人数

序号	圣彼得堡地区	2013 年地区居民数量(千人)	从事体育活动和运动的居民数量(千人)	占地区居民数量的百分比(%)
1	海军部区	161. 2	73. 1	45. 3
2	瓦西里岛区	210. 2	56. 9	27. 0
3	维堡区	462. 2	107. 0	23. 1
4	加里宁区	516. 3	117. 4	22. 7
5	基洛夫区	331. 8	74. 7	22. 5
6	科尔宾区	183. 8	32. 2	17. 5
7	红色近卫军区	345. 2	74. 3	21. 5
8	红村区	342. 5	31. 7	9. 2
9	克朗什塔得区	43. 6	11. 7	26. 9
10	库罗尔特区	71. 4	14. 8	20. 7
11	莫斯科区	315. 0	92. 8	29. 4
12	涅瓦区	479. 8	118. 5	24. 7
13	彼得格勒区	136. 6	62. 7	45. 8
14	彼得宫区	130. 1	26. 4	20. 2
15	滨海区	522. 8	112. 0	21. 4
16	普希金区	150. 3	43. 8	29. 1
17	伏龙芝区	404. 5	72. 5	17. 9
18	中央区	220. 0	88. 0	39. 9
	体育运动委员会(国家自治机构体育运动设施管理处)		**59. 9**	
	总计	**5027. 3**	**1270. 4**	**25. 2**

圣彼得堡下列三个地区的指标最高，分别是：海军部区——45. 3%，彼得格勒区——45. 8%，中央区——39. 9%。

上述圣彼得堡地区从事体育活动和运动的人口比例较高的原因在于，这些地区有大量教学单位，且在这些学校有大批从事体育活动和运动的中小学生和大学生。

表7　从事体育活动和运动的居民数量

按照年龄分布

序号	年龄阶段	从事体育活动和运动的居民数量(人)	占从事体育活动和运动居民总人数的百分比(%)
1	14岁以下	367996	29%
2	15~30岁	583046	45.9%
3	31~60岁	269767	21.2%
4	61岁以上	49584	3.9%

参加地区、城市以及全俄级别大众体育活动的人员数量逐年增加。

圣彼得堡地区针对各类居民举办的体育活动数量逐年增加。

地区体育活动日程表包括面向学前儿童、中小学生、青年学生、工作人员以及健康水平受限人士和运动老将组织的体育比赛。

按照奥林匹克、非奥林匹克和运动技术的全俄统一体育分类标准组织相应体育项目的体育活动。

表8　2010—2013年期间体育活动数量以及地区体育活动参与者数量

序号	圣彼得堡地区	2010年		2011年		2012年		2013年	
		比赛数量	参与者数量	比赛数量	参与者数量	比赛数量	参与者数量	比赛数量	参与者数量
1	海军部区	454	20370	457	28491	433	29191	444	30428
2	瓦西里岛区	695	26548	691	31805	630	36774	727	36960
3	维堡区	462	62470	463	73150	654	71969	896	82295
4	加里宁区	915	52953	911	67055	782	82990	1195	85938
5	基洛夫区	629	50645	632	54138	464	55125	600	56636
6	科尔宾区	482	26842	481	28766	523	30150	418	31674
7	红色近卫军区	476	46490	585	50020	585	51823	749	45976
8	红村区	475	41088	482	47769	581	58000	514	44577
9	克朗什塔得区	123	7248	47	4777	166	6512	222	8787
10	库罗尔特区	358	8626	346	9695	243	12002	273	18435
11	莫斯科区	594	41139	598	43632	727	48993	627	56696
12	涅瓦区	583	69550	534	80865	340	77880	495	77775
13	彼得格勒区	406	19530	382	20604	260	15342	225	13463
14	彼得宫区	283	13366	297	17884	274	20448	364	18377
15	滨海区	681	54055	685	75145	835	83970	781	78766
16	普希金区	873	20467	871	22357	780	25097	637	27231
17	伏龙芝区	664	44848	673	56557	723	58749	798	63516
18	中央区	381	30701	395	37719	476	36688	550	37747
	总计	**9534**	**636936**	**9544**	**750429**	**9476**	**801703**	**10515**	**815277**

1.2　圣彼得堡国家政策在发展体育运动与大众体育领域的优先方向

吸引公民，特别是儿童和青年定期参加体育锻炼和运动，是圣彼得堡国家政策在发展体育运动与大众体育领域的主要方向。

圣彼得堡国家政策在发展体育运动与大众体育领域的优先方向包括：

完善各类居民的体育教育体系，其中包括在教育机构的；

面向各类居民开展地区体育活动与运动项目；

针对各类居民实施地区性的体育运动措施；

强化各地区体育、运动和健康中心(处)工作，吸引当地居民参与常规体育锻炼和体育运动；

进一步建设圣彼得堡普通教育机构的学生体育俱乐部网络并保证其工作；

实施地方性体育方案《圣彼得堡中小学的桑勃式摔跤》；

推广全俄体育运动《劳动卫国体育制度》；

宣传体育运动，包括通过传媒手段普及运动蕴含的道德价值观以及奥林匹克精神。

1.3 子规划的目标和任务

子规划的目标——为保证公民系统开展体育锻炼和运动，并养成健康的生活方式创造条件。

完成下列主要任务将确保目标达成：

提高体育措施的居民覆盖率；

发展并完善地区体育和健康中心(处)的工作；

完善各类居民的体育教育体系，其中包括在教育机构实施全俄体育运动《劳动卫国体育制度》以及地方性体育方案《圣彼得堡中小学的桑勃式摔跤》；

发展居住区的体育运动基础设施，对居住区内的体育广场进行修整和装备；

以市普通教育学校为基础，继续推进中小学体育俱乐部的建设工作。

子规划实施的最终预期结果是体育运动和大众体育领域指标数值的提高和指标质量的提升，具体包括：

提高系统参与体育活动和运动的居民人口比重，使其达到圣彼得堡人口总数的 40%；

提高城市居民从事大众体育活动和体育运动的比例至 24.2%；

提高健康水平受限人士系统参与体育锻炼和运动的人口比重，使其占到圣彼得堡健康水平受限人士人口数量的 20%；

将普通教育机构的学生体育俱乐部数量提高至 141 个。

1.4 子规划的指标

依据 2009 年 8 月 7 日通过的俄罗斯联邦政府第 1101-p 号令确立的 2020 年前俄罗斯联邦体育运动发展战略，子规划的指标如下：

表 9

序号	指标名称	测量单位	年度指标数值					
			2015 年	2016 年	2017 年	2018 年	2019 年	2020 年
1	系统参加体育活动和运动的中小学生、大学生人数占中小学生和大学生总数的比例	百分比	65.0	68.8	72.6	76.4	80.2	84.0
2	圣彼得堡地区大众体育和体育活动的城市居民覆盖率	百分比	21.15	21.82	22.64	23.36	23.85	24.2
3	便于居民在夏季和冬季组织体育活动及进行独立体育锻炼而提供的体育广场比例	百分比	100	100	100	100	100	100
4	普通教育机构的中小学体育俱乐部的建设数量	个	30	30	26	23	14	18

1.5 子规划措施的特征

子规划措施体现为完成圣彼得堡地区行政机构制定的地区体育活动和运动项目日程表，以及吸引圣彼得堡各阶层居民定期开展体育锻炼和运动，并养成健康的生活方式，其中包括：在圣彼得堡普通教育机构成立新式学校体育俱乐部，实施地方性体育方案《圣彼得堡中小学的桑勃式摔跤》，推广全俄体育运动《劳动卫国体育制度》。

为了组织居住地居民参加体育锻炼和体育运动，规划规定在 6 年时间内维修 381 个居民区内的体育广场，并向地区体育、运动和健康中心(处)提供补助金，为落实国家任务提供财政保证。

执行 2004 年 12 月 20 日通过的第 2016 号圣彼得堡政府《发展圣彼得堡体育运动的功勋奖章》以及圣彼得堡政府《奖励为发展圣彼得堡体育运动作出的贡献》决议，由体育运动委员会负责制作奖章及证书，并向获奖者颁发奖金。

表 10 与日常支出相关的《发展体育运动与大众体育》子规划措施清单

序号	措施名称	执行单位、参与单位	拨款来源	实行日期与年度拨款数额(单位：千卢布)						总计
				2015 年	2016 年	2017 年	2018 年	2019 年	2020 年	
1	2	3	4	5	6	7	8	9	10	11
1. 圣彼得堡地区官方体育活动和运动项目日程表的实施										
1.1	对居民进行体育教育的措施	**圣彼得堡地区行政机构，其中，圣彼得堡各地区：**	圣彼得堡预算							
		圣彼得堡海军部区		1896.7	1896.7	1919.2	2024.7	2132.0	2240.8	12110.0
		圣彼得堡瓦西里岛区		1867.8	1867.8	1889.9	1993.9	2099.5	2206.6	11925.5
		圣彼得堡维堡区		2998.3	3148.2	3185.5	3360.7	3538.8	3719.3	19950.7
		圣彼得堡基洛夫区		2414.8	2535.5	2565.5	2706.6	2850.1	2995.4	16067.9
		圣彼得堡科尔宾区		1857.1	1857.1	1879.1	1982.4	2087.5	2194.0	11857.2
		圣彼得堡红色近卫军区		2758.1	2868.4	2902.4	3062.0	3224.3	3388.7	18203.9
		圣彼得堡红村区		2721.3	2830.2	2863.7	3021.2	3181.3	3343.6	17961.3
		圣彼得堡克朗什塔得区		507.2	527.5	533.7	563.1	592.9	623.2	3347.6
		圣彼得堡库罗尔特区		1072.3	1072.3	1085.0	1144.7	1205.3	1266.8	6846.4
		圣彼得堡莫斯科区		2675.6	2782.6	2815.5	2970.4	3127.8	3287.4	17659.3
		圣彼得堡涅瓦区		4042.3	4204.0	4253.8	4487.7	4725.6	4966.6	26680.0
		圣彼得堡彼得格勒区		1168.2	1215.0	1229.4	1297.0	1365.7	1435.4	7710.7
		圣彼得堡彼得宫区		1469.0	1469.0	1486.4	1568.1	1651.3	1735.5	9379.3
		圣彼得堡滨海区		4280.9	4503.5	4556.8	4807.4	5062.2	5320.4	28531.2
		圣彼得堡普希金区		1128.1	1173.3	1187.2	1252.5	1318.9	1386.1	7446.1
		圣彼得堡伏龙芝区		2865.9	3009.2	3044.8	3212.3	3382.5	3555.1	19069.8
		中央区		1844.0	1917.8	1940.5	2047.2	2155.7	2265.7	12170.9
总计				**37567.6**	**38878.1**	**39338.4**	**41501.9**	**43701.4**	**45930.6**	**246918.0**

续表

序号	措施名称	执行单位、参与单位	拨款来源	实行日期与年度拨款数额(单位：千卢布)						总计
				2015 年	2016 年	2017 年	2018 年	2019 年	2020 年	
2. 圣彼得堡地区行政机构的体育、运动和健康中心，以及开展居民体育保健和大众体育工作的国家机关的楼宇、场所、体育项目的建构、日常维护和装备										
2.1	执行国家任务的体育运动领域的预算机构	**圣彼得堡地区行政机构，其中，圣彼得堡各地区：**	圣彼得堡预算							
		圣彼得堡海军部区		21450.2	23809.7	25095.4	26475.7	27878.9	29300.7	154010.6
		圣彼得堡瓦西里岛区		60733.9	67414.6	71055.0	74963.0	78936.1	82961.8	436064.4
		圣彼得堡维堡区		39508.1	43851.4	46219.4	48761.4	51345.8	53964.4	283650.5
		圣彼得堡加里宁区		49826.1	55307.0	58293.6	61499.7	64759.2	68061.9	357747.5
		圣彼得堡基洛夫区		79775.1	88550.4	93332.1	98465.4	103684.1	108971.9	572779.0
		圣彼得堡科尔宾区		136557.4	151578.7	159763.9	168551.0	177484.2	186535.9	980471.1
		圣彼得堡红色近卫军区		36002.3	39962.6	42120.6	44437.2	46792.4	49178.8	258493.9
		圣彼得堡红村区		58103.7	64495.1	67977.8	71716.6	75517.6	79369.0	417179.8
		圣彼得堡克朗什塔得区		22284.8	24891.2	26235.3	27678.3	29145.2	30631.6	160866.4
		圣彼得堡库罗尔特区		16928.0	17859.0	18841.2	19877.5	20970.8	22124.2	116600.7
		圣彼得堡莫斯科区		23557.4	26148.7	27560.7	29076.6	30617.6	32179.1	169140.1
		圣彼得堡彼得宫区		16114.5	17884.2	18849.9	19886.7	20940.7	22008.7	115684.7
		圣彼得堡滨海区		62086.2	68915.7	72637.1	76632.2	80693.7	84809.1	445774.0
		圣彼得堡普希金区		46559.3	51860.3	54660.8	57677.1	60723.5	63820.4	335291.4
		圣彼得堡伏龙芝区		35135.1	39000.0	41106.0	43366.8	45665.3	47994.2	252267.4
		中央区		6846.7	7599.8	8010.2	8450.7	8898.6	9352.5	49158.5
总计				**711468.8**	**789128.4**	**831759.0**	**877505.9**	**924053.7**	**971264.2**	**5105180.0**
3. 修理和维护圣彼得堡科尔宾区体育广场的支出										
3.1	修理和维护体育广场	圣彼得堡科尔宾区行政机构	圣彼得堡预算	5355.2	5649.8	5954.9	6282.4	6615.4	6952.8	36810.5
总计				**5355.2**	**5649.8**	**5954.9**	**6282.4**	**6615.4**	**6952.8**	**36810.5**
4. 体育运动委员会行使职权产生的相关费用										
4.1	制作“发展圣彼得堡体育运动贡献奖”奖章及证书，组织颁奖仪式，为圣彼得堡政府“发展圣彼得堡体育运动贡献奖”颁发奖金	体育运动委员会	圣彼得堡预算	430.4	430.4	435.5	459.4	483.8	508.5	2748.0

续表

序号	措施名称	执行单位、参与单位	拨款来源	实行日期与年度拨款数额(单位：千卢布)						总计
				2015年	2016年	2017年	2018年	2019年	2020年	
总计				**430.4**	**430.4**	**435.5**	**459.4**	**483.8**	**508.5**	**2748.0**
5. 在圣彼得堡国家预算框架下的普通教育机构成立学生体育俱乐部并保障其工作										
5.1	在圣彼得堡国家预算框架下的普通教育机构成立学生体育俱乐部并保障其工作	**圣彼得堡地区行政机构，其中，圣彼得堡各地区：**	圣彼得堡预算							
		圣彼得堡海军部区		740.0	740.0	740.0	740.0	740.0	740.0	4440.0
		圣彼得堡瓦西里岛区		1480.0	1480.0	1480.0	1480.0	1480.0	1480.0	8880.0
		圣彼得堡维堡区		740.0	740.0	—	—	—	—	1480.0
		圣彼得堡加里宁区		740.0	740.0	740.0	740.0	0.0	0.0	2960.0
		圣彼得堡基洛夫区		740.0	740.0	740.0	740.0	740.0	740.0	4440.0
		圣彼得堡科尔宾区		740.0	—	—	—	—	—	740.0
		圣彼得堡红村区		2960.0	2960.0	2960.0	2960.0	—	—	11840.0
		圣彼得堡克朗什塔得区		—	—	—	740.0	—	—	740.0
		圣彼得堡库罗尔特区		740.0	740.0	1480.0	1480.0	1480.0	1480.0	7400.0
		圣彼得堡莫斯科区		740.0	740.0	—	—	—	—	1480.0
		圣彼得堡涅瓦区		2960.0	2960.0	2960.0	2960.0	2960.0	2960.0	17760.0
		圣彼得堡彼得宫区		740.0	1480.0	740.0	740.0	740.0	740.0	5180.0
		圣彼得堡滨海区		2220.0	2220.0	2220.0	2220.0	2960.0	2960.0	14800.0
		圣彼得堡普希金区		1480.0	2220.0	2220.0	2220.0	2220.0	2220.0	12580.0
		圣彼得堡伏龙芝区		4440.0	4440.0	2960.0	—	—	—	11840.0
		中央区		740.0	—	—	—	—	—	740.0
总计				**22200.0**	**22200.0**	**19240.0**	**17020.0**	**13320.0**	**13320.0**	**107300.0**
6. 院内体育广场设施的维修与配备										
6.1	改造、修理和配备院内体育广场设施，便于居民区居民独立进行体育锻炼和组织体育活动	**圣彼得堡地区行政机构，其中，圣彼得堡各地区：**	圣彼得堡预算							
		圣彼得堡海军部区		2000.0	2000.0	2000.0	2000.0	2000.0	2000.0	12000.0
		圣彼得堡瓦西里岛区		2000.0	2000.0	2000.0	2000.0	2000.0	2000.0	12000.0
		圣彼得堡维堡区		5000.0	5000.0	5000.0	5000.0	5000.0	5000.0	30000.0
		圣彼得堡加里宁区		2000.0	2000.0	2000.0	2000.0	2000.0	2000.0	12000.0
		圣彼得堡基洛夫区		6000.0	6000.0	6000.0	6000.0	6000.0	6000.0	36000.0
		圣彼得堡科尔宾区		4000.0	4000.0	4000.0	4000.0	4000.0	4000.0	24000.0
		圣彼得堡红色近卫军区		—	3000.0	3000.0	3000.0	2000.0	—	11000.0
		圣彼得堡红村区		8000.0	8000.0	9000.0	9000.0	9000.0	9000.0	52000.0

续表

序号	措施名称	执行单位、参与单位	拨款来源	实行日期与年度拨款数额(单位：千卢布)						总计
				2015 年	2016 年	2017 年	2018 年	2019 年	2020 年	
6.1	改造、修理和配备院内体育广场设施，便于居民区居民独立进行体育锻炼和组织体育活动	圣彼得堡克朗什塔得区	圣彼得堡预算	2000.0	2000.0	2000.0	2000.0	2000.0	2000.0	12000.0
		圣彼得堡库罗尔特区		6000.0	6000.0	6000.0	6000.0	6000.0	6000.0	36000.0
		圣彼得堡莫斯科区		2000.0	3000.0	3000.0	3000.0	3000.0	3000.0	17000.0
		圣彼得堡涅瓦区		2000.0	2000.0	2000.0	2000.0	2000.0	2000.0	12000.0
		圣彼得堡彼得格勒区		—	—	1000.0	1000.0	1000.0	1000.0	4000.0
		圣彼得堡彼得宫区		2000.0	2000.0	—	—	—	—	4000.0
		圣彼得堡滨海区		2000.0	3000.0	4000.0	5000.0	6000.0	8000.0	28000.0
		圣彼得堡普希金区		4000.0	4000.0	4000.0	4000.0	4000.0	4000.0	24000.0
		圣彼得堡伏龙芝区		7000.0	5000.0	5000.0	5000.0	5000.0	5000.0	32000.0
		中央区		5000.0	3000.0	3000.0	3000.0	4000.0	5000.0	23000.0
总计				**61000.0**	**62000.0**	**63000.0**	**64000.0**	**65000.0**	**66000.0**	**381000.0**
7. 地方性体育方案《圣彼得堡中小学的桑勃式摔跤》										
7.1	在预算机构——普通教育学校、未成年人和青年中心，以及从事居民区儿童和青年改造的圣彼得堡国家预算机构中，实施地方性体育方案《圣彼得堡中小学的桑勃式摔跤》	**圣彼得堡地区行政机构，其中，圣彼得堡各地区：**	圣彼得堡预算							
		圣彼得堡海军部区		658.4	—	—	—	—	—	658.4
		圣彼得堡瓦西里岛区		1316.8	—	—	—	—	—	1316.8
		圣彼得堡维堡区		658.4	—	—	—	—	—	658.4
		圣彼得堡加里宁区		1646.0	—	—	—	—	—	1646.0
		圣彼得堡基洛夫区		658.4	—	—	—	—	—	658.4
		圣彼得堡科尔宾区		658.4	—	—	—	—	—	658.4
		圣彼得堡红色近卫军区		658.4	—	—	—	—	—	658.4
		圣彼得堡红村区		658.4	—	—	—	—	—	658.4
		圣彼得堡克朗什塔得区		329.2	—	—	—	—	—	329.2
		圣彼得堡库罗尔特区		658.4	—	—	—	—	—	658.4
		圣彼得堡莫斯科区		2304.4	—	—	—	—	—	2304.4
		圣彼得堡涅瓦区		2304.4	—	—	—	—	—	2304.4
		圣彼得堡彼得格勒区		987.6	—	—	—	—	—	987.6
		圣彼得堡彼得宫区		987.6	—	—	—	—	—	987.6
		圣彼得堡滨海区		329.2	—	—	—	—	—	329.2
		圣彼得堡普希金区		658.4	—	—	—	—	—	658.4
		圣彼得堡伏龙芝区		987.6	—	—	—	—	—	987.6
		中央区		329.2	—	—	—	—	—	329.2
总计				**16789.2**	**—**	**—**	**—**	**—**	**—**	**16789.2**

续表

序号	措施名称	执行单位、参与单位	拨款来源	实行日期与年度拨款数额(单位：千卢布)						总计
				2015 年	2016 年	2017 年	2018 年	2019 年	2020 年	
8. 推广全俄体育运动《劳动卫国体育制度》										
8.1	在执行 2014 年 3 月 24 日通过的俄罗斯联邦总统第 172 号令《关于全俄体育运动综合项目“劳动卫国体育制度”》的框架范围内，推广全俄体育运动《劳动卫国体育制度》	体育运动委员会	圣彼得堡预算	500.0	500.0	550.0	600.0	650.0	700.0	3500.0
总计				**500.0**	**500.0**	**550.0**	**600.0**	**650.0**	**700.0**	**3500.0**
合计				**855311.2**	**918786.7**	**960277.8**	**1007369.6**	**1053824.3**	**1104676.1**	**5900245.7**

1.6 子规划的实施机制

体育运动委员会作为政府规划的责任执行单位，负责协调全体联合执行单位的活动。

(1)表 10 第 1 点的 1.1 项涉及的各项措施，主要由圣彼得堡地区行政机构负责实施，重点参照 2011 年 3 月 4 日通过的第 274 号政府决议所批准的文件——圣彼得堡国家执行权力机关在组织和举办圣彼得堡官方体育活动和项目中的合作程序。

(2)表 10 第 2 点的 2.1 项涉及的各项措施，主要由圣彼得堡地区行政机构通过其下属体育运动预算机构——体育、运动和健康中心以及圣彼得堡其他履行居民体育保健和大众体育责任的国家预算机构，以向这些机构设定国家任务的方式实施。此外，圣彼得堡地区行政机构还应参照 2011 年 1 月 20 日通过的第 63 号圣彼得堡政府决议所批准的文件——圣彼得堡国家机构的国家任务制定程序以及完成国家任务的财政保障程序，为指定国家任务的完成提供资金保障。

(3)表 1 第 3 点 3.1 项涉及的各项措施，主要由圣彼得堡科尔宾区行政机构负责实施，重点参照 2013 年 4 月 5 日通过的联邦法律《保障国家与市政需求商品、工作和服务的采购范围的合同制度》的第 44 点。

每年 3 月 1 日前，由圣彼得堡科尔宾区行政机构确定需要修理和维护的体育广场清单。

(4)表 10 第 4 点 4.1 项涉及的措施，主要由体育运动委员会负责实施，重点参照 2004 年 12 月 20 日通过的第 2016 号政府决议。

(5)表 10 第 5 点 5.1 项涉及的措施，主要由圣彼得堡地区行政机构通过在其下属预算普通教育机构建立学校体育俱乐部(以下简称 ШСК)的方式实施。措施具有一次性的实施性质。学校体育俱乐部的活动需要符合 2010 年 12 月 22 日教育委员会批准通过的有关学校体育俱乐部组织活动的方法建议。

以上措施的拨款来源为圣彼得堡预算资金，由其向普通教育机构提供其他目的的资金补贴。

圣彼得堡地区行政机构每年制定普通教育机构清单，明确哪些机构将成立学校体育俱乐部，并在前一年的 12 月 25 日前与体育委员会协调相关事宜。

下一阶段学校体育俱乐部的预算活动在设有学校体育俱乐部的普通教育机构的预算资金范围内实施。

(6)表 10 第 6 点 6.1 项涉及的措施，主要由圣彼得堡地区行政机构负责实施，重点参考 2013 年 4 月 5 日通过的联邦法律《保障国家与市政需求商品、工作和服务的采购范围的合同制度》的第 44 点。

圣彼得堡地区行政机构每年制定院内运动广场的清单，明确哪些广场需要修理和设备配备，并在前一年的 12 月 25 日前与体育委员会协调相关事宜。

(7)表 10 第 7 点 7.1 项涉及的措施，主要由圣彼得堡地区行政机构负责实施。

地方性体育方案《圣彼得堡中小学的桑勃式摔跤》(以下简称运动方案)是全俄体育运动组织“全俄罗斯联邦圣彼得堡桑勃式摔跤”(以下简称联邦桑勃式摔跤)的地区分部，在体育委员会、教育委员会的参与下制定的。为实施运动方案的各项措施，由圣彼得堡地区行政机构按照 2013 年 4 月 5 日通过的联邦法律《保障国家与市政需求商品、工作和服务的采购范围的合同制度》的第 44 点要求，向其下属预算机构——普通教育学校、未成年人和青年中心以及圣彼得堡负责居民区儿童和青年工作的国家预算机构，购置用于桑勃式摔跤的专业化运动器材。

圣彼得堡各地区行政机构制定普通教育学校、未成年人和青年中心以及圣彼得堡负责居民区儿童和青年工作的国家预算机构的清单，明确哪些机构将实施运动方案，与体育委员会协调相关事宜。

(8)表 10 第 8 点 8.1 项涉及的在圣彼得堡推广全俄体育运动《劳动卫国体育制度》的措施，是由 2014 年 3 月 24 日通过的第 172 号俄罗斯联邦总统令《关于全俄体育运动项目“劳动卫国体育制度”》批准通过的，由体育运动委员会按照俄罗斯联邦体育部确定实施 2014 年 3 月 24 日通过的第 172 号俄罗斯联邦总统令《关于全俄体育运动项目“劳动卫国体育制度”》的决定，以及 2013 年 4 月 5 日通过的联邦法律《保障国家与市政需求商品、工作和服务的采购范围的合同制度》的第 44 点要求负责实施。

体育运动委员会负责制定分阶段推广全俄体育运动项目《劳动卫国体育制度》的地区措施计划，并按照规定程序向圣彼得堡市长提交，期限为 2014 年 10 月 1 日之前。

子规划 2 《发展高成就体育运动以及运动员后备力量培养体系》说明

1	子规划的联合执行单位	体育运动委员会； 圣彼得堡地区行政机构
2	子规划的参与单位	隶属于圣彼得堡地区行政机构以及体育运动委员会的圣彼得堡儿童体育运动补充教育的国家预算教育机构； 圣彼得堡国家自治机构“体育设施管理处”； 圣彼得堡体育运动事务的各类主体

续表

3	子规划的目标	为培养高水平的运动员创造条件； 扩大儿童体育运动补充教育机构网络
4	子规划的任务	完善体育运动主体资助机制的规范法律基础； 完善高水平运动员的培养体系； 为提高优秀运动员的数量创造条件，为助力其加入俄罗斯联邦体育队并作为运动员代表，或代表圣彼得堡体育队参加国际比赛、全俄比赛以及俄罗斯联邦运动会创造条件； 完善参加奥运会、残运会以及听障运动会的俄罗斯联邦体育队的后备力量的选拔和训练体系； 提高体育运动领域的人才保障，其中包括制定健康水平受限人士和残疾人体育运动工作的人才保障措施； 完善组织体育运动领域活动的社会团体和组织的合作模式
5	子规划的指标	可进入俄罗斯联邦体育队的运动员数量，占处于运动健将技能完善阶段和高技能运动健将阶段的运动员总人数的比例； 按照所适合的体育项目，可进入俄罗斯联邦体育队的健康水平受限运动员数量，占处于相关运动项目的运动健将技能完善阶段和高技能运动健将阶段的健康水平受限运动员总人数的比例； 在儿童体育运动补充教育机构学习的儿童和青少年的比例； 国家体育机构在编工作人员的配备程度
6	子规划的实施期限	子规划计期限为6年(2015—2020年)。按照一个阶段执行子规划：自2015年至2020年
7	子规划年度拨款总额	2015—2020年期间子规划拨款总额为49145504.8千卢布，包括： 2015年— 6570025.9千卢布； 2016年— 7226096.2千卢布； 2017年— 7801995.7千卢布； 2018年— 8551242.4千卢布； 2019年— 9163761.9千卢布； 2020年— 9832382.7千卢布
	按照拨款来源确定的年度子规划拨款总额	2015—2020年期间由圣彼得堡预算资金向子规划提供的拨款总额为45376704.8千卢布，包括： 2015年— 5962725.9千卢布； 2016年— 6603796.2千卢布； 2017年— 7174695.7千卢布； 2018年— 7918942.4千卢布； 2019年— 8526461.9千卢布； 2020年— 9190082.7千卢布 2015—2020年期间由联邦预算资金向子规划提供的拨款数额为43800.0千卢布，包括： 2015年— 7300.0千卢布； 2016年— 7300.0千卢布； 2017年— 7300.0千卢布； 2018年— 7300.0千卢布； 2019年— 7300.0千卢布； 2020年— 7300.0千卢布 2015—2020年期间由预算外资金向子规划提供的拨款数额预计为3725000.0千卢布，包括： 2015年— 600000.0千卢布；

续表

7	按照责任执行单位和参与单位确定的年度政府规划拨款总额	2016 年— 615000. 0 千卢布； 2017 年— 620000. 0 千卢布； 2018 年— 625000. 0 千卢布； 2019 年— 630000. 0 千卢布； 2020 年— 635000. 0 千卢布 2015—2020 年期间在由圣彼得堡预算资金向子规划提供支持的框架下，体育运动委员会提供的拨款数额(按当年卢布价值计算)— 24427493. 7 千卢布，包括： 2015 年— 3243608. 2 千卢布； 2016 年— 3615659. 1 千卢布； 2017 年— 3857148. 9 千卢布； 2018 年— 4265351. 8 千卢布； 2019 年— 4530200. 4 千卢布； 2020 年— 4915525. 3 千卢布 2015—2020 年期间在由圣彼得堡预算资金向子规划提供支持的框架下，圣彼得堡海军部区行政机构提供的拨款数额(按当年卢布价值计算)— 1530091. 6 千卢布，包括： 2015 年— 194802. 4 千卢布； 2016 年— 216221. 0 千卢布； 2017 年— 241643. 1 千卢布； 2018 年— 267599. 0 千卢布； 2019 年— 294046. 7 千卢布； 2020 年— 315779. 4 千卢布 2015—2020 年期间在由圣彼得堡预算资金向子规划提供支持的框架下，圣彼得堡瓦西里岛区行政机构提供的拨款数额(按当年卢布价值计算)— 883856. 4 千卢布，包括： 2015 年— 112688. 4 千卢布； 2016 年— 125007. 1 千卢布； 2017 年— 139622. 5 千卢布； 2018 年— 154544. 7 千卢布； 2019 年— 169749. 7 千卢布； 2020 年— 182244. 0 千卢布 2015—2020 年期间在由圣彼得堡预算资金向子规划提供支持的框架下，圣彼得堡维堡区行政机构提供的拨款数额(按当年卢布价值计算)— 2044097. 3 千卢布，包括： 2015 年— 260243. 9 千卢布； 2016 年— 288856. 2 千卢布； 2017 年— 322818. 4 千卢布； 2018 年— 357493. 6 千卢布； 2019 年— 392825. 9 千卢布； 2020 年— 421859. 3 千卢布

续表

<table>
<tr><td>7</td><td>按照责任执行单位和参与单位确定的年度政府规划拨款总额</td><td>2015—2020 年期间在由圣彼得堡预算资金向子规划提供支持的框架下，圣彼得堡加里宁区行政机构提供的拨款数额(按当年卢布价值计算)— 2532725.0 千卢布，包括：
2015 年— 322439.3 千卢布；
2016 年— 357907.6 千卢布；
2017 年— 399988.5 千卢布；
2018 年— 442952.9 千卢布；
2019 年— 486731.4 千卢布；
2020 年— 522705.3 千卢布

2015—2020 年期间在由圣彼得堡预算资金向子规划提供支持的框架下，圣彼得堡基洛夫区行政机构提供的拨款数额(按当年卢布价值计算)— 854916.9 千卢布，包括：
2015 年— 108838.8 千卢布；
2016 年— 120811.1 千卢布；
2017 年— 135015.4 千卢布；
2018 年— 149518.0 千卢布；
2019 年— 164295.3 千卢布；
2020 年— 176438.3 千卢布

2015—2020 年期间在由圣彼得堡预算资金向子规划提供支持的框架下，圣彼得堡科尔宾区行政机构提供的拨款数额(按当年卢布价值计算)— 1010938.3 千卢布，包括：
2015 年— 129362.0 千卢布；
2016 年— 143187.6 千卢布；
2017 年— 160240.2 千卢布；
2018 年— 177119.5 千卢布；
2019 年— 192937.6 千卢布；
2020 年— 208091.4 千卢布

2015—2020 年期间在由圣彼得堡预算资金向子规划提供支持的框架下，圣彼得堡红色近卫军区行政机构提供的拨款数额(按当年卢布价值计算)— 1186766.2 千卢布，包括：
2015 年— 151086.3 千卢布；
2016 年— 167705.8 千卢布；
2017 年— 187423.8 千卢布；
2018 年— 207555.7 千卢布；
2019 年— 228069.1 千卢布；
2020 年— 244925.5 千卢布

2015—2020 年期间在由圣彼得堡预算资金向子规划提供支持的框架下，圣彼得堡红村区行政机构提供的拨款数额(按当年卢布价值计算)—563577.6 千卢布，包括：
2015 年— 65832.7 千卢布；
2016 年— 73256.8 千卢布；</td></tr>
</table>

续表

7	按照责任执行单位和参与单位确定的年度政府规划拨款总额	2017 年— 92504. 3 千卢布； 2018 年— 101724. 0 千卢布； 2019 年— 111151. 4 千卢布； 2020 年— 119108. 4 千卢布 2015—2020 年期间在由圣彼得堡预算资金向子规划提供支持的框架下，圣彼得堡克朗什塔得区行政机构提供的拨款数额(按当年卢布价值计算)— 341597. 0 千卢布，包括： 2015 年— 42883. 1 千卢布； 2016 年— 47600. 2 千卢布； 2017 年— 54385. 6 千卢布； 2018 年— 60099. 7 千卢布； 2019 年— 65922. 0 千卢布； 2020 年— 70706. 4 千卢布 2015—2020 年期间在由圣彼得堡预算资金向子规划提供支持的框架下，圣彼得堡库罗尔特区行政机构提供的拨款数额(按当年卢布价值计算)— 1282818. 9 千卢布，包括： 2015 年— 163251. 1 千卢布； 2016 年— 181289. 6 千卢布； 2017 年— 202604. 7 千卢布； 2018 年— 224367. 3 千卢布； 2019 年— 246542. 2 千卢布； 2020 年— 264764. 0 千卢布 2015—2020 年期间在由圣彼得堡预算资金向子规划提供支持的框架下，圣彼得堡莫斯科区行政机构提供的拨款数额(按当年卢布价值计算)— 1619194. 2 千卢布，包括： 2015 年— 206153. 3 千卢布； 2016 年— 228811. 2 千卢布； 2017 年— 255713. 6 千卢布； 2018 年— 283180. 8 千卢布； 2019 年— 311168. 5 千卢布； 2020 年— 334166. 8 千卢布 2015—2020 年期间在由圣彼得堡预算资金向子规划提供支持的框架下，圣彼得堡涅瓦区行政机构提供的拨款数额(按当年卢布价值计算)— 1391583. 9 千卢布，包括： 2015 年— 179455. 2 千卢布； 2016 年— 198124. 3 千卢布； 2017 年— 220278. 3 千卢布； 2018 年— 242897. 3 千卢布； 2019 年— 265945. 0 千卢布； 2020 年— 284883. 8 千卢布

续表

7	按照责任执行单位和参与单位确定的年度政府规划拨款总额	2015—2020 年期间在由圣彼得堡预算资金向子规划提供支持的框架下，圣彼得堡彼得格勒区行政机构提供的拨款数额(按当年卢布价值计算)— 836194. 1 千卢布，包括： 2015 年— 102766. 7 千卢布； 2016 年— 121180. 4 千卢布； 2017 年— 133134. 8 千卢布； 2018 年— 146361. 2 千卢布； 2019 年— 160838. 3 千卢布； 2020 年— 171912. 7 千卢布 2015—2020 年期间在由圣彼得堡预算资金向子规划提供支持的框架下，圣彼得堡彼得宫区行政机构提供的拨款数额(按当年卢布价值计算)— 706595. 5 千卢布，包括： 2015 年— 90018. 7 千卢布； 2016 年— 99892. 8 千卢布； 2017 年— 111602. 0 千卢布； 2018 年— 123559. 6 千卢布； 2019 年— 135746. 7 千卢布； 2020 年— 145776. 1 千卢布 2015—2020 年期间在由圣彼得堡预算资金向子规划提供支持的框架下，圣彼得堡滨海区行政机构提供的拨款数额(按当年卢布价值计算)— 429265. 7 千卢布，包括： 2015 年— 54652. 2 千卢布； 2016 年— 60660. 5 千卢布； 2017 年— 67792. 6 千卢布； 2018 年— 75074. 5 千卢布； 2019 年— 82494. 4 千卢布； 2020 年— 88591. 5 千卢布 2015—2020 年期间在由圣彼得堡预算资金向子规划提供支持的框架下，圣彼得堡普希金区行政机构提供的拨款数额(按当年卢布价值计算)—439565. 2 千卢布，包括： 2015 年— 55960. 7 千卢布； 2016 年— 62116. 4 千卢布； 2017 年— 69419. 7 千卢布； 2018 年— 76876. 44 千卢布； 2019 年— 84474. 3 千卢布； 2020 年— 90717. 7 千卢布 2015—2020 年期间在由圣彼得堡预算资金向子规划提供支持的框架下，圣彼得堡伏龙芝区行政机构提供的拨款数额(按当年卢布价值计算)— 1401412. 3 千卢布，包括： 2015 年— 174326. 7 千卢布； 2016 年— 195021. 8 千卢布；

续表

7	按照责任执行单位和参与单位确定的年度政府规划拨款总额	2017 年— 222220.7 千卢布； 2018 年— 247907.6 千卢布； 2019 年— 271340.2 千卢布； 2020 年— 290595.3 千卢布 2015—2020 年期间在由圣彼得堡预算资金向子规划提供支持的框架下，圣彼得堡中央区行政机构提供的拨款数额(按当年卢布价值计算)— 710928.0 千卢布，包括： 2015 年— 89738.8 千卢布； 2016 年— 100528.6 千卢布； 2017 年— 112290.4 千卢布； 2018 年— 124300.4 千卢布； 2019 年— 136987.1 千卢布； 2020 年— 147082.7 千卢布 未分配拨款总额为 1183086.6 千卢布，包括： 2015 年— 214617.4 千卢布； 2016 年— 199958.1 千卢布； 2017 年— 188848.2 千卢布； 2018 年— 190458.4 千卢布； 2019 年— 194995.7 千卢布； 2020 年— 194208.8 千卢布
8	子规划实施的预期结果	子规划的实施将： 使在体育教育补充机构学习的儿童和青少年比例从 2013 年的 17.4%增长到 2020 年的 30%； 扩大能够进入迎战奥林匹克和非奥林匹克赛事的俄罗斯联邦体育队的圣彼得堡运动员数量，其中包括健康水平受限人士和残疾人

2.1 高成就体育运动以及运动员后备力量培养体系发展现状的特征

根据 2013 年统计结果，有 999 名运动员进入俄罗斯联邦奥林匹克及非奥林匹克运动项目队，其中 651 名运动员主要从事夏季体育运动项目，152 名运动员从事冬季类型的体育运动项目，196 名运动员从事非奥林匹克体育运动项目。

在 2013 年，83 名健康水平受限运动员进入可适应其发展的体育项目的俄罗斯联邦队。

2013 年的优先任务之一是培养可参与国际比赛和全俄比赛的圣彼得堡运动员，以及培养可参加 2014 年索契第 22 届冬季奥林匹克运动会和第 11 届残奥会的候选人。

19 名圣彼得堡运动员代表涅瓦河城市，作为俄罗斯联邦奥林匹克队成员参加了 2014 年在索契举行的第 22 届冬季奥林匹克运动会的五个类别的比赛项目。

在 2014 年索契第 22 届冬季奥林匹克运动会和第 11 届残奥会上：

金牌获得者：E. 普鲁申科、K. 斯托尔波娃、Ф. 克利莫夫——花样滑冰；Д. 马雷什科——现代两项滑雪运动；

银奖获得者：K. 斯托尔波娃、Φ. 克利莫夫；

铜奖获得者为滑冰运动员 E. 希霍娃。

2013 年，在世界、欧洲以及全俄水平的国际官方赛事中，圣彼得堡运动员共获得了不同类别的 1724 个奖项：27 枚世界锦标赛奖牌、44 枚欧洲锦标赛奖牌、44 枚世界冠军赛和欧洲冠军赛奖牌、63 枚世界和欧洲赛事的奖牌、708 枚俄罗斯冠军赛与锦标赛奖牌，以及 189 枚俄罗斯联邦学生冬季和夏季运动会奖牌。

2013 年俄罗斯联邦体育部授予以下殊荣：13 名运动员获“功勋运动健将”称号，43 名运动员获“国家级运动健将”称号，676 名运动员获“运动健将”称号，10 名圣彼得堡教练获“俄罗斯功勋教练”殊荣。

2013 年，在体育教育补充机构学习的儿童和青少年的数量得到了提高。目前，有 82818 人分布在 77 所体育学校学习，这个数据相比 2012 年(80547 人)增长了 2000 多人。

“在体育教育补充机构学习的儿童和青少年的比重”的计划指标，是根据圣彼得堡政府 2012 年 11 月 12 日通过的第 1200 号令《2013 年度，以及 2014 年和 2015 年计划期间的圣彼得堡政府工作主要方向》确定的。整体来看，没有达标的原因是体育教育补充机构在 2013 年才正式开启相关工作。

2013 年在伏龙芝区成立了一所新的体育学校“领先者”，同时在 8 个机构成立了 12 个体育项目的部门：海军部区第一青少年体育学校(桑勃式摔跤)、莫斯科区第二奥运会青少年专业预备学校(举重)、海军部区“海豚”青少年体育学校(空手道)、加里宁区第三奥运会青少年专业预备学校(现代两项滑雪运动与实弹射击)、红色近卫军区青少年体育学校(现代两项滑雪运动)、红村区青少年体育学校(柔软体操、拳击、自由式摔跤、柔道)、彼得宫区“马场”青少年体育学校(游泳)、中央陆军体育俱乐部分部(圣彼得堡市军队体育俱乐部)，以及奥运会冬季运动项目青少年专业预备学校(赛艇运动)。

表 11　圣彼得堡地区体育教育补充机构中学习的儿童和青少年比重

序号	圣彼得堡地区	居住在该地区的儿童与青少年(6~18 岁)的人数(单位：千人)	体育教育补充机构中学习的儿童和青少年的人数(单位：千人)	占该地区总人口的比例(%)
1	圣彼得堡海军部区	15.7	5.75	36.5
2	圣彼得堡瓦西里岛区	19.7	4.58	23.3
3	圣彼得堡维堡区	40.3	4.60	11.4
4	圣彼得堡加里宁区	49.3	5.63	11.4
5	圣彼得堡基洛夫区	31.6	4.03	12.7
6	圣彼得堡科尔宾区	19.0	2.20	11.6
7	圣彼得堡红色近卫军区	33.6	4.30	12.8
8	圣彼得堡红村区	35.3	1.91	5.4
9	圣彼得堡克朗什塔得区	4.9	0.74	15.2
10	圣彼得堡库罗尔特区	5.9	2.26	38.4
11	圣彼得堡莫斯科区	28.8	3.78	13.1
12	圣彼得堡涅瓦区	44.8	4.80	10.7
13	圣彼得堡彼得格勒区	13.4	1.88	14.1
14	圣彼得堡彼得宫区	13.5	2.89	21.4

续表

序号	圣彼得堡地区	居住在该地区的儿童与青少年（6~18 岁）的人数(单位：千人)	体育教育补充机构中学习的儿童和青少年的人数(单位：千人)	占该地区总人口的比例(%)
15	圣彼得堡海滨区	44.4	4.69	10.6
16	圣彼得堡普希金区	16.5	0.86	5.2
17	圣彼得堡伏龙芝区	37.9	4.06	10.7
18	圣彼得堡中央区	20.4	1.55	7.6
	圣彼得堡国家预算教育机构中等职业教育第一奥林匹克后备力量职业学院		0.51	
	国家预算教育机构中等职业教育圣彼得堡第二奥林匹克后备力量职业学院		0.23	
	总计	**475.0**	**82.8**	**17.4**

2013 年圣彼得堡体育学校学生教学训练课程的开展，使用了 523 个设立在体育学校的体育设施，占据全部教学训练可利用体育设施总数的 46%（2012 年使用了 508 个设立在体育学校的体育设施，占全部教学训练可利用体育设施总数的 31%）。

表 12

序号	体育设施	设立在体育学校的体育设施	可租赁的体育设施
1	操场	4	7
2	平面体育设施	167	41
3	体育馆	283	433
4	田径场	4	28
5	足球场	0	4
6	游泳池	16	37
7	滑冰场	7	9
8	滑雪基地	4	2
9	滑雪场	1	1
10	靶场	2	11
11	其他体育设施	35	39
	总计	**523**	**612**

圣彼得堡 77 所体育学校中，有 20 所学校未建有体育设备，分别是：9 所国立学校，具体包括 6 所隶属于体育运动委员会的学校、3 所隶属于圣彼得堡地区行政机构的学校；11 所其他组织的学校，具体包括 6 所跨地区"俄罗斯"社会组织职业联合会学校、1 所全俄体育运动协会的"俄罗斯青少年"学校，以及 4 所非国立学校。

依据 2011 年 12 月 6 日通过的第 412 号联邦法《关于"俄罗斯联邦体育运动"联邦法令的修订》的要求，圣彼得堡体育学校已经引入了运动员培养的联邦标准，旨在按照统一要求培养运动员。

2.2 圣彼得堡国家政策在实施子规划领域的优先方向

圣彼得堡国家政策在发展高水平运动领域优先方向的确立，其基础是 2010 年 4 月 8 日通过的第 99 号俄罗斯联邦总统委托书，以及 2011 年 6 月 14 日通过的第 571 号俄罗斯联邦体育、旅游和青年政策部关于培养运动员进入俄罗斯联邦体育队和基础体育项目的规范立法文件。目前，已经确立了 26 项圣彼得堡的基础体育项目，并计划扩大这些领域有能力进入俄罗斯联邦体育队，且可能在第 31 届奥林匹克运动会、2016 年里约热内卢(巴西)举办的第 15 届残奥会，以及第 23 届奥林匹克冬季运动会和第 12 届平昌(韩国)冬季残奥会获得奖牌的运动员数量。2015—2020 年的优先任务之一是培训圣彼得堡运动队，助其成功参加国际和全俄赛事、俄罗斯联邦运动会，为参加俄罗斯联邦奥林匹克、残奥会项目和听障运动项目的体育队培养运动员后备力量。

2.3 子规划的目标和任务

子规划的目标——保证圣彼得堡高水平运动员的培养。

完成下列主要任务将确保目标达成：

完善高水平运动员的培养体系；

为提高优秀运动员的数量创造条件，为助力其加入俄罗斯联邦体育队并作为运动员代表，或代表圣彼得堡体育队参加国际比赛、全俄比赛以及俄罗斯联邦运动会创造条件；完善参加奥运会、残运会以及听障运动会的俄罗斯联邦体育队的后备力量的选拔和培养体系；

提高国家服务质量，在规定活动范围内履行国家职能；

高效、高质地管理国家财政并合理运用国家资源；

提高体育运动领域的人才保障，其中包括制定健康水平受限人士和残疾人体育运动工作的人才保障措施；

完善组织体育运动领域活动的社会团体和组织的合作模式。

2.4 子规划的指标

表 13

序号	指标名称	测量单位	年度指标数值					
			2015 年	2016 年	2017 年	2018 年	2019 年	2020 年
1	可进入俄罗斯联邦体育队的运动员数量，占处于运动健将技能完善阶段和高技能运动健将阶段的运动员总人数的比例	%	36.70	37.50	38.00	38.20	38.40	38.60
2	按照所适合的体育项目，可进入俄罗斯联邦体育队的健康水平受限运动员数量，占处于相关运动项目的运动健将技能完善阶段和高技能运动健将阶段的健康水平受限运动员总人数的比例	%	70.10	70.50	70.70	70.90	80.00	80.10
3	国家体育机构在编工作人员的配备程度	%	90.00	92.00	94.00	96.00	98.00	99.00

2.5 子规划主要措施的特征

子规划的措施旨在：

完善圣彼得堡高水平运动员的培养体系，保证隶属于体育运动委员会和圣彼得堡地区行政机构的体育学校的活动，其中包括开设新的体育项目部门，向圣彼得堡体育运动活动主体提供资金补贴；

提高高成就运动的威望并促进其普及化发展，其中包括向圣彼得堡体育学校有才能的儿童运动员、教练以及体育队教练提供奖金，向在正式国际比赛以及全俄运动比赛中获得较高成就的运动员，以及顺利参加奥运会和残奥会的运动员及教练颁发奖金。

表 14　与日常支出相关的《发展高成就体育运动以及运动员后备力量培养体系》子规划措施清单

序号	措施名称	执行单位、参与单位	拨款来源	实行日期与年度拨款数额(单位：千卢布)						总计
				2015 年	2016 年	2017 年	2018 年	2019 年	2020 年	
1	2	3	4	5	6	7	8	9	10	11
1. 隶属体育运动委员会和圣彼得堡地区行政机构的国家预算、自治和国家机构的活动保障										
1.1	执行国家任务的预算机构——体育学校	体育运动委员会	圣彼得堡预算	1663959.6	1850922.2	2068544.1	2290734.5	2517135.4	2703174.9	13094470.7
		圣彼得堡地区行政机构，其中，圣彼得堡各地区：								
		圣彼得堡海军部区		194802.4	216221.0	241643.1	267599.0	294046.7	315779.4	1530091.6
		圣彼得堡瓦西里岛区		111988.4	124307.1	138922.5	153844.7	169049.7	181544.0	879656.4
		圣彼得堡维堡区		260243.9	288856.2	322818.4	357493.6	392825.9	421859.3	2044097.3
		圣彼得堡加里宁区		322439.3	357907.6	399988.5	442952.9	486731.4	522705.3	2532725.0
		圣彼得堡基洛夫区		108838.8	120811.1	135015.4	149518.0	164295.3	176438.3	854916.9
		圣彼得堡科尔宾区		100615.4	111683.2	124814.3	138221.1	151882.0	163107.5	790323.5
		圣彼得堡红色近卫军区		151086.3	167705.8	187423.8	207555.7	228069.1	244925.5	1186766.2
		圣彼得堡红村区		62822.7	69799.8	78006.5	86385.5	94923.2	101939.0	493936.7
		圣彼得堡克朗什塔得区		42883.1	47600.2	53196.8	58910.9	64733.2	69517.6	336841.8
		圣彼得堡库罗尔特区		163251.1	181289.6	202604.7	224367.3	246542.2	264764.0	1282818.9
		圣彼得堡莫斯科区		206153.3	228811.2	255713.6	283180.8	311168.5	334166.8	1619194.2
		圣彼得堡涅瓦区		169755.2	188424.3	210578.3	233197.3	256245.0	275183.8	1333383.9
		圣彼得堡彼得格勒区		99266.7	110180.4	123134.8	136361.2	149838.3	160912.7	779694.1
		圣彼得堡彼得宫区		89318.7	99143.8	110800.6	122702.1	134829.2	144794.3	701588.7
		圣彼得堡滨海区		54652.2	60660.5	67792.6	75074.5	82494.4	88591.5	429265.7
		圣彼得堡普希金区		55960.7	62116.4	69419.7	76876.4	84474.3	90717.7	439565.2
		圣彼得堡伏龙芝区		172586.2	191570.7	214094.6	237091.3	260523.9	279779.0	1355645.7
		圣彼得堡中央区		89738.8	99604.6	111315.6	123272.7	135455.9	145467.3	704854.9

续表

序号	措施名称	执行单位、参与单位	拨款来源	实行日期与年度拨款数额(单位：千卢布)						总计
				2015 年	2016 年	2017 年	2018 年	2019 年	2020 年	
1.2	在预算机构——体育学校开设新的体育项目部门	体育运动委员会	圣彼得堡预算	27365.2	40814.2	55265.6	70793.1	87472.6	105382.3	387093.0
		圣彼得堡地区行政机构，其中，圣彼得堡各地区：								
		圣彼得堡瓦西里岛区		700.0	700.0	700.0	700.0	700.0	700.0	4200.0
		圣彼得堡科尔宾区		28746.6	31504.4	35425.9	38898.4	41055.6	44983.9	220614.8
		圣彼得堡红村区		2950.0	3457.0	14497.8	15338.5	16228.2	17169.4	69640.9
		圣彼得堡克朗什塔得区		—	—	1188.8	1188.8	1188.8	1188.8	4755.2
		圣彼得堡涅瓦区		9700.0	9700.0	9700.0	9700.0	9700.0	9700.0	58200.0
		圣彼得堡彼得格勒区		3500.0	11000.0	10000.0	10000.0	11000.0	11000.0	56500.0
		圣彼得堡彼得宫区		700.0	749.0	801.4	857.5	917.5	981.8	5007.2
		圣彼得堡伏龙芝区		1740.5	3451.1	8126.1	10816.3	10816.3	10816.3	45766.6
		圣彼得堡中央区		—	924.0	974.8	1027.7	1531.2	1615.4	6073.1
1.3	由自治机构“运动设施管理处”执行国家任务	体育运动委员会	圣彼得堡预算	1335340.8	1428814.7	1505970.7	1588799.1	1673005.4	1758328.7	9290259.4
部分总计				**5531165.9**	**6108730.1**	**6758479.0**	**7413458.9**	**8078879.2**	**8647234.5**	**42537947.6**
2. 奖励成功参加全俄以及国际比赛的运动员和教练										
2.1	向参加全俄以及国际比赛的运动员和教练颁发奖金	体育运动委员会	圣彼得堡预算	13640.0	21000.0	21248.6	22417.3	23605.4	24809.3	126720.6
2.2	向圣彼得堡体育学校有才能的儿童运动员、教练以及体育队教练颁发政府奖金			530.0	530.0	536.3	565.8	595.8	626.1	3384.0
2.3	向参加奥运会和残奥会的圣彼得堡运动员及其教练颁发奖金			—	70400.0	—	75151.4	—	83170.3	228721.7
部分总计				**14170.0**	**91930.0**	**21784.9**	**98134.5**	**24201.2**	**108605.7**	**358826.3**

续表

序号	措施名称	执行单位、参与单位	拨款来源	实行日期与年度拨款数额(单位：千卢布)						总计
				2015 年	2016 年	2017 年	2018 年	2019 年	2020 年	
3. 圣彼得堡体育运动活动主体的财政支持措施										
3.1	向非商业伙伴"'工学院'足球俱乐部"提供资金补贴，为培训最强男子迷你足球赛健将队，并参加日程表中的全俄和国际赛事提供保障	体育运动委员会	圣彼得堡预算	5000.0	5000.0	5059.2	5337.5	5620.3	5907.0	31924.0
3.2	向非商业伙伴"'圣彼得堡-涅瓦'手球俱乐部"提供资金补贴，为培训最强男子手球健将队，并参加日程表中的全俄和国际赛事提供保障			58000.0	58000.0	58686.7	61914.5	65196.0	68521.0	370318.1
3.3	向非商业伙伴"圣彼得堡'汽车专家'排球俱乐部"提供资金补贴，为培训最强男子排球健将队，并参加日程表中的全俄和国际赛事提供保障			40000.0	40000.0	40473.6	42699.6	44962.7	47255.8	255391.8
3.4	向非商业伙伴"'船长'体育俱乐部"提供资金补贴，为培训最强女子排球健将队，并参加日程表中的全俄和国际赛事提供保障			24350.0	24350.0	24638.3	25993.4	27371.1	28767.0	155469.8

续表

序号	措施名称	执行单位、参与单位	拨款来源	实行日期与年度拨款数额(单位：千卢布)						总计
				2015 年	2016 年	2017 年	2018 年	2019 年	2020 年	
3.5	向非商业伙伴“‘拉多加’女子篮球俱乐部”提供资金补贴，为培训最强女子篮球健将队，并参加日程表中的全俄和国际赛事提供保障	体育运动委员会	圣彼得堡预算	30000.0	30000.0	30355.2	32024.7	33722.0	35441.9	191543.9
3.6	向有限责任公司“‘阿泰密斯’水球俱乐部”提供资金补贴，为培训最强女子水球健将队，并参加日程表中的全俄和国际赛事提供保障			3500.0	3500.0	3541.4	3736.2	3934.2	4143.9	22344.8
3.7	向地区社会组织“圣彼得堡军队冰球俱乐部”的教学训练课程，以及运动器材和服装购置提供资金补贴			10575.0	10575.0	10700.2	11288.7	11887.0	12493.3	67519.2
3.8	向圣彼得堡社会组织“巴斯克”体育运动俱乐部提供资金补贴，为轮椅篮球队的训练、培训以及参加全俄和国际赛事提供保障			2100.0	2100.0	2124.9	2241.7	2360.5	2480.9	13408.1

续表

序号	措施名称	执行单位、参与单位	拨款来源	实行日期与年度拨款数额(单位：千卢布)						总计
				2015 年	2016 年	2017 年	2018 年	2019 年	2020 年	
3.9	向全俄社会体育运动组织“盲人体育联盟”的圣彼得堡分部提供资金补贴，为培训和参与残疾人体育队活动，以及购置运动装备、器材和设施提供保障			3600.0	3600.0	3642.6	3843.0	4046.6	4253.0	22985.3
3.10	向圣彼得堡地区社会组织“智障和支撑运动器官受损人员体育联盟”提供资金补贴，为残疾人运动员的培养和参与体育运动，以及购置运动装备、器材和设施提供保障	体育运动委员会	圣彼得堡预算	15513.8	15513.8	15697.5	16560.8	17438.6	18327.9	99052.4
3.11	确保圣彼得堡听障运动员的培训，以及听障体育队参与相关体育活动			10133.8	10539.2	10644.0	11250.5	11846.8	12451.0	66885.2
部分总计				**202772.6**	**203178.0**	**205583.6**	**216890.6**	**228385.8**	**240033.7**	**1296844.3**
	未分配拨款			214617.4	199958.1	188848.2	190458.4	194995.7	194208.8	1183086.6
合计				**5962725.9**	**6603796.2**	**7174695.7**	**7918942.4**	**8526461.9**	**9190082.7**	**45376704.8**

2.6 子规划的实施机制

体育运动委员会作为政府规划的责任执行单位，负责协调全体联合执行单位的活动。

(1)表 14 第 1 点的 1.1 项涉及的各项措施，主要由体育运动委员会以及圣彼得堡地区行政机构通过向其下属体育运动预算机构——体育学校设定国家任务的方式实施。参照 2011 年 1 月 20 日通过的第 63 号圣彼得堡政府决议所批准的文件——圣彼得堡国家机构的国家任务制定程序以及完成国家任务的财政保障程序，为指定国家任务的完成提供资金保障。

(2)表 14 第 1 点的 1. 2 项涉及的各项措施，主要由体育运动委员会以及圣彼得堡地区行政机构，根据体育运动委员会规定的运动类部门建设程序而实施。

在下属体育学校成立新的运动项目部门后，体育运动委员会或圣彼得堡地区行政机构有责任参照 2011 年 1 月 20 日通过的第 63 号圣彼得堡政府决议所批准的文件——圣彼得堡国家机构的国家任务制定程序以及完成国家任务的财政保障程序，修改这些体育学校的国家任务，以及分配给这些学校用于完成国家任务的资金补贴。

(3)表 14 第 1 点的 1. 3 项涉及的各项措施，主要由体育运动委员会通过向其下属单位——圣彼得堡国家自治机构“运动设施管理处”设定国家任务的方式实施。参照 2011 年 1 月 20 日通过的第 63 号圣彼得堡政府决议所批准的文件——圣彼得堡国家机构的国家任务制定程序以及完成国家任务的财政保障程序，为指定国家任务的完成提供资金保障。

(4)表 14 第 2 点的 2. 1 项涉及的各项措施，主要由体育运动委员会根据 2008 年 4 月 22 日通过的第 455 号圣彼得堡政府决议批准的《奖励正式国际和全俄体育赛事中取得的高成就比赛结果》中的圣彼得堡奖励条例来实施。

(5)表 14 第 2 点的 2. 2 项涉及的各项措施，主要由体育运动委员会根据 2006 年 3 月 28 日通过的第 314 号圣彼得堡政府决议批准的，向圣彼得堡体育学校有天赋的儿童运动员、教练以及体育队教练颁发圣彼得堡政府奖金的条例来实施。

(6)表 14 第 2 点的 2. 3 项涉及的各项措施，主要由体育运动委员会根据圣彼得堡政府决议批准的，向奥运会与残奥会获奖者以及冠军运动员颁发奖金的条例来实施。

(7)表 14 第 3 点的 3. 1~3. 11 项涉及的各项措施，主要由体育运动委员会根据 2009 年 12 月 14 日通过的圣彼得堡第 532-105 号法律《圣彼得堡体育运动领域内的政策基础》的要求，以及圣彼得堡政府决议批准的向圣彼得堡体育活动主体提供补助的程序来实施。关于向圣彼得堡体育活动主体提供补贴的程序的政府决议方案，是由体育运动委员会制定的，且每年应在 10 月 1 日前交由圣彼得堡政府进行审批。

子规划 3 《发展体育运动基础设施》说明

1	子规划的联合执行单位	体育运动委员会； 建设委员会； 圣彼得堡海军部区行政机构
2	子规划的参与单位	圣彼得堡国家自治机构“运动设施管理处”； 圣彼得堡国家机构“基本建设与改造基金”； 隶属圣彼得堡地区行政机构的圣彼得堡国家预算儿童体育补充教育机构
3	子规划的目标	为保证圣彼得堡居民系统参加体育运动和活动创造条件
4	子规划的任务	发展用于体育运动和活动的圣彼得堡体育基础设施

续表

<table>
<tr><td>5</td><td>子规划的指标</td><td>体育设施的数量(总计)，包括：
可供健康水平受限人士使用的体育设施；
运动馆保障水平；
游泳池保障水平；
平面体育设施保障水平</td></tr>
<tr><td>6</td><td>子规划的实施期限</td><td>子规划计期限为6年(2015—2020年)。按照一个阶段执行子规划：自2015年至2020年</td></tr>
<tr><td rowspan="3">7</td><td>子规划年度拨款总额</td><td>2015—2020年期间子规划拨款总额为1601389.2千卢布，包括：
2015年— 700219.3千卢布；
2016年— 164533.6千卢布；
2017年— 170688.6千卢布；
2018年— 179394.8千卢布；
2019年— 188520.6千卢布；
2020年— 198032.3千卢布</td></tr>
<tr><td>按照拨款来源确定的年度子规划拨款总额</td><td>2015—2020年期间由圣彼得堡预算资金向子规划提供的拨款总额为1601389.2千卢布，包括：
2015年— 700219.3千卢布；
2016年— 164533.6千卢布；
2017年— 170688.6千卢布；
2018年— 179394.8千卢布；
2019年— 188520.6千卢布；
2020年— 198032.3千卢布
2015—2020年期间由联邦预算资金向子规划提供的拨款数额预计为0.0千卢布
2015—2020年期间由预算外资金向子规划提供的拨款数额预计为0.0千卢布</td></tr>
<tr><td>按照责任执行单位和参与单位确定的年度政府规划拨款总额</td><td>2015—2020年期间在由圣彼得堡预算资金向子规划提供支持的框架下，体育运动委员会提供的拨款数额(按当年卢布价值计算)—232494.8千卢布，包括：
2015年— 14250.0千卢布；
2016年— 40042.5千卢布；
2017年— 41764.3千卢布；
2018年— 43434.9千卢布；
2019年— 45389.5千卢布；
2020年— 47613.6千卢布

2015—2020年期间在由圣彼得堡预算资金向子规划提供支持的框架下，建设委员会提供的拨款数额(按当年卢布价值计算)— 1300875.4千卢布，包括：
2015年— 675969.3千卢布；
2016年— 113991.1千卢布；
2017年— 117899.3千卢布；
2018年— 124383.7千卢布；
2019年— 130976.1千卢布；
2020年— 137655.9千卢布

2015—2020年期间在由圣彼得堡预算资金向子规划提供支持的框架下，圣彼得堡海军部区行政机构提供的拨款数额(按当年卢布价值计算)— 68019.0千卢布，包括：
2015年— 10000.0千卢布；
2016年— 10500.0千卢布；
2017年— 11025.0千卢布；
2018年— 11576.2千卢布；
2019年— 12155.0千卢布；
2020年— 12762.8千卢布</td></tr>
</table>

续表

8	子规划实施的预期结果	子规划的实施将： 继续发展体育运动基础设施； 为发展高成就体育运动与运动员后备力量提供条件并巩固其物质基础 2020年之前，通过实施子规划措施将引起下述变化： 增加体育设施数量，由2014年的6435个扩大到2020年的6457个； 提高可供健康水平受限人士使用且所有权归属于圣彼得堡的体育设施数量至720个； 提高体育馆保障水平，每1万居民享有体育馆面积达1180平方米； 提高平面体育设施保障水平，每1万居民享有的平面体育设施面积达7300平方米； 提高水面保障水平，每1万居民享有游泳池水面面积达135.5平方米

3.1 圣彼得堡体育运动基础设施发展现状的特征

根据俄罗斯联邦政府2008年11月17日通过的第1662-p号令批准的2020年前俄罗斯联邦社会经济发展长期构想，发展体育运动基础设施是体育运动领域国家政策的优先发展任务之一。

截至2014年1月1日，圣彼得堡已经建成各类、各种所有制形式的体育设施6435个：22个人造冰的室内体育设施，23个竞技场(其中包括6个田径场和4个足球场)，1条赛车道，239个水池即游泳池(其中包括8个有50米长泳道的泳池和132个有25米长泳道的泳池)，9个观众席数量超过1500的体育馆，11个滑雪基地，8个划船基地和水道，61个射箭类运动场馆，2417个平面体育设施(其中包括471个人工铺筑面的学校体育场)，1690个体育馆，1955间适合从事体育运动的体育室。其中：503个归属于联邦，4892个归属于圣彼得堡，44个归属于市政，999个为私人所有。

体育设施同时可容纳16.16万人。

圣彼得堡现有的体育设施大部分属于平面体育设施。按照体育设施数量，居于第二位和第三位的分别是适合从事体育运动的体育室、体育馆。

2010—2013年期间，圣彼得堡预算资金支持建设了12个体育项目：

表15

序号	项目名称	项目地址	圣彼得堡地区
1	瓦西里岛区体育中心	瓦西里岛中心大街2栋87号	瓦西里岛区
2	用于举办冬季和夏季体育项目比赛的场地	巴尔格洛瓦镇维堡路5栋369号	维堡区
3	多功能体育综合体	彼得德米亚纳街9号	加里宁区
4	加里宁区第三奥运会青少年专业预备学校的体育综合体	乌申斯克街2栋10号	加里宁区
5	游泳中心	赫萝比诺街10号	加里宁区
6	人造冰室内儿童溜冰场	科尔宾市坦基斯多夫街2栋26号	科尔宾区
7	“伊佐莱特”水上体育综合体	科尔宾市特维尔斯卡亚街27号	科尔宾区
8	带泳池的体育保健综合体	库兹聂措夫大街4栋25号	红村区
9	“马口铁”现代青年运动中心	卡司马那夫多夫大街3栋38号	莫斯科区
10	“涅瓦波浪”水上项目运动中心	昭那利达街2栋8号	涅瓦区
11	“箭”划船基地	克列斯道夫岛谢伟尔那雅路25号	彼得格勒区
12	“彗星”乒乓球和羽毛球中心	萨格勒布林荫路28号	伏龙芝区

按照投资方案建设了 23 个体育项目：

表 16

序号	项目名称	项目地址	圣彼得堡地区
1	“冰山大峡谷”冰上运动场	苏兹达利大街 29 号	维堡区
2	“俄林波斯神”射击运动俱乐部	扎卡九科拉 62 号	维堡区
3	“奥林”体育综合体	坎德拉耶夫斯基大街 64/6 号	加里宁区
4	“新舞台”体育综合体	北大街 1 栋 62 号	加里宁区
5	体育保健综合体	露丝塔威力街 51 号	加里宁区
6	“哈桑”网球俱乐部	哈桑街 19 号	红色近卫军区
7	体育保健综合体	公社街 47 号	红色近卫军区
8	体育保健综合体	克拉施塔市齐塔节理斯卡娅公路 28 号	克朗什塔得区
9	体育保健综合体	红村市司碧林街 10 号	红村区
10	“运动生活”体育俱乐部	尤里・加加林大街 71 号	莫斯科区
11	体育保健综合体	莫斯科公路 3 栋 3 号	莫斯科区
12	体育保健综合体	安东诺夫-奥夫谢恩卡街 2 号	涅瓦区
13	“波浪”体育保健综合体	精致玻璃街 2 栋 10 号	涅瓦区
14	“炸弹”体育中心	车里耶娃大街 13 号	涅瓦区
15	体育保健综合体	箭头镇工厂路 8 号	彼得宫区
16	“奥林匹克希望”冰场	家具街 63 区(与旅行街的交叉口南)	滨海区
17	体育保健综合体	主街 24 号	滨海区
18	体育保健综合体	实验员大街 3 栋 2 号	滨海区
19	体育保健综合体	下卡梅斯卡娅街 1 号	滨海区
20	“雕刻家”健身俱乐部	布达佩斯街 74 号	伏龙芝区
21	“大西洋”体育保健综合体	布加勒斯特街 4 栋 22 号	伏龙芝区
22	体育保健综合体	多瑙河大街 3 栋 58 号	伏龙芝区
23	“塔夫利宫”娱乐综合体	波将金街 4—6 号	中央区

尽管圣彼得堡新体育设施建设处于良好态势，但仍存在一个尖锐的问题，即可供居民享用的体育基础设施项目不足，具体包括体育馆、游泳池和平面体育设施。上述参数不符合俄罗斯联邦政府 1996 年 7 月 3 日通过的第 1063 号决议以及 1999 年 10 月 19 日通过的第 1683 号决议规定的社会标准。

在体育项目的推进建设下，2013 年体育馆面积从 2012 年的 54.02 万平方米扩大到 56.72 万平方米。尽管处于积极发展的趋势，但由于圣彼得堡居民人数的增加，比照前一年的数据，指标是呈负增长的。

表 17　圣彼得堡地区体育馆的保障水平

（俄罗斯联邦居民体育馆保障水平的社会标准是每 1 万居民享用 3500 平方米）

体育馆数量：1689 个

总面积：567154.0 平方米

序号	圣彼得堡地区	体育馆数量(个)	总面积(平方米)	千平方米/万居民	与俄罗斯联邦标准相比(千平方米)
1	海军部区	84	30735.0	1.9	-1.6
2	瓦西里岛区	68	23104.0	1.1	-2.4
3	维堡区	113	35188.0	0.8	-2.7
4	加里宁区	139	52788.0	1.0	-2.5
5	基洛夫区	97	33787.0	1.0	-2.5
6	科尔宾区	50	15677.0	0.8	-2.7
7	红色近卫军区	106	30500.0	0.8	-2.7
8	红村区	77	23337.0	0.7	-2.8
9	克朗什塔得区	14	4649.0	1.1	-2.4
10	库罗尔特区	29	8231.0	1.1	-2.4
11	莫斯科区	152	51155.0	1.6	-1.9
12	涅瓦区	147	50181.0	1.0	-2.5
13	彼得格勒区	68	27486.0	2.0	-1.5
14	彼得宫区	44	17305.0	1.3	-2.2
15	滨海区	197	74143.0	1.4	-2.1
16	普希金区	74	17819.0	1.2	-2.3
17	伏龙芝区	99	30359.0	0.7	-2.8
18	中央区	131	40647.0	1.8	-1.7
	总计	**1689**	**567154.0**	**1.1**	**-2.4**

2013 年平面体育设施的面积从 2012 年的 350 万平方米扩大到 370 万平方米。尽管处于积极发展的趋势，但由于圣彼得堡居民人数的增加，比照前一年的数据，指标是呈负增长的。

表 18　圣彼得堡地区平面体育设施的保障水平

（俄罗斯联邦居民平面体育设施保障水平的社会标准是每 1 万居民享用 1.95 万平方米）

平面体育设施总数：2417 个

总面积：3645994.0 平方米

序号	圣彼得堡地区	平面体育设施数量(个)	总面积(平方米)	千平方米/万居民	与俄罗斯联邦标准相比(千平方米)
1	海军部区	62	60819.0	3.8	-15.7
2	瓦西里岛区	86	100768.0	4.8	-14.4
3	维堡区	164	280615.0	6.0	-13.2
4	加里宁区	226	382311.0	7.4	-11.8
5	基洛夫区	134	281830.0	8.5	-11.0
6	科尔宾区	149	243675.0	13.2	-6.3

续表

序号	圣彼得堡地区	平面体育设施数量(个)	总面积(平方米)	千平方米/万居民	与俄罗斯联邦标准相比(千平方米)
7	红色近卫军区	109	177397.0	5.2	-14.0
8	红村区	124	235712.0	6.9	-12.6
9	克朗什塔得区	60	49823.0	11.4	-8.1
10	库罗尔特区	158	143944.0	20.1	+0.6
11	莫斯科区	171	305089.0	9.7	-9.8
12	涅瓦区	143	256832.0	5.4	-14.1
13	彼得格勒区	185	186630.0	13.6	-5.9
14	彼得宫区	89	116878.0	9.0	-10.5
15	滨海区	183	322227.0	6.2	-13.3
16	普希金区	117	167159.0	11.1	-8.4
17	伏龙芝区	189	256663.0	6.3	-13.2
18	中央区	68	77622.0	3.5	-16.0
	总计	**2417**	**3645994.0**	**7.3**	**-12.2**

圣彼得堡居民游泳池保障水平得到提高。2013 年泳池水面面积增加到 6.49 万平方米(2012 年泳池水面面积为 5.32 万平方米)。

表 19　圣彼得堡地区游泳池保障水平(平方米水面)

(俄罗斯联邦居民游泳池保障水平的社会标准是每 1 万居民享用 750 平方米水面)

2014 年 1 月 1 日水池(游泳池)总数为 239 个

序号	圣彼得堡地区	水池(游泳池)数量	水面面积(平方米)	平方米水面/万居民	与俄罗斯联邦标准相比(平方米水面/万居民)
1	海军部区	10	2191.0	135.9	-614.1
2	瓦西里岛区	12	5196.0	247.2	-502.8
3	维堡区	14	3962.0	85.7	-664.3
4	加里宁区	17	5331.0	103.3	-646.7
5	基洛夫区	8	1895.0	57.1	-692.9
6	科尔宾区	6	1782.0	96.9	-653.1
7	红色近卫军区	15	3267.0	94.6	-655.4
8	红村区	12	2841.0	82.9	-667.1
9	克朗什塔得区	2	725.0	166.2	-583.8
10	库罗尔特区	11	2245.0	314.4	-435.6
11	莫斯科区	20	5451.0	173.0	-577.0
12	涅瓦区	19	8166.0	170.1	-579.9

续表

序号	圣彼得堡地区	水池(游泳池)数量	水面面积(平方米)	平方米水面/万居民	与俄罗斯联邦标准相比(平方米水面/万居民)
13	彼得格勒区	9	3043.0	222.7	-527.3
14	彼得宫区	9	2408.0	185.0	-565.0
15	滨海区	38	5568.0	106.5	-643.5
16	普希金区	11	2326.0	154.7	-595.3
17	伏龙芝区	11	3281.0	81.1	-668.9
18	中央区	15	2923.0	132.8	-633.0
	总计	**239**	**64857.0**	**128.9**	**-621.1**

继续改造和建设 10 个体育项目：

表 20

序号	项目名称	项目地址	圣彼得堡地区
1	儿童室内人造溜冰场	卡霍夫巷 2 号楼	瓦西里岛区
2	圣彼得堡体育队郊外培训中心	白杨林松树巷 4 号楼	维堡区
3	室外人造滑冰场	别特德米安街 1 区(别特德米安街 21 号楼南)	加里宁区
4	儿童室内人造溜冰场	发沃尔街 1 区(格查茨克街西交叉路口)	加里宁区
5	儿童室内人造溜冰场	伊立诺夫斯基大街 2 区(伊立诺夫斯基大街 36 号楼东南)	红色近卫军区
6	儿童室内人造溜冰场	谢斯特罗列茨克市，姐妹河沿岸街 10 号楼和 12 号楼之间	库罗尔特区
7	滑雪体育场	泽列诺戈尔斯克市列宁大街 1 区	库罗尔特区
8	体育保健综合体	巴特沃依街 31 号楼 3 单元	涅瓦区
9	儿童室内人造溜冰场	马沙尔诺维科夫街 1 区(巴拉修特恩街西南交叉路口)	滨海区
10	儿童室内人造溜冰场	斯特列里诺镇圣彼得堡公路 1 区(圣彼得堡公路和工厂大道的东南交叉路口)	彼得宫区

3.2 圣彼得堡国家政策在实施子规划领域的优先方向

圣彼得堡国家政策在实施子规划领域的优先方向的确立，主要参照下述规范性法律文件：

俄罗斯联邦政府 2013 年 3 月 20 日第 402 号令批准通过的俄罗斯联邦国家纲要《发展体育运动》；

圣彼得堡政府 2012 年 3 月 28 日第 275 号决议批准的 2020 年前圣彼得堡社会经济发展构想。

发展体育基础设施是圣彼得堡体育运动领域国家政策的战略目标。根据优先发展方向，创造有利于体育锻炼和运动的必备条件成为圣彼得堡体育运动体系发展的重要阶段。

3.3 子规划的目标和任务

子规划的主要目标是为保证圣彼得堡居民系统参加体育运动和活动创造条件。

计划通过建设、改造和修理体育项目实现该目标。

3.4 子规划的指标

表 21

序号	指标名称	测量单位	年度指标数值					
			2015 年	2016 年	2017 年	2018 年	2019 年	2020 年
1	体育设施的数量	个	6442	6446	6455	6460	6465	6461
2	其中： 圣彼得堡地区可供健康水平受限人士使用的体育设施数量	个	570	572	577	587	588	589
3	圣彼得堡地区运动场保障水平	千平方米/万居民	1. 13	1. 14	1. 15	1. 16	1. 17	1. 18
4	圣彼得堡地区游泳池保障水平	平方米水面/万居民	128. 85	129. 50	132. 00	133. 50	134. 50	135. 50
5	圣彼得堡地区平面体育设施保障水平	千平方米/万居民	7. 25	7. 26	7. 27	7. 28	7. 29	7. 30

3.5 子规划措施的特征

子规划的主要方向是为保障圣彼得堡居民参与体育运动和活动，建设圣彼得堡体育基础设施和其他基础设施。

子规划中包含圣彼得堡体育项目设计、改造和建设的经费支出。

表 22 与日常支出相关的《发展体育运动基础设施》子规划措施清单

序号	措施名称	执行单位、参与单位	拨款来源	实行日期与年度拨款数额(单位：千卢布)						总计
				2015 年	2016 年	2017 年	2018 年	2019 年	2020 年	
1. 城市经济项目										
1. 1	设计和建设室内滑冰场临时项目，地址：卡霍夫巷 2 号楼，包括工程网详图	建设委员会	圣彼得堡预算	44192. 8	111858. 9	117899. 3	124383. 7	130976. 1	137655. 9	666966. 7
2. 隶属于体育运动委员会的郊外儿童保健基地体育项目的设计和大型维修										
2. 1	隶属于体育运动委员会的郊外儿童保健基地体育项目的设计和大型维修	体育运动委员会	圣彼得堡预算	14250. 0	40042. 5	41764. 3	43434. 9	45389. 5	47613. 6	232494. 8
3. 隶属于圣彼得堡地区行政机构的体育单位的设计和大型维修										
3. 1	隶属于圣彼得堡地区行政机构的体育单位的设计和大型维修	圣彼得堡海军部区行政机构	圣彼得堡预算	10000. 0	10500. 0	11025. 0	11576. 2	12155. 0	12762. 8	68019. 0
总计				**68442. 8**	**162401. 4**	**170688. 6**	**179394. 8**	**188520. 6**	**198032. 3**	**967480. 5**

表23　与发展费用相关的子规划措施清单

序号	措施名称	执行单位、参与单位	拨款来源	实行日期与年度拨款数额(单位：千卢布)						总计
				2015年	2016年	2017年	2018年	2019年	2020年	
1. 圣彼得堡体育项目的设计、建设与改造										
1.1	儿童室内人造滑冰场建设，地址：库罗尔特区，谢斯特罗列茨克市，姐妹河堤防的空地段，在10号和12号楼之间，包括方案校核	建设委员会	圣彼得堡预算	156429.7	—	—	—	—	—	156429.7
	设　计			—	—	—	—	—	—	—
	建　设			156429.7	—	—	—	—	—	156429.7
1.2	室内人造滑冰场建设，地址：伊利诺夫斯基大街2区(36号楼东)	建设委员会	圣彼得堡预算	230725.6	—	—	—	—	—	230725.6
	设　计			—	—	—	—	—	—	—
	建　设			230725.6	—	—	—	—	—	230725.6
1.3	室内人造滑冰场大楼建设，地址：马沙尔诺维科夫大街1区(巴拉修特恩街西南交叉路口)，包括制定工作文件草案	建设委员会	圣彼得堡预算	236621.2						236621.2
	设　计			—	—	—	—	—	—	—
	建　设			236621.2	—	—	—	—	—	236621.2
1.4	圣彼得堡普希金区国家补充教育机构——奥运会青少年专业预备学校大楼的设计和改造，地址：普希金市列宁格勒街83号楼	建设委员会	圣彼得堡预算	8000.0	2132.2	—	—	—	—	10132.2
	设　计			8000.0	2132.2	—	—	—	—	10132.2
	改　造			—	—	—	—	—	—	—
总计				**631776.5**	**2132.2**					**633908.7**

3.6　子规划的实施机制

体育运动委员会作为政府规划的责任执行单位，负责协调全体联合执行单位的活动。

(1)表22第1点的1.1项涉及的各项措施，主要由建设委员会负责实施，重点参照2013年4月5日通过的联邦法律《保障国家与市政需求商品、工作和服务的采购范围的合同制度》的第44点。

(2)表22第2点的2.1项涉及的各项措施，主要由体育委员会负责实施，重点参照2013年5月22日通过的第332号圣彼得堡政府决议，即关于2013—2018年儿童郊外保健基地项目设计和大型修建的计划措施，以及 2013 年 4 月 5 日通过的联邦法律《保障国家与市政需求商品、工作和服务的采购范围的合同制度》的第 44 点。

(3)表 22 第 3 点的 3. 1 项涉及的各项措施，由圣彼得堡海军部区行政机构负责实施，重点参考 2008 年 8 月 26 日圣彼得堡政府第 1078 号令批准的圣彼得堡地区行政机构条例。

(4)表 23 第 1 点的 1. 1～1. 4 项涉及的各项措施，由建设委员会负责实施。

建设委员会是表格 23 第 1 点的 1. 1～1. 4 项涉及体育项目设计和建设的国家定购单位。圣彼得堡国家机构“重大建设和改造基金”是所列项目设计和建设的技术定购单位。

表 23 第 1 点的 1. 1～1. 4 项涉及的体育项目的设计、建设和改造，是根据圣彼得堡国有项目预算投资决议进行的。决议是圣彼得堡政府根据定向投资项目制定的。这些投资项目见于圣彼得堡关于当前财政年度和下一年的计划期预算拨款范围的法律文件附件。拨款范围以相应年份的圣彼得堡预算法律为准。

子规划“发展费用”第一部分的修改基础是圣彼得堡国有项目预算投资决议。该决议是在圣彼得堡国家执行权力机关关于确定圣彼得堡国有项目预算投资决议相关活动的组织条例，以及圣彼得堡政府 2010 年 10 月 20 日第 1435 号决议通过的定向投资项目实施程序的基础上批准的。

子规划 4 《圣彼得堡筹备 2018 年世界杯足球赛的工作》说明

（以下简称子规划）

1	子规划的联合执行单位	体育运动委员会； 建设委员会
2	子规划的参与单位	圣彼得堡国家机构“基础设施建设与改造基金”； 非营利自治组织“‘俄罗斯 2018’组织委员会”(以下简称 ANO“‘俄罗斯 2018’ 组委会”)
3	子规划的目标	按照《俄罗斯 2018》申请书列举的义务，以及圣彼得堡与国际足球联合会(以下简称国际足联)、“俄罗斯 2018”组委会签订的协议，为高水平组织 2017 年国际足联联合会杯(以下简称国际足联联合会杯)以及 2018 年世界杯足球赛(以下简称世界杯足球赛)创造条件
4	子规划的任务	按照国际足联的要求，为 2017 年国际足联联合会杯以及 2018 年世界杯足球赛的举办，进行圣彼得堡市体育基础设施和其他基础设施的建设； 通过合理使用 2018 年世界杯足球赛的基础设施，进一步发展圣彼得堡足球和其他类别的体育项目
5	子规划的指标	符合国际足联要求的足球场的数量； 符合国际足联要求的训练基地的数量； 符合国际足联要求的足球训练场地的数量； 国际足联联合会杯和世界杯足球赛比赛后，在圣彼得堡仍可投入使用的运动设施的比重
6	子规划的实施期限	子规划计期限为 4 年(2015—2018 年)。按照一个阶段执行子规划：自 2015 年至 2018 年

续表

<table>
<tr><td rowspan="2">7</td><td>按照拨款来源确定的年度子规划拨款总额</td><td>2015—2018年期间子规划拨款总额为18130194.4千卢布，包括：
2015年—7447631.1千卢布；
2016年—8184583.3千卢布；
2017年—1628950.0千卢布；
2018年—869030.0千卢布
圣彼得堡预算资金、联邦预算资金和预算外资金向子规划提供拨款。

2015—2018年期间由圣彼得堡预算资金向子规划提供的拨款总额为17152164.4千卢布，包括：
2015年—7266911.1千卢布；
2016年—7871053.3千卢布；
2017年—1208660.0千卢布；
2018年—805540.0千卢布

2015—2018年期间由联邦预算资金向子规划提供的拨款数额预计为579240.0千卢布，包括：
2015年—100000.0卢布；
2016年—155240.0千卢布；
2017年—286360.0千卢布；
2018年—37640.0千卢布

2015—2018年期间由预算外资金向子规划提供的拨款数额预计为398790.0千卢布，包括：
2015年—80720.0千卢布；
2016年—158290.0千卢布；
2017年—133930.0千卢布；
2018年—25850.0千卢布</td></tr>
<tr><td>按照责任执行单位和参与单位确定的年度政府规划拨款总额</td><td>2015—2018年期间由圣彼得堡建设委员会向子规划提供的拨款数额（按当年卢布价值计算）—17152164.4千卢布，包括：
2015年—7266911.1千卢布；
2016年—7871053.3千卢布；
2017年—1208660.0千卢布；
2018年—805540.0千卢布

2015—2018年期间由子规划预算外拨款的投资者向子规划提供的拨款总额（按当年卢布价值计算）—398790.0千卢布，包括：
2015年—80720.0千卢布；
2016年—158290.0千卢布；
2017年—133930.0千卢布；
2018年—25850.0千卢布</td></tr>
<tr><td>8</td><td>子规划实施的预期结果</td><td>按照国际足联的要求和申请书承诺责任，在圣彼得堡成功举办国际足联联合会杯以及世界杯足球赛；
在筹备和举办国际足联联合会杯和世界杯足球赛中使用的圣彼得堡基础设施的现代化发展；
为圣彼得堡居民从事足球运动和其他运动项目创造条件</td></tr>
</table>

4.1 圣彼得堡筹备 2018 年世界杯足球赛工作现状的特征

高效筹备和举办国际足联联合会杯和世界杯足球赛，在圣彼得堡一系列重大国家任务中占有特殊地位。国际足联联合会杯和世界杯足球赛是国际足联举办的正式国际比赛。提供国家保障是国家申请书通过国际足联审查的必要条件。申请书是在竞争选拔程序中提供的，以便获得本国举办世界杯足球赛的权利。

按照《俄罗斯 2018》申请书以及圣彼得堡、国际足联、“俄罗斯 2018”组委会三方协议(以下简称“协议”)，“彼得罗夫斯基”“接班人”“发电机”和“基洛夫人”体育场用来作为赛前训练场地，体育、运动和健康中心的“皇村”体育场(普希金市)、“斯巴达克”体育场(罗蒙诺索夫市)、“杜布基”体育场(谢斯特罗列茨克市)、“斯巴达克”体育场(泽列诺戈尔斯克市)、“火箭”体育场(彼得宫市)，以及封闭式股份公司“‘天顶’足球俱乐部”，均作为体育队预先组织训练活动的训练场地。目前，上述场地在一些指标上并不完全符合要求，如可容纳观众的人数，看台、更衣室、停车场、体育场场地、照明质量、体育场土地面积、停车场数量，以及足球比赛期间提供的训练馆和训练基地的其他条件也不完全符合要求。

鉴于国际足联联合会杯和世界杯足球赛两个赛事的举办，上述体育项目必须进行改造。将由圣彼得堡预算资金、联邦预算资金和预算外资金共同承担上述费用。

4.2 圣彼得堡国家政策在圣彼得堡筹备 2018 年世界杯足球赛工作的优先方向

圣彼得堡国家政策在实施子规划领域的优先方向的确立，主要参照下述规范性法律文件：

俄罗斯联邦政府 2013 年 3 月 20 日第 402-p 号决议通过的俄罗斯联邦国家纲要《发展体育运动》；

2013 年 6 月 7 日第 108-FZ 号联邦法律《在俄罗斯联邦筹备和举办 2017 年国际足联联合会杯以及 2018 年世界杯足球赛，并修改俄罗斯联邦的部分法律》；

圣彼得堡政府 2014 年 4 月 4 日第 233 号决议通过的 2014—2018 年圣彼得堡筹备和举办 2018 年世界杯足球赛的方案。

发展体育基础设施是圣彼得堡体育运动领域国家政策的战略目标。

根据体育运动领域国家政策优先发展方向，举办国际足联联合会杯和世界杯足球赛成为圣彼得堡体育运动发展的重要阶段。

4.3 子规划的目标和任务

子规划的主要目标是按照《俄罗斯 2018》申请书和《协议》的责任，为圣彼得堡高水平组织国际足联联合会杯和世界杯足球赛创造条件。

为实现上述目标，需要完成下述可确定子规划措施体系建设逻辑的优先任务：

按照国际足联的要求，确保成功举办国际足联联合会杯和世界杯足球赛的物质技术条件和社会经济条件；

按照国际足联的要求，为国际足联联合会杯和世界杯足球赛的举办，进行圣彼得堡市体育基础设施和其他基础设施建设；

通过合理使用世界杯足球赛的基础设施，进一步发展圣彼得堡足球和其他类别的体育项目。

4.4 子规划的指标

评估子规划的实施进展和既定任务的完成情况，参照下列专项指标(指数)：

表 24

序号	专项指标的直接数值名称	测量单位	专项指标的直接数值			最终专项指标的数值
			2015 年	2016 年	2017 年	2018 年
1	符合国际足联要求的足球场的数量	个	—	1	—	1
2	符合国际足联要求的足球训练场地的数量	个	—	1	6	7
3	符合国际足联要求的训练基地的数量	个	—	—	3	4
4	符合国际足联要求，已经建成的圣彼得堡用于举办 2017 年国际足联联合会杯和 2018 年世界杯足球赛的体育基础设施的比例	百分比	—	—	—	100%
5	2017 年国际足联联合会杯和 2018 年世界杯足球赛比赛后，在圣彼得堡仍可投入使用的运动设备的比重	百分比	—	—	—	100%

4.5 子规划的措施特征

子规划的主要方向是按照国际足联的要求，为国际足联联合会杯和世界杯足球赛的举办，进行圣彼得堡市体育基础设施和其他基础设施建设。

表 25 与发展费用相关的《圣彼得堡筹备 2018 年世界杯足球赛的工作》子规划措施清单

序号	费用名称	执行单位、参与单位	拨款来源	实行日期与年度拨款数额(单位：千卢布)						总计
				2015 年	2016 年	2017 年	2018 年	2019 年	2020 年	
1	2	3	4	5	6	7	8	9	10	11
1. 体育设施的设计、新建和改建										
1.1	建设含 68000 个观众席的体育馆，地址：克列斯托夫斯基岛南路 25 号楼	建设委员会、体育运动委员会	圣彼得堡预算	5930141. 1	5984159. 7	—	—	—	—	11914300. 8
	设 计			—	—	—	—	—	—	—
	建 设			5930141. 1	5984159. 7	—	—	—	—	11914300. 8
1.2	足球场入口检查项目建设，克列斯托夫斯基岛西部综合设备项目建设	建设委员会、体育运动委员会	圣彼得堡预算	1196950. 0	1411333. 6	—	—	—	—	2608283. 6
	设 计			196950. 0	—	—	—	—	—	196950. 0
	建 设			1000000. 0	1411333. 6	—	—	—	—	2411333. 6

续表

序号	费用名称	执行单位、参与单位	拨款来源	实行日期与年度拨款数额(单位：千卢布)						总计
				2015 年	2016 年	2017 年	2018 年	2019 年	2020 年	
1.3	“彼得罗夫斯基”体育场(训练场)改造，地址：彼得罗夫斯基岛 2 号楼	建设委员会、体育运动委员会	圣彼得堡预算	8000.0	10000.0	10000.0	—	—	—	28000.0
	设　计			8000.0	—	—	—	—	—	8000.0
	改　造			—	10000.0	10000.0	—	—	—	20000.0
			联邦预算	30000.0	30000.0	10000.0	—	—	—	70000.0
	设　计			—	—	—	—	—	—	—
	改　造			30000.0	30000.0	10000.0	—	—	—	70000.0
1.4	“接班人”体育场(训练场)改造，地址：维尔诺斯基街 21 号楼	建设委员会、体育运动委员会	圣彼得堡预算	8000.0	7000.0	7000.0	—	—	—	22000.0
	设　计			8000.0	—	—	—	—	—	8000.0
	改　造			—	7000.0	7000.0	—	—	—	14000.0
			联邦预算	20000.0	30000.0	6000.0	—	—	—	56000.0
	设　计			—	—	—	—	—	—	—
	改　造			20000.0	30000.0	6000.0	—	—	—	56000.0
1.5	“发电机”体育场(训练场)改造，地址：迪纳摩大街 44 号楼	投资方、建设委员会、体育运动委员会	预算外资金	60000.0	40000.0	20000.0	—	—	—	120000.0
	设　计			—	—	—	—	—	—	—
	改　造			60000.0	40000.0	20000.0	—	—	—	120000.0
1.6	“基洛夫人”体育场(训练场)改造，地址：别列告普斯卡亚街 6~8 号楼	投资方、建设委员会、体育运动委员会	预算外资金	13120.0	72680.0	29770.0	15850.0	—	—	131420.0
	设　计			—	—	—	—	—	—	—
	改　造			13120.0	72680.0	29770.0	15850.0	—	—	131420.0
1.7	体育、运动和健康中心的“皇村”体育场(训练场)改造，地址：普希金市列宁格勒街 83 号楼	建设委员会、体育运动委员会	圣彼得堡预算	8000.0	20000.0	3000.0	—	—	—	31000.0
	设　计			8000.0	—	—	—	—	—	8000.0
	改　造			—	20000.0	3000.0	—	—	—	23000.0
			联邦预算	50000.0	20000.0	7000.0	—	—	—	77000.0
	设　计			—	—	—	—	—	—	—
	改　造			50000.0	20000.0	7000.0	—	—	—	77000.0

续表

序号	费用名称	执行单位、参与单位	拨款来源	实行日期与年度拨款数额(单位：千卢布)						总计
				2015 年	2016 年	2017 年	2018 年	2019 年	2020 年	
1.8	“斯巴达克”体育场(训练场)改造，地址：罗蒙诺索夫市米哈伊洛夫斯基街 29 号楼代号 A	建设委员会、体育运动委员会	圣彼得堡预算	7600.0	16800.0	13320.0	590.0	—	—	38310.0
	设计			7600.0	—	—	—	—	—	7600.0
	改造			—	16800.0	13320.0	590.0	—	—	30710.0
			联邦预算	—	18810.0	65840.0	9410.0	—	—	94060.0
	设计			—	—	—	—	—	—	—
	改造			—	18810.0	65840.0	9410.0	—	—	94060.0
1.9	“杜布基”体育场(训练场)改造，地址：谢斯特罗列茨克市利捷依内街 37 号楼	建设委员会、体育运动委员会	圣彼得堡预算	7600.0	16800.0	13320.0	590.0	—	—	38310.0
	设计			7600.0	—	—	—	—	—	7600.0
	改造		—	—	16800.0	13320.0	590.0	—	—	30710.0
			联邦预算	—	18810.0	65840.0	9410.0	—	—	94060.0
	设计			—	—	—	—	—	—	—
	改造			—	18810.0	65840.0	9410.0	—	—	94060.0
1.10	“斯巴达克”体育场(训练场)改造，地址：泽列诺戈尔斯克市欧布耶兹那亚街 7 号楼	建设委员会、体育运动委员会	圣彼得堡预算	7600.0	16800.0	13320.0	590.0	—	—	38310.0
	设计			7600.0	—	—	—	—	—	7600.0
	改造			—	16800.0	13320.0	590.0	—	—	30710.0
			联邦预算	—	18810.0	65840.0	9410.0	—	—	94060.0
	设计			—	—	—	—	—	—	—
	改造			—	18810.0	65840.0	9410.0	—	—	94060.0
1.11	“奥林匹斯人”体育场(训练场)改造，地址：巴甫洛夫思科市医院街 24 号楼	建设委员会、体育运动委员会	圣彼得堡预算	20100.0	18210.0	—	—	—	—	38310.0
	设计			7600.0	—	—	—	—	—	7600.0
	改造			12500.0	18210.0		—	—	—	—30710.0
			联邦预算	—	18810.0	65840.0	9410.0	—	—	94060.0
	设计			—	—	—	—	—	—	—
	改造			—	18810.0	65840.0	9410.0	—	—	94060.0
1.12	“火箭”体育场(训练场)改造，地址：彼得宫市兹维林斯卡亚街 6 号楼	投资人、建设委员会、体育运动委员会	预算外资金	7600.0	35610.0	79160.0	10000.0	—	—	132370.0
	设计			7600.0	0.0	0.0	0.0	—	—	7600.0
	改造			—	35610.0	79160.0	10000.0	—	—	124770.0

续表

序号	费用名称	执行单位、参与单位	拨款来源	实行日期与年度拨款数额(单位：千卢布)						总计
				2015 年	2016 年	2017 年	2018 年	2019 年	2020 年	
1. 13	封闭式股份公司"'天顶'足球俱乐部"(训练场)改造，地址：阿库拉托娃街7Б号楼	投资人、建设委员会、体育运动委员会	预算外资金	—	10000. 0	5000. 0	0. 0	—	—	15000. 0
	设　计			—	—	—	—	—	—	0. 0
	改　造			—	10000. 0	5000. 0	—	—	—	15000. 0
1. 14	在体育场地段设计和建设临时建筑，地址：克列斯托夫斯基岛南路25号楼	建设委员会、体育运动委员会	圣彼得堡预算	72920. 0	369950. 0	1148700. 0	803770. 0	—	—	2395340. 0
	设　计			72920. 0	—	—	—	—	—	72920. 0
	建　设			—	369950. 0	1148700. 0	803770. 0	—	—	2322420. 0
总计				**7447631. 1**	**8184583. 3**	**1628950. 0**	**869030. 0**	**—**	**—**	**18130194. 4**

4.6　子规划措施的实施机制

体育运动委员会是政府规划的责任执行单位：

直接管理子规划的实施，协调子规划联合执行单位和参与单位的活动；

结合子规划措施的特征，确定其措施实施的专项指标和标准；

按照子规划方向，协调可列入子规划的拨款项目清单；

按照既定程序监管和获取子规划执行单位的报告；

根据子规划的年度实施情况组织分析和总结工作；

在权限内制定、协调和确定执行子规划必备的规范性法律文件(包括单独实施的)。

1. 实施表格 25 中 1. 1~1. 4、1. 7~1. 11、1. 14 项：

建设委员会是国家定购单位，负责体育项目的设计、建设和改造；

体育运动委员会是制定或校对关于设计、建设和改造体育项目技术任务的方案的活动协调单位。

表格 25 中 1. 1~1. 4、1. 7~1. 11、1. 14 项涉及体育项目的设计、建设和改造，是根据圣彼得堡国有项目预算投资决议进行的。决议是圣彼得堡政府根据定向投资项目制定的。这些投资项目见于圣彼得堡关于当前财政年度和下一年的计划期预算拨款范围的法律文件附件。拨款范围以相应年份的圣彼得堡预算法律为准。

2. 表格 25 中 1. 5~1. 6 和 1. 12~1. 13 项涉及的各类措施，主要由房产业主利用预算外资金，基于相关建筑的典型要求而落实实施。

在体育项目的设计和改造过程中，关于达到国际足联的要求与其他问题，建设委员会和体育运动委员会负责提供相应的组织方法援助，同时提供国际足联对训练场地要求的各类信息，举行工作会谈和工作会议，具体讨论体育项目的设计与改造问题。

3. 在完成表格 25 中 1. 14 项的过程中，建设委员会应考虑体育运动委员会的相关建议，在此基础上确定临时建筑清单。

《国家文化政策基础》

* 2014 年 12 月 24 日第 808 号俄罗斯联邦总统令批准通过

2014 年 12 月 24 日　第 808 号

关于批准通过《国家文化政策基础》的俄罗斯联邦总统令

1. 批准通过《国家文化政策基础》。
2. 该总统令自颁发之日起执行。

俄罗斯联邦总统
弗·普京

莫斯科克里姆林宫
2014 年 12 月 24 日
第 808 号

2014年12月24日签署的第808号俄罗斯联邦总统令批准通过

国家文化政策基础

该基础明确了国家文化政策的基本方向，是制定和完善用于调节俄罗斯联邦文化发展进程的俄罗斯联邦立法和其他规范性法律文件，以及国家和市级纲要的基础文件。

俄罗斯联邦宪法是该基础的法律基础。

该基础明确了国家文化政策的目标、战略任务及政策实施的核心原则。

文化发展和人文发展是维护经济繁荣、国家主权和文明独特性的基础，国家文化政策旨在保证文化和人文发展的优先性。

国家文化政策是俄罗斯联邦国家安全战略不可分割的一部分。

一、引言

俄罗斯——伟大的文化国度，拥有丰富的文化遗产、多世纪的文化传统和源源不断的创造潜力。

由于自身的地理位置、多民族性、多宗教性，俄罗斯发展成为一个联结着两个世界——东方和西方的国家，并且至今仍然这样发展着。俄罗斯的历史道路决定了俄罗斯文化的独特性、民族意识的特殊性，以及俄罗斯社会生活的价值基础。

不同文化之间相互影响、相互丰富、相互尊重的独特历史经验在这里积累、沉淀——几个世纪以来，俄罗斯的国家观念正是由此以一种自然的形式形成并确立下来。

俄语和伟大的俄罗斯文化在多民族俄罗斯人民的历史意识中发挥了民族团结的关键作用。

东正教在俄罗斯价值体系形成的过程中发挥了特殊的作用。伊斯兰教、佛教、犹太教以及其他宗教信仰均是我们祖国的传统宗教，均为俄罗斯民族文化自我意识的形成作出了重要的贡献。宗教信仰和民族性是不可分割的，且亦不能由此区分俄罗斯人民。

文学、音乐、歌剧、芭蕾、戏剧、电影艺术、马戏、造型艺术、建筑、艺术设计、艺术照片——我国全部艺术领域的成就，不仅在俄罗斯，甚至在全世界都是无可争议和举世公认的。俄罗斯现阶段的发展需要文化潜力能够最大限度地参与社会进步的进程。

与大自然一样，俄罗斯文化亦是俄罗斯的财富。文化在当今世界成了社会经济发展的重要资源，且可保障国家在世界的领先地位。

在国家绵延的历史长河中，民族精神体验正是通过文化被保护、累积和代际传承下来的，也正是通过文化确保了多民族俄罗斯的团结与统一，塑造了俄罗斯的爱国主义情感和民族自豪感，并在国际舞台上巩固了俄罗斯的国家权威。

确定文化优先地位能够保证社会更高质量地发展，确保社会走向公民团结与统一，以及确立和实现社会发展的共同目标。培养具有高尚道德、责任意识、独立思考和创造力的个体，是实现社会发展共同目标的主要条件。

科学、教育和艺术的有效结合，为理解文化作为一代代传递民族特质的内核工具的社会使命奠定了基础。

国家批准通过该基础，意味着首次将文化置于国家优先发展方向的框架之下，承认文化是提高生活质量和促进社会关系和谐发展的最重要因素，能够保证社会经济的动态发展，并为保护俄罗斯统一文化空间以及领土完整提供保障。

二、制定国家文化政策的基础

(1)俄罗斯联邦面临着历史性的挑战，即要在短期之内实现国家经济和社会的现代化发展，并走向确保国家和社会可回应当今世界需求的集约化发展道路。

为了战胜这一挑战，唯一的条件只有面向人以及个体高质量的创新发展提供有计划的持续投资。

就在不久前，这类投资还是明显不足的，也由此引发了人道主义危机，为社会发展带来了威胁。

(2)这一危机的出现给俄罗斯未来带来的最大危险在于：

——社会智力水平和文化水平降低；

——社会公认的价值观贬值，价值取向扭曲；

——具有侵略性和令人无法容忍的社会行为不断增加；

——历史记忆扭曲，负面评价国家历史的重要时期，认为俄罗斯历史具有落后性的错误观念不断传播；

——社会分离：社会关系出现裂痕(朋友、家庭、邻里)，个人主义滋长，忽视他人权利。

(3)俄罗斯国家文化政策覆盖了国家和社会生活的下述领域：如各类文化活动、人文科学、教育、民族关系、对俄罗斯文化海外传播的支持、国际人文与文化合作、公民教育与公民的自我教育、教育事业、儿童和青年运动发展，以及国家信息空间建设。

克服文化发展部门间、层级间和地区间矛盾的必要性，在于要将文化政策提升至国家地位。

(4)制定和实施国家文化政策需要采取具有科学基础的改革，同时需要优先发展人文科学，以及国家和社会的密切配合。

(5)国家文化政策致力于提高公民的自我意识，提高人们积极参与社会发展进程的能力。

三、总则

该基础所涉及概念如下：

——文化：影响着精神价值(伦理的、审美的、智力的、公民的，等等)保护、生产、传播与普及的有形和无形的制度、现象、因素的总和。

——文化政策：俄罗斯联邦国家权力机关和社会机构采取的，旨在支持、保护和发展全部文化产业、各类俄罗斯公民的创造性活动，并基于俄罗斯社会固有的价值体系培养人的行为。

——国家文化政策主体：俄罗斯联邦国家权力机关和地方自治机关，教育、科学组织，文化组织，社会联合会和组织，以及在艺术、科学、教育、教育事业、德育、家庭关系和青少年工作领域开展相关活动的其他组织。

——国家文化政策客体：物质和非物质文化遗产、各类创造性活动及其结果、教育体系、科学、俄语和俄罗斯联邦的民族语言、家庭、人际交往和社会交往体系、传媒和信息空间、国际文化和人文交流。

——文化活动：在某些领域创造、传播、保护、掌握、普及文化财富以及提供文化福利的活动，这些领域包括文化遗产、文学、戏剧、音乐、造型艺术、马戏艺术、建筑、城市建筑、园艺、艺术设计、电影艺术、图片艺术、大众传媒、文化(创意)产业、民族手工艺和艺术品、文化休闲、民间艺术创作、民间口头创作、非物质文化遗产，博物馆、档案馆和图书业，审美教育、艺术教育、文化领域的教育活动，以及国家间的文化合作。

——精神领域：关于世界和人、人类社会和人类关系、价值观和价值层级的认识体系。

——俄罗斯人的民族意识与民族精神：俄罗斯人所具有的智力、情感、文化特征、价值取向与立场的总和。

——文化遗产：具有历史和文化价值的对象、现象和作品的总和。文化遗产包括物质文化遗产(楼房和设施、工程模型、技术方案、城市建筑项目、工业建设纪念碑、历史和文化景观、考古遗址、英雄纪念碑、雕塑纪念碑、纪念设施等，造型艺术、应用和民族艺术作品，文件、书籍、照片等保存人们过往时代生活特征的全部物质世界对象)和非物质文化遗产(语言和方言、传统、民俗和信仰、民间口头创作，传统生活方式和对民族、族群和种族世界格局的认识，俄罗斯文学和俄罗斯民族文学，音乐遗产、戏剧遗产、影视遗产，以及国家创造型人才培养的特色体系)。

——文化遗产保护：确保物质文化遗产项目的保护，收集、编制和研究非物质文化遗产项目，开展文化遗产项目的文化和科学活动。

——信息空间：大众传媒、广播电视、“互联网”信息通信网络(以下简称“互联网”)，借助上述手段传播的文字和视觉材料、信息，以及创建的数字档案、图书馆、数字博物馆的总和。

——信息素养：在职业组织和教育组织，以及在其之外的教学进程中掌握的，用于获取、评价和运用信息的必备知识、能力和技能，具体包括全部类型的信息资源——口头的、印刷的和数字的。

——创意产业：在创造活动中产生经济价值，以及从事文化产品资本化活动及其市场营销的公司、组织和联合会。创意产业具体包括：工业设计和时尚产业、音乐产业和影视商业、电视和电脑游戏产品、画廊商业、出版商业和电影商业、广告产品和大众传媒。

四、国家文化政策的目标

国家文化政策的主要目标——通过优先发展文化和人文领域，培养和谐发展的个体，巩固俄罗斯的社会统一。

国家文化政策的目标是：

——增强公民认同；

——为公民教育创造条件；

——保护历史和文化遗产，利用历史和文化遗产开展培养教育活动；

——象征俄罗斯文明的传统价值和规范、传统、习俗、行为范式的代际相传；

——为每一个人创造潜力的实现创造条件；

——保证公民可享用知识、信息、文化财富和福利。

五、国家文化政策的原则

国家文化政策的原则是：

——在享用文化财富、参与文化生活和使用文化组织的权利方面，公民遵循地域平等和社会平等的原则，其中也包括健康水平受限公民；

——开放性以及与其他民族和文化相互作用的原则，将国家文化视为世界文化不可分割的组成部分；

——国家文化政策的目标和任务与国家经济、技术和结构决策相符合；

——创作自由，国家不干涉创作活动；

——国家将部分文化领域管理权交由社会机构。

六、国家文化政策的任务

1. 俄罗斯联邦民族文化遗产领域

在社会意识中承认作为个体和社会发展必备条件的、祖辈积累至今的历史和文化体验的价值。

支持发掘、保护、普及俄罗斯联邦民族文化遗产的社会倡议。

在个人和法人财产利益之上，切实实现物质和非物质文化遗产保护的社会优先权。

完善俄罗斯联邦民族文化遗产项目，以及博物馆、档案馆藏品和国家图书馆馆藏的国家保护体系。

建设全俄非物质文化遗产保护体系。

保护民族文化传统，支持基于民族文化传统的民族创作，保护民族文化的多样性，将其视为职业文化的重要源泉之一以及民族认同的重要组成部分。

在教育进程中，扩大、完善并促进文化遗产项目的现有使用经验，博物馆藏品和档案馆馆藏的现有使用经验，以及俄罗斯博物馆和保护区博物馆科学和信息潜力现有使用经验的系统化发展。

加强文化遗产项目的作用，保护城市和社区的历史环境，其中也包括小型城市；为文化认知类旅游的发展创造条件。

支持和发展公民参与民族、地方志和考古考察，以及发掘、研究和保护文化遗产项目的工作。

2. 各类文化活动的实施以及与之相关产业的发展领域

在创作和出品文学、音乐、造型艺术、戏剧、电影艺术、建筑、艺术设计、艺术照片及其他艺术形式的作品的过程中，支持职业创作活动。

发展戏剧、音乐、芭蕾、歌剧、马戏艺术，以及其他补充艺术形式，为俄罗斯国家杰出表演者的工作提供条件。

将现代艺术创作管理及其质量评估的部分职能交由职业协会和创作型社会组织。

促进职业评论和新闻业发展。

发展艺术节、巡回和展览活动。

支持国家电影业发展，其中包括制作动画片、纪录片、科普类电影、教学影片、针对儿童群体的电影等，为创意产业发展创造条件。

为民族大众文化的发展、大众文化领域文化产品审美质量的提高，以及将大众文化纳入国家文化政策的实施进程创造条件。

提高俄罗斯城市建筑环境的审美价值，国家支持建筑创作，将建筑视为具有重要社会意义的艺术形式。

利用独特的国家传统，促进国家创作人才培训体系的发展。

提高各类文化活动的职业人才的培训质量。

在普通教育进程中培养人们理解和创作艺术作品的基本技能，增强艺术领域补充教育的公民可享性。

保护传统，并为发展各类民族艺术和创作提供条件，支持民族手工艺和艺术作品。

为发展公民业余艺术创作提供条件，结合民族传统及区域和社区的特点为该领域的社会倡议提供支持。

国家支持和促进文化领域物质技术基础的现代化发展。

保护已形成的文化组织网络，为其发展以及掌握文化活动新技术创造条件。

加强博物馆、图书馆、档案馆、剧院、音乐馆、音乐厅、文化之家等文化组织在历史文化教育和德育领域的作用。

提出文化组织活动有效性评估的高质量标准。

为非国立文化机构的建设及活动组织创造条件，支持慈善事业，资助艺术科学。

保护和发展俄罗斯统一文化空间，具体路径包括：

——为发展地区间、城市间的文化合作与互动，建设立法组织和财政机制；

——在小型城市和农村居民区发展文化活动基础设施，建设良好的文化环境，包括建设电影放映俱乐部网络；

——建设发达的戏剧厅、音乐厅、展览厅网络；

——发展巡回展览活动体系；

——促进图书出版与图书传播的发展，完善阅读基础设施；
——运用数字通信技术，保证公民不受地域限制地平等享用文化财富。

3. 人文科学领域

优先发展人文科学——关于人以及人的精神、道德、文化和社会活动的科学。
组织开展人文科学领域必要的基础研究和应用研究。
提高人文科学领域科学和教育人才培训的质量。

4. 俄语、俄罗斯联邦民族语言、国家文学领域

提高俄罗斯公民掌握俄语的水平。
在全俄出版领域和国家大众传媒领域使用俄罗斯标准语。
发展俄语教师培训体系。
不受地域限制，提高普通教育和职业教育体系的俄语教学质量。
发展作为外语的俄语教育体系。
为保护和发展俄罗斯联邦各民族语言创造条件，为保护居住在各共和国和地区的俄罗斯公民的双语使用创造条件，为在印刷品和电子媒体中使用民族语言创造条件。
国家支持俄译由俄罗斯民族语言创作的文学作品，支持其国内出版与传播。
组织和支持俄语、俄语语法结构及其运用的科学研究工作，支持古代书写文物的研究工作，以及俄语字典和电子语言学词典的出版工作。
推动俄语走向世界，支持海外国家使用俄语的群体并扩大其规模，提高全世界对俄语和俄罗斯文化的兴趣。
扩大俄语在互联网中的呈现范围，切实提高互联网中可供不同国家公民学习俄语以及获取俄罗斯文化和俄语相关信息的高质量资源的数量。
支持当代文学创作，支持文学杂志的出版与传播。
支持古典文学作品以及文学史作品的科学研究工作。
保护国家艺术翻译学派的传统并促进其发展。
采取恢复阅读兴趣的相关措施。
提升古典和现代的国家文学和世界文学作品、儿童文学作品，以及由俄罗斯民族语言创作的作品的公民可享性。
保护作为印刷类文化产品的书籍，发展图书艺术的国家传统。
为发展图书出版和图书贸易创造条件，支持图书出版和图书贸易的社会性活动。
保护传播图书、扩大阅读面的社会机构——图书馆，采取相关措施促进图书馆活动的现代化发展。

5. 扩大和支持国际文化交流与人文交流领域

支持国家和社会机构的俄语和俄罗斯文化网的海外发展。

支持海外国家讲俄语公民的社会组织和联合会活动。

扩大海外国家俄语教育和作为外语的俄语研究领域的国家合作。

扩大致力于实施俄罗斯文化、历史、文学海外研究与展演联合方案，以及实施联合创作方案的职业科学和文化团体、机构和组织的合作。

支持海外俄罗斯语文学家、斯拉夫学家以及俄罗斯艺术文学翻译家的活动。

促进、扩大设有海外文化组织的俄罗斯文化组织之间的相互协作。

促进从事教育、教育事业、德育、家庭关系、儿童和青年工作，文化与艺术工作的俄罗斯社会组织与海外相关社会组织的合作。

支持艺术、人文科学及单独文化活动领域的国际方案。

6. 德育领域

恢复家庭教育传统，克服家庭内部的代沟。

在社会意识中承认传统家庭价值观，提高家庭的社会地位。

在社会范围内开展代际对话。

向家长提供获得解决儿童教育问题的教育支持和心理支持的机会。

对儿童和青年德育领域的教育工作者进行培训。

复兴和促进成年公民教育和自我教育体系的发展。

提高教师的社会地位：确立将教师视为社会行为标准、绝对道德和知识权威的社会意识。

吸引社会组织、科学和文化团体、文化组织加入各年龄段公民的教育进程。

7. 教育事业领域

支持国家、社会、国家社会机构向公民传播知识和文化，其中包括：

——普通和职业教育的人本主义化发展；

——挖掘各领域的天才儿童，为儿童的个性化教学及教育时期的教育学和心理学指导创造条件，为儿童教育后的职业活动创造条件；

——确立教育具有高社会价值的社会观念，吸引公民参与不同形式的教育活动，其中包括借助教育类社团、俱乐部、社会联合会的支持；

——复兴和发展国家地方志大众运动及公民的历史教育活动；

——科学知识的传播(图书出版、互联网、电视)；

——发展文化教育并吸引职业协会和文化组织参与这项活动。

8. 儿童和青年运动领域

支持关注创作、志愿、慈善和认知类活动的儿童和青年组织、联合会、运动。

保证儿童和青年参与制定可影响其生活的决策，最大限度地挖掘他们的能力和天赋。

为儿童和青年组织活动的实施培训人才。支持以满足各类儿童和青年需求为目的而开展相应活动的组织建设。

9. 有利于个性确立的信息环境的建设领域

培养公民的信息素养。

提高大众传媒和互联网发布材料和信息的质量。

提高国家电视、广播节目和产品的道德和审美价值及专业水平。

基于收录进国家电子图书馆和电子档案馆的不同知识领域和创作活动领域的数字图书、档案、博物馆馆藏，形成统一的俄罗斯电子知识空间。

建设俄罗斯电子信息保护国家体系，其中包括互联网资源。

七、管理体系的综合完善

培养和谐发展个体的国家文化政策任务的制定与实施，以及通过文化和人文领域的优先发展而巩固俄罗斯社会的统一，在俄罗斯最新历史进程中具有首要意义。

该基础的通过不是仅仅作为实现既定目标和完成既定任务的统一行动。

文化发展进程的新型管理体系没有被取缔，而是于内部建立起一个文化领域的管理体系。新建立机构的合理性，不能通过在改变现有行政结构的权限、职能、活动形式和章程的框架下的国家文化政策的目标实现情况来判断。

为有规模、有深度地实施必要改革，必须逐步地、有针对性地将职业协会和社会组织纳入管理体系的转型进程中。

为了制定和实施国家文化政策，必须组建相应结构(机构)，负责国家文化政策目标的制定、实施与监测。

1. 制定和实施国家文化政策的组织、分析和信息保障

成立协调机关，全权负责：

——制定国家文化政策战略方案，确认战略实施的相关任务，为生效期内的新国家纲要制定相关校正建议，此类新国家纲要规定了战略实施活动的跨部门协调性，以及俄罗斯联邦国家权力机关和其他国家机关的相互协作；

——根据国家文化政策的目标和原则，对联邦国家权力机关的权限、职能和责任的必要性进行评估，并筹备和制定相关建议；

——为实施国家文化政策建设规范的法律基础；

——建立国家文化政策主体活动协调发展的有效机制；

——确保国家文化政策主客体间的持续反馈；

——监测国家文化政策的目标完成情况；

——制定联邦执行权力机关、俄罗斯联邦主体执行权力机关以及地方自治机关实施国家文化政策的活动评价标准。

2. 制定和实施国家文化政策的资源保障

成立俄罗斯文化发展基金，全权负责：

——确保具有跨部门、跨学科、跨地区等特征的，致力于完成国家文化政策战略任务的方案的实施；

——国家文化政策实施的方法保障和信息保障；

——确保职业和商业协会、社会组织和社会文化机构参与国家文化政策的实施。

八、国家文化政策实施的预期结果

(1)国家文化政策实施的结果应包括：

——增强俄罗斯社会的智力潜力；

——提高家庭的社会价值和社会地位，将家庭价值观视为个人和社会幸福的基础；

——提高追求为祖国生活和工作，将俄罗斯视为最益于居住、展示个人创造力和建设性能力的地区的公民数量，特别是提高这一类青年公民的数量；

——掌握俄罗斯标准语，了解俄罗斯历史，有能力理解和评价艺术和文化，将其视为个体实现和满足社会需求的必备条件；

——俄罗斯各地区，特别是小型城市和农村地区社会经济协调发展，激活区域文化潜力；

——公民的文化需求和服务需求高质量增长，其中包括对传媒产品的需求。

(2)国家文化政策目标的实现，需要基于专业制定的高质量指标、居于优势地位的专项指标体系，并对社会状况及其文化发展开展定期监测。

(3)国家文化政策目标和任务的实现，需要至少15~20年的时间，在此期间国家也将产生新的一代人。

(4)国家文化政策实施的第一批显著成果将于最近5年内呈现。

《2016—2020 年俄罗斯联邦公民爱国主义教育》国家纲要

* 俄罗斯联邦政府 2015 年 12 月 30 日 第 1493 号决议

俄罗斯联邦政府第 1493 号决议

2015 年 12 月 30 日，莫斯科

关于《2016—2020 年俄罗斯联邦公民爱国主义教育》国家纲要的几点说明

俄罗斯联邦政府决议如下：

1. 确认通过《2016—2020 年俄罗斯联邦公民爱国主义教育》国家纲要（以下简称纲要）。
2. 委托联邦青年事务署负责纲要的组织协调工作。
3. 建议俄罗斯联邦主体执行权力机关结合国家纲要内容，制定各地区公民爱国主义教育大纲。

俄罗斯联邦政府总理　　　　德·梅德韦杰夫

批准纲要
俄罗斯联邦政府
2015年12月30日
第1493号决议

《2016—2020年俄罗斯联邦公民爱国主义教育》国家纲要

《2016—2020年俄罗斯联邦公民爱国主义教育》国家纲要执行单位登记簿

纲要总执行单位	俄罗斯联邦教育科学部； 俄罗斯联邦国防部； 俄罗斯联邦文化部； 联邦青年事务署
纲要联合执行单位	俄罗斯联邦民防、紧急情况与消除自然灾害后果部(俄联邦紧急情况部)； 俄罗斯联邦劳动和社会保障部； 俄罗斯联邦外事部； 俄罗斯联邦体育部； 俄罗斯联邦内务部； 俄罗斯联邦通信与大众传媒部； 俄罗斯联邦农业部； 俄罗斯联邦北高加索事务部； 俄罗斯联邦公共设施与建设署 ； 俄罗斯联邦安全总局； 俄罗斯新闻出版与大众传媒署； 俄罗斯联邦林业署； 俄罗斯联邦档案署； 俄罗斯联邦渔业署； 俄罗斯海关； 俄罗斯联邦麻醉品监管总局； 俄罗斯联邦海运河运署；

	俄罗斯联邦主体执行权力机关
纲要参与单位	联邦财政拨款单位“俄罗斯青少年公民爱国主义教育中心”； 联邦财政拨款单位“俄罗斯联邦政府下设的俄罗斯国家军事历史文化中心”； 全俄社会组织“俄罗斯陆海空军志愿后援协会”； 全俄社会组织“俄罗斯军事历史协会”； 非营利组织“俄罗斯支援海军基金会”； 哥萨克人军事协会； 其他社会非营利组织

一、前言

近年来，俄罗斯在巩固和促进俄罗斯联邦公民(以下简称公民)爱国主义教育体系发展领域投入了大量精力，作出了巨大努力。2001年至2015年先后颁布实施了三部爱国主义教育国家纲要。

爱国主义教育是国家权力机关、公民社会和家庭机构为促进公民形成崇高的爱国意识、忠于祖国的高尚情感，使其能够以维护祖国利益为宗旨自觉履行公民职责和宪法义务，而开展的一项系统化、有目的的实践活动。

2013年至2014年，围绕俄罗斯联邦各主体的公民爱国主义教育和精神道德教育情况进行了跟踪监测。开展这项工作的主要任务是分析俄罗斯公民融入爱国主义教育体系的现实情况，了解爱国主义教育组织者和专家在爱国主义教育活动中采用和推广的现代教育形式、方法和手段，以及他们为爱国主义教育体系物质技术基础建设作出的贡献。

组织国防体育夏令营是面向即满应征入伍年龄的青年实施爱国主义教育的有效教育形式之一。监测数据显示，目前国内此类夏令营的数量约为2000个。

以在爱国主义教育领域获得成就的苏联英雄和俄罗斯联邦英雄名字命名的教育组织、俱乐部数量不断增加，诸如此类的正向教育发展趋势已经呈现，目前国内有这样的组织4780个。

在俄罗斯联邦78个主体地区建立了军事爱国主义教育中心和公民(青年公民)兵役训练中心。

为进一步完善未成年人体育运动教育体系，吸引更多的中学生喜爱体育课，热爱运动，总统赛学校阶段的参赛名额逐年递增。2010—2011学年参赛学生人数为750万人，2014—2015学年参赛学生人数达到1010万人。在总统赛项目比赛中，参赛选手分别来自3.72万个普通教育机构。

在实施普通教育大纲的教育机构中，中等军事学校(中等军事寄宿学校)和哥萨克军事学校学生的兵役训练工作效果最为明显。

据统计，2014—2015学年初在国内教育系统中共有177所中等军事学校(61846名学生)，其中154所位于城市地区(57873名学生)，23所位于农村地区(3973名学生)。在俄罗斯联邦各主体普通教育机构中共有7000余个中等军事学校班级和哥萨克军事学校班级。

儿童补充教育机构数量不断增加。2012年儿童补充教育机构数量为8386个，2013年达到10462

个，2014 年达到 11776 个。

俄罗斯联邦各主体普通教育机构面向学生开展的军事爱国主义教育工作和体育发展促进工作，整体上是在地区大纲框架下推进的。

监测数据显示，参与地区爱国主义教育大纲框架下的爱国主义教育活动以及未达应征入伍年龄青年训练活动的青年数量占我国青年总数的 21.6%。

《2011—2015 年俄罗斯联邦公民爱国主义教育》国家纲要的实施，为进一步完善爱国主义教育体系奠定了坚实的基础。目前，国内有 22000 余个爱国主义教育联合会、俱乐部和中心发挥着积极的爱国主义教育作用，其中既有面向儿童的，也有面向青年的。

《2016—2020 年俄罗斯联邦公民爱国主义教育》国家纲要（以下简称纲要）是基于近十年公民爱国主义教育积累的知识、经验、传统制定出台的，充分考虑到保证俄罗斯公民同一性的必要性，以及在复杂经济条件下和地缘政治角逐条件下保证以培育俄罗斯公民意识为宗旨的教育进程持续发展的必要性。

纲要面向俄罗斯全部社会阶层和各年龄阶段的俄罗斯公民，以青少年爱国主义教育为重点。

纲要活动重点围绕下述几个方向：

公民爱国主义教育的科研工作和科学方法研究工作；

完善公民爱国主义教育的工作形式和方法；

开展青少年军事爱国主义教育，提升部队对教育机构的实践支持；

开展作为青年爱国主义教育体系重要组成部分的志愿活动；

公民爱国主义教育的信息保证工作。

二、纲要的目的和任务

结合当代俄罗斯联邦发展的基本任务，爱国主义教育领域国家政策的根本目的体现在，通过创造相应条件，提高俄罗斯公民保卫国家的责任意识；提高全社会协调解决问题的能力和水平，以此保障国家安全，促进俄罗斯联邦稳定发展；巩固公民对俄罗斯伟大历史和文化的深厚情感；继承和发展老一辈俄罗斯人的光荣传统；培育热爱祖国、热爱家庭，具有积极生活立场的俄罗斯公民。

纲要任务如下：

研究和发展公民爱国主义教育体系的科学方法；

结合不断变化的社会环境、各年龄阶段公民特征，基于各部门、各领域和各教育伙伴间积极合作的必要性，完善和发展爱国主义教育工作的形式和方法；

推动公民军事爱国主义教育的发展，提高俄罗斯联邦武装力量和护法机关的威信，提升部队对教育机构爱国主义教育的实践支持，提升劳动集体、商业机构、区域、城市、州、边疆和共和国对部队（舰队）的支持和协助；

为公民爱国主义教育有效形式——志愿活动的发展提供条件；

为联邦、地区和自治市爱国主义教育提供信息保障，为大众传媒宣传爱国主义事件创造条件。

公民爱国主义教育体系科学方法研究包括下述几项工作：

建设公民爱国主义教育效果科学监测系统；

在保证俄罗斯联邦国家安全的情况下，完善合理反映公民爱国主义教育水平的测量方法，确定监测指标；

提出和运用最为有效的爱国主义教育实践形式；

开展爱国主义教育新方案、方法和技术的研究工作；

面向社会各年龄阶段的公民出版爱国主义教育的教学方法参考书；

审订和推广当代爱国主义教育活动方案、方法和技术；

鼓励青年学者和教师开展爱国主义教育科学方法基础的研究工作；

完善爱国主义教育法律规范基础，为联邦执行权力机关，俄罗斯联邦主体执行权力机关，地区自治机关，国家、社会和非营利性组织——其中包括各类教育机构，文化、体育和旅游机构和组织，大众传媒，从事宣传和出版活动的各类组织，在爱国主义教育领域从事公民个体和群体教育活动的组织等的相互协作，提供法律依据和活动规定；

促进公民爱国主义教育鉴定组织和协会的成立与发展；

完善爱国主义教育专家培训系统，提高爱国主义教育专家的职业能力；

制定相关措施，促进联邦执行权力机关实施爱国主义教育，其中包括通过立法加强兵役管理；制定相关措施，促进俄罗斯联邦主体执行权力机关、爱国主义教育的社会团体和联合会开展爱国主义教育工作，如建设国防体育夏令营、军事爱国主义和军事历史俱乐部，举办军事体育运动会和搜寻活动。

结合不断变化的社会环境、各年龄阶段公民的特征，基于各部门、各领域和教育伙伴间开展积极合作的必要性，须完善和发展爱国主义教育工作的形式和方法，具体如下：

大力巩固和发展俄罗斯人的全民族意识、高尚道德，促进公民团结友爱，培育和塑造公民自豪感，使其尊重国家历史和现代化成就，尊重俄罗斯民族的文化、传统和历史，改善民族关系和宗教关系，教育公民尊重和恪守俄罗斯联邦宪法、法律和社会生活准则，努力为实现宪法规定的人权、人的责任、公民义务和军人职责创造条件；

提高人们研究俄罗斯历史的兴趣，培养人们尊重国家历史和祖国英雄的真挚情感，其中也包括铭记祖国保卫者的功勋；

加深公民对国家及地区传统节日和纪念日所反映的历史事件的认识；

提高公民对人文科学和自然地理科学的兴趣；

增强未成年人的国家自豪感，使其尊重俄罗斯联邦国徽、俄罗斯联邦国旗、俄罗斯联邦国歌，尊重祖国的历史象征和历史遗迹；

提高公民对祖国军事历史和军事纪念日的兴趣；

提升社会组织和非营利组织对公民爱国主义教育的参与度；

宣传和推广俄罗斯从古至今的英雄和历史文化领域活动家的功勋事迹，如乔治十字勋章获得者、苏联英雄、俄罗斯联邦英雄、劳动英雄，以及在不同社会活动领域对国家和社会作出巨大贡献，在工作岗位取得优秀成绩，展现出积极生活方式的公民；

提高教育机构学生爱国主义教育工作的质量，激发学生报效祖国的动机和追求；

大力支持艺术和文学活动家的创作积极性，使其不断创作爱国题材的优秀作品；

国家权力机关和公民协会相互协作，巩固爱国主义教育基础；

探索爱国主义教育活动主体协同合作的创新形式、方法和技术；

完善教育组织、文化机构、青年政治组织、非正式社会组织和非营利组织宣传和推广爱国主义思想的形式和机制；

为提高老战士组织参与青年事务的积极性创造条件，基于老战士们以往的工作经验及其个人所具有的道德影响力和精神力量，影响并带动青年发扬和继承老一辈的光荣传统。

推动公民军事爱国主义教育的发展，提高俄罗斯联邦武装力量和护法机关的威信，提升部队对教育机构爱国主义教育的实践支持，提升劳动集体、商业机构、区域、城市、州、边疆和共和国对部队（舰队）的支持和协助，具体如下：

建立青少年军事爱国主义连续教育体系；

帮助青年形成保卫祖国的心理准备，提高其保家卫国的身体素质，使其在和平年代和战争年代均能够自觉履行宪法义务和军人职责，塑造其高尚的公民责任意识；

为俄罗斯联邦武装力量的补充创造条件，为补足护法机关数量，补足其他增强公民服兵役和在国家公务机关任职的意愿的公民教育机构的数量创造条件；

提高军事爱国主义教育联合会（俱乐部）、部队和老战士组织相互协作的积极性，以此增强青年服兵役和保卫祖国的意愿；

研究并推广青年军事爱国主义教育经验的实践运用，促进青年形成服兵役和在国家公务机关任职的积极态度；

在体育教育中开展爱国主义教育，为提高成功通过全俄体育运动标准《劳动卫国体育制度》的青年数量创造条件；

为积极加强支援军事工作，有必要更新部门和机关的法律规范基础，还有必要建设相关机制，以此促进爱国主义教育国家机构和社会联合会的相互协作，完成军事爱国主义教育的各项任务，提高青年保卫祖国的意识和决心；

促进支援军事工作主客体在爱国主义教育领域的积极协作，为提高支援军事工作的有效性创造条件，加强公民组织、军事机构及老战士组织的合作，提高对兵役的重视程度；

完善支援军事工作的科学方法基础；

对教育组织、体育活动和体育技术项目等适用于军事爱国主义教育和公民兵役预备训练的载体的有效性进行评价。

为公民爱国主义教育的有效形式——志愿活动的发展提供条件，具体如下：

培养包括青少年在内的全体公民的积极的公民立场，通过吸引他们参与志愿实践活动，培养其积极投身国家历史和文化发展进程的自觉意识；

建立志愿组织、社会联合会和其他非营利组织、国家机构和国家执行权力机关协作系统；

推广志愿组织在国家组织和自治区组织活动中开展相关工作的统一章程；

吸引更多公民参与国家纲要的实施过程，积极参与纲要活动；

为增强公民社会团体、志愿组织和其他社会非营利组织，以及从事公民爱国主义教育任务的公民个体和群体的首创精神创造条件，提供支持；

积极开展鉴定活动，抵制篡改历史的行为和现象。

为联邦、地区和自治市爱国主义教育提供信息保障，为大众传媒宣传爱国主义事件创造条件，具体如下：

建设并不断更新数据库，开展爱国题材网站、博客、信息资料的分析工作；

提高借助大众传媒开展爱国主义教育的新技术和现代方法的运用水平；

为公民有效利用电子媒体、印刷媒体和互联网建设爱国主义文化环境创造条件；

为爱国主义题材的电视节目、期刊和文学作品的发展助力；

为使更多社会阶层的公民了解新闻工作者、作家、科学和文化领域活动家创作的爱国主义教育题材作品，了解俄罗斯人在科学、技术和文化领域的杰出成就创造条件；

为出版发行爱国题材文学作品创造条件，为发展弘扬爱国主旋律的电子媒体和印刷媒体创造条件；

为以公民爱国主义教育为主题的游戏程序和多媒体项目的开发提供支持，在青年学生课堂使用互联网。

三、纲要的实施机制

联邦青年事务署是纲要的协调部门。

纲要协调部门具有下述职能：

监测纲要实施的质量和效果；

针对纲要总执行单位和联合执行单位活动完成情况，制定和推广工作总结和汇报制度；

监督纲要总执行单位和联合执行单位的活动实施情况，对其提交给纲要协调部门的活动总结进行检查，并监测总结的准备过程；

向纲要总执行单位、联合执行单位和参与单位征询有关总结纲要实施情况的必要信息；

联合纲要总执行单位共同准备俄罗斯爱国主义教育年度报告；

每年向俄罗斯联邦政府递交俄罗斯爱国主义教育年度报告；

与纲要总执行单位、联合执行单位共同为纲要的完善提供建议。

俄罗斯联邦教育科学部、俄罗斯联邦国防部、俄罗斯联邦文化部和联邦青年事务署是纲要的总执行单位。

纲要总执行单位具有下述职能：

研究和制定各部门爱国主义教育大纲（计划），含有具体工作和每一项活动的必要支出和财政来源；

在纲要联合执行单位的参与下，研究和制定符合纲要协调部门要求的数据采集方式和纲要实施指标的计算方法；

基于部门间密切配合，在纲要联合执行单位的共同参与下，按照纲要实施指标规定的目标和任务以及活动期限开展各项纲要活动；

按照俄罗斯联邦法律，组织开展竞争选拔工作，遴选负责实施各部门大纲具体工作的执行单位；

吸引社会团体（联合会）和非营利组织参与部门大纲的实施工作；

每年向纲要协调部门递交部门爱国主义教育大纲实施情况的年度总结。

联邦执行权力机关、俄罗斯联邦主体执行权力机关是纲要活动的联合执行单位，研究和制定爱国主义教育的各部门（各地区）大纲（计划），并负责组织实施工作。

国家权力机关和地方自治机关应基于部门间密切联系组织开展爱国主义教育工作。

国家长期纲要执行周期的结束不代表纲要实施中止。

纲要指标的实现也取决于纲要的财政保证，既包括联邦经费预算，也包括俄罗斯联邦各主体经费预算。

鼓励引进预算外资金用于国家和俄罗斯联邦各主体地区纲要活动的实施。

俄罗斯联邦主体具有独立支配预算的权力。以实现纲要指标为目的向各项活动划拨的资金不可超过俄罗斯联邦主体预算范围。

按照指标完成情况，监测地区爱国主义教育计划的实施状况，并以此对俄罗斯联邦主体在活动经费保障方面的执行情况进行监督。

俄罗斯联邦主体开展爱国主义教育活动的基本路径：

促进联邦执行权力机关、俄罗斯联邦主体执行权力机关、商业协会、社会团体和职业协会的协同配合；

鼓励国家机构、社会团体和职业协会、非营利组织和其他组织以及专家思考公民爱国主义教育问题；

完善爱国主义教育内容和相关工作的组织形式，以此取得符合纲要实施指标的爱国主义教育地区大纲的教育效果；

对俄罗斯联邦主体公民爱国主义教育体系功能的实现情况进行监测。

纲要实施的活动计划参见纲要附件 1。

纲要实施的各项指标参见纲要附件 2。

纲要附件 1 中每项活动的第一执行单位是预算拨款的唯一管理者，负责在部门大纲框架下保障纲要活动所需资金。

作为预算资金管理单位的各个组织，基于具体活动的实施特点确定参与各项活动的联合执行单位名单。

四、纲要的资金保障

2016—2020 年国家纲要的总财政资金为 16. 665568 亿卢布，其中，15. 740568 亿卢布来自联邦预算资金，9250 万卢布为预算外资金，具体分配如下：

2016 年——联邦预算资金 2. 901208 亿卢布，预算外资金 1550 万卢布；

2017 年——联邦预算资金 3. 24259 亿卢布，预算外资金 1925 万卢布；

2018 年——联邦预算资金 3. 31959 亿卢布，预算外资金 2105 万卢布；

2019 年——联邦预算资金 3. 06209 亿卢布，预算外资金 1835 万卢布；

2020 年——联邦预算资金 3. 21509 亿卢布，预算外资金 1835 万卢布。

五、纲要实施的预期结果

实施纲要的主要结果是搭建满足国家现代化发展需求，符合俄罗斯社会各年龄层次需求的爱国主义教育体系。

提高公民爱国主义教育体系的组织保障水平和科学方法水平是实施纲要的前提条件，具体如下：

扩大爱国主义教育领域科学研究和新式教育方法的数量；

结合爱国主义教育实践，总结和推广爱国主义教育领域的俄罗斯经验；

完善爱国主义教育水平及其有效性的评价指标体系；

在教育系统、文化系统、青年政策领域，结合各领域特征建立公民爱国主义教育的法律规范基础；

推广新型有效的爱国主义教育教学大纲、专业大纲、教育方法和技术；

成立从事爱国主义教育工作的专家、教师协会，组建爱国主义教育领域鉴定专家协会，负责评估爱国主义教育现状及其教育方案。

巩固和提高跨部门、跨领域协作的有效性，以及国家和社会层面教育战略伙伴合作的有效性，进而解决爱国主义教育相关问题，实现下述目标：

提高公民研究俄罗斯历史的兴趣——其中包括对军事史的兴趣，对国家历史和祖国英雄事迹的兴趣，提高公民对铭记国家保卫者功勋的必要性的认识；

提高俄罗斯人对文学、音乐、造型艺术、人文科学和自然地理科学，以及文学、科学和艺术领域杰出代表相关活动的兴趣；

培养青年一代的国家自豪感，使其尊重祖国的历史象征、历史圣地和遗迹；

增加了解俄罗斯国家节日所反映历史事件的俄罗斯青年的数量；

提高教育机构爱国主义教育工作质量，提高学生职业指导工作质量，使学生感兴趣于兵役、军事工作、国家公务、俄罗斯工业和服务业，以及教育、科学、文化、体育等领域的工作；

以国家历史事件、文化生活、俄罗斯重要节日和俄罗斯活动家为主题，举办全俄及地区的竞赛、研讨会、学术会议、展览会和博览会。

大力提高公民军事爱国主义教育水平，实现保家卫国的历史使命，巩固俄罗斯联邦武装力量和护法机关威信，提高俄罗斯社会、俄罗斯联邦武装力量、护法机关和组织相互协作与相互联系的水平。预期达到下述结果：

构建青少年军事爱国主义连续教育体系；

帮助青年形成保卫祖国的精神准备和心理准备，提高其保家卫国的身体素质，使其在和平和战争年代均能够自觉履行宪法义务和军人职责，塑造其高尚的公民责任；

在体育教育中开展爱国主义教育，提高成功通过全俄体育运动标准《劳动卫国体育制度》的青年的数量；

提高军事爱国主义联合会(俱乐部)和老战士组织相互协作的积极性，以此增强青年保卫祖国和服兵役的意愿；

研究和推广爱国主义教育的先进实践经验，对兵役和国家公务形成积极态度；

完善支援军事工作的科学方法基础。

积极改善公民爱国主义教育有效形式——志愿活动的发展条件，促进公民团结和睦，提高其相互信任水平。预期达到下述结果：

积极吸引公民参与各级爱国主义教育团体和组织，组织开展相关活动；

大力提高公民参与志愿实践活动和社会实践活动的兴趣；

为改善公民个体与个体、个体与国家、个体与社会，其中也包括个体与社会机构之间的信任水平创造条件；

在志愿组织、各类社会联合会和非营利组织、国家机构和执行权力机关之间建立统一的协作体系；

在卫生、文化、体育、教育和青年政策领域的国家组织和机构活动中推广志愿实践活动。

增加了解和掌握纲要活动的公民的数量，提高联邦、地区和市级爱国主义教育信息保障水平。

《2016—2020年俄罗斯联邦公民爱国主义教育》国家纲要
附件1

附件1 《2016—2020年俄罗斯联邦公民爱国主义教育》国家纲要实施措施

表1　　　　（单位：千卢布）

活动名称	执行单位①	总预算									
		2016年		2017年②		2018年②		2019年②		2020年②	
		联邦预算拨款	预算外资金	联邦预算拨款	预算外资金	联邦预算拨款	预算外资金	联邦预算拨款	预算外资金	联邦预算拨款	预算外资金
1. 公民爱国主义教育的科研工作和科学方法研究工作											
1.1 研究爱国主义教育规范性法律文件制定的新方法和新方案											
1.1.1 监测俄罗斯联邦主体的儿童和青年爱国主义教育和精神道德教育活动，包括分析俄罗斯联邦主体公民爱国主义教育项目实施效果，评价致力于军事爱国主义教育和参军意识培养的教育组织、体育设施和体育技术设施在教育上的有效性	俄罗斯教育科学部、俄罗斯文化部、俄罗斯国防部、俄罗斯体育部、俄罗斯青年事务署、联邦财政拨款单位“俄罗斯青少年公民爱国主义教育中心”（以下简称青少年爱国主义教育中心）、俄罗斯联邦主体执行权力机关	3000	—	3000	—	3000	—	3000	—	3000	—
1.1.2 研究和出版教育机构、俄罗斯联邦主体的爱国主义教育组织方法参考书	俄罗斯教育科学部、俄罗斯青年事务署、青少年爱国主义教育中心	1400	—	—	—	—	—	—	—	—	—
1.1.3 通过竞赛，为组织开展人类学、考古学、地质学、生物学等科学领域的科学考察的非营利组织、青年和儿童社会联合会提供支持	俄罗斯教育科学部、俄罗斯青年事务署、青少年爱国主义教育中心、俄罗斯联邦主体执行权力机关	10000	—	6000	—	10000	—	6000	—	7000	—
1.1.4 研究和制定《亚历山大红旗歌舞团成员歌曲中的祖国历史》教学方法手册	俄罗斯国防部、俄罗斯青年事务署、青少年爱国主义教育中心	—	—	900	—	—	—	—	—	—	—
1.1.5 举办全俄历史系毕业生研究俄罗斯英雄史和俄罗斯人民生活重要事件的毕业论文竞赛活动	俄罗斯教育科学部、俄罗斯青年事务署、青少年爱国主义教育中心、俄罗斯联邦主体执行权力机关	—	—	—	—	—	—	—	—	—	—

续表

活动名称	执行单位[①]	2016年 联邦预算拨款	2016年 预算外资金	2017年[②] 联邦预算拨款	2017年[②] 预算外资金	2018年[②] 联邦预算拨款	2018年[②] 预算外资金	2019年[②] 联邦预算拨款	2019年[②] 预算外资金	2020年[②] 联邦预算拨款	2020年[②] 预算外资金
1.1.6 出版关于东正教联合会、部队（舰队）、各武装力量、哥萨克军事组织历史和传统的系列图书	俄罗斯国防部、俄罗斯青年事务署、青少年爱国主义教育中心	1000	—	1500	—	1500	—	1500	—	1500	—
1.1.7 为完善俄罗斯联邦公民爱国主义教育体系提供建议	俄罗斯教育科学部、俄罗斯青年事务署、联邦执行权力机关、青少年爱国主义教育中心	—	—	—	—	—	—	—	—	—	—
1.2 对爱国主义教育领域工作者进行培训，提高其技能											
1.2.1 举办全俄中等军事学校和哥萨克武备学校研讨会	俄罗斯教育科学部、俄罗斯国防部、俄罗斯青年事务署、青少年爱国主义教育中心、俄罗斯联邦主体执行权力机关	1500	—	1000	—	—	—	—	—	—	—
1.2.2 举办全俄职业教育组织、高等教育组织爱国主义教育活动组织者的系列会议，重点研究和推动爱国主义教育领域学生工作的现代方法	俄罗斯教育科学部、俄罗斯青年事务署、青少年爱国主义教育中心	2000	—	2000	—	2000	—	2000	—	2000	—
1.2.3 为提高公民爱国主义教育和军事爱国主义教育领域专家技能编制相关教学资料，推动相关活动	俄罗斯青年事务署、俄罗斯教育科学部、青少年爱国主义教育中心	10000	—	—	—	10000	—	—	—	10000	—
1.2.4 举办研讨会和培训课程，提高联邦区搜寻组织工作的技能	俄罗斯青年事务署、俄罗斯教育科学部、俄罗斯国防部、青少年爱国主义教育中心、俄罗斯联邦主体执行权力机关	3000	—	3000	—	3000	—	3000	—	3000	—
1.2.5 举办联邦区系列研讨会，探讨儿童和青年补充教育组织在公民爱国主义教育体系中的作用	俄罗斯教育科学部、俄罗斯国防部、俄罗斯青年事务署、青少年爱国主义教育中心、俄罗斯联邦主体执行权力机关	2000	—	2000	—	2000	—	2000	—	2000	—

续表

活动名称	执行单位①	总预算									
		2016年		2017年②		2018年②		2019年②		2020年②	
		联邦预算拨款	预算外资金	联邦预算拨款	预算外资金	联邦预算拨款	预算外资金	联邦预算拨款	预算外资金	联邦预算拨款	预算外资金
1.2.6举办全俄系列研讨会和代表大会，探讨“俄罗斯大学生团队”在发展青年公民爱国主义教育体系中的作用	俄罗斯青年事务署、俄罗斯教育科学部、俄罗斯国防部、俄罗斯交通运输部、俄罗斯建筑部、俄罗斯农业部、青少年爱国主义教育中心、俄罗斯联邦主体执行权力机关	5000	—	5000	—	5000	—	5000	—	5000	—
1.2.7举办全俄青年和儿童爱国主义联合会负责人大会，探讨如何提高青少年爱国主义教育工作的有效性	俄罗斯青年事务署、俄罗斯国防部、俄罗斯内务部、青少年爱国主义教育中心、全俄社会组织“俄罗斯陆海空军志愿后援协会”（以下简称俄罗斯陆海空军志愿后援协会）	—	—	2000	—	—	—	2000	—	—	—
1.2.8举办全俄促进博物馆教育学发展大会，重点关注博物馆教育在“中等军事学校”“武备（海军武备）学校”“哥萨克武备学校”等专业化普通教育组织的爱国主义教育中的作用	俄罗斯教育科学部、俄罗斯青年事务署、青少年爱国主义教育中心、俄罗斯联邦主体执行权力机关	—	—	—	—	—	—	1000	—	—	—
1.3全俄科学实践论坛和大会，为爱国主义教育提供专业化支持											
1.3.1举办全俄《2016—2020年俄罗斯联邦公民爱国主义教育》国家纲要实施总结大会	俄罗斯教育科学部、俄罗斯国防部、俄罗斯文化部、俄罗斯青年事务署、青少年爱国主义教育中心、俄罗斯联邦主体执行权力机关	—	—	—	—	—	—	—	—	1500	—
1.3.2举办全俄职业教育组织和高等教育组织的公民爱国主义教育和大学生自治问题会议	俄罗斯教育科学部、俄罗斯青年事务署、青少年爱国主义教育中心、俄罗斯联邦主体执行权力机关	1000	—	—	—	1000	—	—	—	1000	—
1.3.3“致功勋，世代永存”全俄军事爱国主义会议	俄罗斯国防部、俄罗斯青年事务署、青少年爱国主义教育中心	—	—	—	—	—	—	—	—	2000	500

续表

活动名称	执行单位[①]	总预算									
		2016 年		2017 年[②]		2018 年[②]		2019 年[②]		2020 年[②]	
		联邦预算拨款	预算外资金	联邦预算拨款	预算外资金	联邦预算拨款	预算外资金	联邦预算拨款	预算外资金	联邦预算拨款	预算外资金
1.3.4 举办全俄退伍军人、青年和儿童联合会负责人的研讨会，探讨家庭、国家和公民社会机构培育俄罗斯青少年爱国意识的作用	俄罗斯青年事务署、俄罗斯国防部、俄罗斯劳动和社会保障部、俄罗斯紧急情况部、俄罗斯内务部、青少年爱国主义教育中心、俄罗斯联邦主体执行权力机关	1900	—	—	—	—	—	—	—	—	—
1.3.5 全俄从事历史修正工作俱乐部负责人和组织者会议	俄罗斯青年事务署、俄罗斯教育科学部、俄罗斯文化部、青少年爱国主义教育中心、俄罗斯联邦主体执行权力机关	1500	—	1500	—	1500	—	1500	—	1500	—
1.3.6 举办跨地区会议，重点探讨在青年范围内形成俄罗斯同一性和俄罗斯民族团结认识的问题	俄罗斯青年事务署、青少年爱国主义教育中心	1900	—	2000	—	2000	—	2000	—	2000	—
1.3.7 规范国家纲要参与单位和地区登记工作建议提供单位——社会非营利组织的登记工作，并促进登记规程的规范化	俄罗斯青年事务署、青少年爱国主义教育中心	—	—	—	—	—	—	—	—	—	—
1.3.8 面向联邦区北高加索高等教育组织的学生举办研讨会，在青年范围内促进形成社会、民族和宗教和睦，帮助他们了解俄罗斯民族的历史文化传统	俄罗斯教育科学部、俄罗斯北高加索事务部、俄罗斯内务部、俄罗斯文化部、俄罗斯青年事务署、青少年爱国主义教育中心	1000	—	1000	—	1000	—	1000	—	1000	—
2. 完善公民爱国主义教育工作的形式和方法											
2.1 公民爱国主义主题活动											
2.1.1 全俄系列行动“我是俄罗斯公民!”	俄罗斯青年事务署、俄罗斯教育科学部、青少年爱国主义教育中心、俄罗斯联邦主体执行权力机关	1000	—	1000	—	1000	—	1000	—	1000	—
2.1.2 全俄“我们时代的英雄”儿童和青年大会	俄罗斯青年事务署、青少年爱国主义教育中心、俄罗斯联邦主体执行权力机关	1103.2	—	1000	—	1000	—	1000	—	1000	—

续表

活动名称	执行单位[1]	总预算									
		2016 年		2017 年[2]		2018 年[2]		2019 年[2]		2020 年[2]	
		联邦预算拨款	预算外资金	联邦预算拨款	预算外资金	联邦预算拨款	预算外资金	联邦预算拨款	预算外资金	联邦预算拨款	预算外资金
2.1.3 在全俄青年中普及和推广劳动职业大赛	俄罗斯教育科学部、俄罗斯农业部、俄罗斯青年事务署、青少年爱国主义教育中心、俄罗斯联邦主体执行权力机关	—	—	—	—	—	—	—	—	—	—
2.1.4 全俄“乔治丝带”行动	俄罗斯青年事务署、俄罗斯教育科学部、青少年爱国主义教育中心	—	—	—	—	—	—	—	—	—	—
2.1.5 开展国际大学生公民爱国主义志愿行动	俄罗斯青年事务署、俄罗斯教育科学部、青少年爱国主义教育中心	6000	—	6000	—	6000	—	6000	—	6000	—
2.2 增强公民对俄罗斯象征和俄罗斯杰出人物尊重之情的实践活动											
2.2.1 苏联元帅、四次苏联英雄奖章获得者格·康·朱可夫将军诞辰 120 周年纪念活动	俄罗斯国防部、俄罗斯青年事务署、青少年爱国主义教育中心	500	300	—	—	—	—	—	—	—	—
2.2.2 两次“社会主义者劳动英雄”称号、“俄罗斯英雄”称号获得者米·季·卡拉什尼科夫中将诞辰 100 周年纪念活动	俄罗斯国防部、俄罗斯教育科学部、俄罗斯青年事务署、青少年爱国主义教育中心、俄罗斯联邦主体执行权力机关	—	—	—	—	—	—	500	500	—	—
2.2.3 全俄普通教育组织学生俄罗斯联邦国家象征知识竞赛决赛	俄罗斯教育科学部、俄罗斯青年事务署、青少年爱国主义教育中心、俄罗斯联邦主体执行权力机关	500	—	—	—	500	—	—	—	500	—
2.3 历史爱国主义教育活动											
2.3.1 举办全俄青年与伟大的卫国战争参与者和劳动者，以及俄联邦英雄和俄联邦劳动英雄称号获得者见面会	俄罗斯青年事务署、俄罗斯教育科学部、青少年爱国主义教育中心、俄罗斯联邦主体执行权力机关	4000	—	4000	—	2500	—	2500	—	2500	—
2.3.2 举办“时代阅兵”全俄教育组织大学生历史教育论坛	俄罗斯教育科学部、俄罗斯青年事务署、青少年爱国主义教育中心、俄罗斯联邦主体执行权力机关	2000	—	2000	—	2000	—	2000	—	2000	—
2.4 俄罗斯历史纪念日活动											

续表

活动名称	执行单位[①]	总预算									
		2016 年		2017 年[②]		2018 年[②]		2019 年[②]		2020 年[②]	
		联邦预算拨款	预算外资金	联邦预算拨款	预算外资金	联邦预算拨款	预算外资金	联邦预算拨款	预算外资金	联邦预算拨款	预算外资金
2.4.1 纪念 1941—1945 年伟大的卫国战争胜利 75 周年，举办教学帆船的历史考察活动	俄罗斯渔业署、俄罗斯青年事务署、青少年爱国主义教育中心、俄罗斯联邦主体执行权力机关	—	—	—	—	—	—	—	—	—	—
2.4.2 为纪念俄罗斯联邦教育发展，举办“统一旗帜下”全俄大学生新闻工作者竞赛	俄罗斯教育科学部、俄罗斯青年事务署、青少年爱国主义教育中心、俄罗斯联邦主体执行权力机关	1000	—	—	—	—	—	—	—	—	—
2.4.3 苏联士兵撤离阿富汗 30 周年纪念活动	俄罗斯国防部、俄罗斯青年事务署、青少年爱国主义教育中心、俄罗斯联邦主体执行权力机关	—	—	—	—	—	—	500	300	—	—
2.5 文化爱国主义教育活动，含竞赛活动和艺术节活动											
2.5.1 全俄青年创作大赛	俄罗斯青年事务署、俄罗斯教育科学部、青少年爱国主义教育中心	4000	—	4000	—	4000	—	4000	—	4000	—
2.5.2“航天发射场的白夜”原创歌曲艺术节	俄罗斯国防部、俄罗斯青年事务署、青少年爱国主义教育中心、俄罗斯联邦主体执行权力机关	—	—	—	—	1200	1300	—	—	—	—
2.5.3“喀秋莎—青少年运动员”青年天才公开艺术竞赛	俄罗斯国防部、俄罗斯青年事务署、青少年爱国主义教育中心、俄罗斯联邦主体执行权力机关	—	—	1500	—	—	—	—	—	—	—
2.5.4“俄罗斯韵”爱国文学艺术节	俄罗斯青年事务署、青少年爱国主义教育中心、俄罗斯联邦主体执行权力机关	2400	—	2500	—	2500	—	2500	—	2500	—
2.5.5 联邦区“我的命运在俄罗斯”主题摄影作品巡回展	俄罗斯新闻出版与大众传媒署、俄罗斯青年事务署、青少年爱国主义教育中心	—	—	9880	—	9880	—	9880	—	9880	—

续表

活动名称	执行单位①	总预算									
		2016年		2017年②		2018年②		2019年②		2020年②	
		联邦预算拨款	预算外资金	联邦预算拨款	预算外资金	联邦预算拨款	预算外资金	联邦预算拨款	预算外资金	联邦预算拨款	预算外资金
2.5.6确立国家相关需求，提出举办博物馆展览、出版青年军事爱国主义教育题材作品的国家需求	俄罗斯文化部、俄罗斯青年事务署、青少年爱国主义教育中心、全俄社会组织“俄罗斯军事历史协会”(以下简称俄罗斯军事历史协会)	10300	—	10300	—	10300	—	10300	—	10300	—
2.5.7全俄“小树苗”天才森林赛	俄罗斯林业局、俄罗斯青年事务署、青少年爱国主义教育中心	—	—	6500	—	6500	—	6500	—	6500	—
2.5.8“克里米亚的波浪”国际军事爱国歌曲艺术节	俄罗斯国防部、俄罗斯内务部、俄罗斯安全总局、俄罗斯青年事务署、青少年爱国主义教育中心、俄罗斯联邦主体执行权力机关	—	—	2000	300	—	—	—	—	—	—
2.5.9俄罗斯联邦主体地区“天才和爱好者”跨地区青少年创作艺术节	俄罗斯紧急情况部、俄罗斯教育科学部、俄罗斯青年事务署、青少年爱国主义教育中心、俄罗斯联邦主体执行权力机关	500	—	—	—	500	—	—	—	500	—
2.5.10“天才和爱好者”全俄青少年创作艺术节	俄罗斯紧急情况部、俄罗斯教育科学部、俄罗斯文化部、俄罗斯青年事务署、青少年爱国主义教育中心、俄罗斯联邦主体执行权力机关	—	—	1000	—	—	—	1000	—	—	—
2.5.11“胜利的礼炮”全俄民间创作艺术节(地区赛阶段)	俄罗斯文化部、俄罗斯青年事务署、青少年爱国主义教育中心、俄罗斯军事历史协会	5000	—	5000	—	5000	—	5000	—	5000	—
2.5.12全俄阿·瓦·亚历山德罗夫青少年军事爱国主义歌曲声乐大赛	俄罗斯国防部、俄罗斯青年事务署、青少年爱国主义教育中心、俄罗斯联邦主体执行权力机关	—	—	1500	250	1500	250	1500	250	1500	250

续表

活动名称	执行单位[①]	总预算									
		2016 年		2017 年[②]		2018 年[②]		2019 年[②]		2020 年[②]	
		联邦预算拨款	预算外资金	联邦预算拨款	预算外资金	联邦预算拨款	预算外资金	联邦预算拨款	预算外资金	联邦预算拨款	预算外资金
2.5.13 最佳爱国题材艺术电影和纪录片大赛	俄罗斯文化部、俄罗斯青年事务署、青少年爱国主义教育中心、俄罗斯军事历史协会	—	—	3000	—	3000	—	3000	—	3000	—
2.5.14 尤·奥泽罗夫国际军事电影节	俄罗斯文化部、俄罗斯青年事务署、青少年爱国主义教育中心、俄罗斯军事历史协会	1000	—	1000	—	1000	—	1000	—	1000	—
2.5.15“斯大林格勒的丁香花”国际电影论坛	俄罗斯文化部、俄罗斯青年事务署、青少年爱国主义教育中心、俄罗斯军事历史协会	—	—	—	—	3500	—	—	—	—	—
2.5.16 巩固俄罗斯联邦民族统一的全俄电影节	俄罗斯文化部、俄罗斯青年事务署、青少年爱国主义教育中心、俄罗斯军事历史协会	3000	—	3000	—	3000	—	3000	—	3000	—
3. 开展青少年军事爱国主义教育，加强部队对教育机构的实践支持											
3.1 青少年军事爱国主义教育 提高即满应征入伍年龄的青年、儿童和青年军事爱国主义教育联合会学生，以及苏沃洛夫、纳希莫夫武备教育组织学生的德育进程有效性的活动											
3.1.1“联盟——胜利的继承者”全俄军事体育组织和武备学校青年教育大会	俄罗斯国防部、俄罗斯青年事务署、青少年爱国主义教育中心、俄罗斯联邦主体执行权力机关	—	—	1000	—	1000	—	1000	—	1000	—
3.1.2 在祖国保卫者战争荣誉地区，策划青少年军事历史考察路线	俄罗斯文化部、俄罗斯青年事务署、青少年爱国主义教育中心、俄罗斯军事历史协会	50000	—	50000	—	50000	—	50000	—	50000	—
3.1.3“祖国忠诚之子”军事学校学员舞会	俄罗斯国防部、俄罗斯青年事务署、青少年爱国主义教育中心、俄罗斯联邦主体执行权力机关	800	—	1500	—	1500	—	1500	—	1500	—

续表

活动名称	执行单位[①]	总预算									
		2016年		2017年[②]		2018年[②]		2019年[②]		2020年[②]	
		联邦预算拨款	预算外资金	联邦预算拨款	预算外资金	联邦预算拨款	预算外资金	联邦预算拨款	预算外资金	联邦预算拨款	预算外资金
3.1.4“为伟大的俄罗斯争光”青年军官舞会	俄罗斯国防部、俄罗斯青年事务署、青少年爱国主义教育中心、俄罗斯联邦主体执行权力机关	—	—	800	200	—	—	—	—	—	—
3.1.5通过竞赛，为从事军事历史修正工作的青年社会组织提供支持	俄罗斯青年事务署、俄罗斯教育科学部、青少年爱国主义教育中心、俄罗斯联邦主体执行权力机关	20000	—	20000	—	20000	—	20000	—	20000	—
3.1.6“子弟兵”全俄军事宣传画大赛	俄罗斯国防部、俄罗斯青年事务署、俄罗斯档案署、青少年爱国主义教育中心、俄罗斯联邦主体执行权力机关	800	200	800	200	800	200	800	200	800	200
3.1.7“军事交响曲”全俄武备学校艺术节	俄罗斯教育科学部、俄罗斯青年事务署、青少年爱国主义教育中心、俄罗斯联邦主体执行权力机关	1500	—	1500	—	1500	—	1500	—	1500	—
3.1.8全俄英雄城市和被授予“军事荣誉城”称号城市的汽车拉力赛	俄罗斯青年事务署、俄罗斯教育科学部、青少年爱国主义教育中心、俄罗斯联邦主体执行权力机关	2500	—	2500	—	2500	—	2500	—	2500	—
3.1.9俄罗斯联邦主体跨地区竞赛，评选俄罗斯联邦公民入伍前培训最佳工作奖，以及应征入伍最佳组织工作奖	俄罗斯国防部、俄罗斯青年事务署、青少年爱国主义教育中心、俄罗斯陆海空军志愿后援协会、俄罗斯联邦主体执行权力机关	300	—	300	—	300	—	300	—	300	—
3.1.10全俄武装力量和强力机构军人，以及退伍军人、现役军人及其“喀秋莎”家庭成员的民间创作艺术节	俄罗斯国防部、俄罗斯内务部、俄罗斯紧急情况部、俄罗斯安全总局、俄罗斯海关、俄罗斯麻醉品监管总局、俄罗斯青年事务署、青少年爱国主义教育中心、俄罗斯联邦主体执行权力机关	2000	500	2000	500	2000	500	2000	500	2000	500

续表

活动名称	执行单位[1]	总预算									
		2016 年		2017 年[2]		2018 年[2]		2019 年[2]		2020 年[2]	
		联邦预算拨款	预算外资金	联邦预算拨款	预算外资金	联邦预算拨款	预算外资金	联邦预算拨款	预算外资金	联邦预算拨款	预算外资金
3.1.11“纪念碑”国际展览会	俄罗斯国防部、俄罗斯青年事务署、青少年爱国主义教育中心	—	—	—	—	2500	2500	—	—	—	—
3.1.12“应征入伍的日子”青年爱国行动	俄罗斯国防部、俄罗斯青年事务署、青少年爱国主义教育中心、俄罗斯联邦主体执行权力机关	500	—	500	—	500	—	500	—	500	—
3.1.13“在胜利的旗帜下”青年爱国行动	俄罗斯国防部、俄罗斯青年事务署、青少年爱国主义教育中心、俄罗斯联邦主体执行权力机关	500	500	500	500	500	500	500	500	500	500
3.1.14“红帆”青年爱国行动	俄罗斯国防部、俄罗斯青年事务署、青少年爱国主义教育中心、俄罗斯联邦主体执行权力机关	—	—	1300	1100	—	—	—	—	—	—
3.1.15 全俄“胜利的书信”爱国行动	俄罗斯教育科学部、俄罗斯青年事务署、青少年爱国主义教育中心	4000	—	4000	—	2500	—	2500	—	2500	—
3.1.16“军事象征——传统与现代性”展览（军事徽章画廊）	俄罗斯国防部、俄罗斯青年事务署、青少年爱国主义教育中心	—	—	1000	—	—	—	—	—	1000	—
3.1.17 基于军事博物馆藏品，组织多媒体综合展览巡回展	俄罗斯国防部、俄罗斯青年事务署、青少年爱国主义教育中心	—	—	3000	1000	700	300	700	300	700	300
3.1.18 在俄联邦武装力量军事爱国主义文化和休闲公园举办“爱国者”青年军事爱国行动	俄罗斯国防部、俄罗斯教育科学部、俄罗斯青年事务署、青少年爱国主义教育中心、俄罗斯陆海空军志愿后援协会	4000	—	4500	—	5000	—	5500	—	6000	—
3.1.19 通过竞赛，为青年和儿童地方志、旅行休闲社会联合会提供支持	俄罗斯教育科学部、俄罗斯青年事务署、青少年爱国主义教育中心、俄罗斯联邦主体执行权力机关	15000	—	15000	—	15000	—	15000	—	15000	—
3.1.20 通过竞赛，为教育组织搜寻队提供支持	俄罗斯教育科学部、俄罗斯青年事务署、青少年爱国主义教育中心、俄罗斯联邦主体执行权力机关	8000	—	8000	—	8000	—	8000	—	8000	—

续表

活动名称	执行单位[①]	总预算									
		2016年		2017年[②]		2018年[②]		2019年[②]		2020年[②]	
		联邦预算拨款	预算外资金	联邦预算拨款	预算外资金	联邦预算拨款	预算外资金	联邦预算拨款	预算外资金	联邦预算拨款	预算外资金
3.1.21 通过竞赛，为青年搜寻队和搜寻联合会提供支持	俄罗斯青年事务署、俄罗斯教育科学部、青少年爱国主义教育中心、俄罗斯联邦主体执行权力机关	8000	—	8000	—	8000	—	8000	—	8000	—
3.1.22“祖国青年天才”全俄军事学校学员创作艺术节	俄罗斯教育科学部、俄罗斯青年事务署、青少年爱国主义教育中心	1500	—	1500	—	1500	—	1500	—	1500	—
3.1.23 纪念电影《军官》拍摄45周年的军事爱国行动	俄罗斯国防部、俄罗斯青年事务署、青少年爱国主义教育中心	500	—	—	—	—	—	—	—	—	—
3.2 促进俄罗斯哥萨克发展的活动											
3.2.1 全俄即满应征入伍年龄的哥萨克青年运动会	俄罗斯教育科学部、俄罗斯国防部、俄罗斯青年事务署、青少年爱国主义教育中心、俄罗斯联邦主体执行权力机关	3500	—	3500	—	3500	—	3500	—	3500	—
3.2.2“最佳哥萨克武备学校”观摩比赛	俄罗斯教育科学部、俄罗斯青年事务署、青少年爱国主义教育中心、俄罗斯联邦主体执行权力机关	10000	—	10000	—	10000	—	10000	—	10000	—
3.2.3“哥萨克闪光”全俄军事体育运动会	俄罗斯教育科学部、俄罗斯青年事务署、青少年爱国主义教育中心、俄罗斯联邦主体执行权力机关	2500	—	2500	—	2500	—	2500	—	2500	—
3.2.4“时刻准备着劳动与卫国”全俄哥萨克青年代表大会	俄罗斯教育科学部、俄罗斯青年事务署、青少年爱国主义教育中心、俄罗斯联邦主体执行权力机关	5000	—	5000	—	5000	—	5000	—	5000	—
3.2.5“哥萨克圆圈”哥萨克创作集体竞赛(地区赛阶段)	俄罗斯文化部、俄罗斯青年事务署、青少年爱国主义教育中心、俄罗斯军事历史协会	4000	1000	4000	1000	4000	1000	4000	1000	4000	1000
3.2.6 成立哥萨克军事爱国主义教育中心和哥萨克青年入伍培训中心	俄罗斯教育科学部、俄罗斯国防部、俄罗斯内务部、俄罗斯青年事务署、青少年爱国主义教育中心、俄罗斯陆海空军志愿后援协会	3000	—	—	—	—	—	—	—	—	—

续表

活动名称	执行单位[①]	总预算									
		2016 年		2017 年[②]		2018 年[②]		2019 年[②]		2020 年[②]	
		联邦预算拨款	预算外资金	联邦预算拨款	预算外资金	联邦预算拨款	预算外资金	联邦预算拨款	预算外资金	联邦预算拨款	预算外资金
3.3 完善搜寻工作、修缮军事纪念地和军人墓地的相关活动											
3.3.1 全俄行动“卫国战争烈士纪念劳动日”	俄罗斯青年事务署、俄罗斯教育科学部、俄罗斯国防部、俄罗斯内务部、青少年爱国主义教育中心、俄罗斯联邦主体执行权力机关	5000	—	5000	—	5000	—	5000	—	5000	—
3.3.2 寻找和重新埋葬厄尔布鲁士峰苏联军人遗骸的爱国英雄活动	俄罗斯国防部、俄罗斯青年事务署、青少年爱国主义教育中心、俄罗斯联邦主体执行权力机关	300	—	300	—	300	—	300	—	300	—
3.3.3 全俄“1 号岗”运动积极分子代表大会	俄罗斯教育科学部、俄罗斯国防部、俄罗斯青年事务署、青少年爱国主义教育中心、俄罗斯联邦主体执行权力机关	2500	—	2500	—	2500	—	2500	—	—	—
3.4 军事爱国主义教育活动											
3.4.1 面向职业教育组织的学生，举办“在前线的后方……”跨地区地形运动会	俄罗斯教育科学部、俄罗斯青年事务署、青少年爱国主义教育中心、俄罗斯联邦主体执行权力机关	4500	—	4500	—	4500	—	4500	—	4500	—
3.4.2 全俄军事爱国俱乐部和即满应征入伍年龄的青年培训联合会的军事应用类运动会	俄罗斯青年事务署、俄罗斯国防部、青少年爱国主义教育中心、俄罗斯陆海空军志愿后援协会、俄罗斯联邦主体执行权力机关	2000	—	2000	—	2000	—	2000	—	2000	—
3.4.3 大学生搜寻队跨地区竞赛	俄罗斯紧急情况部、俄罗斯教育科学部、俄罗斯青年事务署、青少年爱国主义教育中心、俄罗斯联邦主体执行权力机关	500	—	—	—	500	—	—	—	500	—

续表

活动名称	执行单位①	总预算									
		2016年		2017年②		2018年②		2019年②		2020年②	
		联邦预算拨款	预算外资金	联邦预算拨款	预算外资金	联邦预算拨款	预算外资金	联邦预算拨款	预算外资金	联邦预算拨款	预算外资金
3.4.4全俄大学生搜寻队竞赛	俄罗斯紧急情况部、俄罗斯教育科学部、俄罗斯青年事务署、青少年爱国主义教育中心、俄罗斯联邦主体执行权力机关	—	—	1000	—	—	—	1000	—	—	—
3.4.5由武备学校、中等军事学校及其班级和小组(分部)参与的全俄"青年搜寻队员"野外夏令营	俄罗斯紧急情况部、俄罗斯教育科学部、俄罗斯青年事务署、青少年爱国主义教育中心、俄罗斯联邦主体执行权力机关	500	—	—	—	500	—	—	—	500	—
3.4.6苏沃洛夫军事学校、俄罗斯武备学校、哥萨克武备中学学生的军事应用类运动会	俄罗斯国防部、俄罗斯教育科学部、俄罗斯青年事务署、青少年爱国主义教育中心	300	—	—	—	300	—	—	—	300	—
3.4.7"安全学校"跨地区比赛,"青年救援者""青年消防员""青年水运工作人员"跨地区野外夏令营	俄罗斯紧急情况部、俄罗斯教育科学部、俄罗斯青年事务署、青少年爱国主义教育中心、俄罗斯联邦主体执行权力机关	2861.4	—	2360	—	2860	—	2360	—	2860	—
3.4.8由武备学校、中等军事学校及其班级和小组(分部)参加的"青年水运工作人员"野外夏令营	俄罗斯紧急情况部、俄罗斯教育科学部、俄罗斯青年事务署、青少年爱国主义教育中心、俄罗斯联邦主体执行权力机关	500	—	—	—	500	—	—	—	500	—
3.4.9全俄"青年消防员"野外夏令营	俄罗斯紧急情况部、俄罗斯教育科学部、俄罗斯青年事务署、青少年爱国主义教育中心、俄罗斯联邦主体执行权力机关	500	—	—	—	500	—	—	—	500	—
3.4.10俄罗斯联邦国防部大学军事应用类运动会	俄罗斯国防部、俄罗斯青年事务署、青少年爱国主义教育中心、俄罗斯陆海空军志愿后援协会、俄罗斯联邦主体执行权力机关	300	—	—	—	300	—	—	—	300	—

续表

活动名称	执行单位[①]	总预算									
		2016 年		2017 年[②]		2018 年[②]		2019 年[②]		2020 年[②]	
		联邦预算拨款	预算外资金	联邦预算拨款	预算外资金	联邦预算拨款	预算外资金	联邦预算拨款	预算外资金	联邦预算拨款	预算外资金
3.4.11 全俄“安全学校”竞赛	俄罗斯紧急情况部、俄罗斯教育科学部、俄罗斯青年事务署、青少年爱国主义教育中心、俄罗斯联邦主体执行权力机关	—	—	1000	—	—	—	1000	—	—	—
3.4.12 即满应征入伍年龄的俄罗斯青年运动会	俄罗斯体育部、俄罗斯国防部、俄罗斯青年事务署、青少年爱国主义教育中心、俄罗斯联邦主体执行权力机关	—	—	10000	—	10000	—	10000	—	10000	—
3.4.13 在教学帆船上开展少年水兵俱乐部成员的游泳教学实践活动	俄罗斯渔业署、俄罗斯海运河运署、俄罗斯青年事务署、青少年爱国主义教育中心、非营利组织“俄罗斯支援海军基金会”、俄罗斯联邦主体执行权力机关	—	3000	—	3300	—	3600	—	3900	—	4200
3.4.14“坦克世界，我们都记得”全俄超级运动会冠军赛	联邦财政拨款单位“俄罗斯联邦政府下设的俄罗斯国家军事历史文化中心”、俄罗斯国防部、俄罗斯教育科学部、俄罗斯青年事务署、青少年爱国主义教育中心、俄罗斯联邦主体执行权力机关	—	—	500	—	500	—	500	—	500	—
3.5 促进军队对教育组织提供支持的活动											
3.5.1 为促进发展教育组织与部队的相互联系，研究和出版相关信息资料、手册，提供相关建议	俄罗斯教育科学部、俄罗斯国防部、俄罗斯青年事务署、青少年爱国主义教育中心	—	—	3000	—	—	—	—	—	—	—
4. 开展作为青年爱国主义教育体系重要组成部分的志愿活动											
4.1 支持社会联合会和公民实施志愿方案的倡议，支持发展俄罗斯联邦公民爱国主义教育体系											

续表

活动名称	执行单位[①]	总预算									
		2016年		2017年[②]		2018年[②]		2019年[②]		2020年[②]	
		联邦预算拨款	预算外资金	联邦预算拨款	预算外资金	联邦预算拨款	预算外资金	联邦预算拨款	预算外资金	联邦预算拨款	预算外资金
4.1.1面向俄罗斯联邦主体执行权力机关和各类型教育组织，研究出版发展志愿运动的方法参考书	俄罗斯教育科学部、俄罗斯青年事务署、青少年爱国主义教育中心	2700	—	—	—	—	—	—	—	—	—
4.1.2通过竞赛，为志愿组织的爱国方案提供支持	俄罗斯青年事务署、俄罗斯教育科学部、青少年爱国主义教育中心	20000	—	15500	—	19500	—	15500	—	18000	—
4.2号召退伍军人组织积极参加爱国主义教育活动和发展志愿运动的活动											
4.2.1出版军事历史图书《通往军官之路：俄罗斯皇家军事学院学员和军官学院学员》	俄罗斯国防部、俄罗斯青年事务署、青少年爱国主义教育中心	750	—	—	—	—	—	—	—	—	—
4.2.2出版科学参考书《俄罗斯军事史：苏沃洛夫军事学校、纳希莫夫海军学校和武备学校学员百科全书》	俄罗斯国防部、俄罗斯青年事务署、青少年爱国主义教育中心	—	—	—	—	1750	—	—	—	—	—
4.2.3出版军事历史书《红军士气：伟大胜利的重要因素》	俄罗斯国防部、俄罗斯青年事务署、青少年爱国主义教育中心	—	—	1250	—	—	—	—	—	—	—
4.2.4出版4卷本科学参考书《伟大的卫国战争：舰艇部队支队长/军事生平辞典》	俄罗斯国防部、俄罗斯青年事务署、青少年爱国主义教育中心	—	—	750	—	750	—	750	—	750	—
5. 公民爱国主义教育的信息保证											
5.1出品俄罗斯公民爱国主义教育题材的影片、电视广播节目											
5.1.1 1941—1945年伟大的卫国战争退伍军人采访视频档案的归类整理	俄罗斯青年事务署、俄罗斯国防部、俄罗斯劳动和社会保障部、俄罗斯紧急情况部、青少年爱国主义教育中心、俄罗斯联邦主体执行权力机关	1000	—	—	—	—	—	—	—	—	—
5.1.2筹备出品军事爱国题材的电视和广播节目	俄罗斯新闻出版与大众传媒署、俄罗斯青年事务署、青少年爱国主义教育中心	2679.8	—	3219	—	3219	—	3219	—	3219	—

续表

活动名称	执行单位[①]	总预算									
		2016 年		2017 年[②]		2018 年[②]		2019 年[②]		2020 年[②]	
		联邦预算拨款	预算外资金	联邦预算拨款	预算外资金	联邦预算拨款	预算外资金	联邦预算拨款	预算外资金	联邦预算拨款	预算外资金
5.1.3“俄罗斯盾牌”军事爱国题材电视和广播节目艺术节	俄罗斯新闻出版与大众传媒署、俄罗斯青年事务署、青少年爱国主义教育中心	1426.4	—	1500	—	1500	—	1500	—	1500	—
5.1.4 拍摄反映俄罗斯军队历史和传统的电视(影)片	俄罗斯文化部、俄罗斯青年事务署、青少年爱国主义教育中心、俄罗斯军事历史协会	—	—	2000	—	2000	—	2000	—	2000	—
5.1.5 拍摄反映 1941—1945 年伟大的卫国战争期间鲜为人知的英雄事迹的电视(影)片	俄罗斯文化部、俄罗斯青年事务署、青少年爱国主义教育中心、俄罗斯军事历史协会	—	—	2000	—	2000	—	2000	—	2000	—
5.1.6 拍摄反映军事荣誉日和俄罗斯历史纪念日的电视(影)片	俄罗斯文化部、俄罗斯青年事务署、青少年爱国主义教育中心、俄罗斯军事历史协会	—	—	2100	900	2100	900	2100	900	2100	900
5.1.7 拍摄记录英雄城市和被授予“军事荣誉城”称号城市的电视(影)片	俄罗斯文化部、俄罗斯青年事务署、青少年爱国主义教育中心、俄罗斯军事历史协会	—	—	—	—	1200	—	—	—	1200	—
5.1.8 拍摄反映社会民族关系和宽容意识的电视(影)片	俄罗斯文化部、俄罗斯青年事务署、青少年爱国主义教育中心、俄罗斯军事历史协会	—	—	4000	—	4000	—	4000	—	4000	—
5.1.9 拍摄影片《俄罗斯民族爱国主义：历史和现代性》	俄罗斯文化部、俄罗斯青年事务署、青少年爱国主义教育中心、俄罗斯军事历史协会	—	—	2000	—	2000	—	2000	—	2000	—
5.1.10 为军官之家和部队俱乐部配套提供爱国题材的影片视频	俄罗斯国防部、俄罗斯青年事务署、青少年爱国主义教育中心	1000	—	1500	—	1500	—	1500	—	1500	—
5.2 旨在推动爱国主义教育发展的相关资料出版活动											

续表

活动名称	执行单位①	总预算									
		2016 年		2017 年②		2018 年②		2019 年②		2020 年②	
		联邦预算拨款	预算外资金	联邦预算拨款	预算外资金	联邦预算拨款	预算外资金	联邦预算拨款	预算外资金	联邦预算拨款	预算外资金
5.2.1“俄罗斯爱国者”竞赛，评比电子和印刷形式的爱国主义教育题材最佳新闻报道	俄罗斯新闻出版与大众传媒署、俄罗斯青年事务署、青少年爱国主义教育中心	4400	—	4500	—	4500	—	4500	—	4500	—
5.2.2 为纪念远东历史和其发展，举办“远东——俄罗斯冉冉升起的星”新闻大师赛	俄罗斯新闻出版与大众传媒署、俄罗斯青年事务署、青少年爱国主义教育中心	—	—	3000	—	—	—	—	—	—	—
5.3 依托互联网，让公民及时了解国家纲要具体活动的实施情况，实施网络爱国主义教育方案											
5.3.1 基于国家地理信息系统，建设跨部门自动化系统，提供军人墓地和其他纪念遗址的相关信息	俄罗斯国防部、俄罗斯青年事务署、青少年爱国主义教育中心	—	10000	—	10000	—	10000	—	10000	—	10000
5.3.2 依托俄罗斯联邦国家权力机关和社会联合会的信息资源，帮助公民了解爱国主义教育领域的相关活动	俄罗斯青年事务署、俄罗斯国防部、俄罗斯教育科学部、联邦执行权力机关、青少年爱国主义教育中心、俄罗斯联邦主体执行权力机关	—	—	—	—	—	—	—	—	—	—

表 2

（单位：千卢布）

执行单位①	总预算									
	2016 年		2017 年②		2018 年②		2019 年②		2020 年②	
	联邦预算拨款	预算外资金	联邦预算拨款	预算外资金	联邦预算拨款	预算外资金	联邦预算拨款	预算外资金	联邦预算拨款	预算外资金
俄罗斯教育科学部	89100	—	78000	—	78000	—	73500	—	74000	—
俄罗斯国防部	13550	11500	28400	14050	23900	15550	19350	12550	22450	12250
俄罗斯文化部	73300	1000	88400	1900	93100	1900	88400	1900	89600	1900
俄罗斯紧急情况部	5361.4	—	5360	—	5360	—	5360	—	5360	—
俄罗斯体育部	—	—	10000	—	10000	—	10000	—	10000	—
俄罗斯青年事务署	100303.2	—	85000	—	95500	—	83500	—	94000	—

续表

执行单位[①]	总预算									
	2016 年		2017 年[②]		2018 年[②]		2019 年[②]		2020 年[②]	
	联邦预算拨款	预算外资金	联邦预算拨款	预算外资金	联邦预算拨款	预算外资金	联邦预算拨款	预算外资金	联邦预算拨款	预算外资金
俄罗斯新闻出版与大众传媒署	8506. 2	—	22099	—	19099	—	19099	—	19099	—
俄罗斯林业局	—	—	6500	—	6500	—	6500	—	6500	—
俄罗斯渔业署	—	3000	—	3300	—	3600	—	3900	—	4200
俄罗斯国家军事历史文化中心	—	—	500	—	500	—	500	—	500	—
总计	290120. 8	15500	324259	19250	331959	21050	306209	18350	321509	18350

① 图表中居于各栏“执行单位”第一位的组织负责预算资金管理，并负责基于具体措施和活动确定最终联合执行单位。

② 联邦预算的拨款资金，每年必须在财政年和计划期确定联邦预算的工作中重新校核。

《2016—2020 年俄罗斯联邦公民爱国主义教育》国家纲要
附件 2

附件 2 《2016—2020 年俄罗斯联邦公民爱国主义教育》国家纲要实施指标

指标名称	单位	2016 年	2017 年	2018 年	2019 年	2020 年
爱国主义教育领域组织者和专家，以及军事爱国俱乐部和联合会专家参与培训的人数	人	48000	50000	52000	53000	55000
参与国家纲要实施工作的各类型教育组织数量占全部教育组织数量的比例	百分比	100	120	130	140	150
在提高俄罗斯、家乡、地区历史和文化知识水平的活动中，各类型教育组织学生参与的数量占全体学生数量的比例	百分比	100	120	140	160	180
在全俄"时刻准备着劳动与卫国"体育综合项目中达到标准的俄罗斯联邦公民数量占参与该活动全体公民数量的比例	百分比	30	40	50	60	70
得到部队(舰队)支持的普通教育、职业教育和高等教育组织的比例	百分比	100	115	130	140	150
得到劳动集体、商业组织、地区、城市、州、边疆区和共和国支持的部队(舰队)比例	百分比	100	115	130	140	150
掌握俄罗斯联邦国家纲要活动信息的公民人数占俄罗斯联邦全体公民数量的比例	百分比	100	150	200	250	300
制定和通过俄罗斯联邦主体爱国主义教育纲要的俄罗斯联邦主体数量占俄罗斯联邦主体总数的比例	百分比	90	94	98	100	100
成立地区爱国主义教育中心的俄罗斯联邦主体的数量	个	80	85	85	85	85
开展志愿组织活动的俄罗斯联邦国家高等教育组织的数量占全体俄罗斯联邦国家高等教育组织数量的比例	百分比	25	35	45	55	70